Das Buch

»Das Kabarett ist immer jung, solange es polemisch und satirisch in einer Weise ist, die ›trifft‹, die den Leuten unter die Haut geht. Und es wird immer zum Amüsierbetrieb herabsinken, wenn seine Autoren müde werden und statt an den Protest und die Aussage daran denken, daß ›die Leute lachen wollen‹ – eine der bedauerlichsten und törichtsten Lügen aller Zeiten« (Carl Merz).
Seit die ersten politisch-literarischen Kabaretts in Deutschland (das »Überbrettl« und »Schall und Rauch« in Berlin, die »Elf Scharfrichter« und der »Simplicissimus« in München) den geistigen Muff, den Chauvinismus, die Borniertheit und die Heuchelei der Wilhelminischen Gesellschaft satirisch-polemisch oder auch nur amüsant-unterhaltend bloßstellten, glossiert das Kabarett bis heute unsere politische und gesellschaftliche Wirklichkeit. Bedeutende Schriftsteller und Schauspieler, Intellektuelle und Entertainer haben eine Kunstform geschaffen, die nun seit über einem Jahrhundert mit den Mitteln der Parodie, der Pointe, der Karikatur das Zeitgeschehen kommentiert.
Das vorliegende Lexikon gibt, veranschaulicht durch reiches Bildmaterial, einen lebendigen Eindruck von der Geschichte des Kabaretts, berichtet vom Schicksal seiner bedeutenden Protagonisten und zeichnet so hundert Jahre politischer Kultur in Deutschland nach. Immer wieder totgesagt, hat das Kabarett bis heute seine Vitalität bewahrt: »Es stirbt täglich, das Kabarett. Ein Leben lang ist es tot. Über den genauen Todestag ist man sich nicht einig. Vermutlich fiel er mit dem Geburtstag zusammen. Da man auch den Geburtstag nicht präzise benennen kann, wissen wir auch nicht, wann es gestorben ist« (Dieter Hildebrandt).

Der Autor

Klaus Budzinski, geboren 6. 12. 1921 in Berlin, war nach Abitur und Schauspielausbildung während der Nazizeit Frachtbriefschreiber, Fabrikarbeiter und Zwangsarbeiter. Nach Kriegsende betätigte er sich in Berlin als Journalist, von 1949 bis 1953 als Mitarbeiter in der Feuilletonredaktion der Abendzeitung in München, seit 1957 als freier Autor, Journalist, Kabarettist und Schauspieler. Er veröffentlichte 1961 die erste Kulturgeschichte des Kabaretts *(Die Muse mit der scharfen Zunge)*, 1966 eine Polemik gegen die Verflachung des politisch-literarischen Kabaretts *(Die öffentlichen Spaßmacher)* und gab mehrere Anthologien mit satirischen und kabarettistischen Texten heraus. 1965 verfaßte er das Antikriegsmusical »Hurra – wir sterben!« und 1982 eine erweiterte Kabarettgeschichte unter dem Titel »Pfeffer ins Getriebe – So ist und wurde das Kabarett«. Klaus Budzinski produzierte, inszenierte und spielte zahlreiche Kabarettrevuen, vornehmlich mit Texten der zwanziger Jahre.

Das Kabarett

100 Jahre literarische Zeitkritik
– gesprochen – gesungen – gespielt

Von Klaus Budzinski

ETB
ECON Taschenbuch Verlag

Hermes Handlexikon 1. Auflage 1985

Umschlagdesign: Ludwig Kaiser
Satz: Dörlemann-Satz, Lemförde
Druck und Bindung: Ebner Ulm
Printed in Germany
ISBN 3-612-10037-8

Die Reihe »Hermes Handlexikon«
wurde von Bodo Harenberg
begründet

Inhalt

Einleitung

Das Kabarett als literarische Verklammerung verschiedener Kunstformen, vorgeführt auf kleinem Brettl oder großer Bühne, vor zahlendem oder nicht zahlendem Publikum, existiert erst seit ungefähr hundert Jahren, die ersten zwanzig Jahre nur als »Cabaret«, die restlichen 84 Jahre auch und vorzugsweise als »Kabarett«. Wenn ein Kabarettlexikon aus dieser Eindeutschung des französischen Urbegriffs die Berechtigung herleitet, sich auf den deutschen Sprachraum zu beschränken, so nicht lexikologischer Mogelei wegen, sondern weil dieses Genre der gesprochenen, gesungenen und gespielten Zeitkritik sich erst im deutschsprachigen Mitteleuropa am reichsten und differenziertesten entfaltet hat. Mag sich in Österreich und der Schweiz die ursprüngliche Vokabel »Cabaret« erhalten haben, wenngleich sie auch dort heute kein Monopol mehr genießt, im Ursprungsland Frankreich ist der Begriff längst durch »Les Chansonniers« ersetzt, im Englischen spricht man von »Topical satire« oder einer »Satirical Revue«, während man in beiden Ländern (und mittlerweile auch in Deutschland) unter einem »Cabaret« ein Nachtlokal mit Stripteasevorführungen versteht.
Eindeutiger auch als die Begriffe »Brettl« und »Kleinkunst« beschreibt der Terminus »Kabarett« das zeitkritisch-politische Element, das – wenn auch in noch so geringer satirischer Dosierung – in den Darbietungen enthalten sein muß, wollen sie kabarettistisch genannt werden. Daraus ergibt sich, zumal für ein Handlexikon, eine Beschränkung auf die wesentlichsten Ausdrucksformen des Kabaretts in der Kulturgeschichte Deutschlands, Österreichs und der Schweiz zwischen 1900 und heute. Aus der Unzahl derer, die in dieser Zeitspanne leitend, gründend, Texte schreibend, sprechend, singend, spielend, regieführend, komponierend und musikalisch begleitend das Kabarett gebildet haben, konnten und sollten nur die kreativen unter eigenen Stichworten biographisch dargestellt werden, in Ausnahmefällen auch diejenigen, die als reproduzierende Darsteller und Chansonniers beiderlei Geschlechts das eigentlich »Kabarettistische« dem Kabarett in außerordentlicher Gestaltung beigesteuert haben. Wenn beispielsweise kreative Kabarettisten wie »Emil« (Steinberger) und »Otto« (Waalkes) hier fehlen, hingegen reproduzierende wie Ernst Busch und Rosa Valetti hier erscheinen, so nicht allein aus Gründen der Qualität. Ebensowenig ist jeder Träger des Deutschen Kleinkunstpreises, obwohl jeder in seiner Art durchaus beachtenswert ist, automatisch aufgeführt, wie »Emil«, Ernst Born, Claudia Schlenger und Hanns Meilhamer, hingegen viele bedeutende Kabarettisten, die ihn bisher trotz jahrzehntelangen Wirkens nicht bekommen haben, wie Gerhard Bronner (seit 1955), Hannelore Kaub (seit 1959) Helmut Qualtinger (seit 1951) und Rudolf Rolfs (seit 1950). Siehe unter *Deutscher Kleinkunstpreis* 1984! Dafür ging er zweimal an Hanns Dieter Hüsch.
Man möge es in diesem Zusammenhang dem Lexikographen nachsehen, wenn er Grenzgänger des solchermaßen abgesteckten Gebiets wie Karl Farkas, Jürgen von Manger, Loriot und Rudolf Nelson aufgeführt hat, obwohl sie im engeren Sinne »unpolitisch« waren oder sind, haben sie doch ihr Quentchen Zeitkritik in großer, vielleicht nicht allseitig geschätzter Form zum Kabarett beigetragen. Daß im übrigen unter »politisch« hier nicht eine radikal linke Position gemeint ist, läßt sich an der Aufnahme eines liberalen Exkabarettisten wie Dieter Hallervorden und eines rechtsextremen Altkabarettisten wie Gerd Knabe ablesen. Dennoch: Trotz allen Bemühens um gerechte Abwägung konnte der Herausge-

ber seine subjektive Anschauung von dem, was Kabarett ist und was nicht, nicht völlig unterdrücken.

Manchen Kabarettpuristen wird es wundern, hier auch die heutigen Liedermacher, zumindest die wesentlichsten unter ihnen, aufgeführt zu finden. Dies geschah, weil in ihnen sich das Kabarett auf seine Ursprünge zurückverwiesen sieht: auf das Chanson des Cabaret artistique im Paris der frühen Belle Époque. Andrerseits durften die Versuche nicht unerwähnt bleiben, das Kabarett als direktes Agitationsmittel der politischen Linken einzusetzen, wie das in den Agitpropgruppen der zwanziger Jahre und in den APO-Kabaretts der sechziger Jahre geschehen ist, nicht zu reden von den Wahlkampfkabaretts einzelner Parteien.

Die Geschichte des Kabaretts beginnt in den achtziger Jahren des vorigen Jahrhunderts dort, wo sie sich seit den siebziger Jahren unseres Jahrhunderts wieder hinzuentwickeln scheint: in der Kneipe, als Kneipenbrettl, wo junge Auteurs-compositeurs-interprètes, zu neudeutsch: Liedermacher, ihre Chansons singen. Vom *Chat noir,* der Urzelle des Kabaretts (1881–1897), aus verbreitete sich das Kneipenbrettll des Montmartre metastasenartig über den Märtyrerberg, ja bis hinein in die Pariser Innenstadt. Aus einer Künstlerkneipe, dem »Cabaret artistique«, mit geschlossener Insidergesellschaft wurde schon im ersten Jahr eine Publikumsattraktion, ja, das Publikum erst machte aus dem Künstlerbrettl das Kabarett. Deutsche Künstler und Intellektuelle wie der Dramatiker Frank Wedekind und der Verleger Albert Langen oder der Schriftsteller Alexander Moszkowski hatten es bei ihren Aufenthalten an der Seine kennen und bewundern gelernt und die Idee nach Deutschland gebracht. Besucher der Pariser Weltausstellungen 1889 und 1900 bildeten ein aufnahmebereites Publikum für die neue Kunstform, um so mehr, als die Diseuse Yvette Guilbert und das Cabaret »La Roulotte« sie um 1900 gastweise importiert hatten.

Gründlich-deutsche Grundsatzüberlegungen führten dann zu Bemühungen um eine »Hebung« der ordinären Varieté- und Tingeltangel-Darbietungen auf eine literarische Ebene, womöglich in regulären Theaterräumen – mit unterschiedlichen Ergebnissen, die durch die kabarettistischen Antipoden *Überbrettl* (Berlin) und *Elf Scharfrichter* (München) markiert sind. Daneben machte sich, ungezwungen und aus dem geselligen Bedürfnis von Künstlern und Literaten entstanden, auch das Kneipenbrettl breit, in München weit weniger vom Kommerz angenagt als im geschäftstüchtigen Berlin. Das opulente, literarisch-musikalische Großstadtkabarett kam erst nach dem Ende der *Überbrettl-* und *Scharfrichter*-Versionen auf, als Rudolf Nelson mit seinen Unternehmungen thematisch und formal auf die gehobenen und raffinierteren Unterhaltungsbedürfnisse des gebildeten großstädtischen Mittelstands einging.

Nach dem Ende des Ersten Weltkriegs und dem Wegfall der Theaterzensur mauserte sich das literarische Kabarett zum literarisch-politischen, vornehmlich in Berlin (*Schall und Rauch [II], Wilde Bühne, Rampe* u. a.), wo es sich bis in die dreißiger Jahre hinein fast ausschließlich abspielte. Parallel dazu liefen die unverbindlicheren Kabarettrevuen der Nelson, Schiffer und Spoliansky und die etwas satirischer angelegten des Friedrich Hollaender, namentlich in der zweiten Hälfte der zwanziger Jahre, den relativ goldenen, als sie die literarisch-politischen Kabaretts verdrängt hatten. Neue Sachlichkeit und Weltwirtschaftskrise gaben gegen Ende des Jahrzehnts einer neuen, nüchternen Generation den Anstoß zur Wiedergeburt des literarischen Brettls (*Die Unmöglichen, Die Katakombe, Die Nachrichter, Die Pfeffermühle* u. a.), und das über die Landesgrenzen hinaus, denn anfangs der dreißiger Jahre formierten sich in Wien nach dem Vorbild der *Katakombe,* in Zürich nach dem Vorbild der *Pfeffermühle* eigene Kabarettkulturen – dort die Kleinkunstbühnen in Kaffeehauskellern (*Der liebe Augustin, Literatur am Naschmarkt, ABC* u.a.), hier das *Cabaret Cornichon* im ebenerdigen Wirtshaussaal des »Hirschen« –, Kleinkunstbühnen, die sozusagen stellvertretend für das vom Nazismus abgewürgte literarisch-politische Kabarett Zustände, Ereignisse und Personen im bedrohlichen Nachbarland attackierten. Nach dem Zweiten Weltkrieg erblühten dann dort aus den Ruinen Brettl aller Arten, auch sie wie die Münchner *Schaubude* und *Die Hinterbliebenen* auf dem Humus der *Katakombe,* doch machte die Währungsreform 1948 mit der Füllung der Bäuche die Säle leer. Erst kurz vor und nach der Stabilisierung der Mark bildete sich ein eigenständiges deutsches Nachkriegskabarett heraus – literarisch-politisch in Düsseldorf (1947: das *Ko[m]ödchen*) und München (1951: *Die Kleine Freiheit*), politisch-satirisch in West-Berlin (1949: die *Stachelschweine*) und 1950 in Frankfurt (Main) (1950: *Die Schmiere*) mit der journalistisch-politisch aufgezogenen *Münchner Lach- und Schießgesellschaft* 1956 als Nachzügler. Mit dem Aufkommen des Fernsehens zur Massenunterhaltung verflachend, verloren die großen, in diesem Medium geduldeten Kabaretts bei der nachwachsenden Generation an politischer Glaubwürdigkeit. Die Bewegung, die die Rezession von 1966 bis 1968 in die politische Landschaft der Bundesrepublik Deutschland brachte, erzeugte ein Publikumsreservoir für Kabarettgruppen und Solokabarettisten, die bewußt einseitig mit schärfster Satire bis hin zur offenen Agitation für eine Veränderung des Gesellschaftssystems operierten (*Reichskabarett, Floh de Cologne, [Münchner] Rationaltheater,* Dietrich Kittner, Wolfgang Neuss u.a.). Gleichzeitig begann der satirische Protest, sich in neuen Formen zu äußern: in dem von der amerikanischen Bürgerrechts- und Vietnamfriedensbewegung herübergekommenen und von deutschen Liedermachern eigenständig fortentwickelten Protestsong. Dessen deutlich sozialistische Stoßrichtung erlahmte Ende der siebziger Jahre und machte einer eher anarchischen Gegenbewegung Platz, die in der alternativen Subkultur ein sogenanntes »Szenekabarett« entstehen ließ (*Die 3 Tornados, Karl Napps Chaos Theater* u.a.). Neuerlichen Auftrieb erhielt das politisch-satirische Kabarett von der um 1979 beginnenden Restauration und insonderheit der 1982 anhebenden »Wende« in der Bundesrepublik Deutschland (*Der wahre Anton, Die Schmetterlinge* u.a.). Während die etablierten Kabaretts der vierziger und fünfziger Jahre in ihren angestammten, theatermäßig ausgebauten Domizilen weiterspielen, verzichten die neuen Gruppen und Solisten auf feste Spielstätten und agieren lieber in ad hoc gemieteten Räumen (meist in Gaststätten, in Jugendzentren, auf Straßen und Plätzen) oder gastieren in Kabaretts ohne durchgehend spielende Ensembles (»Theater in der Lietzenburger« Straße, West-Berlin, *[Kleines] Renitenztheater,* Stuttgart, *[Münchner] Rationaltheater* u.a.) oder in reinen Gastspielkabaretts (*unterhaus,* Mainz, *Théâtre Fauteuil,* Basel). Der allgemeine Trend geht ohnedies hin zum Solo- und Duokabarett; viele Solisten wie Hanns Dieter Hüsch, Dietrich Kittner und Helmut Ruge haben sich schon vor drei, zwei, einem Jahrzehnt von ihren Gruppen getrennt, andere wie Werner Schneyder und Sarah Camp haben nie einer Gruppe angehört. Im Kern hat sich die gesprochene, gesungene und gespielte Zeitkritik erhalten, auch wenn ihr Publikum, den soziologischen Wandlungen der Gesellschaft entsprechend, sich selbst, seine ästhetischen Ansprüche und seine Vorlieben für bestimmte äußere Rituale geändert hat.

Klaus Budzinski

Zur Erläuterung:
Kursiv gesetzt sind Namen von Kabaretts und Kabarettgruppen *(Kom[m]öd-chen, Die Schmetterlinge)* sowie Spielstätten, die eng mit Kabaretts verbunden waren oder sind (*Simplicissimus* [München], *Küka*), in Hinweisen auf Stichworte auch die Namen der betreffenden Personen. Bloße Spielstätten und solche, die nicht nur einem einzigen Kabarett dienten oder dienen, sind dagegen in Anführungszeichen gesetzt (»Theater in der Lietzenburger«, West-Berlin; »Hirschen«, Zürich, »Fraunhofer«, München).
Wenn keine Ortsbezeichnung hinter einem Kabarettnamen steht, handelt es sich entweder um Berliner Kabaretts oder solche, auf die ein Pfeil verweist (→ *Kleine Freiheit*). Für Berliner Kabaretts nach 1949 wurde zur Unterscheidung zwischen den Stadthälften, in denen sie spielen, die nähere Bezeichnung West-Berlin bzw. Ost-Berlin gewählt. Der Bezeichnung für die Deutsche Demokratische Republik, DDR, wurde vor allen aus Raumersparnisgründen, die Bezeichnung BRD für die Bundesrepublik Deutschland gegenübergestellt.
In den biographischen Angaben über Personen, die nur einen Teil ihres Lebens oder Wirkens dem Kabarett gewidmet haben (Bertolt Brecht, Gustaf Gründgens, Walter Mehring u. a.), wurde ihr sonstiges Wirken ihrem kabarettistischen nachgeordnet.
Literaturangaben über einzelne Kabaretts sind nur da aufgeführt, wo über die Angaben in allgemeinen Werken über das Kabarett hinaus eigens über sie Literatur erschienen ist.

Was ist Kabarett? – Eine bunte Speisenplatte voller Definitionen

»Kabarett ist szenische Darstellung von Satire. Satire ist die artistische Ausformung von Kritik.«

Werner Schneyder (1978)

»Scherz, Satire, Ironie sind Kinder der Knechtschaft. Der politische Witz ist der Aufschrei der Entrechteten, das Ventil, durch das der Überdruck jedes Meinungsdiktats entweicht. Sie sind allesamt Nachtschattengewächse, die in der Finsternis der Unterdrückung aufblühen, in der Sonne der Freiheit leicht verdorren ... Der politischen Satire fehlt in der freien Demokratie die Stoßkraft, die der Widerstand der Gewalten schafft.«

Erich Fromm (1966)

»Der Schutz durch die Demokratie, der selbstverständlich verteidigt und behauptet werden muß, läßt auch das engagierte Kabarett unverbindlich werden. Die Unterhaltungsfunktion saugt die auf Veränderung gerichtete kritische Tendenz auf. Politik im weitesten Sinn wird zum Gegenstand des Amüsements.«

Manfred Jäger (1968)

»Ich teile die Meinung gewisser Altkabarettisten nicht, daß Kabarett am besten in einer Diktatur funktioniert und daß unser Kabarett deshalb so schwach ist, weil es bei uns ein Zuviel an Freiheit, Ordnung und Zufriedenheit gibt. Jede Erfahrung spricht gegen diese Ansicht.«

Georg Kreisler (1978)

»Kabarett ist nicht l'art pour l'art, sondern kämpferische Aussage gesinnungsfundierter Inhalte.«

Rolf Ulrich, Chef der *Stachelschweine* (1961)

»Kabarett ist Tor und Pforte, durch die viel ›Richtiges‹ in den Menschen hineingespielt werden kann.«

Horst Braun, bis 1975 Hausregisseur der *Stachelschweine* (1973)

»Es stirbt täglich, das Kabarett. Ein Leben lang ist es tot. Über den genauen Todestag ist man sich nicht einig. Vermutlich fiel er mit dem Geburtstag zusammen. Da man auch den Geburtstag nicht präzise benennen kann, wissen wir auch nicht, wann es gestorben ist.«

Dieter Hildebrandt (1978)

»Kabarett ist kein Hobby, sondern eine Infektion ... Kabarettisten sind Protestanten. Man hat ihnen ein Leids angetan, und nun zahlen sie's heim mit barem Spott.«

Hanns Dieter Hüsch

»Das Kabarett ist immer jung, solange es polemisch und satirisch in einer Weise ist, die ›trifft‹, die den Leuten unter die Haut geht. Und es wird immer zum Amüsierbetrieb herabsinken, wenn seine Autoren müde werden und statt an den Protest und die Aussage daran denken, daß ›die Leute lachen wollen‹ – eine der bedauerlichsten und törichtesten Lügen aller Zeiten.«

Carl Merz

»Ja, dat do bißchen Politik dursch de Kakau jezogen wird, nä? – bißchen op lustige Art, nä? – die Parteien, nä? – dat stell' isch mir do drunter vor, nä?«

Antwort auf eine Straßenumfrage des WDR, was Kabarett sei, 1978 in Köln

»Der Beitrag des Kabaretts besteht hauptsächlich in der satirischen beziehungsweise humoristischen Beleuchtung von subjektiver Nichterfüllung gesellschaftlicher Erfordernisse, beabsichtigt als produktive Kritik, die Denkanstöße und Handlungsimpulse zur weiteren Vervollkommnung des Menschen gibt.«

Aus einer Leitlinie des wissenschaftlichen Beirats für Volkskunst beim Ministerium für Kultur der DDR

»Politisches Kabarett muß, um sinnvoll zu sein, außerhalb des Systems agieren, in dem es stattfindet; es muß das System als Ganzes und in seinen Teilen in Frage stellen können; es muß permanenter Revolutionsfunke sein dürfen. Ein solches Kabarett kann aber nur in einer Gesellschaft stattfinden, deren Bürgern sowohl die Freiheit der Gedanken als auch die Freiheit der Umsetzung neuer Gedanken in die Tat garantiert sind. Dies ist in der Bundesrepublik zur Zeit nicht der Fall.«

Georg Kreisler (1978)

»Der stellvertretende Intendant des NDR, Ludwig Freiherr von Hammerstein (der leitende Intendant ist krank), ... begründete seinen Beschluß mit der Behauptung, die Sendung verstoße gegen den Staatsvertrag des NDR – danach ist der Sender zur Überparteilichkeit verpflichtet. Er darf keiner Interessengruppe dienen, und seine Ausstrahlungen dürfen die guten Sitten nicht verletzen.«

Bericht der Münchner »Abendzeitung« vom Silvester 1965 über die Absetzung des Fernsehkabaretts *Hallo Nachbarn!* durch die Intendanz des NDR

»Das Cabaret ist nicht dazu da, politische Leitsätze und Dogmen aufzustellen. Es ist nicht dazu da, einfach Neues und noch so Echtes zu propagieren ... Es hat damit keinen wirklichen Erfolg, weil man das vom Cabaret einfach nicht annimmt. Das Cabaret kann nur auf Umwegen eine moralische Anstalt sein ... Wie aber kann nun der Cabaretist, der sich mit Werner Finck stets fragen muß: ›Habe ich undeutlich genug gesprochen?‹, deutlich sprechen? Er kann es auf wirksame Weise nur außerhalb des Cabarets. Und zwar, indem er auf die Straße geht und demonstriert, indem er Zeitungsartikel schreibt, öffentliche Reden hält oder sich ins Parlament wählen läßt ... Und das ist ein Vorteil, den ich aus meiner Funktion im Nationalrat ziehe: Allen denjenigen, die nicht verstanden haben, was ich mit meinem ›Läppli‹ im Cabaret sagen wollte, kann ich es nun vom Nationalratssaal deutlich sagen. Ich kann jetzt deutlich sprechen in der Politik und undeutlich, aber für viele um so besser verständlich, im Cabaret.«

Alfred Rasser, schweizerischer Kabarettist, Erfinder und Darsteller des »Soldaten Läppli« und des »Demokraten Läppli«, der von 1967 bis 1975 als gewählter Abgeordneter im schweizerischen Parlament, dem Nationalrat, saß

»Satire ist das, was sein muß.«

Walter Ulbricht, Staatsratsvorsitzender der DDR 1960–1973

»Kabarett muß nicht sein.«

Peter Wehle, Wiener Kabarettist

»Kabarett ist Spiel mit dem erworbenen Wissenszusammenhang des Publikums.«

Prof. Dr. Jürgen Henningsen in »Theorie des Kabaretts« (1967)

»Kabarett zieht vorzüglich Leute an, die sich für Gleichgesinnte halten. Folglich attackiert es sein Publikum nicht: es schmeichelt ihm. Gelegentlicher Protest gewisser Irrläufer oder apolitischer Kritiker löst im Kabarettisten ein Glücksgefühl aus, das ihn über die Sinnarmut seines Tuns hinwegtäuscht. Kabarettisten, die mehr wollen, sollten darum ihren Geist für nützlichere Sachen als Kabarett verwenden – oder sich wenigsten das Bescheid wissende, liberale Publikum zum Gegenstand nehmen, das sie nun einmal haben und in dem ein guter Teil ihrer selbst steckt.«

Volker Ludwig in *Kabarett mit K – Fünfzig Jahre große Kleinkunst,* Berlin 1974, S. 102

»Das Wort Kabarett sollte man überhaupt abschaffen, denn der Begriff ist als Markenzeichen für fröhliche Unverbindlichkeit ein für allemal abgestempelt – ein Erfolg des Fernsehkabaretts. Man sollte Satire machen, ohne den Ballast an Vorstellungen über Kabarett mitzuschleppen. Satire muß heute, um zu wirken, böse, gemein und gefährlich sein. Sie muß schockieren ... Formal scheinen mir die besten Anregungen vom zeitgenössischen Theater zu kommen, besonders von Genet, Pinter ..., Mrozek und Havel.«

Helmut Ruge in »Versuch im Gespräch« in der Zeitschrift »Mobile«, Göttingen, 6/1968, S. 13f.

»Kabarett is et Leben.«

Antwort einer alten Kölnerin auf eine Straßenumfrage des WDR, 1978.

ABC
Politisch-satirisches Kabarett in Wien. (Ursprünglich »Brettl am Alsergrund« im Café City; aus »Alsergrund«, »Brettl« und »City« ergab sich die Abkürzung *ABC.*) Eröffnet im März 1934 im Café City, Porzellangasse 1, mit dem Programm »Alles schon dagewesen« (mit Texten von Kurt Breuer und → *Hugo Wiener* sowie den Darstellern Franz Böheim, Eduard Linkers, Erich Pohlmann, Hans Sklenka, Willy Trenk-Trebitsch u.a.).
Im November 1934 übernahm der Gerichtsberichterstatter des »Tag«, Hans Margulies, die künstlerische Leitung und machte das *ABC* zur politisch schärfsten der Wiener Kleinkunstbühnen der dreißiger Jahre. Im Frühjahr 1935 wurde Leo Askenazy leitender Regisseur, während Franz Paul die geschäftliche Direktion von Margulies übernahm. Mit dem Programm »Von übermorgen bis vorgestern« zog das *ABC* am 14. 6. 1935 in die Räume des Kabaretts *Regenbogen* im Café Arkaden (Universitätsstr. 3), wo es sich eine Zeitlang *ABC im Regenbogen* nannte. Im Februar 1936 wurde Rudolf Steinboeck künstlerischer Leiter des *ABC im Regenbogen* und brachte am 6. 5. 1936 das → *Mittelstück* »Weltuntergang« (»Zwischen Himmel und Erde«) von → *Jura Soyfer* heraus (bis 11. 7. 1936), der nun zum »Hausdichter« des *ABC* wurde. Vom März 1937 an folgten – jeweils umrahmt von Nummernprogrammen – Soyfers »Astoria« (27. 3. bis 17. 4. 1937), sein »Vineta« (11. 9. bis 19. 11. 1937) und »Kolumbus oder Broadway-Melodie 1942« (20. 11. 1937 bis 27. 1. 1938 – eine Bearbeitung von Tucholsky-Hasenclevers Stück »Christoph Columbus oder Die Entdeckung Amerikas« von 1932). Weitere Mittelstücke (und sogar einige abendfüllende Stücke) schrieben Franz Paul, Ernst Spitz und → *Fritz Eckhardt.* Ferner schrieben für das *ABC* Jimmy Berg (auch Komponist und musikalischer Leiter), → *Peter Hammerschlag,* → *Gerhart Herrmann Mostar,* → *Hugo F. Koenigsgarten,* → *Hans Weigel* u.a. Regie führten außer Askenazy und Steinboeck auch Fritz Eckhardt und Herbert Berghof. Unter den Darstellern waren: Leo Askenazy, Franz Böheim, Fritz Eckhardt, Theo Frisch-Gerlach, Cissy Kraner, Robert Lindner, Eduard Linkers, Kitty Mattern, Josef Meinrad, Lilli Palmer, Peter Preses, Illa Raudnitz, Hans Sklenka, Willy Trenk-Trebitsch. Seit Februar 1936 teilte sich Rudolf Steinboeck (der von der → *Literatur am Naschmarkt* gekommen war) als künstlerischer Leiter die Regie mit Askenazy und Berghof. Das letzte Programm des *ABC* vor seiner Schließung am 13. 3. 1938 war eine Operette des Dänen Kjedl Abell, »Die verlorene Melodie« (28. 1. 1938 bis 12. 3. 1938).

Die acht Entfesselten
Literarisches Tourneekabarett, gegründet im Sommer 1935 von Ernst August Brenn und Rudi Godden (»Klavierduo Bren und Godden«) sowie dem Groteskzanzpaar Krock und Garga, der Chansonniere Gerty von Reichenhall, dem Conferencier Walter Scholz und seiner Frau Käthe. (Nach dem Tode von Walter Scholz Anfang 1937 kamen Hermann Noack und Peter W. Staub hinzu.)
Nach dem Verbot der letzten noch spielenden politisch-literarischen Kabaretts, der → *Katakombe* und der → *Nachrichter,* 1935 von den Nazis als Versuch eines im »neuen Geist« wirkenden Unterhaltungskabaretts begrüßt, versuchten sie, mit unpolitischen Chansons, Film- und Operettenparodien, Spöttereien über »Kleine Schwächen – große Schwächen« (so ein Chansontitel), Groteskpantomimen und vorsichtigen Veralberungen des bürgerlichen Opportunismus das Niveau eines literarischen Kabaretts zu halten. Nach Gastspielen in Berlin (Renaissance-Theater) 1936 und (Komische Oper) 1938 und der deutschen Provinz gingen sie in der Spielzeit 1938/39 an »schlechten Texten« (Gerty von Reichen-

hall) ein. Einzig Rudi Godden (1910–1942) erwarb sich über das Kabarett hinaus Bekanntheit und Beliebtheit als jungenhaft-liebenswerter Chansonnier und Darsteller in Operette (»Der arme Jonathan«) und Film (»Hallo, Janine!«).

Agitprop

Verbale Zusammenziehung von »Agitation und Propaganda«, Schlagwort für die politische Aufklärungs- und Werbearbeit der Arbeiterbewegung in den zwanziger und zu Anfang der dreißiger Jahre, vornehmlich ihres kommunistischen Teils, mit künstlerischen Mitteln, in erster Linie mit Songs und Sketschen. Entstanden nach der Oktoberrevolution in der Sowjetunion, griff das Agitproptheater als im engeren Sinn lehrhaftes Laientheater mit ideologischer Zielsetzung um 1922 nach Deutschland über. Es bestand zunächst aus Sprechchorgruppen, die bei Massenveranstaltungen der Kommunistischen Partei Deutschlands auftraten. Aus ihnen entwickelten sich um 1924/25 Spielgruppen, die ihr Repertoire nach und nach um kleine Stücke, Sketsche und Songs erweiterten und somit Form und Ausdrucksmittel des Kabaretts annahmen.

Einen starken Auftrieb erhielt die Agitpropbewegung durch die »Revue Roter Rummel«, die Erwin Piscator in Zusammenarbeit mit Felix Gasbarra im Auftrag der KPD zu den Reichstagswahlen im November 1924 zusammenstellte und in der Hunderte von Laiendarstellern in der äußeren Form der bürgerlichen Revue »unter skrupelloser Verwendung aller Möglichkeiten« agierten: »Musik, Chanson, Akrobatik, Schnellzeichnung, Sport, Projektion, Film, Statistik, Schauspielerszene, Ansprache ... Wir montierten aus Altem, schrieben Neues hinzu. Vieles war roh zusammengehauen, der Text völlig unprätentiös, aber das gerade erlaubte bis zum letzten Augenblick die Einschaltung der Aktualität« (Erwin Piscator in »Das politische Theater«, Berlin 1929; Neuausgabe Reinbek 1963). Diese Elemente übernahmen in der Folgezeit die rund 200 Agitpropgruppen, die von 1926 bis 1933 in Deutschland agierten. Die bekanntesten waren: *Die Roten Ratten* (Dresden 1926, eine SPD-Gruppe); *Die Rote Schmiede* (Halle 1928); ferner in Berlin: *Das Rote Sprachrohr* (1928), die wohl bedeutendste Gruppe (Leitung: Maxim Vallentin, musikalische Leitung: → *Hanns Eisler*); *Die Roten Blusen* (1927 von Arthur Pieck gegründet und geleitet); *Die Roten Raketen* (1927), die offizielle Truppe des »Roten Frontkämpferbundes«, eine Tourneetruppe; *Kolonne links* (1928), ebenfalls eine Tourneetruppe; *Der Rote Wedding* (1929), dessen gleichnamiges Kampflied → *Erich Weinert* und Hanns Eisler verfaßten. In Düsseldorf gründete 1930 der Schauspieler am Düsseldorfer Schauspielhaus Wolfgang Langhoff die Truppe *Nordwest ran,* in Stuttgart 1932 der Dramatiker Friedrich Wolf den *Spieltrupp Südwest* – beide schrieben für ihre Trupps die meisten Texte. Die Spieler setzten sich größtenteils aus Arbeitern und Arbeitslosen zusammen.

Ein Forum besaßen die Agitpropgruppen in der von der gleichnamigen Truppe 1928 gegründeten Zeitschrift »Das Rote Sprachrohr«. Die »Notverordnung zur Bekämpfung politischer Ausschreitungen« vom März 1931 wirkte sich auf die Agitpropgruppen als Auftrittsverbot aus, das sie jedoch listenreich zu umgehen wußten.

Nach 1945 erstand die Agitpropbewegung in der Sowjetzone neu, erlangte aber naturgemäß nicht die einstige Durchschlagskraft. In der BRD verwenden die seit Mitte der sechziger Jahre entstandenen Songgruppen und einzelne Kabaretts Elemente des Agitprop (Politrock- und Straßentheatergruppen, → *Floh de Cologne,* → *Der wahre Anton,* → *Lokomotive Kreuzberg*).

Lit.: *Das Lied, im Kampf geboren,* Heft 2, hrsg. von Inge Lammel. Berlin (Ost) 1959. – Hoffmann, Ludwig, Hoffmann-Ostwald, Daniel: *Deutsches Arbeitertheater 1918–1933.* Berlin (Ost) 1972.

Alt-Bayern
Kleinkunstbühne am Bahnhof Friedrichstraße in Berlin. Sie bot neben Folkloristischem wie »Drehers Alpenspielen, Watschentänzen, Jodlerei und Rauferei« (→ *Max Herrmann-Neisse*) → *Conférencen* und → *Chanson*vorträge von Berlins besten Kabarettisten, u.a. von → *Wilhelm Bendow,* → *Blandine Ebinger,* → *Fred Endrikat,* → *Paul Graetz,* → *Hellmuth Krüger,* → *Kate Kühl,* → *Harry Lamberts-Paulsen,* → *Paul Morgan,* Genia Nikolajewa, → *Paul Nikolaus,* → *Joachim Ringelnatz,* → *Willi Schaeffers,* → *Claire Waldoff,* Else Ward.

Peter Altenberg
(eigentlich: Richard Engländer)
* 9. 3. 1859 Wien; † 8. 1. 1919 Wien
Schriftsteller
Studierte Jura und Medizin, wurde freier Schriftsteller. Bohemien, der Typ des Wiener »Kaffeehausliteraten«, schrieb er impressionistische Prosaskizzen und ironische Aphorismen, die sein Freund → *Egon Friedell* in den ersten literarischen Wiener Kabaretts, dem → *Cabaret Nachtlicht* und dem *Cabaret Fledermaus,* vortrug, sowie kleine Szenen (u.a. »Masken«), die dort aufgeführt wurden.
Bei aller Dekadenz plädierte er für eine alternative Lebensweise, für luftige Kleidung, sauerstoffreiche Luft, ausgiebigen Schlaf und leichtverdauliche Delikatessen. → *Karl Kraus* nannte ihn einen, »der im schmutzigsten Winkel des Lebens Literatur geschaffen hat, gleich unbekümmert um die Regeln der Literatur und des Lebens«.

»Er ist Lyriker, wenn er sich zur unmittelbaren Anschauung seiner kleinen Welt begibt, und er ist Humorist, wenn er sich über sie erhebt, um sie zu besprechen.«
Karl Kraus über Peter Altenberg zu dessen 50. Geburtstag in der »Fackel« Nr. 274 vom 27. 2. 1909.

Die Amnestierten
Politisch-literarisches Reisekabarett. Gegründet als »Literarisches Kabarett, gespielt und geschrieben von Kieler Studenten«, eröffnet am 19. 7. 1947 in der als Mensa der Universität Kiel dienenden Gaststätte »Seeburg« von den Philosophiestudenten → *Joachim Hackethal,* Ernst König und Walter Niebuhr und dem Kunststudenten Jan Siefke Kunstreich (Pseudonym: Kunstryk) mit Texten der Genannten und von Ernst Huhn.
Nach ihrem zweiten Programm nannte sich die Gruppe in Anspielung auf einen Erlaß der Alliierten, wonach alle nach 1919 geborenen Deutschen als »unbelastet« eingestuft wurden, *Die Amnestierten.* Ihr drittes Programm wurde wegen einer Hitler-Szene im April 1948 vom britischen Theateroffizier Melotte verboten, konnte aber – nach einer Probeaufführung in Malente – am 24. 5. 1948 in der »Neuen Mensa/Elac« in Kiel herauskommen. Es folgte am 2. 9. 1948 »Kiel bäumt sich auf«. Mit dem darauffolgenden Programm »Auf eigene Gefahr« gastierten die *Amnestierten* vom 23. 9. 1948 an auf der Deutschen Presseausstellung in Hannover und gingen anschließend auf eine halbjährige Tournee durch Westdeutschland und nach West-Berlin. Ihre letzte Premiere in Kiel (»Hunde sind an der Leine zu führen«) hielten sie am 20. 6. 1949 in der »Bruchbude« ab.

Die Amnestierten in ihrem Sketsch »Die Italienreise« (1953), v.l.: Walter Niebuhr, Waltraud Ritzler, Ernst König, Joachim Hackethal, Margret Fürer.

Vom August 1949 an verlegten sie sich ausschließlich auf Gastspiele und wurden damit zum bekanntesten Reisekabarett nach 1945. (Auslandsgastspiele: Oktober/November 1949 Dänemark und Schweden, November/Dezember 1950 London und Cambridge.) 1950 sprach ihnen der Verband Deutscher Studentenschaften (VDS) den Status eines »Studentischen Zeittheaters« ab. Ende des Jahres 1953 schieden die ursprünglichen Mitglieder aus dem Kollektiv aus und überließen Hackethal den Namen, der die *Amnestierten* nun als professionelles Tourneekabarett mit häufig wechselnden Darstellern weiterführte, darunter (seit 1953): *Hans Jürgen Diedrich,* Karl Heinz Gerdesmann, Walter Kabel (Komponist und Pianist), Ursula Noack, → *Hanne Wieder;* seit 1954 Wolfgang Neukirchner (Komponist); seit 1957 Edith Elsholtz, → *Klaus Peter Schreiner* (Autor), → *Gerhard Woyda* (Komponist); seit 1958 Carla Maria Heim. Nach einem Gastspiel im → *»Théâtre Fauteuil«* in Basel (Februar 1961) machten sich die *Amnestierten* im → *Kleinen Renitenztheater* in Stuttgart seßhaft (Premiere: 18. 4. 1961), doch beanspruchte Woyda die alleinige Leitung, so daß Hackethal nach Hamburg ging und dort mit neuem Ensemble in der »Insel« am 3. 11. 1961 sein vorerst letztes Programm, »Malice im Wunderland«, startete. Im Februar 1962 machte die Hamburger Flutkatastrophe den *Amnestierten* abrupt ein Ende. Ein Wiederbelebungsversuch im Juni 1965 in der »Tangente« in West-Berlin mit dem Programm »Bal paré« bescherte den *Amnestierten* wegen einer Vietnamszene einen Theaterskandal und damit das endgültige Ende (mit: Doris Bierett, Siegfried Dornbusch, Siegrid Hackenberg, Joachim Hackethal und Wolfgang Wiehe).

In den vierzehn Jahren ihres Bestehens legten die *Amnestierten* rund 700000

Reisekilometer zurück. Seitdem wirkt Joachim Hackethal als Autor für andere Kabaretts, als Schriftsteller und Schauspieler.
In unbefangener, frischer Studentenmanier attackierte die Truppe zu Anfang restaurative Tendenzen sowie alte und neue Nazis, später auch die Wiederbewaffnung. Unbekümmert mischte sie dabei Elemente der Moritat, der Literaturparodie und der Revue und verschmähte dann und wann auch nicht die Klamotte. Mit wachsender Professionalität verfeinerte sich ihr Stil, ohne je zur Routine zu werden.

Lit.: Kleinholz, Monika: *Das literarisch-politische Kabarett »Die Amnestierten«* (Examensarbeit, o.J.).

»Sie sind jung, frech, sympathisch allesamt und haben jenen angenehm ungehobelten Charme, den Dilettanten, wenn sie das besten Sinnes sind, zu haben pflegen«.
Friedrich Luft in »Die Neue Zeitung«, Berlin, 11. 3. 1950.

Therese Angeloff
* 28. 3. 1916 Dresden
Schauspielerin, Schriftstellerin, Kabarettautorin und -leiterin
Schauspiel- und Ballettausbildung in Dresden. Erstes Engagement am »Albert-Theater« in Dresden, dann Operettensoubrette und Salondame. Emigrierte mit ihrem jüdischen Vater, einem Kleinstadttheaterintendanten, in die Tschechoslowakei. Engagements an Provinzbühnen des Sudetenlandes. Eröffnete 1945 in Dresden ein Privattheater und gründete die »Vereinigte Volksbühne«. Verließ Dresden 1951, kam 1952 über Berlin nach München. Gründete 1953 in der »Künstlerklause« an der Leopoldstraße → *Die kleinen Fische* und schrieb alle Texte selbst. Schrieb außerdem Texte für *Die Zeitzünder* (von 1958 bis 1963), bei denen sie auch Regie führte, ferner für das politische Kabarett der IG Metall (von 1960 bis 1968). Textbeiträge und Regie für das → *Kleine Renitenztheater* (von 1960 bis 1982). 1960 bis 1975 Beiträge zu satirischen Fernsehsendungen im ZDF.

Lit.: Angeloff, Therese: *Meine Seele hat ein Holzbein* (Selbstbiographie). München 1982.

Angewandte Lyrik
Schlagwort für die Dichtung des → *Überbrettl*, geprägt von → *Otto Julius Bierbaum* im Vorwort zu seiner Sammlung »Deutsche Chansons (Brettl-Lieder)«, München 1900. (→ *Gebrauchslyrik*)

Anti
Politisch-satirisches Kabarett in Berlin, gegründet 1928 von → *Max Colpet* und → *Erik Ode*, eröffnet im November 1928 in der Lutherstraße 31 gegenüber der »Scala«. Die meisten Texte schrieb Colpet, die Ausstattung besorgte Rolli Gero. Musik: Teddy Stauffer und seine Band. Außer Colpet und Ode wirkten Inge Bartsch und Marianne Oswald mit. Nach dem zweiten Programm, »Kitsch und Romantik«, mußte das *Anti* aus finanziellen Gründen schließen.

APO-Kabarett
Zusammenfassende Bezeichnung für diejenige politischen Kabaretts der BRD, die sich im Gegensatz zum »symptomkritischen« Kabarett der Jahre bis 1964 seit 1965 als »systemkritisch« verstanden, namentlich das (Münchner) → *Rationaltheater* (seit Januar 1965), das Berliner → *Reichskabarett* (seit Oktober 1965),

der Kölner → *Floh de Cologne* (seit Januar 1966), zeitweise (etwa zwischen 1968 und 1973) auch die Kölner → *Machtwächter* sowie als Einzelkabarettist → *Dietrich Kittner*.
Analog zu den Bestrebungen der »Außerparlamentarischen Opposition« (APO) jener Zeit begnügten sich diese und andere Kabaretts nicht mit dem Anprangern von »Mißständen« und »Ausuferungen« der bürgerlich-parlamentarischen Demokratie, sondern stellten deren gesamtes »System« in Frage. In der Praxis bedeutete dies, daß sie es nicht mehr beim »Spiel mit dem erworbenen Wissenszusammenhang des Publikums« (Prof. → *Jürgen Henningsen* in seiner »Theorie des Kabaretts«, Ratingen 1967, Seite 27) bewenden ließen, sondern glaubten, weiter ausholen und dem Publikum zur Erhellung der tieferen Zusammenhänge Daten, Fakten und sonstige – von der bürgerlichen Presse vernachlässigte oder verschwiegene – Informationen liefern zu müssen, damit ihre satirischen Attakken verstanden werden konnten.
Solche Abkehr von vordergründigen Rundumschlägen auf Oberflächenerscheinungen wie Politikerfiguren aller Couleur, Korruptionsskandale, Moden, Werbungsmethoden und dergleichen führte zwangsläufig zu einer ideologisch »einseitigen« Agitation, zur Vertiefung der Kritik an Symptomen und zur Erweiterung der satirischen Objektpalette über die heimischen Probleme hinaus zu internationalen Erscheinungen wie dem Vietnamkrieg, der Dritte-Welt-Politik und allgemein globalen politischen und ökonomischen Phänomenen. Daraus folgten häufig eigene, außerkabarettistische Initiativen der betreffenden Gruppen und Solisten oder ihre Beteiligung an bereits bestehenden. So agitierte → *Rudolf Rolfs* von der → *Schmiere* seit den fünfziger Jahren auf öffentlichen Veranstaltungen gegen Atomrüstung, Notstandsgesetzgebung, Vietnamkrieg. So nahm der *Floh de Cologne*, wenn er nicht auf öffentlichen Veranstaltungen mit künstlerischen Mitteln agitierte, an Demonstrationen wie denen gegen die Notstandsgesetzgebung oder an der »Aktion Roter Punkt« 1969 in Hannover teil. So machte das (Münchner) *Rationaltheater* 1968 die Verwicklung des damaligen Bundespräsidenten Lübke in die KZ-Planung der Nazis publik. So demonstrierte Dietrich Kittner 1965 in Hannover mit Gasmaske und »Zivilschutzfibel« gegen die Fragwürdigkeit des Bevölkerungsschutzes in einem Atomkrieg. So bereichern er und andere Solokabarettisten wie → *Helmut Ruge* und → *Hanns Dieter Hüsch* – nicht zu vergessen die politischen → *Liedermacher* – politische Veranstaltungen mit ihren satirischen Beiträgen.
Mit dem Auseinanderfallen der APO infolge der Intervention des Warschauer Paktes in der ČSSR 1968 und der Bildung der SPD-FDP-Koalition in Bonn 1969 geriet das »systemkritische« Kabarett in eine Krise, aus der die einzelnen Gruppen unterschiedliche Konsequenzen zogen, von der Selbstauflösung (*Reichskabarett* 1971) bis zur Umstellung auf Agitation mit Rockmusik (*Floh de Cologne* 1970).
In der APO-Zeit stellte sich das herkömmliche Kabarett zum erstenmal selbst in Frage. Außer neuen Zielsetzungen – und in deren Gefolge neuen Techniken der Informationavermittlung wie filmische und akustische Dokumentationen – fand das Kabarett auch zu neuen Formen: neben den Einzelkabarettisten (die meist aus einem Ensemble hervorgegangen waren) trugen nun auch die Liedermacher selbstverfaßte Satire in Einzelauftritten mit eigener Begleitung zu eigenen Kompositionen vor. Zu Beginn der achtziger Jahren fanden viele »systemkritische« Kabarettisten zur herkömmlichen Form des Kabaretts zurück, wenn auch nicht zur reinen »Symptomkritik«. (→ *bügelbrett*, → *Institut für Lebensmut*)

»Während das alte Kabarett seinen Reiz aus Anspielungen auf allgemein bekannte Persönlich-

keiten oder Mißstände bezog, mußte das neue, um verändernd auf das Bewußtsein wirken zu können, die Information über das, was es zu attackieren galt, erst einmal mitliefern, und zwar glaubwürdig, unterhaltend oder spannend und effektiv zugleich.«

Volker Ludwig in »Kabarett mit K«, Berlin, 1974, Seite 142.

»Wir sind kein oppositionelles Kabarett, das Mißstände nur karikiert, sondern wir sind ein systemkritisches Kabarett. Wir kritisieren nicht die jeweilige Regierung, sondern das System, in dem diese Regierungen möglich sind und in dem sie machen können, was sie machen.«

Reiner Uthoff in einem Interview der »Süddeutschen Zeitung«, 29. 8. 1975.

»Kabarett ist Agitation – wenn Sie wollen: Missionstätigkeit. Nicht: Ventil fürs Volk. Nicht: Fronttheater, eher Bewährungsfrist für Satiriker, Reifeprüfung für Engagierte.«

Dietrich Kittner in einem Interview der »Abendzeitung«, München, 25. 10. 1971.

Die Arche

→ *Exilkabarett* (New York); → *Jüdisch-Politisches Kabarett* (Wien)

arche nova

Literarisches Kabarett, eröffnet am 17. 10. 1956 in einem Keller in Mainz von → *Hanns Dieter Hüsch*, dem Redakteur Heinz Braß, den Schauspielerinnen Helga Mummert und Agnes Verena und dem Maler Ernst Birkheimer. Nach eigenem Anspruch ein »gedachtes und gedichtetes Kabarett« (»12 Arche-Thesen«). Nach sieben Programmen und mehreren Gastspielreisen durch die BRD und nach West-Berlin, die Niederlande, Italien, Österreich und die Schweiz löste sich das Ensemble 1963 auf.

Elsie Attenhofer als »modebewußte« Amerikanerin in einem Soloauftritt.

Elsie Attenhofer
* 21. 2. 1909 Lugano (Schweiz)
Kabarettistin und Kabarettautorin
Nach einer dreimonatigen Malausbildung in Paris in die Schweiz zurückgekehrt, traf Elsie Attenhofer mit → *Max Werner Lenz* zusammen, der sie zum → *Cabaret Cornichon* brachte. Mit seinem Chanson »Das alkoholfreie Mädchen« begann im November ihre kabarettistische Karriere. Nach vier Jahren *Cornichon* schied sie aus dem Ensemble aus und trat 1938 erstmals mit einem eigenen Programm als Solistin auf. Seitdem gastiert sie mit ihren Soloprogrammen (u.a. »Herrliche Zeiten«, »Under eus gseit« mit teils eigenen, teils Texten von Max Werner Lenz und → *Walter Lesch* und anderen) in der Schweiz und im deutschsprachigen Ausland. Bis 1947 trat sie sporadisch wieder im *Cornichon* auf. Ihr bekanntestes Stück ist die »Europa-Union«, deren Urtext ihr Lenz schrieb und die sie, mit aktuellen Einsprengseln und Abwandlungen, bis heute vorträgt. Zuweilen trat und tritt sie mit einem Partner auf, früher mit Lenz, später mit Lukas Ammann.
Aus familiären Gründen zog sie sich zeitweise von der Bühne zurück und schrieb das gegen den Antisemitismus gerichtete Dialektstück »Wer wirft den ersten Stein?«. 1948 gründete sie mit einem jungen Ensemble das *Cabaret Sanduhr* und gastierte mit ihm bis 1982 teils mit eigenen, teils mit Texten von Lenz in der Schweiz. Elsie Attenhofer brachte 1975 in Bern das Buch *Cornichon – Erinnerungen an ein Cabaret* heraus.

Aufhänger
Thematischer Ausgangspunkt eines Kabarettextes oder -programms. Meist dient als Aufhänger ein aktueller Anlaß, von dem ausgehend man Grundsätzliches über das betreffende Thema satirisch abhandeln kann, oder ein Spielort oder eine Spielsituation. (In → *Friedrich Hollaenders* Kabarettrevue »Höchste Eisenbahn« von 1932 war es das Reisen mit der Eisenbahn, an dem sich das Zeitgefühl vor dem Machtantritt der Nazis »aufhängen« ließ, in der Rockoper »Profitgeier« des → *Floh de Cologne* von 1970 der Tod des Konzernherrn Friedrich Flick, von dem aus das kapitalistische System beleuchtet wurde.)

Hugo Ball
* 22. 2. 1886 Pirmasens; † 14. 9. 1927 Abbondio (Tessin)
Dichter, Kulturkritiker, Kabarettist, Kabarettautor
Ball begann als Dramaturg (u.a. an den Münchner Kammerspielen). 1915 emigrierte er mit → *Emmy Hennings* in die Schweiz und beteiligte sich in Zürich an der Gründung des → *Cabaret Voltaire* und der Zürcher Dada-Bewegung. Mit seinen »Lautgedichten« trat er in abstrakter Kostümierung im *Cabaret Voltaire* auf, außerdem gab er die gleichnamige Zeitschrift heraus. 1917 wandte er sich von Dadaismus ab, trat zum Katholizismus über und zog sich mit Emmy Hennings, die er 1920 geheiratet hatte, in das Tessin zurück.

Lit.: Arp, Hans/Huelsenbeck, Richard/Tzara, Tristan: *Die Geburt des Dada.* Zürich 1957. – Ball, Hugo: *Die Flucht aus der Zeit* (Tagebücher). 1927. – Schifferli, Peter: *Das war Dada.* München 1963.

Ballade
(italienisch »ballata«, provenzalisch »balada« = »Tanzlied«)
Vom 13. bis zum 15. Jahrhundert bei den romanischen Völkern Bezeichnung für

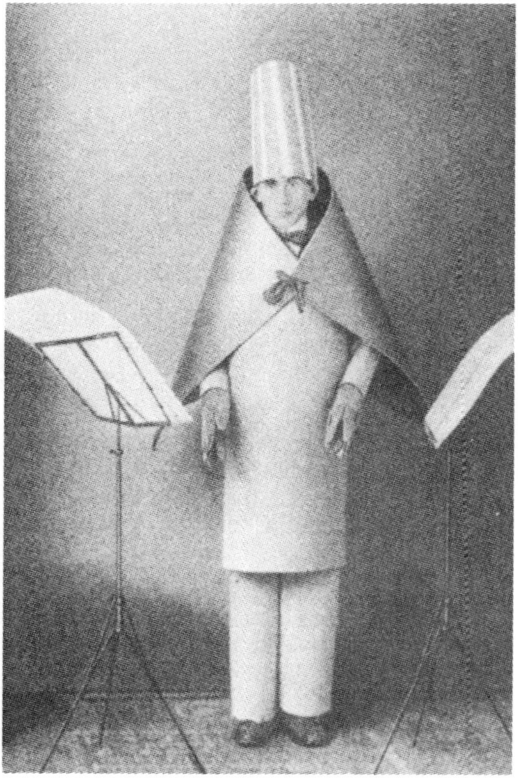

Hugo Ball bei der Vorführung eines Lautgedichts.

ein kurzes, sentimentales Tanzlied voller Liebesklagen, nahm die Ballade bei ihrer Ausbreitung über England nach Schottland und Skandinavien den Charakter eines Volkslieds mit episch-lyrischem Inhalt an (Götter-, Helden-, Legenden- und [literarische] Ritterballade). Als Kunstballade wurde sie im 18. Jahrhundert in Deutschland von Bürger, Goethe, Schiller, Uhland, Heine, Fontane u. a. zur Darstellung ernster, dramatischer, handlungsreicher Ereignisse in Versform weiterentwickelt.

Für das Kabarett übernahm als erster → *Frank Wedekind* die Form der Ballade zur satirischen Behandlung gesellschaftlicher Erscheinungen (u. a. in »Brigitte B.«), nach ihm vor allem → *Bertolt Brecht* (»Legende vom toten Soldaten«, »Ballade von der Hanna Cash« u. a.), → *Volker Ludwig* (»Ballade von Hänschen R., der immer geradeaus ging«), → *Walter Mehring* (»Die Ballade vom Highwayman . . .« u. a.), → *Martin Morlock* (»Arthur, der Spielverderber«, »Ballade von den Tierfreunden« u. a.).

In den sechziger Jahren griffen vor allem die → *Liedermacher* die Balladenform erneut auf wie → *Wolf Biermann* (»Ballade vom Panzersoldat und vom Mädchen«), → *Franz Josef Degenhardt* (»Ballade von den Weißmachern«), → *Gerd Semmer* (»Bunker-Ballade«) und → *Dieter Süverkrüp* (»Western-Ballade«, »Ballade von Hans Dieckhoff«) und knüpften damit an François Villon an (»Ballade von Villon und der dicken Margot«), auch in der Form: der eines drei- bis fünf-, acht- oder zehnzeiligen Strophengedichts, dessen einzelne Verse mit einer gleichbleibenden Zeile (Refrain oder Kehrreim) schließen.

Bänkelsang
Vom 17. bis zum 19. Jahrhundert beliebter Vortrag gesungener → *Moritaten,* bei dem der Vortragende auf einer kleinen Bank (Bänkel) stand und zu einer monoton-eingängigen Drehorgelmusik in holzschnittartig knappen Versen sensationelle, schauerliche oder rührende Ereignisse mit moralisierender Tendenz besang. Dem Bänkelsang vorausgegangen waren im 15. und 16. Jahrhundert das Zeitungs- oder Avisenlied, das aber mit dem Aufkommen der Buchdruckerkunst seinen Nachrichtenwert verlor und dem zeitlos Bewegenden und Belehrenden Platz machte. Als Bänkelsänger traten oftmals ganze Familien auf. Während etwa eine junge Frau die Moritat vorsang, verkauften ihr Mann und/oder ihre Kinder achtseitige Drucke, die eine ausführlichere Prosa, das vorgetragene Lied und gelegentlich einen Titelholzschnitt enthielten.

Wilhelm Bendow
* 29. 9. 1884 Einbeck; † 29. 5. 1950 Einbeck
Schauspieler, Humorist, Kabarettist.
Bendow trat in den zwanziger Jahren in verschiedenen Berliner Kabaretts auf, so u. a. in der → *Wilden Bühne* (seit 1921), der → *Rampe* (1923), in seinem eigenen Kabarett, dem → *tütü,* das er in den Räumen der *Wilden Bühne* 1924 ein paar Monate betrieb, ferner mit seinem Repertoire im → *Kabarett der Komiker* (bis 1944), am → *Nelson-Theater* (in den Kabarettrevuen »Der rote Faden« und »Quick«, beide 1930), am *Korso-Kabarett* sowie als Komiker in den Charell-Revuen »An alle« (1924), »Für Dich« (1925), »Von Mund zu Mund« (1926, zu der er auch Texte beisteuerte), »Casanova« (1928). 1930 wirkte er in der Kabarettrevue »So wird's gemacht« von → *Hellmuth Krüger* und → *Karl Schnog* im *Korso-Kabarett* mit.
1932 gründete er am Kottbusser Tor *Bendows Bunte Bühne,* die er im Laufe des Jahres 1933 aufgeben mußte. Danach trat er zumeist wieder im *Kabarett der Komiker* auf, wirkte in einigen Filmen mit (»Die göttliche Jette«, »Liebeskommando«, »Münchhausen« u. a.). 1946 war er in wiedererstandenen Kabarett der Komiker in der Schaeffers-Revue »Unsterbliches Kabarett« dabei und trat im selben Jahr im *Staubsauger* auf.
Wilhelm Bendow verkörperte den Typ des tuntigen Einzelgängers, der sich in der Tarnkappe des Naivlings über die Zeitläufte lustig macht. Zu seinen Glanznummern in der *Wilden Bühne* und im *tütü* gehörte Tucholskys politischer Schaubudenmonolog »Die tätowierte Dame«. Heutigen Kabarettfreunden ist zumindest Bendows Stimme vertraut aus der Schallplattenaufnahme des Sketschs »Auf der Rennbahn« (»Wo laufen sie denn, wo laufen sie denn?«).

Bendows Bunte Bühne
→ *Wilhelm Bendow*

Josef (»Papa«) Benz
* 9. 10. 1863 Gengenbach (Schwarzwald); † 9. 2. 1928 München
Opernsänger, Gastwirt, Kabarettleiter
Nach seinem Abtritt von der Opernbühne (zuletzt sang er am Münchner Thea-

ter am Gärtnerplatz) eröffnete Benz im Frühjahr 1900 im Hause seiner Frau (Leopoldstr. 50) in München das »Café Leopold«. Hier trug er bisweilen seine Arien vor, überließ das Podium aber meistens anderen Künstlern. Damit hatte er Deutschlands erste Künstlerkneipe geschaffen.
Bei »Papa Benz« traten u.a. auf: die Brettldichter → *Joachim Ringelnatz*, → *Fred Endrikat*, und die Conférenciers → *Fritz Grünbaum* und → *Adolf Gondrell*, die Komponisten → *Rudolf Nelson* und Ralph Benatzky, die *Chansonniere* Mary Irber und Benz' Tochter, die nachmalige Stummfilmschauspielerin Lee Parry, sowie → *Karl Valentin* und Liesl Karlstadt. Zu Benzens Stammgästen gehörten Autoren und Zeichner der satirischen Zeitschrift »Simplicissimus« wie → *Ludwig Thoma*, Th. Th. Heine, Rudolf Wilke und der Verleger Albert Langen, die hier Anregungen zu ihren Überlegungen erhielten, in München einen deutschen Ableger des französischen → *Cabaret artistique* zu schaffen.

Pierre Jean de Béranger
* 19. 8. 1780 Paris; † 16. 7. 1857 Paris
Engagierter französischer Chansondichter und Lyriker
Als Bewunderer Napoleons I. geißelte er in seinen auf bekannte Melodien gereimten Spottgesängen mit »Grazie ..., feinster Ironie und ... meisterhafter Behandlung der Sprache« (Goethe) Korruption, Pfründenwirtschaft und Polizeiwillkür der französischen Restauration. Bérangers Lieder wurden vornehmlich in den Caveaux und Goguettes des frühen 19. Jahrhunderts – einer Art Liedertafeln – gesungen und erfreuten sich außerordentlicher Beliebtheit. Diese Tradition setzten in der zweiten Hälfte des 19. Jahrhunderts die literarischen Clubs fort, von denen über den *Club der Hydropathen* eine gerade Linie zur Gründung des → *Cabaret artistique* verläuft.

Berliner Kneipenbrettl
Im Gefolge der Berliner → *Überbrettl* seit dem Januar 1901 etablierten sich kleinere Brettl in verschiedenen Berliner Lokalen, die meisten in der Nähe der Potsdamer Straße.
Als erstes eröffnete der Maler Max Tilke im Hinterzimmer eines italienischen Restaurants am Kaiserin-Augusta-Ufer (Besitzer: Carlo Dalbelli) das *Cabaret zum hungrigen Pegasus*. Tilke, als Maler so erfolglos wie einst → *Rodolphe Salis*, hatte nach einem Aufenthalt in Spanien in Paris das → *Cabaret artistique* kennengelernt und versuchte nun, dessen Geist in seine Gründung zu verpflanzen.
In geselliger Künstler- und Literatenrunde eröffnete er jeden Samstag um 23 Uhr die Vorstellung mit einer launigen → *Conférence*, griff dann zur Gitarre und sang andalusische Volkslieder. Nun entrollte sich ein teils geplantes, teils improvisiertes Programm: Junge Dichter, eigens engagiert, trugen ihre Gedichte vor, eine Dichterin mit dem Künstlernamen »Dolorosa« (recte: Maria Eichhorn) sprach ihre schwül-sinnlichen Verse, ein Maler namens Molly Griebel begleitete sich auf dem Banjo zu »Negersongs«, und Georg David Schultz sang zur Laute eigene Chansons, tanzte und plauderte. Als literarische Stammgäste traten zuweilen auf: → *Peter Hille* mit eigenen Gedichten und Aphorismen, → *Erich Mühsam* mit seinen Verssatiren, → *Roda Roda* mit seinen selbsterlebten Anekdoten und Grotesken sowie → *Hans Hyan* mit seinen Versen aus dem Milieu der Berliner Unterwelt und seine Frau, Käthe Hyan, die zur Laute teils die von ihr vertonten Chansons ihres Mannes, teils volkstümliche und Liebeslieder sang.
Wegen der Zensurgefahr mußten die Kabarettabende als geschlossene Veran-

staltungen deklariert werden. Zur Kostendeckung ließ der Wirt einen Sammelteller herumgehen. Später zog der *Hungrige Pegasus* in ein italienisches Weinrestaurant in der Markgrafenstraße um und ging im Frühjahr 1902 ein.
Wenige Wochen nach Eröffnung des *Hungrigen Pegasus* etablierte Hans Hyan im Saal von »Schröders Restaurant« in der Steglitzer Str. 18 seine *Silberne Punschterrine*. Hier conférierte er mit dem groben Charme seines Vorbilds → *Aristide Bruant* und trug unter seinen Chansons auch eine Nachdichtung von Bruants »A la Roquette« ins Berlinische vor. Ferner traten auf: Käthe Hyan, Dolorosa und Johannes Cotta.
Gespielt wurde einmal wöchentlich. Auch hier lebte man von Spenden. Die *Silberne Punschterrine* bestand bis 1904. Im Januar 1902 machte sich Georg David Schultz mit seinem *Poetenbänkel zum siebenten Himmel* in »Colsters Weinrestaurant« neben dem »Theater des Westens« in der Kantstraße selbständig. Hier wurde allnächtlich gespielt. Für diese »geschlossenen Veranstaltungen« erhob Schultz eine »Garderobengebühr« von drei Mark und saftige Weinpreise. Seine Attraktion war seine Geliebte und spätere Ehefrau, »Mariette di Rigardo«, mit spanischen Tänzen. Außerdem traten bei ihm Peter Hille, Roda Roda und Erich Mühsam auf. Der *Siebente Himmel* bestand bis zum Jahre 1903 (nach anderen Angaben sogar bis 1906), er gehörte jedenfalls zu den langlebigsten Kneipenbrettln der Überbrettlbewegung.
Im Herbst 1901 hatte → *Danny Gürtler* Unter den Linden seine *Schminkschatulle* eröffnet. Um sich als dem faszinierenden Mittelpunkt her gruppierte er eine Schar unbedeutender Künstler, die als Gage pro Abend (gespielt wurde dreimal wöchentlich) zwei Mark und ein Gulaschgericht bekamen. Gürtler deklamierte hier mit gewaltigem Pathos eigene, literarisch allerdings wertlose Gedichte und Dichtungen von Heinrich Heine.
Als bedeutsamer für das deutsche literarische Kabarett erwies sich das *Cabaret zum Peter Hille,* das sich am 1. 1. 1903 in Dalbellis Weinrestaurant am Kaiserin-Augusta-Ufer im Raum des vormaligen *Hungrigen Pegasus* einrichtete. Hier sammelten sich jeden Montagabend um Peter Hille gleichgesinnte und gleichgestimmte Dichterfreunde, so Else Lasker-Schüler, Richard Dehmel, Hanns von Gumppenberg und Erich Mühsam, und trugen sich gegenseitig und den anwesenden Gästen ihre Dichtungen vor. – Insgesamt gab es in Berlin, zumindest im Jahre 1901, rund vierzig Kneipenbrettl, die aber alle bald eingingen.

Rudolf Bernauer
* 20. 1. 1880 Wien; † 27. 11. 1953 London
Schauspieler, Kabarettautor und Theaterleiter in Berlin
Kam 1899 als Volontär an das »Deutsche Theater«, Berlin, spielte auch kleine Rollen und wirkte 1901 am → *Schall und Rauch* (I) mit. Rief im selben Jahr mit seinem Kollegen Carl Meinhard → *Die Bösen Buben* ins Leben (Premiere: 16. 11. 1901 im »Künstlerhaus«, Bellevuestraße, vor geladenem Publikum), für das er Couplets und Literaturparodien (»Nora«, »Die einsamen Menschen vom Schliersee« u.a.) mit aktuellen politischen Seitenhieben schrieb und auch selber darin mitwirkte.
Nach dem Ende der *Bösen Buben* 1905 schrieb Bernauer Couplet- und Chansontexte für → *Rudolf Nelson* und noch später Lustspiele und Libretti zu Erfolgsoperetten von Walter Kollo (»Wie einst im Mai«, »Filmzauber« u.a.). – Seit 1902 Regisseur am »Deutschen Theater«. Übernahm mit Meinhard 1906 das »Lessing-Theater«, 1907 das »Berliner Theater«, 1911 das »Theater in der

Königgrätzer Straße«, 1913 das »Komödienhaus«. Emigrierte 1933 nach England.

Lit.: Bernauer, Rudolf: *Das Theater meines Lebens.* Berlin 1955.

Otto Julius Bierbaum
* 28. 6. 1865 Grünberg (Schlesien); † 1. 2. 1910 Dresden
Lyriker, Romancier, Chansonautor
Bierbaum entwickelte mit seinem Roman »Stilpe« (1897) die Idee eines »Literatur-Varieté-Theaters« zur literarischen und künstlerischen Veredelung des Tingeltangelbetriebes seiner Zeit. 1900 legte er mit der Herausgabe einer Sammlung »Deutscher Chansons (Brettl-Lieder)« zusammen mit → *Frank Wedekind*, → *Ernst von Wolzogen*, Detlev von Liliencron, Richard Dehmel, Gustav Falke, Arno Holz, Rudolf Alexander Schröder u. a. den literarischen Grundstein des → *Überbrettls*.

Otto Julius Bierbaum nach einer Zeichnung von Olaf Gulbransson.

Bierbaum verstand diese Art, »das ganze Leben mit Kunst zu durchsetzen«, als »Angewandte Lyrik«. Bereits 1898 ventilierte er mit Wedekind die Möglichkeiten der Gründung eines deutschen → *Cabaret artistique*. – Am 29. 12. 1901 eröffnete er im Zuge der Überbrettlbewegung in Berlin das »Trianon-Theater«, mußte es aber bereits Ende Februar 1902 schließen. Berühmt wurden Bierbaums im *Bunten Theater (Überbrettl)* vorgetragenes Chanson »Der lustige Ehemann« (Musik: Oscar Straus) und sein volksliedhaftes »Laridah«. Literarische Qualität zeigen sein »Lied in der Nacht« und »Im Schlosse Mirabell«, beide in der Vertonung durch Hannes Ruch von → *Marya Delvard* bei den → *Elf Scharfrichtern* gesungen.

Wolf Biermann
Politischer Liedermacher
* 15. 11. 1936 Hamburg als Sohn aktiver Kommunisten
Ging 1953 in die DDR, machte 1955 Abitur und studierte bis 1957 Politische Ökonomie. Danach bis 1957 Regieassistent am »Berliner Ensemble«, wo er die entscheidenden Begegnungen mit → *Bertolt Brecht* und → *Hanns Eisler* hatte. Anschließend studierte Biermann bis 1963 Philosophie und Mathematik.
1961 gründete er das »Berliner Arbeiter- und Studententheater (BAT)« in der Belforter Straße und leitete es bis zum Verbot 1963. Von 1962 bis 1965 trat Biermann in der DDR mit Liedern und Gedichten auf. 1964 Konzerttournee durch die BRD, 1965 gemeinsamer Auftritt mit → *Wolfgang Neuss* auf der Abschlußkundgebung des Ostermarschs in Frankfurt (Main). 1965 erhielt Biermann in der DDR Auftritts- und Publikationsverbot. Gemeinsam mit Robert Havemann wurde er zum Mittelpunkt der sozialistischen Opposition gegen die bürokratisierte Staatswirklichkeit der DDR.
1974 erhielt er den Jacques-Offenbach-Preis der Stadt Köln. Im November 1976 erteilte ihm die DDR überraschend ein Aus- und Wiedereinreisevisum für einen Besuch der BRD. Nach seinem ersten Konzert in Köln (Veranstalter: die IG Metall) verweigerte sie ihm die Wiedereinreise und aberkannte ihm die DDR-Staatsbürgerschaft trotz des Protestes vieler Künstler, Schriftsteller, Politiker und DDR-Bürger.
Heute lebt Biermann in Hamburg. 1980 machte er eine Tournee durch die BRD mit seinem Programm »Es grünt so grün«. 1979 erhielt er den → *Deutschen Kleinkunstpreis,* Sparte Chanson, verliehen. Im Winter 1980/81 ging er mit seinem »Wintermärchen« auf Frankreichtournee.

Biermös'l-Blos'n
Bayerische Volksmusikgruppe, bestehend aus den Brüdern Hans Well (* 1. 5. 1953), Michael Well (* 10. 10. 1958) und Christoph Well (* 3. 12. 1959) aus Nassenhausen bei Pfaffenhofen westlich München.
Den Söhnen eines Lehrers und Volksmusikanten begann 1978 die herkömmliche bayerische Volksmusik nicht mehr zu genügen. Sie begannen, zu bekannten bayerischen Volksweisen sowie zu eigenen Kompositionen im alten Stil eigene satirische Texte zu singen und damit die Wirklichkeit des modernen Landlebens, das heißt seine Zerstörung anzuprangern. Dazu gehörte für sie die durch den Bau von Kernkraftwerken heraufbeschworene radioaktive Gefahr. Es konnte nicht ausbleiben, daß sie ihre satirische Kritik auf die Vorgänge bei den Massenverhaftungen Nürnberger Jugendlicher 1981 ausdehnten. Weil sie dabei den Rücktritt des bayerischen Innenministers forderten und auch, weil sie den Text der bayerischen Hymne satirisch abwandelten, wurden und werden sie nicht im Bayerischen Rundfunk und Fernsehen gesendet.
Sowohl literarisch wie musikalisch ist der Vortrag der *Biermös'l-Blos'n* von außerordentlicher Qualität. Namentlich Christoph Well spielt sieben Instrumente so vollendet, daß er als Solotrompeter in die Münchner Philharmoniker aufgenommen wurde. Während Christoph an der Münchner Musikhochschule Musik (zur Zeit Harfe) studiert, studieren seine Brüder Hans Germanistik und Michael Sozialpädagogik. Seit Herbst 1980 treten sie meist zusammen mit → *Gerhard Polt* auf. Gastspielreisen führten die Gruppe durch Bayern und auch durch Norddeutschland (u. a. 1983 gastierten sie im → *Kom[m]ödchen*) und im September 1983 nach Schweden, wo sie in den Goethe-Instituten von Stockholm, Malmö und Göteborg auftraten. Auch an Demonstrationen (gegen Kernkraft-

werke, für amnesty international) nehmen sie als kabarettistische Gesangsgruppe teil. 1981 erhielten sie den Sonderpreis zum → *Deutschen Kleinkunstpreis*.

Die Biermös'l-Blos'n, v. l.: Christoph, Hansi und Michael Well.

Blackout

(englisch = »dunkel machen«)

Ursprüngliche Bezeichnung für die abrupte, übergangslose Abdunkelung der Kabarettbühne nach der Schlußpointe einer Nummer – eine Methode der Nummernscheidung, die bereits das → *Überbrettl* kannte (nach einem Zeugnis Alfred Kerrs, der in der Rezension eines Programms des Kabaretts *Charivari* im Juli 1901 vermerkte: »... nach jeder Nummer wurde die Bühne verfinstert« in: »Die Welt im Drama«, Berlin 1917, Seite 341). Später wurde der Begriff auf eine kurze Szene, einen gespielten, dialogisierten Witz ausgedehnt, nach deren Pointe schlagartig das Licht ausgeht. Diese Methode, im deutschen Kabarett erst seit 1945 verwendet, wurde vom politisch-satirischen Kabarett der sechziger Jahre (→ *APO-Kabarett*) verworfen mit der Begründung, sie ermögliche bzw. erleichtere es dem Publikum, die Pointe als solche zu genießen, ohne über Ursachen und Hintergründe des derart aufgespießten Mißstands nachzudenken. Weiterhin verwendet wird der Blackout (Kurzform: Black) als szenischer Einschub in Reportagen oder als Serie mehrerer aneinandergekoppelter Blacks zu einem gleichbleibenden Thema oder zu einem Thema mit gleichem → *Aufhänger* (Blackfolge).

Blackout

Politisch-satirisches »Revuekabarett« (Eigenbezeichnung) in München, gegründet 1. 1. 1979 von vier ehemaligen Mitgliedern des Gewerkschaftskabaretts *Münchner Sati(e)rschutzverein:* Walter Zauner, Hans Heumann, Angelika Beier und Sol de Sully sowie Michael Baran von den *Lampenputzern,* Uli Bauer und

Annette Hopfenmüller. Erstes Programm: »Wer nicht stören will, muß fühlen« (3. 5. 1979 im »Hinterhoftheaterl«, München, Gabelsbergerstr. 50, später Am Hart, bis 20. 11. 1981). Nach fünf Wochen Tournee durch die südliche BRD brachten sie ihr zweites Programm, »... und bewahre uns vor der Erlösung«, heraus (22. 10. 1980 bis 22. 12. 1981).
Am 4. 5. 1981 verbot ihnen der Kanzler der Katholischen Universität Eichstätt den angekündigten Auftritt wegen antiklerikaler Tendenzen. Nach erneuter Tournee durch die südliche BRD stellten die *Blackouts* am 23. 7. 1981 ein sogenanntes »Zwischenprogramm« mit Gästen vor: »Im Thal der Wülste« (Text und Musik von Peter Jacobi, Laufzeit bis 23. 9. 1981). Weitere Programme: »Stille Nacht, bis es kracht« (3. 3. 1982 bis 19. 2. 1983); Sonderprogramm »Die Sark-Astro-Show« (25. 2. bis 4. 6. 1983) und – seit 26. 10. 1983 – »Mach's nochmal, Noah!«. Hauptautoren: Walter Zauner und Sol de Sully. Hauptkomponisten: Walter Zauner, Thomas Bogenberger. Alle Mitwirkenden musizieren, singen und tanzen.

»Fünf Männer, zwei Damen – eine Hunderschaft an Figuren, ein Chaos an vulgären, klerikalen, anarchischen und märchenhaften Possen, schmissig choreographiert und drauflos gemimt, daß sich die Menschen biegen, mit einem Wort: eine einzige Geschmacklosigkeit, wunderbar.«
Michael Skasa in der »Süddeutschen Zeitung«, München 9./10. 4. 1983, über »Die Sark-Astro-Show«.

Der Blaue Vogel
Russisches, literarisch-folkloristisches Emigrantenkabarett, 1921 nach dem Vorbild der Moskauer *Fledermaus* in der Goltzstr. 9 zu Berlin von J. Duvan-Torzoff eröffnet und von J. D. Jushnij geleitet und conferiert.
Der *Blaue Vogel* brachte bilderbuchartige Szenen aus dem russischen Volksleben, streng stilisiert in Darstellung, Klang, Bewegung, Rhythmus, Bühnenbild und Kostümen. Sozialkritik trat, wenn überhaupt, in der Verkleidung des Malerischen, Romantisierenden hervor, ob Soldaten, Bäuerinnen oder Jushijs berühmt gewordene »Wolgaschlepper« (»Burlaki«). Die Zeitkritik lag in der Überzeichnung des Typischen. Zwischen den einzelnen Nummern (im ganzen waren es über siebzig) durchbrach Jushnij den Expressionismus des Gebotenen mit seinen in einem drolligen Deutsch gehaltenen realistischen Plaudereien. Der *Blaue Vogel* ging 1931 ein.

»Drei Elemente innig gestellt: Farbe, Klang, Bewegung, Phantasie mischt, Rhythmus bindet sie, Witz macht das Gemenge leicht, locker, schaumig. Von dem, was in deutschen Landen ›Cabaret‹ heißt, ist der ›Blaue Vogel‹ ein paar tausend Werst weit entfernt: durch Buntheit, Geschmack, Bizarrerie, Einfall, Laune. Durch den Dreiklang der Talente seiner Maler, Musiker, Darsteller. Durch die ästhetische Wertigkeit seiner feinen, kleinen Künste ... Ein entzückendes Cabaret, aber um einige Grade zu harmlos.«
Alfred Polgar in der »Weltbühne«, 11. 1. 1923.

Franz Josef Bogner
* 19. 6. 1934 Limburg
»Literarisch-mimischer Solokabarettist« (Eigenbezeichnung Bogner)
War bis 1963 Justizbeamter »auf Lebenszeit«, ließ sich nebenher als Schauspieler und Pantomime in Frankfurt, Essen und Paris ausbilden. Schrieb 1958 erste Kabarettexte. Gründete 1963 in Limburg das Studentenkabarett → *Die Freimauler* und arbeitete mit ihm als Autor, Hauptdarsteller und Regisseur.
Von 1964 bis 1967 führte er die Arbeit der *Freimauler* in Frankfurt (Main) mit Hans J. Rosenbauer weiter. Deren letztes Programm (»DAS arabische SYSTEM«) spielte er 1970 als Solokabarett weiter. Seitdem bereist Bogner als Ein-

zelkabarettist das In- und Ausland. Sein Repertoire umfaßt – mit aktualisierenden Abwandlungen und Ergänzungen – die Programme »BOGNERS fabel-haftes THEATER«, »goethes V'st«, »BOGNERS CLOWN-THEATER« (I und II), »MEMOIREN EINES CLOWNS«, »UND es WARD« sowie »KABARETT!«. 1977 erhielt er den → *Deutschen Kleinkunstpreis.*
Bei den → *»Essener Kabarett-Tagen«* 1966 und 1968 überraschte Bogner, teilweise als Solist, als Inspirator der *Freimauler* mit einer das Wort weithin aussparenden, mimischen »Vorzeige«-Technik.

Bonbonniere (Hamburg)
Literarisches Kabarett in Hamburg, Raboisen 19. Eröffnet am 29. 12. 1945 von Heinz Strohkark und Lotar Olias (künstlerischer Leiter) mit dem Programm »Das ganze Leben ist ein Karussell«. Texte schrieben: Bob Iller, Heinz Pauck, → *Paul Schneider-Duncker,* die Musik komponierte und begleitete Lotar Olias. Die Programme wechselten monatlich.
1946 kam als Autor Dirks Paulun dazu, 1947 → *Eckart Hachfeld* (bis 1949), 1949 → *Wolfgang Neuss* und → *Dieter Thierry.* Unter den Mitwirkenden waren u.a. Kirsten Heiberg, → *Ursula Herking,* Paul Hörbiger, Iska Geri, Günther Jerschke, Gerda Maurus, Hubert von Meyerinck, → *Wolfgang Müller,* Wolfgang Neuss, → *Erik Ode,* Ralf Wolter und Ingeborg Wellmann. Regie führten: Erik Ode, Rudolf Platte, Siegfried Breuer u.a. Komponisten waren: Michael Jary, Willi Kollo, Hans Martin Majewski, Lotar Olias, Peter Sandloff und Norbert Schultze. Diese Namen verraten, daß die *Bonbonniere* in Hamburg unmittelbar nach dem Zweiten Weltkrieg ein Treffpunkt versprengter Schauspieler und Komponisten war.
Mit ihrem letzten Programm (»Endstation – alles einsteigen!«) vom November 1950 hörte sie zu existieren auf. Bei einem Gastspiel in West-Berlin 1951 blieb das Kernensemble unter dem Namen »Die Haferstengels« (Ursula Herking, Wolfgang Neuss, Ruth Stephan, Dieter Thierry, Ralf Wolter) in Berlin. Nach Auflösung des Ensembles gingen die Mitglieder teils zu den → *Stachelschweinen,* teils machten sie eigene Programme im → *Nürnberger Trichter.*

Bonbonniere (München)
Gehobenes Unterhaltungskabarett mit literarischen Intermezzi. Gegründet 1910 von Hans Meßthaler und → *Gussy Holl* am Kosttor in München (nahe dem Platzl) in einem ehemaligen Café.
Als Meßthaler 1911 starb, ging Gussy Holl nach Berlin und begann ihre Karriere als Chansonniere und Parodistin. Die *Bonbonniere* übernahm der Gastronom Hans Gruß und machte sie zur Spielstätte für viele bekannte Kabarettisten. Zum musikalischen Leiter bestellte er Ralph Benatzky, als Conférenciers verpflichtete er → *Fritz Grünbaum,* → *Willi Schaeffers* und andere. Um 1925 war → *Friedrich Hollaender* künstlerisch-musikalischer Leiter des Unternehmens. Es gastierten u.a.: Max Adalbert, Willi Forst, Peter Kreuder, Lore Leux, Harry Liedtke, Pola Negri, → *Rudolf Nelson,* Asta Nielsen und → *Frank Wedekind.*
Im September 1924 wurde die politisch-satirische Revue »Bis hierher und nicht weiter!« von Leopold Schwarzschild mit Chansons von → *Walter Mehring,* Heinrich Mann und Siegfried von Vegesack und der Musik von Peter Kreuder aufgeführt. 1930 übernahm → *Adolf Gondrell* die *Bonbonniere* und leitete sie bis zu ihrer Zerbombung 1944. Unter seiner Ägide gastierten hier u.a.: Lale Andersen, → *Fred Endrikat,* Walter Hillbring, → *Ernst Klotz* und → *Joachim Ringelnatz.*

Am 1. 1. 1933 begann in der *Bonbonniere* die → *Pfeffermühle* ihren – kurzfristigen – Münchner Spielbetrieb.

Herbert Bonewitz
* 9. 11. 1933 Mainz
Komponist, Kabarettist, Kabarettautor
Studierte in Mainz Psychologie und Publizistik, begann 1956 eine kaufmännische Lehre und ein Fernstudium für Grafiker. Seit 1969 Werbeleiter bei den Hakle-Werken, Mainz. Seit 1950 Pianist und Arrangeur bei verschiedenen Chören und Kapellen. Chorleiter und Autor bei den »Gonsbachlerchen«. Debütierte im Fernsehen »mit Gesangstrio und Akrobatik am Flügel« (Bonewitz). Trat 1953 erstmals in der Fernsehfastnachtssendung »Mainz, wie es singt und lacht« auf, seit 1968 in der TV-Sendung »Mainz bleibt Mainz«, in beiden als Büttenredner. 1975 setzte er als Büttenredner aus und debütierte im Winter 1975 als Kabarettist im → *unterhaus* mit seinem Programm »Ein Narr packt aus«, das auch vom Fernsehen übertragen wurde.
Mit seinem »Humoratorium« unter dem Titel »Na, denn viel Spaß!« bekam er am 27. 4. 1977 Ärger mit den Fernseh- und Fastnachtsgewaltigen wegen der angeblichen »Unausgewogenheit« seiner Büttenreden. Bonewitz packte, wie DIE WELT am 29. 2. 1976 schrieb, »seinen Koffer voll Erfahrung aus, und heraus kommt herbe Kritik am ›Narren-Establishment‹, an den Humor-Organisatoren, den geldgierigen ›Berufs-Karnevalisten‹, den ›falschen Autoritäten und ihrer Selbstgefälligkeit‹, den alten Zöpfen und verstaubten Traditionen, der Fernsehfastnacht und dem snobistisch-›feinen‹ Publikum«. Seitdem macht Bonewitz nur noch Kabarett im *unterhaus,* u. a. mit den Programmen »1, 2, 3 – wo ist der Mensch?« (1980), »Alles nur halb so wild« (April 1981), »Wahn-sinnig ... komisch!« (November 1981), »Total im Bild« (Dezember 1983). Im Oktober 1983 verkündete Bonewitz, nie mehr in die Bütt steigen und seine Stellung als Werbeleiter bei Hakle aufgeben zu wollen.

Die Bösen Buben
Literarisches Kabarett in Berlin, ins Leben gerufen von den Schauspielern am Deutschen Theater → *Rudolf Bernauer* und Carl Meinhard und bestehend aus den beiden sowie Paul Schweiger und Dr. Leo Wulff. Ähnlich wie das → *Schall und Rauch (I),* bei dessen Vorstellungen Bernauer mitgemacht hatte, pflegten die *Bösen Buben* in erster Linie die Dramenparodie.
Die erste Vorstellung fand am 16. 11. 1901 im »Künstlerhaus« an der Bellevuestraße vor geladenen Gästen statt. Danach spielte die Gruppe nur sporadisch (etwa ein- bis zweimal im Jahr) für ein ausgewähltes Publikum. Ihre Parodien spickten sie mit Anspielungen auf aktuelle, meist literarische und politische Ereignisse. Bekannt wurde ihre Parodie auf Ibsens »Nora« mit deutlichen Seitenhieben auf die Großmannssucht Kaiser Wilhelms II., ferner ihr Terzett »Die Minderwertigen« mit der jungen Tilla Durieux als Partnerin (eine Satire auf die Gerichtspsychiatrie) sowie Bernauers Couplet »Und Meyer sieht mich freundlich an« mit der Musik des Hauskomponisten Leo Fall, das zu einem Berliner Gassenhauer wurde. Seit 1903 veranstalteten Meinhard und Bernauer zusätzlich die »Bösen-Buben-Bälle«. Das Kabarett hielt sich – auch dank der Seltenheit seiner Vorstellungen – bis 1905.

Bertolt Brecht
* 10. 2. 1898 Augsburg; † 14. 8. 1956 Ost-Berlin
Lyriker, Dramatiker, Theoretiker und Regisseur
Schon als Gymnasiast vom → *Bänkelsang* des → *Frank Wedekind* beeindruckt, dessen Balladen er gern zur Gitarre vortrug, schrieb und trug Brecht bald eigene Balladen (»Die Legende vom toten Soldaten«) und Moritaten (»Apfelböck«) vor und sang in seinem Erstlingsdrama »Baal« bei einer Aufführung durch die »Junge Bühne« in Berlin den »Choral vom großen Baal« unsichtbar zur Gitarre.
Kabarettistisch beeindruckte ihn in seinen Münchner Jahren vor allem → *Karl Valentin,* in dessen Ensemble er zeitweise mitspielte, und zwar als Flötist in der Szene »Die Oktoberfestschaubude«. Am Tage nach der Premiere seines Kriegsheimkehrerstücks »Trommeln in der Nacht« an den Münchner Kammerspielen 1922 fand nach der Vorstellung als kabarettistisches Mitternachtstheater die Aufführung der »Roten Zibebe« von und mit Brecht statt. Als zweites Kabarettstück der »Roten Zibebe« brachte Brecht Karl Valentins Szene »Das Christbaumbrettl« heraus.
Im Januar 1922 trat Brecht (sein einziger Auftritt in einem originären Kabarett) in der → *Wilden Bühne* in Berlin auf, wo er seine »Legende vom toten Soldaten« vortrug und damit einen Skandal im Publikum entfesselte. Mit der Einführung des → *Songs* in seine gesellschaftskritischen Stücke – vor allem in der »Dreigroschenoper«, 1928, und »Aufstieg und Fall der Stadt Mahagonny«, 1930, mit der

Bertolt Brecht als Flötist in der Valentin-Szene »Die Oktoberfestschaubude« (zweiter v.l.).

Musik von → *Kurt Weill* – führte Brecht (neben anderen wie → *Walter Mehring* und Georg Kaiser) das kabarettistische Element des direkten Ansprechens bzw. Ansingens des Publikums in die zeitgenössische Dramatik ein. Immer wieder verwendete er die Form lose aneinandergereihter Szenen (wie in »Furcht und Elend des Dritten Reiches«) oder des pointierten Dialogs (wie in den »Flüchtlingsgesprächen«). Zahlreich waren seine Kampflieder für den → *Agitprop,* die meisten vertont von → *Hanns Eisler* (»Solidaritätslied«, »Einheitsfrontlied«, »Zu Potsdam unter den Eichen« u. a.). Mit ihnen schlug er die Brücke von Wedekind zu den politischen → *Liedermachern* der sechziger Jahre.

Erich Brehm
* 12. 9. 1910 Berlin; † 15. 11. 1960 Ost-Berlin
Kabarettautor, -leiter, -theoretiker
Ursprünglich Mathematiklehrer, Schulrat. Schrieb seit 1950 als freier Autor Sketsche und Chansons für die Kabaretts → *Frischer Wind* und seit 1953 für die → *Distel,* die er 1953 gründete und deren Direktor er bis 1958 war. Brehm gründete 1945 das erste Ost-Berliner Nachkriegskabarett, das *Kiki.* Er arbeitete an der satirischen Zeitschrift »Eulenspiegel« mit und schrieb Drehbücher für die satirische DDR-Propagandafernsehsendung »Das Stacheltier«.

Brettl
(Bayerisch = »kleines Brett«)
Im Volksmund die seit etwa 1870 aufgekommenen Amüsierlokale mit Gesangs- und Tanzdarbietungen (→ *Tingeltangel,* → *Varieté,* Singspielhallen). Bei Übernahme der Form wollte das → *Überbrettl* die Inhalte der dort gesungenen, meist chauvinistischen und/oder vulgär-sexuellen Couplets literarisch »veredeln«. Heute bezeichnet der Begriff »Brettl« ein Kabarett in kleinem Rahmen (→ *Kneipenbrettl*), in denen Autoren allein oder mit anderen Amateuren auftreten.

Gerhard Bronner
* 23. 10. 1922 Wien
Kabarettautor, Komponist, Kabarettist
Nach der Annektion Österreichs 1938 floh Bronner als Sechzehnjähriger nach Brünn und ging über England nach Palästina. Schlug sich als Plantagenarbeiter und als Barpianist in Nachtlokalen durch. 1948 nach Wien zurückgekehrt, arbeitete er als Pianist mit eigenen Chansons in der »Marietta-Bar«, trat gastweise im → *Simplicissimus* (Wien) auf und stieß 1950 auf die Gruppe → *Helmut Qualtinger,* → *Michael Kehlmann,* und → *Carl Merz,* zu deren satirischem Parodiestück »Reigen 51 – 10 Variationen auf ein Thema von Schnitzler« er die Musik und vom Klavier aus die gesungenen Conférencen beisteuerte.
Im Herbst 1952 brachte die Gruppe an gleicher Stelle (»Kleines Theater im Konzerthaus«) ihr erstes reines Kabarettprogramm, »Brettl vorm Kopf«, heraus (in dem Qualtinger Bronners Chanson »Der g'schupfte Ferdl« sang). Durch Kehlmanns und Bronners Weggang nach Hamburg zum NDR brach die Gruppe 1953 auseinander. Bronner wurde musikalischer Leiter in der Unterhaltungsabteilung des NDR-Fernsehens, kehrte aber 1955 nach Wien zurück. Sang und spielte in der nun von ihm gepachteten »Marietta-Bar«, anfangs mit → *Peter Wehle,* dann mit → *Georg Kreisler* als Partner. Im Sommer 1956 pachtete er das »Intime Theater« und brachte dort 1956 das Programm »Blattl vorm Mund« (darin sein von Qualtinger gesungenes Chanson »Der Halbwilde«) und (nach einem unpolitischen Intermezzo mit Bronner-Wehles musikalischem Lust-

Gerhard Bronner

spiel »Ich und der Teufel« und einer »beflügelten Kabarettrevue« mit dem Titel »Brettl am Klavier« von und mit Gerhard Bronner, Georg Kreisler, Peter Wehle und Herbert Prikopa) 1957 »Glasl vorm Aug'« heraus, beide mit Helmut Qualtinger, Georg Kreisler, Peter Wehle, Louise Martini, Carl Merz und sich selber. Ein Jahr lang ohne festes Haus, spielte die Gruppe ihr Programm »Spiegel vorm G'sicht« 1958 weiter im Österreichischen Fernsehen mit so großem Erfolg, daß nur noch die Sportschau mehr Zuschauer anzog und daß aufgrund von Bronners Chanson »Der Papa wird's schon richten«, gesungen von Qualtinger, der österreichische Unterrichtsminister Hurdes zurücktreten mußte. Im Oktober 1959 eröffnete Bronner das von ihm erworbene → *Neue Theater am Kärntnertor* mit der – noch immer – namenlosen Truppe und dem Programm »Dachl überm Kopf«, dem im Oktober 1960 das Programm »Hackl vorm Kreuz« folgte (darin Bronners »Die Ottomanen«).
Als Interpret fremder Texte bekannt wurde Bronner vor allem in den »Travnicek«-Duos mit Qualtinger (Texte: Merz-Qualtinger). Als sich Qualtinger Anfang 1961 von der Gruppe abwandte, führte Bronner das Theater zunächst mit einem Gastspiel des Grazer Studentenkabaretts → *Der Würfel* und dann mit Eva Pilz, Peter Wehle und sich selbst angereicherten *Würfel*-Programmen (»Wedl sei der Mensch«, 1961, und »Sumper fidelis«, 1962) sowie mit unpolitischen eigenen Programmen mit Peter Wehle als Partner fort, bis er das Haus am 20. 2. 1966 schloß.
Seither trat er zeitweise wieder im *Simpl* auf und betreut seit 1963 im Österrei-

chischen Fernsehen die Sendereihe »Das Zeitventil«. Nebenher übersetzte und bearbeitete er zwischen 1971 und 1976 so bekannte amerikanische Musicals wie »Cabaret«, »Alexis Sorbas« und »Promises, Promises« und erstellte von »My Fair Lady« eine österreichische Fassung. Seit 1973 tritt er mit Elfriede Ott in Duoprogrammen in Wien (»Theater in der Josefstadt«), München (»Theater die Kleine Freiheit«), Salzburg (Festspiele) und seit 1979 im eigenen Kabarett, der »Fledermaus« in Wien, auf. Seit 1970 betreibt Bronner ein eigenes Film- und Fernsehstudio.

Gerhard Bronner hat in den fünfziger Jahren als Textautor, Komponist und Interpret wesentlich dazu beigetragen, das Wiener Kabarett auf ein bis dahin nie so geschlossenes künstlerisches und satirisches Niveau zu heben. Dies machten vor allem seine hohe Musikalität und die daraus fließenden, ins Ohr gehenden Chansons möglich, dazu der leichthin strömende und doch ins Schwarze treffende Witz seiner Texte und die unaufdringlich spielerische Intellektualität seiner Selbstinterpretation. Zusammen mit den anderen Autoren-Komponisten-Interpreten Kreisler und Wehle sowie dem erzkomödiantischen Temperament Qualtingers und der literarischen Qualität von Carl Merz gelang der namenlos gebliebenen Gruppe unter Bronners Initiative eine Art satirisch-musikalisch-dramatisches Gesamtkleinkunstwerk, wie es das deutschsprachige Kabarett vorher nur in Ansätzen gekannt hatte.

»Diese Mischung von Witz und Musikalität ist außerhalb Wiens nicht zu haben ... Mit sparsamsten Mitteln wird hier der eigentliche, so oft kläglich mißverstandene Auftrag des politischen Cabarets erfüllt: Hintergründe satirisch auszuleuchten und kurzschlußartige Verbindungen herzustellen, statt mit vordergründigen und unverbindlichen Phrasen Szenenapplaus zu provozieren. Der Applaus hernach war um so reichhaltiger.«

Friedrich Torberg über das Programm »Blattl vorm Mund«, 1956.

»Wer den Unterschied zwischen ihnen und denen der echten Dilettanten klavierspielen wollte, der müßte so gut klavierspielen wie jeder einzelne von ihnen.«

Hans Weigel, 1958

»Keiner hätte es allein schaffen können, vier Temperamente ergänzten sich glorios. Wir waren gerade noch jung genug, alles anders machen zu wollen, aber doch schon erfahren genug, es auch zu können.«

Gerhard Bronner

Aristide Bruant

* 6. 5. 1851 Courtenay; † 11. 2. 1925 Paris

Chansonautor und Chanteur (Auteur-Compositeur-Interprète)

Erster großer Chansondichter und -interpret des Kabaretts, anfangs im → *Chat noir* (Paris), seit 1885 in seinem eigenen Cabaret *Le Mirliton,* davor, dazwischen und danach in den → *Cafés-concert* von Paris.

Der Sohn eines kleinen Landbesitzers mußte, als sein Vater verarmte, mit fünfzehn Jahren das Gymnasium verlassen und ging zu einem Goldschmied in die Lehre. Im Deutsch-Französischen Krieg von 1870 vorübergehend Freischärler, ging Bruant nach dem Krieg nach Paris und wurde dort Frachtbriefschreiber an der Gare du Nord. In den Garküchen und Kneipen des Pariser Nordens lernte er das Proletariat, noch näher das Subproletariat der Hauptstadt kennen und mögen. Er lernte ihren Argot und schrieb und sang darin das Hohelied der Ausgestoßenen und Entrechteten in seinen »Chansons réalistes«, die Volksdichtung im echten und künstlerisch besten Sinne waren (»A Montmerte«, »A Montrouge«, »A Saint-Ouen«, »A Saint-Lazare« u.v.a.).

Äußerlich fand der der oberen Mittelklasse entstammende Bruant seinen Stil in dem plakativ-berühmten Aufzug, in dem Toulouse-Lautrec ihn gemalt hat. Sein

Aristide Bruant nach einer Zeichnung von Henri de Toulouse-Lautrec.

Ärger über das ungenierte Kommen und Gehen der Gäste im *Mirliton* während seines Chansonvortrags riß ihn zu drastischen Beschimpfungen hin, die er, als er merkte, daß die Beschimpften dies besonders genossen, zur Routine machte. Bruants großes Entertainertalent hatte der Journalist, Schlager- und Chansonautor Jules Jouy entdeckt, als er ihn in den Cafés-concert in Zylinder, Lackschuhen und buntgestickter Weste leichte Schlager singen hörte. Er schrieb ihm ein paar Lieder des leichten Genres und führte ihn in den → *Chat noir* (Paris) ein. Hier erst entwickelte Bruant seine spezifische Note, die ihn später sporadisch auf die Varietébühne zurückführte, diesmal als den Sänger des Volkes.
So baute das »Concerts des Ambassadeurs« auf den Champs-Élysées das *Mirliton* naturgetreu auf seiner Riesenbühne nach und ließ Bruant in seiner typischen Kostümierung seine großen Chansons singen. 1890 gab Bruant seine Chansons unter dem Titel »Dans la rue« gesammelt heraus. 1895 zog er sich vom *Mirliton* und vom Montmartre zurück und verbrachte sein letztes Lebensdrittel, reich und konservativ geworden, fern von den einst Besungenen auf seinem Landsitz nahe seinem Geburtsort Courtenay. Eine kurz vor seinem Tode 1924 aufgenommene Schallplatte gibt eine schwache Vorstellung von seinem starken Chansonvortrag.

Die Brücke
Politisch-satirisches Kabarettkollektiv in Berlin, gebildet im Mai 1931 aus politisch aktiven Künstlern der → *Katakombe* wie → *Ernst Busch*, → *Annemarie*

Hase, → *Rudolf Schündler*, → *Erik Ode*, Fritz Genschow, Renée Stobrawa. Texte schrieben u. a.: → *Julian Arendt*, → *Max Colpet*, → *Robert Gilbert* (unter dem Pseudonym »David Weber«). → *Kurt Tucholsky* u. a. Die Musiken komponierten → *Hanns Eisler* und Erwin Straus. In der *Brücke* sang Ernst Busch u. a. Gilberts »Ballade von der Krüppelgarde« und Tucholsky-Eislers »Anna Luise«.

Curt Bry
* Berlin; † Dezember 1974 Los Angeles/USA
Kabarettautor, Komponist, Pianist
Begann 1930 als Pianist in der → *Katakombe*, für die er auch Texte schrieb (nach 1933 unter dem Pseudonym Rudolf Aldach). Emigrierte 1933 und machte 1933/34 in Wien mit → *Trude Kolman* im *Sechsten Himmel* Zweipersonenkabarett (als Autor-Komponist am Flügel). Schrieb 1934 Texte und Musiken für den *Regenbogen*, 1936 für das → *ABC* und 1936 bis 1938 für den → *Lieben Augustin* (1936 für »O, du liebe Weltgeschichte!«, 1937 für »Zirkus Universum«, 1938 sämtliche Texte und Musiken für das letzte Programm des *Lieben Augustin*, »Der Durchschnittsmensch«). 1938 floh Curt Bry über die grüne Grenze in die Schweiz, wo er Texte für das → *Cornichon* schrieb.

Das Bügelbrett
Politisch-satirisches Kabarett, gegründet 1959 in Heidelberg als Studentenkabarett, seit 1965 in West-Berlin.
Erstes Gastspiel im Herbst 1960 beim VI. Deutschen Studententag in West-Berlin mit Hannelore und Horst Taubmann. Nach kurzer Examenspause von dem Studenten der Volkswirtschaft Erich Kaub in der von ihm gegründeten Studentenkneipe »Tangente« im Heidelberger »Gesellschaftshaus« wiederbelebt und am 21. 6. 1960 mit dem Programm »Die großen Tabus« neu eröffnet mit Horst Taubmann, Hannelore Kunz sowie den Studenten Peter Knorr und Wolfgang Beck. Nach der Heirat von Erich Kaub und Hannelore Kunz im Oktober 1960 und dem Ausscheiden von Horst Taubmann übernahm die nunmehrige → *Hannelore Kaub* die künstlerische Leitung und schrieb und inszenierte fortan alle Programme selbst.
1962 gastierte das *Bügelbrett* bei den Berliner Kabarett-Tagen des AStA der Freien Universität Berlin und errang (wie auch 1963) den ersten Preis und hymnische Kritiken, u. a. von → *Wolfgang Neuss*. Daraufhin mietete Erich Kaub für zwei Wochen das »Forum-Theater« am Kurfürstendamm für ein Gastspiel. Anschließend bereiste das *Bügelbrett* die BRD und gastierte in verschiedenen Universitätsstädten (u. a. München, Karlsruhe, Stuttgart, Freiburg, Mannheim, Frankfurt [Main]), bis es sich 1965 in West-Berlin niederließ (in der von Erich Kaub in der Hardenbergstraße eingerichteten Berliner »Tangente«). 1964 war es auf Einladung der Berliner Filmfestspiele nach Berlin mit seinem Programm »Millionen BILD-Leser fordern« gekommen, das sie dann in »Überlebensgroß Berlin« umbenannten. 1965 brachten sie zusammen mit den → *Amnestierten* das Programm »Bal paré« heraus.
Seinen Höhepunkt erreichte das *Bügelbrett* 1965 mit seinem Programm »Black & White«, das sich vornehmlich auf Probleme der Dritten Welt konzentrierte. Es folgten 1966 »Auf Gedeih und Verderb«, 1967 (im neuen Haus, der von den → *Stachelschweinen* aufgegebenen »Ewigen Lampe« in der Rankestraße) »Das Kabarett ist tot – Es lebe das Cabaret!« und 1968/69 »Trotzdem . . . Rot ist die Hoffnung«. Nach diesem Programm löste Hannelore Kaub aus Gesundheitsgründen das *Bügelbrett* zum 31. 5. 1969 auf. Am 11. 12. 1981 reaktivierte sie es in

Helmut Krauss und Hannelore Kaub im Programm des Kabarett Bügelbrett »Ach, laßt uns doch in Frieden!« (1983/84).

Heidelberg mit dem Programm »Keine Angst – wir kommen!« mit einigen Mitgliedern des alten Ensembles wie Wolfgang Unterzaucher und Birger Heymann und gastierte damit von Ende Januar 1982 an in Nachtvorstellungen am Wochenende in der »Komödie« am Kurfürstendamm. Mit ihrem nächsten Programm – »Wir sind auf dem rechten Weg« – zog sie am 29. 1. 1983 in das »Kino am Steinplatz« um und spielte es (mit zwei neuen Fassungen: der ersten nach der Bundestagswahl vom 6. 3. 1983 und der zweiten nach der Sommerpause) bis zum Herbst 1983. Es folgten: »Ach, laßt uns doch in Frieden« (4. 11. 1983) und (seit 1. 11. 1984) »Souverän? Vonwegen!«, beide mit Helmut Krauss.
Das *Bügelbrett* steht und fällt mit Hannelore Kaubs gefühlsgesteuertem, geistkontrolliertem Intellekt. In der Zeit des → *APO-Kabaretts* seit Mitte der sechziger Jahre stand sie politisch zwischen dem herkömmlichen linksliberalen und dem Agitationskabarett. Dennoch bekam auch sie die Zensur des Fernsehens zu spüren, als ihr der NDR 1964 entscheidende 25 Minuten aus ihrem aufgezeichneten Programm »Stolz auf Deutschland« ohne Absprache herausschnitt und über die Schlußpointe einer de-Gaulle-Nummer Applaus kopierte. Ihr glaubwürdiges Engagement sichert ihr den Zuspruch auch der heute jungen Generation.

Buntes Theater (Überbrettl) → *Überbrettl*

Michael Burk
* 7. 9. 1924 Erlangen
Kabarettist, Kabarettautor, -leiter, Romancier
Studierte 1946–47 bei Prof. Emil Pretorius an der Akademie der bildenden Künste, München, Bühnen- und Kostümbildnerei. Gründete Ende 1947 das Tournee-Ensemble *Die Sextaner* und eröffnete es mit einer Vorstellung im Stadttheater Kempten. Nach dem zweiten Programm (»Hände hoch!«) folgten bis Frühjahr 1949 Gastspiele in Düsseldorf (bei → *Mutter Ey*), Köln, Frankfurt und Hannover.
Am 2. 4. 1949 eröffnete Burk *Das Bundeshäuschen* in der Gaststätte »Zum Bären« am Marktplatz in Bonn mit dem Programm »Hauptstadtmelodie«. Darin wirkten – wie schon bei den *Sextanern* außer Burk (der auch die Texte schrieb) u. a. Alice Werner und Horst Butschke mit. 1950 gründete Burk das Reisekabarett *Die Globetrotter* und gab (mit sich selbst, Margret Neuhausen, Günther Jerschke und – als Komponist – Walter Schell van Reth) Gastspiele in Hamburg (→ *Bonbonniere*), Zürich (»Hirschen«), Saarbrücken, München (»Annast«), Nürnberg und West-Berlin (»Greifi-Bar«).
Seit 1952 gehörten dem Ensemble Hedi Reich, Ursula Noack, Fritz Korn, Schell van Reth und Michael Burk an. Im März 1953 gastierten *Die Globetrotter im Théâtre Fontaine* in Paris, danach in Den Haag. Nach einem Gastspiel in München gründete Burk hier → *Die Zwiebel* und leitete sie bis Herbst 1968. Zum 1. 11. 1968 verkaufte er sie an Wolf Rahtjen und zog sich als Leiter, Autor und Darsteller vom Kabarett zurück. Seitdem schreibt er Unterhaltungsromane mit hohen Auflagen.

Ernst Busch
* 22. 1. 1900 Kiel; † 8. 6. 1980 Ost-Berlin
Schauspieler, Chansonsänger
Gelernter Maschinenschlosser, nahm er Schauspielunterricht und spielte seit 1921 Theater: zuerst am Stadttheater Kiel, dann in Frankfurt (Oder). 1927 kam er nach Berlin.
Im Theater am Nollendorfplatz spielte er unter der Regie von Erwin Piscator 1927 Ernst Tollers »Hoppla – wir leben!« und 1929 in → *Walter Mehrings* »Der Kaufmann von Berlin« sowie 1928 im Theater am Schiffbauerdamm → *Bertolt Brechts* »Dreigroschenoper«. In allen drei Aufführungen sang er einige der darin enthaltenen Songs und Chansons; Walter Mehring hatte Buschs Chansonbegabung entdeckt. Außerdem wirkte er in den Filmen »Dreigroschenoper« und »Kameradschaft« (beide 1931) und »Kuhle Wampe« (1932) mit. Nebenher trat Busch mit revolutionären Songs und Chansons (u. a. von Brecht und → *Robert Gilbert* in der Vertonung durch → *Hanns Eisler*) sowie in bürgerlichen Kabaretts auf (so 1929 bis 1930 in der → *Katakombe* und 1930 in der Revue »Ich tanze um die Welt mit Dir« von → *Marcellus Schiffer* und → *Friedrich Hollaender* im »Deutschen Künstlertheater» und in der Revue »Glück muß man haben!« von Hans J. Rehfisch und Otto Katz mit der Musik von → *Rudolf Nelson* im »Nelson-Theater«).
Bereits 1925 war Busch bei den → *Wespen* aufgetreten, einer linkssozialistischen Kabarettgruppe. Seit Mai 1931 gehörte er dem innerhalb der *Katakombe* wirkenden Kabarettkollektiv → *Die Brücke* an. Hier sang er Gilberts »Stempellied«, seine »Ballade von der Krüppelgarde«, B. Travens »Baumwollpflücker« in der

Ernst Busch während der Aufnahme von Frank Wedekinds »Spottliedern« in der Deutschen Akademie der Künste zu Berlin (Ost) (1964).

Vertonung durch Hanns Eisler sowie → *Tucholskys* Chanson »Anna-Luise«, das ihm Eisler eigens dafür vertont hatte. –
1933 emigrierte Busch, zuerst in die Niederlande, dann über Belgien, Frankreich, die Schweiz, Österreich in die Sowjetunion, von wo er im Frühjahr 1937 über Warschau, Wien und Paris nach Spanien fuhr, um dort die gegen die Franco-Faschisten kämpfenden Internationalen Brigaden mit Kampfliedern anzufeuern. Gesungen hatte er auf allen Stationen seiner Emigration. In Frankreich im Mai 1940 interniert, wurde er von den deutschen Besatzern nach Berlin gebracht, wo man ihn 1943 wegen Hochverrats zu vier Jahren Zuchthaus verurteilte. Nach der Befreiung aus dem Zuchthaus Brandenburg spielte Busch wieder in Berlin Theater: am »Hebbel-Theater«, am »Deutschen Theater« und im »Berliner Ensemble«. 1945 gründete er den Schallplattenverlag »Lied der Zeit«, für den er alle seine Songs und Chansons neu aufnahm.
Ernst Busch war der größte politische Chansonnier im deutschen Sprachraum, ein mitreißender Interpret des kämpferischen Songs und des satirischen Chansons der Brecht, Mehring, Tucholsky, zumeist in der Vertonung durch Hanns Eisler.

Lit.: Ihering, Herbert, Fetting, Hugo: *Ernst Busch*. Berlin (Ost) 1965.
»[Diese Lieder] waren Tendenz, sie waren Tat und halten doch allen ästhetischen Gesetzen stand. Sie sind eine Erfüllung. Denn die harte, kernige Stimme Ernst Buschs, verständlich ebenso in der leisen Dämpfung wie in den schallenden Trompetenstößen des Angriffs, riß den

Hörer in eine bestimmte Willensrichtung. Diese Gesänge der Solidarität hatten eine genau begrenzte Funktion, aber wie wurde sie dadurch künstlerisch geschmiedet!«

Herbert Ihering in der Rezension einer Schallplatte mit politischen Kampfliedern in »Die Weltbühne«, 15. 1. 1947.

»Herrlich, wie dieser großartige Sprecher Banalitäten der politischen Gesinnungslyrik umformt. Aus Sentiments werden stahlharte Anklagen, aus Witzelei bitterböse Ironie, aus Pathetik erschütternde Klarheit. Man möchte ihn eine Stunde hören.«

Aus der Rezension eines Programms der »Brücke« in der »Neuen Berliner 12-Uhr-Zeitung«, 5. 5. 1931.

»Und die Metro ging, und der Abend erschien,
Und es flammten die Lichter des Saals.
Und er stand und er sang wie einst in Berlin,
und es war wie dunnemals.

Und er kündete Streit der Fron und dem Leid
Des blutigen Jammertals.
Und er stand und er sang das ›Lied der Zeit‹,
Und es war wie dunnemals.

Mit Lachen trotzt er dem braunen Troß,
Entging ihrer lockenden List.
Er heißt Ernst Busch, der kein Genoss'
Der staatlichen Kunstkammer ist . . .«

Alfred Kerr nach einem Auftritt von Ernst Busch in Paris 1939.

Cabaret artistique
(französisch »Künstlerkneipe«)
nannte → *Rodolphe Salis* sein Lokal *Chat noir* zum Unterschied von den gewöhnlichen Cabarets (französisch für »Kneipe«), in denen keine Kunst geboten wurde. Der Ausdruck bezeichnet seitdem eine Kleinkunstbühne mit Bewirtung oder eine Gaststätte mit Kleinkunstdarbietungen. Nach den ersten beiden Cabarets artistiques, dem → *Chat noir* (Paris) und dem → *Le Mirliton,* entstanden am Montmartre zahllose andere Cabarets dieser Art, wie *L'Âne rouge, Le Chien noir, La Lune rousse, Le Tréteau de Tabarin, La Boîte à Fursy, La Roulotte,* das *Cabaret des Quat'z Arts* sowie *Le Lapin agile,* der bereits seit 1860 – zuerst als *Au Rendezvous des Voleurs,* später als *Cabaret des Assassins* zum Treffpunkt der Maler und Dichter geworden war (Pablo Picasso, Maurice Utrillo, Guillaume Apollinaire, Max Jacob und Suzanne Valadon).

Cabaret Cornichon
Literarisch-politisches Kabarett in der Schweiz. Gegründet von → *Walter Lesch* und → *Otto Weissert* am 30. 12. 1933 im Hotel St. Peter in Zürich, eröffnet am 1. 5. 1934 im »Hotel Hirschen« in Zürich von Lesch (Künstlerischer Leiter, Autor und Regisseur) und von Weissert (Verwaltungsdirektor und Komponist). Autoren: Walter Lesch und Albert Ehrismann, Hans Sahl und → *Emil Hegetschweiler,* Kompositionen und musikalische Leitung: Billy Weilenmann und Otto

Weissert, Ausstattung: Alois Carigiet. Mitwirkende: Mathilde Danegger, Emil Hegetschweiler, Fritz Pfister, Toni Tuason sowie Dora Gerson (von der → *Katakombe,* Berlin) und Ludwig Donath (Wien).
Im September und Oktober 1934 folgten zwei weitere Programme ohne Titel. Ab 1. September stießen als Darsteller neu zum Ensemble: → *Elsie Attenhofer,* Hilde Herter, Helen Pastorini und Karl Meier, als Komponisten: Hans Rogner, Werner Kruse, Robert Blum, Paul Schoop und K. H. David. Im Herbst 1934 verpflichtete Lesch als Mit-Autor, Schauspieler, Regisseur und Conférencier → *Max Werner Lenz.* Für das Programm »Grand Hotel Gloria Victoria« (November/Dezember 1934) wurden als Komponisten → *Curt Bry,* Huldreich Früh und Tibor Kasics verpflichtet. Für das Programm »Noch sind die Tage der Rosen« (Januar 1935) kamen neu hinzu die Darsteller Traute Carlsen, → *Robert Trösch,* Trudi Stössel und Margrit Pfister (= Margrit Rainer), für »Gradus« (September 1935) Heinrich Gretler und für »Hupa-Haua« (November 1935) → *Alfred Rasser.*
Im Septemberprogramm 1937 (»Xundheit!«) kam als Ausstatter der Maler Hans Fischer dazu, im September 1938 → *Voli Geiler.* 1940 stießen zum *Cornichon* als Autor → *Charles F. Vaucher,* als Darsteller Jacob (»Schaggi«) Streuli und Peter W. Staub, als Tänzerin Marie-Eve Kreis. Im Januar 1949 eröffnete das *Cornichon* sein neues Domizil, das »Theater am Neumarkt« in Zürich (mit dem Programm ». . . und zweitens, als man denkt«). Dieser Umzug aus dem »Hotel Hirschen« mit seinen 208 Plätzen in das weitaus größere Haus am Neu-

Eine Szene des Programms des Cabaret Cornichon »Die Hirten von Steinen« (1942) nach Schillers »Wilhelm Tell«, v.l.: Albert Knödel, Margrit Rainer, Schaggi Streuli, Zarli Carigiet, Karl Meier, Otto Weissert.

markt mit seinen 320 Plätzen (und die damit verbundene finanzielle Besserstellung) konnte jedoch den Niedergang des *Cornichon* seit dem Ende des Zweiten Weltkriegs nicht aufhalten. Gegen das von Max Werner Lenz und Otto Weissert im »Hirschen« im September 1949 aufgezogene → *Cabaret Federal* konnte das Cornichon nicht aufkommen. Mit dem Programm »Sicher isch sicher« vom März 1951 hörte das *Cornichon* auf zu bestehen. – Ermutigt durch den Erfolg der *Pfeffermühle* einerseits, andrerseits anknüpfend an die Volkstradition der Basler Fasnacht mit ihren satirischen Schnitzelbankversen, schufen Lesch und Hegetschweiler mit dem *Cornichon* das erste eigenständig schweizerische Kabarett. Über die innerschweizerische Satire hinaus übernahm das *Cornichon* seit 1934 bzw. seit 1938 eine kabarettistische Stellvertreterfunktion für das abgewürgte politisch-literarische Kabarett in Deutschland und Österreich.
Viele Interventionen der deutschen bzw. italienischen Auslandsvertretungen in Bern gegen antifaschistische Programmnummern (April 1939, Mai und September 1942, Oktober 1943, Januar 1944) bestätigen die Wirksamkeit dieser Angriffe auf das Bewußtsein der Schweizer. Im September 1945 protestierte gar noch die französische Botschaft, und zwar gegen eine de Gaulle-Nummer, zur gleichen Zeit, als das *Cornichon* Wohltätigkeitsveranstaltungen für »das notleidende Deutschland« durchführte. Nach dem Zweiten Weltkrieg auf innerschweizerische Themen zurückgeworfen, verloren die Programme an Gehalt und satirischem Biß. Zudem machten sich einige Ensemblemitglieder selbständig, so Elsie Attenhofer, Voli Geiler/Walter Morath, Margrit Rainer/Ruedi Walter, nachdem es überdies zu Meinungsverschiedenheiten zwischen den Leitern und Textautoren über den neu einzuschlagenden Weg gekommen war.

Lit.: Attenhofer, Elsie: *Cornichon – Erinnerungen an ein Cabaret*. Bern 1975. *Das Cornichon-Buch*. Zürich 1950 (Sketsche und Chansons).

Cabaret Federal
Politisch-satirisches Kabarett in Zürich, gegründet 1949 nach Auseinandersetzungen innerhalb des → *Cabaret Cornichon* von dessen Mitgliedern Zarli Carigiet, → *Max Werner Lenz* und → *Dr. Otto Weissert*.
Eröffnet am 16. 9. 1949 im Kursaal von Bad Ragaz mit dem Programm »Hinter-em-Mond« (vom 21. 9. 1949 an im »Hotel Hirschen«, Zürich, aus dem das *Cornichon* inzwischen ausgezogen war) mit Blanche Aubry, Lukas Ammann, Zarli Carigiet, → *Helen Vita* und Max Haufler. Die Texte schrieben: → *Werner Wollenberger,* Max Werner Lenz und → *César Keiser,* die Musiken Otto Weissert und Mario Hirlé (Am Klavier: Nico Kaufmann). Im zweiten Programm (»Fantasie in Swiss-Dur«, 25. 2. 1950) kam als neuer Autor → *Fridolin Tschudi* dazu, während Elisabeth Gmür für Helen Vita einsprang. César Keiser und Margrit Läubli spielten zum erstenmal im *Federal* in dem Programm »Spanisch Nüssli« (13. 9. 1951), Simone Müller und Stephanie Glaser in »Hinter-em-eigene Vorhang« (8. 4. 1952), für das als neuer Autor → *Charles F. Vaucher* schrieb. Für das vierzehnte Programm (»Ganze Schweiz heiter«, 1955) steuerte → *Dieter Hildebrandt* einen Text bei, im siebzehnten Programm (»Eus gaht's guet«, 1957) wirkten neu Ines Torelli und Peter W. Staub mit, während → *Sammy Drechsel* Regie führte.
Nach der Modernisierung des »Hotel Hirschen« übersiedelte das *Cabaret Federal* in das neue »Theater am Hechtplatz« und eröffnete es mit dem Programm »Eusi chlii Stadt« Ende April 1959. Mit dem zwanzigsten Programm, »Schön ist die Jugend«, in dem übrigens Bruno Ganz mitwirkte (Premiere: Oktober 1960),

Die Nummer »Hymne an einen großen Schnauz« aus dem Programm »O mein Europapa« (1950) des Cabaret Federal, v.l.: Zarli Carigiet, Lukas Ammann, Max Hauffler, Elsbeth Gmür, Simone Müller.

hörte das *Cabaret Federal* auf zu existieren. Einen Vorschlag von Walter Roderer (seit 1954 im Ensemble), den Namen »Federal« zu übernehmen und das Unternehmen weiterzuführen, lehnte Otto Weissert ab, der mittlerweile kaufmännischer Direktor des Schauspielhauses Zürich geworden war.
Aus der nach dem Zweiten Weltkrieg veränderten Weltlage zog das *Cabaret Federal* die Konsequenz, sich mehr als das *Cabaret Cornichon* (und auch im Stil artistischer) satirisch auf die Zu- und Mißstände im eigenen Land, auf Spießigkeit, Fremdenfeindlichkeit und Geschäftemacherei zu konzentrieren. Neue Autoren, neue Regisseure und neue Darsteller brachten frischen Wind in das schweizerische Kabarett, das freilich durchaus nicht den Blick über die Grenzen hinaus aufgab und z.B. das Wiedererwachen des Nazigeistes in der BRD geißelte (in der Nummer »Herrliche Zeiten« von Fridolin Tschudi). Außer ihm schrieben nun Werner Wollenberger, César Keiser und Guido Baumann Texte (und natürlich immer noch Max Werner Lenz), neben Zarli Carigiet spielten und sangen nun Helen Vita, Simone Müller, Blanche Aubry, Stephanie Glaser, Lukas Ammann, neben Max Werner Lenz inszenierten Willy Duvoisin, Werner

Wollenberger und César Keiser. Höhepunkte waren: der Monolog »Thomas Mann im Mond« von Lenz (dargestellt von Ammann, 1949), »Der Glaser« von Wollenberger (dargestellt von Carigiet, 1949), »Der Emigrant«, eine Pantomime von und mit César Keiser und Margrit Läubli, »Frau Burger« von Wollenberger (dargestellt von Simone Müller, 1952).

Cabaret Fledermaus
Literarisches Kabarett in Wien, eröffnet Anfang 1907 im Keller des Hauses Joanesgasse 12 von → *Marc Henry*. Die Innenausstattung besorgten Künstler der »Wiener Werkstätten«, als »dekorative Mitarbeiter« wirkten Emil Orlik, Gustav Klimt und Oskar Kokoschka daran mit. Hier traten auf: Marc Henry und → *Marya Delvard,* Carl Hollitzer mit alten Landsknechtsliedern, → *Roda Roda,* die Geschwister Wiesenthal (mit Tänzen) sowie → *Egon Friedell.* Literarische Beiträge lieferten u.a. Franz Blei, → *Hanns Heinz Ewers,* Gustav Falke, Egon Friedell, → *Alfred Polgar,* Max Mell, Ludwig Scharf, → *Peter Altenberg.*

Programmheftumschlag des Cabaret Fledermaus von Moritz Jung.

Im Eröffnungsprogramm projizierte Oskar Kokoschka »bewegliche Lichtbilder« (»Das getupfte Ei«) auf die weiße Wand. Marc Henry und Marya Delvard trugen in entsprechenden Kostümen szenisch alte französische Volkslieder vor. Egon Friedell trat in seinen und Polgars kabarettistischen Einaktern »Goethe im Examen« und »Soldatenleben im Frieden« auf und sprach (neben Lina Vetter-Loos) Peter Altenbergs Skizzen, Roda Roda trug seine Grotesken vor, und Felix Dörmann rezitierte. Als Gäste von der Berliner → *Überbrettl*-Bewegung wirkten mit: Robert Koppel vom → *Bunten Theater (Überbrettl)* und Käte Hyan von der *Silbernen Punschterrine* (mit Liedern zur Gitarre) sowie → *Hanns Heinz Ewers* mit eigenen Gedichten und Gertrude Barrison mit Rokoko- und Biedermeiertänzen. Nach dem Ausscheiden von Marc Henry und Marya Delvard führte Egon Friedell das *Cabaret Fledermaus* als künstlerischer Leiter bis zu ihrem Ende 1910 weiter.

Cabaret Größenwahn
Politisch-literarisches Kabarett in Berlin, eröffnet am 23. 12. 1920 im ersten Stock über dem »Café des Westens« (vom Volksmund »Café Größenwahn« genannt), Ecke Kurfürstendamm/Joachimsthaler Straße, von → *Rosa Valetti.* Als Schülerin der Pariser Chansonniere »La Petroleuse«, einer Freundin von → *Aristide Bruant,* versuchte die Valetti, mit ihrer Gründung einen Hauch Montmartrecabaret nach Berlin zu bringen. Im *Cabaret Größenwahn* sang sie Chansons von Bruant (in der Übersetzung durch Ferdinand Hardekopf) und kreierte u. a. → *Walter Mehrings* »Berlin simultan« und → *Klabunds* Adaption des Berliner Lieds »Obdachlosenasyl«.
Politische Chansons stellten allerdings nur einen geringen Teil der Programme, die auf das zahlungskräftige Publikum des Berliner Westens, noch dazu in der Inflation, Rücksicht nehmen mußten. Außer Rosa Valetti wirkten vor allem mit: ihr Bruder Hermann Vallentin und die von ihr entdeckte → *Kate Kühl,* → *Kurt Gerron,* der Conférencier → *Harry Lamberts-Paulsen* sowie → *Friedrich Hollaender* und → *Blandine Ebinger* mit den »Liedern eines armen Mädchens«. Als junger Schauspieler und Berlin-Neuling trat → *Gustaf Gründgens* hier mit einer selbstverfaßten Wandervogelparodie (»Der neue Mensch«) auf. Musikalischer Leiter war Friedrich Hollaender, von der zweiten Spielzeit an Claus Clauberg. Musikstücke stammten ferner von → *Werner Richard Heymann,* → *Mischa Spoliansky* und Franz Wachsmann. Nach dem Weggang der Valetti Ende 1922 führte Dr. Hanns Schindler das Unternehmen bis 1925 weiter, dann übernahm es Gustav Heppner vom »Intimen Theater« und machte aus ihm das »9-Uhr-Einakter-Theater«.

Cabaret Nachtlicht
Literarisches Kabarett in Wien, wurde um die Jahreswende 1905/06 eröffnet in der Ballgasse 6 von → *Marya Delvard,* → *Marc Henry* und Hannes Ruch nach Beendigung des Wiener Gastspiels der → *Elf Scharfrichter.*
Die Programme schöpften teils aus deren Repertoire (Bierbaum, Dehmel, Gumppenberg, Liliencron, Wedekind), teils aus Texten von Felix Dörmann, → *Peter Altenberg,* Hermann Bahr und Franz Blei. Dörmann trug hier aus eigenen Werken vor, → *Roda Roda* las seine Grotesken, → *Erich Mühsam* sprach seine satirischen Verse, und der Maler Carl Hollitzer sang zur Trommelbegleitung alte Landknechtslieder. Karl Kraus, dem *Nachtlicht* anfangs sehr gewogen, war regelmäßiger Gast und führte sogar einmal in einem Einakter Regie. Schon nach einem Jahr schloß das *Nachtlicht.* Seine Betreiber eröffneten in der Johannesgasse ein neues Kabarett: das → *Cabaret Fledermaus.*

Cabaret Rüeblisaft
Literarisch-politisches Kabarett in Baden bei Zürich. Ältestes noch existierendes Profikabarett der Schweiz. Gegründet 1953 von Alfred Bruggmann und Oskar Hoby, zwei Schauspielern vom Stadttheater Sankt Gallen, die bereits mit → *Emil Hegetschweiler* und → *Alfred Rasser* auf Tourneen gewesen waren. Eröffnet am 20. 6. 1953 mit dem Programm »Frische Rüeblisaft«. Mit seinem vierten Programm (»Ganz im Vertrauen«) bezog das *Cabaret Rüeblisaft* am 1. 12. 1954 sein jetziges Stammhaus, das »Kornhaus« in Baden. Außer Bruggmann und Hoby wirkten mit: Regina Brandt, Vera Furrer. Heute besteht das Ensemble nur

noch aus Furrer und Bruggmann. Die meisten Texte (zuweilen auch die Musiken) schrieb und schreibt Bruggmann selber. Ferner schrieben für das *Cabaret Rüeblisaft:* Josef Elias, Hans Gmür, → *Walter Lesch,* Fritz Sidler und → *C. F. Vaucher.*

Cabaret Voltaire

Literarische Bühne der Dada-Bewegung, eröffnet am 5. 2. 1916 von dem 1915 in die Schweiz emigrierten deutschen Dichter und Regisseur → *Hugo Ball* und seiner Frau, der Chansonniere → *Emmy Hennings,* im Gasthof »Meierei«, Spiegelgasse 1, Zürich. Schon am Eröffnungsabend gesellten sich der Maler Marcel Janco (1895–1984) und der Dichter Tristan Tzara (1896–1963), beide aus Rumänien, sowie der elsässische Maler, Bildhauer und Dichter Hans (Jean) Arp (1887–1966) dazu. Später stießen zu der Gruppe, die sich kurz danach den Namen »Dada« gab, der österreichische Schriftsteller Walter Serner (1889–1942?) und der Berliner Arzt und Schriftsteller → *Richard Huelsenbeck* (1892–1974). Die ersten Programme umfaßten Rezitationen von Versen von Blaise Cendrars, Jacob van Hoddis, Max Jacob, Wassilij Kandinskij, Else Lasker-Schüler, Alfred Lichtenstein, Christian Morgenstern, → *Erich Mühsam* und Franz Werfel sowie den Vortrag von Liedern und moderner Klaviermusik von Claude Debussy, Alexander Skrjabin und Arnold Schönberg.
Das eigentlich dadaistische Element brachte erst Huelsenbeck in die Pro-

Das Cabaret Voltaire nach einem Gemälde des dadaistischen Malers Marcel Janco (1916).

gramme, indem er seine die Syntax polemisch aufbrechenden Gedichte zu stark rhythmisierter Trommelbegleitung vortrug. Unter Anleitung von Tzara trugen Huelsenbeck und Janco (erstmals am 29. 3. 1916) gleichzeitig in Deutsch, Englisch und Französisch, begleitet von »bruitistischen« Schnarr-, Pfeif- und Heulgeräuschen, sogenannte »Simultangedichte« vor, die die menschliche Stimme als Gleichnis der im modernen mechanischen Prozeß unlösbar umherirrenden Seele darstellen sollten. Vollends aufgelöst wurde die »durch den Journalismus verdorbene und unmöglich gewordene Sprache« (Ball) in Balls »Lautgedichten« aus erfundenen Worten, die er, in einen teils zylindrischen, teils konischen Umhang aus Glanzpappe gehüllt, vor zwei Notenständern rezitierte.
Dada und damit das *Cabaret Voltaire* verstand sich als Antikunst, als künstlerischer Protest gegen das internationale, sich im Weltkrieg selbst zerfleischende Spießbürgertum mit seiner in den Augen der Dadaisten verdorbenen Kunstauffassung. Dem Chaos der europäischen Selbstvernichtung stellten sie die Zertrümmerung herkömmlicher Kunstformen und der Sprache selbst entgegen, der Sinnlosigkeit des Krieges den Un-Sinn ihrer Hervorbringungen, mit denen sie freilich – in Zürich wie später in Berlin (→ *Schall und Rauch* [II]) – kaum mehr als eine Bürgerschreckfunktion erfüllten. – Am 15. 5. 1916 brachten die Initiatoren des *Cabaret Voltaire* eine Zeitschrift gleichen Titels heraus. Am 14. 7. 1916 veranstalteten sie den ersten Dada-Abend außerhalb des Cabarets, und zwar im »Zunfthaus zur Waag«. Das Programm kündigte »Musik, Tanz, Theorie, Manifeste, Verse, Bilder, Kostüme, Masken« an. Die Eröffnung der »Galerie Dada« in der Bahnhofstraße/Ecke Paradeplatz am 17. 3. 1917 (mit einer »Sturm«-Ausstellung, dazu »abstrakten« Tänzen, neuer Musik und Puppentheatervorführungen) bedeutete das Ende des *Cabaret Voltaire.* Hier kamen nun die Futuristen (Marinetti), Frühexpressionisten (Kandinskij) und Surrealisten (Apollinaire) zu Wort und Bild, hier aber auch sang Emmy Hennings nach der Melodie »So leben wir alle Tage« Hugo Balls »Totentanz«. –
Während über Tristan Tzara der »Mouvement Dada« über die Pariser Dada-Bewegung in den literarischen Surrealismus Frankreichs mündete, kam Dada 1917 durch Huelsenbeck nach Berlin und beeinflußte durch den Maler George Grosz und den Dichter → *Walter Mehring* das 1919 neu erstandene *Schall und Rauch* (II).

»Was wir zelebrieren, ist eine Buffonade und eine Totenmesse zugleich . . . Unser Kabarett ist eine Geste. Jedes Wort, das hier gesprochen und gesungen wird, besagt wenigstens das eine, daß es in dieser erniedrigenden Zeit nicht gelungen ist, uns Respekt abzunötigen. Was wäre auch respektabel und imponierend an ihr? Ihre Kanonen? Unsere große Trommel übertönt sie. Ihr Idealismus? Er ist längst zum Gelächter geworden, in seiner populären und seiner akademischen Ausgabe. Die grandiosen Schlachtfeste und die kannibalischen Heldentaten? Unsere freiwillige Torheit, unsere Begeisterung für die Illusion wird sie zuschanden machen.«

Hugo Ball in seinen Tagebuchaufzeichnungen »Die Flucht aus der Zeit«, München–Leipzig, 1927.

»Wir wollten das Cabaret Voltaire *zu einem Brennpunkt ›jüngster Kunst‹ machen, obwohl wir uns nicht scheuten, auch hin und wieder den feisten und vollkommen verständnislosen Zürcher Spießbürgern zu sagen, daß wir sie für Schweine und den deutschen Kaiser für den Initiator des Krieges hielten.«*

Richard Huelsenbeck in »En avant Dada«, Hannover, 1920.

Café-chantant
(französisch für »Gesangscafé«)
Zu Beginn des 19. Jahrhunderts entstanden als Frühform der französischen Music Hall in den Industrie- und Handelszentren Frankreichs Kaffeehäuser mit

kleinen Bühnen für Vorträge von Gesangsdarbietungen. Hier ergötzten sich Kleinbürger und Proletarier bei Kaffee und anderen Getränken an volkstümlichen → *Couplets,* in denen menschliche Schwächen und Tagesereignisse persifliert wurden. Allein in Paris gab es um 1850 rund 200 Cafés-chantants. Außer professionellen Coupletsängern traten hier zuweilen auch Amateure auf, z. B. bei speziell dafür arrangierten Wettbewerben. Von etwa 1846 an trat an die Stelle des relativ kleinen Café-chantant das → *Café-concert.*

Café-concert
(französisch für »Konzertcafé«)
Seit etwa 1846 lösten die Cafés-concerts (im Volksmund »Caf'conc'« genannt) als Vergnügungsstätten mit Bewirtung mehr und mehr die relativ kleinen Cafés-chantants ab. Sie waren weder Konzertsäle noch Kaffeehäuser, sondern boten in langgestreckten Sälen mit hoher Bühne über die üblichen komischen und Gesangsnummern hinaus eine üppige Ausstattung und Kostümierung.
In ihrer Glanzzeit im Zweiten Kaiserreich ließ der zeitkritische Biß der Couplets und Chansons merklich nach und wurde durch derbe Erotik für Auge und Ohr verdrängt. Zu den bekanntesten Cafés-concerts in Paris, in denen auch Interpreten des literarischen Chansons wie → *Yvette Guilbert* und → *Aristide Bruant* auftraten, gehörten der *Alcazar,* das *Concert des Ambassadeurs, Eden, Eldorado, Parisien, Scala.* Gegen Ende des 19. Jahrhunderts nannten sich die großen Cafés-concerts nach englischem Vorbild Music Halls, was im Deutschen ungefähr dem → *Varieté* entspricht.

Sarah Camp
(eigentlich: Dr. Elisabeth Pflanz)
* 11. 12. 1946 Rosenheim (Obb.)
Kabarettistin, Autorin, Schauspielerin, Regisseurin
Studierte Germanistik, Philosophie und Pädagogik in München und Würzburg und promovierte 1976 zum Dr. phil. Debütierte mit ihrem Soloprogramm »Baukasten«, einer bayerischen Satire auf das Weihnachtsgeschäft, am 13. 11. 1977 im »Modernen Theater«, München (Laufzeit bis Mai 1978, zahlreiche Wiederaufnahmen und Gastspiele im In- und Ausland). Weitere Programme: »Der blaue Vorhang« (mit Laien, 1978), »Das rasende Kirchenjahr« (1979), »Wozu das ganze Theater?« (1980), »Es darf geweint werden« (1981).
1984 spielte sie in ihrem satirischen Stück »Baumgrenze« im »Theater am Sozialamt«, München. Mit eigenen und fremden Texten engagiert sie sich bei politischen Aktionen wie Ostermarsch, Friedensbewegung und Gewerkschaftsaktionen und geht mit ihren Soloprogrammen auf Gastspielreisen. 1981 erhielt sie den Ernst-Hofrichter-Preis, München.

Erich Carow
* 17. 6. 1893 Berlin; † 31. 1. 1956 West-Berlin
Komiker, Kabarettist, Kabarettleiter
Der Sohn einer Berliner Waschfrau schloß sich 1912 einem Wanderzirkus an, um Reprisenclown zu werden. Im Zirkus Schumann in Berlin trat er dann als Tanzkomiker auf. Im Berliner »Walhalla-Theater« sah er in einer James-Klein-Revue Lucie Blattner, die er später heiratete. Gemeinsam spielten sie in Berliner Tanzgaststätten Stegreifburlesken. Mit dem so verdienten Geld mietete sich Erich Carow im Biertunnel des »Walhalla-Theaters« am Weinbergsweg im Berliner Norden ein. Sein Etablissement nannte er *Carows Lachbühne.*

Seine derben Possen, die er hier mit seiner Frau Lucie spielte, seine Clownerien aus dem Leben der »kleinen Leute«, hob er durch seine tragikomische Darstellung auf ein literarisches Niveau. Unter seine Gäste – Proletarier und Kleinbürger des Berliner Nordens – mischten sich in den zwanziger Jahren zunehmend Künstler und Intellektuelle des Berliner Westens, so → *Trude Hesterberg,* Heinrich Mann und → *Kurt Tucholsky,* die seine Kunst lobend beschrieben. Im März 1930 gastierte Carow in der Berliner »Scala« mit ebensolchem Erfolg wie am Weinbergsweg. *Carows Lachbühne* wurde 1943 bei einem Bombenangriff zerstört. 1955 eröffnete er in Gatow sein »Haus am See«, das noch nach seinem Tode als Kleinkunststätte weiterbestand.

»Seit Karl Valentins Orchestermitglied habe ich nicht so gelacht . . . Wir waren in Chaplins siebentem Himmel . . . Ist Erich Carow eine Klamotte? Ja, das ist er auch, aber er ist doch noch viel mehr . . . Er ist ganz leise und federleicht und in den gröbsten Momenten, grade in denen, zart. Auch hört man ihn denken . . . Wie holt er aus tiefen Denkpausen unauslöschliches Gelächter! . . . Und ich muß sagen, daß ich meinen schönsten Berliner Theateraugenblick im Weinbergsweg 20 hatte. Wahrheit muß sein.«

Kurt Tucholsky in der »Welbühne«, 24. 12. 1929.

Chanson

(französisch = »Lied«, »Gesang«)

Das Chanson hat in Frankreich eine lange und vielfältige Tradition. Sie reicht von den Kriegsliedern des Frankenreiches (in lateinischer Sprache) über die Minnelieder der Troubadours und Trouvères und das Chanson de geste (Loblieder auf historische Taten oder Sagen), die Kampfgesänge der Französischen Revolution (auf beiden Seiten der Barrikaden) bis zu den politischen Spottliedern, vor allem von → *Pierre Jean de Béranger* in der Zeit des Zweiten Kaiserreichs. Ein Nebenstrom floß über die Caveaux und Goguettes (eine Art Liedertafel) sowie seit 1871 die Literatenclubs der Dritten Republik als konstituierendes Element in das → *Cabaret artistique* ein.

Seit der Mitte des 19. Jahrhunderts war das Volkschanson mehr und mehr zum vulgär-erotischen Amüsierliedchen oder zum chauvinistischen Kitschgesang in den → *Cafés-chantants* und den → *Cafés-concerts* verkommen. Aus diesen Niederungen hob innerhalb dieser Vergnüngungsstätten → *Yvette Guilbert* das Chanson durch ihren Vortrag auf eine neue literarische Ebene, während → *Aristide Bruant* dem Volkschanson innerhalb des Cabarets artistique in Text und Vortrag neue Impulse gab, aus welchem Zusammenfließen die neue Gattung des literarischen Kabarettchansons im heutigen Sinne entstand.

Während sich das literarische Cabaretchanson in Frankreich nach dem Verblühen des Montmartre-Cabarets gegen Ende des 19. Jahrundets selbständig weiterentwickelte und sich wieder vornehmlich in den Music Halls ansiedelte (aber auch im Quartier Latin gepflegt wurde), nahm es in den deutschsprachigen Ländern eine eigene, eng mit dem Kabarett verbundene Entwicklung (→ *Frank Wedekind,* → *Walter Mehring,* → *Kurt Tucholsky,* → *Klabund,* → *Erich Kästner,* → *Friedrich Hollaender,* → *Hanns Eisler,* u. a.), bis es sich seit der Mitte der sechziger Jahre in den Liedern der → *Liedermacher* (→ *Franz Josef Degenhardt,* → *Wolf Biermann,* → *Dieter Süverkrüp,* → *Hanns Dieter Hüsch,* → *Hannes Wader,* → *Konstantin Wecker,* → *Walter Mossmann,* u. a.) erneut verselbständigte. (→ *Song*)

Lit.: Ruttkowski, Wolfgang Victor; *Das literarische Chanson in Deutschland.* Bern–München 1966.

Schmidt, Felix; *Das Chanson. Herkunft, Entwicklung, Interpretation.* Ahrensburg–Paris 1968.

Chansonnier, Chansonniere
Im deutschen Sprachgebrauch übliche Bezeichnungen für den bzw. die Vortragende(n) von → *Chansons*. Im Französischen hat die ursprünglich für einen Chansonsänger im → *Cabaret artistique* geprägte Wortbildung »Chansonnier« im Laufe der Zeit die Bedeutung eines kabarettistischen Alleinunterhalters angenommen, der nicht unbedingt singen muß, sondern die Tagesereignisse witzig kommentiert, also eher dem ähnelt, was im Deutschen unter einem Conférencier (→ *Conférence*) verstanden wird. So finden sich die kleinen Kabaretts am Montmartre in Paris in den Anzeigenteilen der Zeitungen unter »Les Chansonniers« rubriziert. Die korrekte Bezeichnung für den oder die Vortragende(n) eines Chansons, »Chanteur« bzw. »Chanteuse«, haben sich im deutschen Sprachgebrauch bisher ebensowenig eingebürgert wie die Bezeichnungen »Auteur-Interprète« für einen Liedermacher, der seine fremdvertonten Texte vorträgt, und »Auteur-Compositeur-Interprète« für einen Liedermacher, der seine selbstverfaßten und selbstvertonten Lieder selbst vorträgt. Für die Sängerin nichteigener Chansons hat sich der Begriff »Chansonniere« gegen dem früher gebräuchlichen → *Diseuse* durchgesetzt.

Chat noir (Berlin)
(französisch für »Schwarzer Kater«)
Literarisches Kabarett, gegründet im Herbst 1907 von → *Rudolf Nelson* im »Großen Café« am Potsdamer Platz, kurz darauf Übersiedelung in Räume in ersten Stock über »Castans Panoptikum« in der »Passage« Unter den Linden/Friedrichstraße.
Nach der damit vollzogenen Trennung Nelsons von seinem bisherigen Kompa-

Im Chat noir in der Linden-Passage, Berlin (zwischen 1908 und 1914). Rechts am Flügel: Rudolf Nelson.

gnon, dem Chansonnier und Conférencier → *Paul Schneider-Duncker,* mit dem zusammen er seit 1904 den → *Roland von Berlin* betrieben hatte, brauchte er einen neuen Chansonnier und Conférencier. Er fand den einen in Jean Moreau, den anderen in → *Fritz Grünbaum.* 1911 debütierte hier die Chansonniere → *Gussy Holl.* Ferner traten auf: Lucie Berber, → *Käte Erlholz,* → *Claire Waldoff,* der Komiker Theodor Francke sowie Willy Prager und Willi Schaeffers. Texte schrieben: Willy Prager, Fritz Grünbaum, O. A. Alberts, Willi Wolff und Willi Hagen.
1914 gab Nelson das *Chat noir* auf und eröffnete, dem »Zug nach dem Westen« folgend, am Kurfürstendamm → *Nelsons Künstlerspiele.* Infolge der Deutschtümelei nach Ausbruch des Ersten Weltkriegs nannte sich das Unternehmen nunmehr *Schwarzer Kater,* ging aber noch im selben Jahre ein.

Chat noir (Paris)
Erstes → *Cabaret artistique* und damit erstes Kabarett, gegründet von → *Rodolphe Salis* und eröffnet am 18. 11. 1881 in einem umgebauten ehemaligen Postamt auf dem Boulevard Rochechouart 84 am Fuße des Montmartre in Paris.

Tournee-Plakat des Chat noir, Paris.

Salis, ein Maler und Grafiker, hatte damit ursprünglich eine Künstlerkneipe von Künstlern für Künstler im Sinn. Indessen verkehrten im *Chat noir* von Anfang an auch Nichtkünstler, die freilich Freunde der Kunst und ihrer Exponenten waren. Jeden Freitagabend ruhte der allgemeine Kneipenbetrieb. Dann stellten sich in geschlossener Gesellschaft Literaten, Dichter, Maler, Bildhauer, Musiker und Schauspieler gegenseitig ihre Kunstschöpfungen – in der Regel Chansons – vor und diskutierten über Kunst und Literatur. Die Teilnehmer gehörten in der Anfangszeit überwiegend dem *Club der Hydropathen* um Emile Goudeau an, einer der vielen Künstler- und Intellektuellenzirkel, die, von der aufblühenden französischen Industriegesellschaft an den Rand gedrängt, von dort her die Großbourgeoisie der Dritten Republik attackierten und verspotteten.
Zum Stamm des *Chat noir* gehörten die Schriftsteller und Dichter Alphonse Allais, Charles Cros, Maurice Donnay, Maurice Boukay, Jules Jouy, Maurice Mac Nab, Gabriel Montoya, Maurice Rollinat, die fast alle in sogenannten Brotberufen ihr Geld verdienten, ferner der Chansonnier → *Aristide Bruant,* die Maler und Zeichner Caran d'Ache, André Gill, Henri Rivière und Adolphe Willette sowie die Komponisten Claude Debussy, Paul Delmet, Georges Fragerolle und Erik Satie. Unter der Chefredaktion von Emile Goudeau brachte der *Chat noir* eine gleichnamige satirische Zeitschrift heraus. – Zum Kabarett im heutigen Sinne wurde der *Chat noir* dadurch, daß Salis seine Künstlerkneipe unter dem Ansturm der über den Boulevard Rochechouart Flanierenden dem großen Publikum öffnete. Zwar erhob er keinen Eintritt, doch schlug er kräftig auf das bei ihm obligatorische Bier auf. 1885 bezog Salis mit dem *Chat noir* neue Räumlichkeiten in einer dreigeschossigen Künstlervilla in der – heutigen – Rue Victor Massé, während das bisherige Quartier von Aristide Bruant gepachtet und als → *Le Mirliton* (Die Rohrflöte) weitergeführt wurde.
In den prachtvoll ausgestatteten und mit einer Fülle von Kunstwerken bestückten neuen Räumen bot der *Chat noir* neben den herkömmlichen Rezitationen und Chansonvorträgen im obersten Geschoß als neue kabarettistische Kunstform Schattenspiele, zu denen der Maler Henri Rivière die Silhouetten und Dekorationen schuf. Im Mittelgeschoß befand sich nun die Redaktion der Zeitschrift. Salis selber hatte seine Rolle als einstmals derber Kneipenwirt mit der eines in prächtiger Phantasieuniform auftretenden Grandseigneurs vertauscht, hatte in seinen Conférencen die ursprüngliche Derbheit zu spöttischer Süffisance verfeinert.
Der Zustrom eines immer exklusiver werdenden Publikums mit seiner Vorliebe für patriotische Schattenspielepen drückte mehr und mehr auf das künstlerische und literarische Niveau, bis der *Chat noir* seit der Weltausstellung von 1889 zur Touristenattraktion absank. Nach einigen Tourneen war Salis 1897 am Ende: Sein Pachtvertrag lief Ende Februar aus, Salis erkrankte und starb im März desselben Jahres.

Lit.: Caro, Francis: *La Belle Époque au temps de Bruant.* Paris 1954.
Herbert, Michel: *La chanson à Montmartre.* Paris 1967.

Max Colpet
(eigentlich Max Kolpenitzky, bis 1933 Max Kolpe)
* 19. 7. 1905 Königsberg (Pr.)
Schriftsteller, Kabarettist, Drehbuch-Autor
Studierte 1926 in Berlin Bauingenieurswesen, hatte als Hilfslehrer in einer Privatschule die Söhne von → *Willi Schaeffers* und → *Rudolf Nelson,* Peter Schaef-

fers und → *Herbert Nelson,* als Schüler und kam durch sie zum Kabarett. Schrieb Gedichte für das »Berliner Tageblatt«, den »Querschnitt« und den »Simplicissimus« und trat mit ihnen im → *Küka* auf sowie bei den Hausfrauennachmittagen von Willi Schaeffers in der »Femina«. Gründete 1928 zusammen mit → *Erik Ode* das → *Anti.* Schrieb seit 1929 Sketsche und Chansons für die → *Katakombe,* für Rudolf Nelson (die Jugendrevue »Junge, Junge!« sowie für die Revue »Es hat geklingelt«, 1932), für das → *Tingeltangel-Theater* und für das → *Kabarett der Komiker* (1931/32).
1933 emigrierte Max Colpet über Wien, wo er für → *Trude Kolmans* Kabarett im »Grand Hotel« Texte schrieb, nach Paris und verfaßte dort zusammen mit Billy Wilder mehrere Drehbücher (u.a. für »Ihr erstes Rendezvous«, 1940). 1940 Flucht, Internierung (in Frankreich und in der Schweiz), 1945 Rückkehr nach Paris, 1948 nach Hollywood, 1958 Rückkehr nach Europa. Colpet hat zahlreiche Drehbücher geschrieben und Musicals übersetzt und bearbeitet. Sein eigenes Musical, »Millionen für Penny«, wurde 1967 am Münchner »Theater am Gärtnerplatz« uraufgeführt. Auch Kabarettexte schrieb er wieder nach seiner Rückkehr nach Deutschland, und zwar für die → *Stachelschweine,* die → *Zwiebel,* die → *Münchner Lach- und Schießgesellschaft* und → *Die Kleine Freiheit.*
Weltbekannt wurden seine Chansons, die er für → *Marlene Dietrich* schrieb, (wie »Allein in einer großen Stadt«, »The Beast in Me«) und übersetzte (wie »Sag mir, wo die Blumen sind«, nach Pete Seeger, »Bitte geh nicht fort«, nach Jacques Brel, »Nein, ich verliebe mich nie mehr«, nach Hal David und Burt Bacharach). Colpet übersetzte außerdem einige Protestsongs, darunter »Le déserteur« von Boris Vian und »The Universal Soldier« von Buffe Saint-Marie. Ferner schrieb er Chansons für Hildegard Knef, → *Hanne Wieder,* Grete Weiser, Louise Martini, Lale Andersen, Katja Ebstein, Romy Schneider, Freddy Quinn, Jürgen Scheller, Klaus Havenstein, Topsy Küppers, Karl Schönböck.

Conférence
(französisch = »Vortrag«).
Ein- und überleitende Worte, die ein Conférencier im Kabarett, zuweilen im Varieté oder bei Modeschauen oder ähnlichen Gelegenheiten zur Erläuterung und Verbindung einzelner Programmnummern oder Auftritte spricht. Das Wort »Conférencier« ist in dem gemeinten Sinne sozusagen ein deutscher Begriff, wohingegen die Franzosen einen solchen An- und Zwischensager einen »animateur« oder »présentateur« (und die Engländer ihn einen »compère«) nennen.
Außer dem Präsentieren der jeweils nächsten Darbietung hat der Conférencier nämlich auch das Publikum auf sie einzustimmen, es zu »animieren«. Aus dem plaudernden Überbrücken technisch bedingter Pausen und dem geistigen Zusammenhalt einer inhaltlich oft sehr unterschiedlichen Nummernfolge, wie es noch der erste Kabarettconférencier → *Rodolphe Salis* pflegte, entwickelte sich der Conférencier im deutschsprachigen Kabarett nach und nach zu einer eigenständigen »Nummer« witzig-philosophierender Zeit- und Menschenbetrachtung. Mit diesem Ausbau der dienenden zur beherrschenden und schließlich autonomen Funktion begann bereits 1901 → *Ernst von Wolzogen* in seinem *Bunten Theater (Überbrettl),* bis schließlich in → *Werner Finck* der Conférencier zur Seele zuerst der → *Katakombe* und nach dem Zweiten Weltkrieg zum Soloprogramm unabhängig von bestimmten Kabarettunternehmen wurde.
Im Wiener Kabarett – genauer: im → *»Simplicissimus* (Wien)« – wurde mit der Doppelconférence der Schritt vom Monolog zum Dialog getan, als 1922 der aus

Berlin heimgekehrte Conférencier → *Fritz Grünbaum* dem kurz zuvor an dem *»Simpl«* engagierten jungen Conférencier → *Karl Farkas* vom Parkett aus Widerpart bot. Nach Emigration und Krieg zurückgekehrt, setzte Farkas diese Tradition mit neuen Partnern fort, vor allem mit → *Ernst Waldbrunn*, → *Gerhard Bronner*, und → *Fritz Muliar*. Einen großen Teil der Texte dazu schrieb → *Hugo Wiener*.
In Berlin etablierten die Doppelconférence in den zwanziger Jahren die Wiener → *Paul Morgan* und → *Kurt Robitschek*. Elemente der Conférence lebten nach dem Zweiten Weltkrieg auf in den Quiz-, Show- und Talk-Mastern von Funk und Fernsehen sowie im kabarettistischen Bereich in den von Tag zu Tag aktualisierten Monologen etwa → *Wolfgang Gruners* und → *Dieter Hildebrandts* bei den Berliner → *Stachelschweinen* und der → *»Münchner Lach- und Schießgesellschaft«*. Eine Art absoluter Doppelconférence auf höherer Ebene praktizierten seit Ende der siebziger Jahre Dieter Hildebrandt und → *Werner Schneyder* in ihren abendfüllenden kabarettistischen Dialogen.

»Eine Doppelconférence ist ein Dialog zwischen einem G'scheiten und einem Blöden, wobei der G'scheite dem Blöden etwas Gescheites möglichst gescheit zu erklären versucht, damit der Blöde möglichst blöde Antworten darauf zu geben imstande ist – mit dem Resultat, daß zum Schluß der Blöde zwar nicht gescheiter, aber dem Gescheiten die Sache zu blöd wird. Beide haben daher am Ende nichts zu lachen. Dafür desto mehr das Publikum.«

Karl Farkas

Cornichon → Cabaret Cornichon

Couplet
(französisch = »Pärchen«)
Seit dem 18. Jahrhundert Bezeichnung für ein Strophenlied aktuell-politischen und/oder erotischen Charakters mit meist gleichlautender Endzeile oder Kehrreim, vorgetragen vor allem im Singspiel (Nestroy, Kalisch, Raimund), in der Operette (Offenbach) und im Kabarett (→ *Claire Waldoff*). → *Otto Reutter*, Willy Rosen, → *Günter Neumann*).
Ähnlich dem → *Chanson*, das aber nicht unbedingt auf einen Kehrreim angewiesen ist, bezieht das Couplet seinen Witz aus der Mehrdeutigkeit, die der Kehrreim durch die jeweils voraufgehende Strophe erhält. Anders als das Chanson beutelt das Couplet Zeit und Zeitgenossen weniger auf satirisch-aggressive als vielmehr auf humoristisch-versöhnliche Art. Kehrreim oder gleichbleibende Endzeile enthalten häufig eine dem Volksmund abgelauschte oder sonstwie geläufige Redensart wie »In fünfzig Jahren ist alles vorbei« von Otto Reutter, »Man muß auf alles vorbereitet sein« von Günter Neumann oder »Hermann heeßt er« von Ludwig Mendelssohn (geschrieben für Claire Waldoff).

Dada-Kabarett → *Cabaret Voltaire*.

Franz Josef Degenhardt
* 3. 12. 1931 Schwelm (Westfalen).
Jurist und politischer Liedermacher
Studierte 1952 Rechtswissenschaften. 1960 zweites juristisches Staatsexamen, von 1961 bis 1969 Assistent am Institut für Europäisches Recht an der Universität Saarbrücken, 1966 Dr. jur., 1961 Beitritt zur SPD, 1963 erste Lieder bei Radio Bremen. Erste Langspielplatte 1963 herausgekommen (»Zwischen null Uhr und Mitternacht«, neu/unter dem Titel »Rumpelstilzchen«). Seit 1966 Auftritte beim »Festival Chansons Folklore International« auf der Burg Waldeck.

1967 durch → *Wolfgang Neuss,* → *Wolf Biermann,*und Rudi Dutschke zum Sozialismus bekehrt. Gab 1969 seinen Universitätsposten auf und ließ sich in Hamburg als Rechtsanwalt der APO nieder. 1973 brachte er seinen ersten Roman, »Zündschnüre«, heraus, 1975 folgte der Roman »Brandstellen«, 1976 das Jugendbuch »Petroleum und Robbenöl«. 1971 wurde er aus der Hamburger SPD ausgeschlossen, seit 1971 ist er Mitglied des PEN.
Degenhardt fing mit poetischen Liedern voll leiser Trauer und anarchistisch-surrealistischer Metaphern im Stile von Georges Brassens an, die er treffend »Bänkel-Songs« nannte, lobte aber auch den Genuß (vornehmlich des Weins). Erste, noch etwas unklare Sozialkritik übte er 1965 in seinem berühmt gewordenen Lied »Spiel nicht mit den Schmuddelkindern«. Danach zielte er auf das deutsche Spießbürgertum aller Schattierungen (»Wenn der Senator erzählt«, 1967, »Deutscher Sonntag«, 1965). Nach 1967 wurden seine Lieder politischer (»Vatis Argumente«, »Verteidigung eines Sozialdemokraten«, »Progressiv, dynamisch, mit Phantasie – aber sachlich«), rutschten auch bisweilen in Agitation ab (»Zwischentöne sind nur Krampf im Klassenkampf«). Noch 1968 artikulierte er in dem Chanson »Zu Prag« seine »Wut über den Sieg der Panzer« über den Sozialismus »zu Prag«. Nach dem Auseinanderbröckeln der APO näherte sich Degenhardt mehr und mehr der DKP an.
Nächst Wolf Biermann gehört Franz Josef Degenhardt zu den poetischesten unter den großen politischen Liedermachern im deutschen Sprachgebiet.

»Ein Lied allein bringt die Welt nicht in Bewegung. Aber es kann unter Umständen den Willen einer Gruppe artikulieren und damit politische Kraft werden . . . Die Wirkung kann zum Beispiel darin bestehen, den Hörer zu Fragen zu veranlassen: ihn zu politisieren.«

Franz Josef Degenhardt in »Im Jahr der Schweine«, Hamburg 1970.

Marya Delvard
(eigentlich: Marie Biller)
* 11. 9. 1874 Rechicourt (Lothringen); † 25. 9. 1965 Pullach bei München
Erste Chansonniere des deutschen Kabaretts.
Studierte seit 1896 in München Musik, lernte hier den Studenten und Journalisten → *Marc Henry* kennen, der sie als einzige Frau in das Ensemble der von ihm zusammengebrachten → *Elf Scharfrichter* eingliederte.
In diesem Kabarett errang sie mit ihrer an → *Yvette Guilbert* angenäherten Erscheinung und Vortragskunst Ruhm vor allem mit Chansons von → *Frank Wedekind* (»Ilse«), → *Otto Julius Bierbaum* (»Lied in der Nacht«), und Heinrich Lautensack (»Der Tod singt«). Nach dem Ende der *Elf Scharfrichter* im Herbst 1904 ging Marya Delvard auf Gastspielreisen durch Deutschland und Österreich. Anfang 1906 eröffnete sie mit Marc Henry in dem Schrammellokal »Apollo« in Wien das → *Cabaret Nachtlicht* und 1907 das → *Cabaret Fledermaus,* wo sie zusammen mit Henry überwiegend altfranzösische Volklieder (in entsprechenden Kostümen), immer aber auch als Zugaben deutsche Lieder und Chansons vortrug.
Seit 1909 ging sie mit Henry mit beider Programm »Moderne Kammerkunst-Abende« auf Tourneen durch Europa und nach Nord- und Südamerika, Kanada und Australien. Beim Ausbruch des Ersten Weltkriegs ließ sie sich in Portofino bei Rapallo nieder, während Henry nach Frankreich zurückkehrte. Gab dann Einzelabende, auch in Rotkreuzlazaretten in der Schweiz. Von 1927 bis 1929 lebte sie noch einmal in München, ging dann nach Berlin und Wien. Bei der Weltausstellung 1937 in Paris sang sie deutsche und französische Volkslieder und ließ sich 1939 in Poitiers nieder. Hier erreichte die 84jährige eine Einla-

dung der Stadt München zur Achthundertjahrfeier der Stadt. Dort trat sie in kleinem Kreise noch einmal mit ihren einstigen Chansons auf. In einem Künstleraltersheim in Pullach bei München ist sie 91jährig gestorben.

»Wenn Marya Delvard, im engen Bühnenrahmen mit ihrer eigenartigen, scharfkonturierten Silhouette gegen den tonigen Hintergrund stehend, im gespenstig-bläulichen Zauberlicht ›Die Pfarrerstochter von Taubenheim‹ aus ›Des Knaben Wunderhorn‹ sang, mit der unsagbar ergreifenden Melodie von Hannes Ruch, wobei die Töne einer unsichtbaren Orgel einfielen, dann griff eine Geisterfaust an des Zuhörers Herz und drehte es ihm zweimal im Leibe herum. Ich habe selten Menschen so gepackt und erschüttert gesehen wie damals in dem kleinen Brettl in der Türkenstraße.«

C. G. von Maassen

»Sie sang alles mit müder Eintönigkeit, die sie nur zuweilen mit einem wilden Aufschrei gieriger Leidenschaft unterbrach.«

Hans Carossa in »Der Tag des jungen Arztes«, 1955

Hans Deppe
* 12. 11. 1897 Berlin; † 23. 9. 1969 West-Berlin
Schauspieler, Kabarettist, Regisseur
Ausgebildet am Reinhardt-Seminar in Wien, wurde Deppe Volontär am Königlichen Schauspielhaus in Berlin, wirkte von 1921 bis 1928 als Komiker und Charakterspieler vornehmlich an den Reinhardt-Bühnen in Berlin.
1928 inszenierte er mit der »Gruppe junger Schauspieler« Peter Martin Lampels Stück »Revolte im Erziehungshaus« und trat als Kabarettist bei den → *Unmöglichen* und im → *Kabarett der Komiker* auf. 1929 gründete er zusammen mit → *Werner Finck* die → *Katakombe,* an der er auch als Darsteller und Autor (»Tandaradei« mit Finck) mitwirkte. Unter anderem sprach er Gedichte und parodierte zeitgenössische Filme und bekannte Schauspieler.
Seit 1932 widmete er sich mehr und mehr dem Film und drehte zum Teil nach eigenen Drehbüchern vor und nach dem Zweiten Weltkrieg mehr oder weniger seichte und sentimentale Filme. Wirkte nach dem Krieg in den Kabarettrevuen »Alles Theater« und »Schwarzer Jahrmarkt« von → *Günter Neumann* (beide 1947) und 1948 in dem kabarettistischen Film »Berliner Ballade« mit.

Deutscher Kleinkunstpreis
Seit 1972 vom → *unterhaus,* Mainz, vergebener Preis für die besten Leistungen auf den Gebieten Kabarett, Chanson und Kleinkunst. (1972 nur für den Bereich Kabarett, erst seit 1974 in allen drei Sparten. Seit 1973 wird zusätzlich ein Sonderpreis vergeben.) 1976 stiftete die Stadt Mainz erstmals einen Sonderpreis, der seit 1977 zusätzlich als Förderpreis verliehen wird. Die Preisträger werden von einer zwanzig Personen umfassenden Jury ausgewählt. Die Preisverleihung und die damit verbundenen Auftritte der Preisträger wurden bis 1981 im Fernsehen (ZDF) übertragen.
Die bisherigen Preisträger sind in den Sparten

	Kabarett	*Chanson*	*Kleinkunst*	*Sonderpreis*
1972	Hanns Dieter Hüsch	–	–	–
1973	Franz Hohler	–	–	Guy Walter
1974	Helmut Ruge	Hannes Wader	Günter Lüders	–
1975	*Die Machtwächter*	Schobert & Black	Ernst Stankovski	–

	Kabarett	*Chanson*	*Kleinkunst*	*Sonderpreis*
1976	Emil (Steinberger)	Christof Stählin	Ortrud Beginnen	*Förderpreis der Stadt Mainz* Gert Fröbe
1977	Dieter Hildebrandt	Konstantin Wekker	F. J. Bogner	Michael Bauer
1978	Jochen Steffen	Klaus Hoffmann	Otto Grünmandl	Mathias Richling
1979	Siegfried Zimmerschied	Wolf Biermann	Loriot	*Die drei Tornados*
1980	Gerhard Polt	Ernst Born	*Floh de Cologne*	*Karl Napps Chaos Theater*
1981	*Das Kom(m)ödchen*	Walter Mossmann	Kaspar Fischer	*Biermös'l Blas'n*
1982	Hanns Dieter Hüsch	Kristin Horn	Jörg Hube	*Der wahre Anton*
1983	Wolfgang Neuss	Franz Josef Degenhardt	*Die Schmetterlinge*	Hanns Meilhamer und Claudia Schlenger
1984	Dietrich Kittner	Ulla Meinecke	Werner Schneyder	Marianne Delgorge

Deutsches Kabarett-Archiv
Das Deutsche Kabarett-Archiv wurde 1958 auf Initiative von → *Reinhard Hippen* gegründet. Es umfaßt heute eine Bibliothek mit rund 10000 Bänden, eine Diskothek mit rund 3000 Schallplatten, ein rund 500 Tonbänder umfassendes Schallarchiv, eine Videothek, ein Plakatarchiv und Zeitschriftensammlungen zum Thema Kabarett und angrenzende Bereiche.
Das Archiv enthält Archivalien zu rund 60000 Stichworten des deutschsprachigen Kabaretts der BRD, der DDR, Österreichs und der Schweiz und des deutschsprachigen Exilkabaretts in den verschiedenen Ländern. Zu den Beständen gehören Handschriften und Urkunden, Text- und Regiebücher, Presseartikel, Kritiken, Monographien und Dissertationen, Szenenbilder und Fotos, Programmhefte und dokumentarische Nachlässe, so von → *Werner Finck,* Greta Keller und dem Historiker des osteuropäischen Kabaretts, Ladislav Jan Kalina, ferner Notensammlungen, historische Sammlungen zum politischen Lied im deutschen Bauernkrieg, zum Vormärz, zu 1848, zum → *Bänkelsang,* zum Minnesang, zum erotischen Volkslied sowie zu den Gebieten Dadaismus und Aktionismus; Spezialsammlungen zu den Formen Satire, Ironie, Nonsens, Witz, Agitprop, Straßentheater, Antitheater, Freie Theatergruppen, Songgruppen, Chanson- und Folklore-Festivals.
Das Deutsche Kabarett-Archiv arbeitet an der fortlaufenden Archivierung und wissenschaftlichen Erschließung sämtlicher Kabaretts und kabarettistischer Veranstaltungen seit 1901 im deutschen Sprachraum und seit 1881 bei den französischen Vorläufern sowie an der Registrierung sämtlicher Aktivitäten auf dem Gebiet des Chansons → *(Liedermacher)* und des politischen Liedes und der Dokumentation satirischer Rundfunk- und Fernsehproduktionen.
Das Deutsche Kabarett-Archiv wird seit 1975 durch den gemeinnützigen Verein »Förderkreis Deutsches Kabarett-Archiv e. V.« unterstützt. Die Räumlichkeiten sind von der Stadt Mainz gestellt. In den Jahren 1981 bis 1983 arrangierte das Deutsche Kabarett-Archiv eine Ausstellungstournee unter dem Motto »Sich fü-

gen heißt lügen – 80 Jahre deutsches Kabarett« durch 32 Städte der BRD, ferner durch die Schweiz, Japan und Australien.
Das Archiv ist interessierten Benutzern zugänglich. Xerokopiergeräte und technische Einrichtungen für Tonband- und Schallplattenumschnitte stehen zur Verfügung. Adresse: Deutsches Kabarett-Archiv, Rheinstr. 48, 6500 Mainz, Tel. 06131/221912. Geöffnet montags von 14 bis 16.30 Uhr oder nach Vereinbarung.

Hans Jürgen Diedrich
* 30. 4. 1923 Stralsund
Schauspieler, Kabarettist, Kabarettautor
Wurde nach dem Abitur 1943 außerplanmäßiger Reichsbahninspektor, dann eingezogen und Leutnant bei den Panzergrenadieren. Nach britischer Gefangenschaft 1946 entlassen. Über eine Laienspielgruppe kam er an die »Städtischen Bühnen Hamburg-Harburg« und machte zwischendurch am → *rendezvous* Kabarett. Mit der ebenfalls dort auftretenden Ursula Noack wechselte er 1953 zu den → *Amnestierten*. 1956 wurde er an die → *Münchner Lach- und Schießgesellschaft* engagiert und spielte vom ersten Programm an vierzehn Jahre dort mit und steuerte für drei Programme auch Texte bei. Seit 1972 ist er Mitglied des »Bayerischen Staatsschauspiels«. Spielt und führt Regie in Film und Fernsehen.

Marlene Dietrich
(eigentlich: Maria Magdalena von Losch)
* 27. 12. 1901 Berlin
Schauspielerin, Chansonniere, Kabarettistin
Studierte Schauspiel an der Reinhardt-Schule in Berlin. Spielte seit 1922 kleinere Rollen in Filmen und an Berliner Theatern. Trat 1926 in der Charell-Revue »Von Mund zu Mund auf«.
Erster Kabarettauftritt bei einer Jubiläumsveranstaltung für den Komiker Guido Thielscher als eines der »Thielscher-Girls« (»Nachtkabarett«, 27. 3. 1928, »Lustspielhaus«, Berlin). Sang und spielte in der Kabarettrevue »Es liegt in der Luft« von → *Marcellus Schiffer* und → *Mischa Spoliansky* vom 15. 5. 1928 in der »Komödie«, Berlin. In »Zwei Krawatten«, einem »Revuestück« von Georg Kaiser (Musik: Spoliansky), wurde sie zusammen mit Hans Albers von dem Regisseur Josef von Sternberg für den Film »Der blaue Engel« (1929) entdeckt, der ihr ihre Weltkarriere bescherte. Ging am 1. 4. 1930 nach Hollywood. Bereits vor 1933 hatte sie Chansons von → *Friedrich Hollaender* und → *Rudolf Nelson* auf Schallplatten gesungen. Nahm 1933 in Paris zahlreiche Platten mit Songs und Chansons emigrierter Kollegen auf, kreierte 1943 auf englisch das Lied von der »Lili Marlen«, das sie mit vielen anderen ihrer Lieder vor amerikanischen Soldaten sang.
Begann 1953 in Las Vegas eine neue Karriere als Chansonniere und bereiste als solche fast die ganze Welt. Ihr nächst der »Lili Marlen« bekanntestes Lied ist Pete Seegers »Sag mir, wo die Blumen sind« (deutsche Fassung: → *Max Colpet*). Marlene Dietrich ist die bedeutendste Chansonniere im deutschen Sprachraum und überdies eine der großen internationalen Chansonnieren der Gegenwart.

Lit.: *Marlene Dietrich* – Dokumente/Essays/Filme. Zusammengestellt von Werner Sudenhoff, München 1977.
Droz, René: *Marlene Dietrich und die Psychologie des Vamps*. Zürich1961.
»Der Auftritt der Dietrich wird eine der Vollkommenheiten des Welttheaters bleiben: eine kühne Erfindung ohne Vorbild, ohne Nachkommenschaft – eine Création von einzigartigem Schliff und schneidender Schönheit. Er rief kühlen Rausch hervor wie ein besonders kostbares

Narkotikum. Er konnte ein Entzücken des Verstandes verursachen, viel stärker als ein Entzükken der Sinne. Denn eigentlich war alles unsinnlich an dieser Galionsfigur des Chansons, als die Marlene Dietrich aufkreuzte: ihre berühmten Beine ebenso wie ihr Körper, ihre Brust oder die Reglosigkeit ihres Gesichts.«

Klaus Geitel (Musikkritiker) in Marlene Dietrich – *Dokumente/Essays/Filme, 1977.*

»Wenn sie nichts weiter hätte als ihre Stimme – es genügte, dein Herz zu brechen.«

Ernest Hemingway

Diseuse

Veraltete Bezeichnung für eine Vortragskünstlerin im Kabarett (männliche Form: Diseur), heute allgemein durch »Chansonniere« ersetzt. Falsch ist deren Bezeichnung als »Chansonette«, weil dies im Französischen ein »kleines Lied« (und nicht die Vortragende) bezeichnet. (→ *Chansonnier, Chansonniere*)

Die Distel

Politisch-satirisches Kabarett in Ost-Berlin. Gegründet von → *Erich Brehm*, eröffnet am 2. 10. 1953 im »Haus der Presse« am Bahnhof Friedrichstraße mit dem Programm »Hurra, Humor ist eingeplant!«.

Die Distel im Programm »Danke, weiterlachen« (1979), v. l.: Christine Harbort, Edgar Harter, Ilse Maybrid, Gert Kießling, Brigitte Krause.

Die Gründung dieses ersten bedeutsamen Kabaretts der DDR war gleichermaßen begünstigt wie gehandicapt durch den Tod Stalins im März und den Arbeiteraufstand vom 16./17. Juni 1953. Die anfangs relativ harmlosen Programme gewannen an satirischer Schärfe nach dem von Chruschtschow eingeleiteten »Tauwetter« 1956. Das machte sich in der kritischen Betrachtung des Erziehungswesens in der DDR (in dem Programm »Wenn die kleinen Kinder schlafen«, April 1957) und der blinden Sowjethörigkeit ihrer Funktionäre (in dem Programm »Wohin rollst du, Erdäpfelchen?«, Oktober 1957) bemerkbar. Aber schon gab es mit dem letztgenannten Programm Schwierigkeiten mit dem DDR-Kulturministerium wegen einer Kritik an dessen Kulturpolitik.
Die Hemmnisse, denen ein politisches Kabarett in einer Diktatur naturgemäß ausgesetzt ist, lassen sich u.a. ablesen an dem häufigen Wechsel der (von der Bürokratie eingesetzten) Direktoren und an der im Parteiorgan »Neues Deutschland« geäußerten Kritik. Nach der Direktion Brehm (von 1953 bis 1958) wurde Hans Krause *Distel*-Direktor (von 1958 bis 1963), danach Dr. Georg Honigmann, der in seiner Linientreue die Programme derart abflachen ließ, daß sogar das »Neue Deutschland« den neuen Trend rügte. Erst 1968/69 aber wurde Honigmann von → *Otto Stark* abgelöst, der die *Distel* seither leitet.
Am 28. 4. 1976 eröffnete die *Distel* mit dem Programm »Auf ein Neuntes« eine zweite Spielstätte in einem 335-Plätze-Filmtheater in Berlin-Hohenschönhausen, in der seitdem parallel zu den laufenden Vorstellungen in der Friedrichstraße dreimal wöchentlich die im Repertoire befindlichen Programme gespielt werden. Hatte die *Distel* seit Mitte der siebziger Jahre in immer üppiger werdender äußerer Ausstattung und sonstigen Showeffekten geschwelgt, so konzentriert sie sich in den letzten Jahren wieder mehr auf die Wirkung des Worts und die – wenn auch noch so schwer zu dosierende – aktuelle Satire.
Wie die politisch-satirischen Kabaretts in West-Berlin und der BRD setzte die *Distel* seit Mitte der sechziger Jahre in mehreren Programmen Film- und Toneinblendungen sowie eigens angefertigte Zeichentrickfilme ein. – Die *Distel* ist ein Repertoirekabarett und bringt pro Jahr in der Regel zwei neue Programme heraus. Ihr Spielplan »orientiert sich vorwiegend auf ökonomisch-ideologische Probleme, Alltagsthemen und die Auseinandersetzung mit dem Imperialismus in überwiegend szenischer Form, oft mit großer Ausstattung« (»Unterhaltungskunst A–Z« in der Reihe »Taschenbuch der Kunste«, (Berlin [Ost] 1977). Zu den wichtigsten Autoren der *Distel* seit 1953 gehören: Erich Brehm, → *Hans Harnisch*, → *Heinz Kahlow*, → *Hans Rascher*, Hans Krause, Peter Ensikat, Jo Schulz, Heinz Helm, → *Edgar Külow*. Regie führten u.a. Wolfgang E. Struck, Otto Stark, Peter Ensikat, → *Robert Trösch*. Aus der großen Zahl der Mitwirkenden seien herausgehoben: Gina Presgott, Werner Lierck, Gustav Müller, Hanna Donner, Ingrid Ohlenschläger, Heinz Draehn, → *Gerd E. Schäfer*, Ellen Tiedtke, Robert Trösch. Ilse Maybrid, Helmut Hellmann, Edgar Harter, Rolf Mey-Dahl, Lothar Tarelkin, Gert Kießling. Zudem wirken in jedem Programm ein oder zwei Gäste mit. Das Stammensemble besteht aus zwölf Darstellern.

»Rundum bekamen wir ein lustiges Spektakel präsentiert, das Wolfgang E. Struck farbkräftig und mit Schwung, gelegentlich ein bißchen operettenhaft inszenierte, bei dem gehaltvolle, tieferlotende Satire treffsicher dargeboten wurde.«

K. J. Wendtland über das Distel-Programm »So wahr mir Spott helfe«, im (Ost-)Berliner »Neuen Deutschland,« 2. 12. 1976.

»Im neuesten Programm . . . ›So wahr mit Spott helfe‹ . . . fällt ein naiv-derber Zug auf; unbefangen wird in die Grotesk-Kiste gelangt, deutlich, sinnlich gemimt, gespielt. Innerhalb der gezogenen Grenzen ist man offenbar nicht zimperlich. Natürlich werden weder Partei noch Staat

noch deren Vertreter noch irgendwelche politischen Essentials der DDR-Politik prinzipiell in Zweifel gezogen ... Ein ungezwungenes Publikum genießt die Klassenschelte, ein Publikum wie bei uns. Freilich, wer denkt denn daran, daß der Narr seinen Arbeitgeber abschaffen könnte oder sollte? Kabarett stürzt kein Kabinett.«

Marianne Eichholz in der »Süddeutschen Zeitung«, 29. 11. 1976, über das Distel-*Programm »So wahr mir Spott helfe«.*

Doppelconférence → *Conférence*

Holger Drachmann
* 9. 10. 1846 Kopenhagen; † 14. 1. 1908 Hornbaek (Seeland)
Dänischer Dichter und Schriftsteller.
Entwickelte 1890 in seinem Roman »Forskrevet« (»Verschrieben«) als erster die Idee einer Veredelung des → *Tingeltangels* hin zum literarischen Kabarett, die der dänische Schriftsteller Hermann Bang 1892 in seinem kurzlebigen *Literaere Varieté* im Tivoli von Oslo umsetzte, bei dessen Eröffnungsvorstellung er einen Prolog von Drachmann sprach.

Sammy Drechsel
(eigentlich: Karl Heinz Drechsel)
* 25. 4. 1925 Berlin
Sportjournalist, Rundfunk- und Fernsehreporter und -moderator, Kabarettleiter, Regisseur und Produzent
Gründete 1956 zusammen mit Fred Kassen in dessen Lokal »Das Stachelschwein« in der Ursulastraße in München-Schwabing die → *Münchner Lach- und Schießgesellschaft.* Er ist bis heute Leiter und Regisseur dieses Kabaretts, wenn auch seit November 1976 eines völlig neuen Ensembles, seit 1959 auch Inhaber des Spiellokals. Seit 1957 inszeniert und produziert er sämtliche Fernsehsendungen der *Münchner Lach- und Schießgesellschaft,* auch Neiland deren Gemeinschaftssendungen mit den → *Stachelschweinen* (»Ein Platz an der Sonne«). Von 1973 bis 1979 redaktioneller Mitarbeiter und Regisseur des satirischen ZDF-Magazins *Notizen aus der Provinz* mit → *Dieter Hildebrandt,* seit 1980 Produzent und Regisseur der satirischen Fernsehsendung → *Scheibenwischer* mit Hildebrandt (→ *Medienkabarett*). Von 1974 bis 1981 Produzent der Autorenkabarettprogramme von Dieter Hildebrandt und → *Werner Schneyder.* Produzent der Liederkabaretts »Solo mit Trio« und »Solo mit Quartett« von und mit Werner Schneyder.

Die Drei Rulands
Gesangstrio, bestehend aus Helmut Buth, Manfred Dlugi und Wilhelm Meissner. Sie begannen 1934 in der → *Katakombe* als *Die drei Katakomben-Jungs* (Alternierend mit Buth sang dort Heinz Kloetzel).
Nach Schließung der *Katakombe* im Mai 1935 wurde das Trio als *Die Drei Rulands* an das → *Kabarett der Komiker* engagiert. Es folgten Tourneen und Einzelgastspiele, Rundfunksendungen und Schallplattenaufnahmen. Ihren Durchbruch schafften sie in der Kabarettrevue »3000 Jahre Kabarett« im *Kabarett der Komiker,* in der sie »eigene Parodien zu Tagesfragen« (Buth 1978) brachten. Nach Überwachung der Vorstellungen durch Gestapospitzel wurde ihnen am 3. 2. 1939 jedes weitere Auftreten verboten, sie wurden von der Gestapo verhört und aus der »Reichskulturkammer« ausgeschlossen. Während Buth eingezogen wurde, wurden seine Kollegen in Rüstungsbetriebe zwangsverpflichtet.

Die 3 Tornados

Berliner »Szene«-Kabarett, bestehend aus Holger Klotzbach (* 1946; seit 1981 dabei), Günter Thews (* 1945) und Arnulf Rating (* 1951).
Ihren ersten Auftritt hatten die Studenten der Theaterwissenschaft Thews und Rating zusammen mit ihrem Kommilitonen Hans-Jochen Krank (bis 1980 dabei) am 25. 4. 1977 beim Maifest an der Technischen Universität in West-Berlin anläßlich eines Streiks von FU-Studenten gegen Berufsverbote. Seitdem spielen sie auf Straßen, Plätzen, in autonomen Jugendzentren und in linken Berliner Kneipen. Außerdem sind sie jährlich 60000 Kilometer auf Tourneen unterwegs. Ihre Texte und Musiken verfassen und spielen sie selbst. Programme: »Rundschlag am Mittag« (1978), »Flipperschau« (1979), »Der Mai ist gekommen« (1981), »Lust statt Frust« (seit 1983). Ihr Sketsch »Krippenspiel« bei einem Auftritt in dem WDR-Jugendmagazin »Radiothek« am 30. 12. 1980 löste eine Klage wegen Religionsbeschimpfung aus. Das Verfahren endete 1983 in vierter Instanz mit Freispruch.
1979 erhielten *Die 3 Tornados* den Förderpreis der Stadt Mainz zum → *Deutschen Kleinkunstpreis*. Im Mai 1979 wurde ihr Film »30 Jahre Grundgesetz« vom SWF nicht gesendet, im März 1980 scheiterte eine geplante Live-Sendung im III. SWF-Programm, im März 1983 machte WDR III eine Einladung zur Talkshow rückgängig, und im September 1983 strich der SFB ihre Beiträge zur Sendung »Rock Nacht«.

Die 3 Tornados, v. l.: Arnulf Rating, Günter Thews, Holger Klotzbach.

»Sie wirbeln, fetzen, tanzen über die Bretter, erfinden die buntesten Verkleidungen, singen, grölen, poltern und verwandeln binnen zwei Stunden ihre Bühne in ein Chaos. Da fliegen Eier und spritzt Sekt . . . Aber hinter Klamauk und Kalauern verbirgt sich Wortwitz, lauern Humor und Phantasie. Respektlos nimmt das Trio alles aufs Korn, was sich zur satirischen Wiederaufbereitung eignet: natürlich die etablierten Politiker, die Bundeswehr und den Nato-Doppelbeschluß, die Furcht der Bundesbürger vor den Russen und die Ausländerfeindlichkeit. Aber keine Seite bleibt vom Spott verschont. Nicht die Friedensbewegung, nicht die DDR mit ihrer Ämter- und Heldeninflation, auch nicht die Freak-, Sponti- und Punkszene.«

Iris Mainka in der ZEIT, 4. 11. 1983.

Blandine Ebinger
* 4. 11. 1902 Berlin
Schauspielerin, Kabarettistin, Chansonniere
Die Tochter eines Musikers und einer Schauspielerin begann mit Kinder- und Jungmädchenrollen an Berliner Theatern. Lernte 1918 → *Friedrich Hollaender* kennen (Heirat 1919), der ihr für das → *Schall und Rauch* (II) Chansons von → *Klabund* und → *Walter Mehring* vertonte und eigene für sie schrieb und komponierte. Ihre spezielle Note traf Hollaender mit seinem für sie geschriebenen Zyklus »Lieder eines armen Mädchens« (u. a. »Das Groschenlied«, »Das Wunderkind«, »O Mond!«, »Wenn ick mal dot bin«, »Currende«), die sie erstmals 1921 im → *Cabaret Größenwahn* vortrugen. Dort schrieb er ihr um dieselbe Zeit auch den Schlager »Johnny, wenn du Geburtstag hast«.
Als Schauspielerin wirkte die Ebinger 1923 in Hollaenders musikalischer Fassung von → *Wedekinds* »Kaiserin von Neufundland« an den »Münchner Kammerspielen« mit, als Kabarettistin in Hollaenders Revuetten »Laterna magica« (1926), »Das bist du« (1926) und »Es kommt jeder dran« (1928 – darin ihr großes Chanson »Die Trommlerin«), ferner in der Kabarettrevue »Es liegt in der Luft« (1928) von → *Marcellus Schiffer* und → *Mischa Spoliansky* und trat auch an Hollaenders eigenem Kabarett, dem → *Tingeltangel-Theater,* außerdem in vielen eigenen Vortragsabenden auf. Daneben spielte sie in den zwanziger Jahren zahlreiche Rollen an Berliner Theatern.
1936 emigrierte sie in die USA, wo sie bis 1947 blieb. Seit 1948 lebt Blandine Ebinger wieder in Berlin. Seitdem spielt sie wieder auf der Bühne, im Film und im Fernsehen und gab bis 1982 wieder eigene Chansonabende. Von 1974 bis 1982 wirkte sie an den »Berliner Festwochen« mit und gab Gastspiele im In- und Ausland (Paris u. a.). Im Oktober 1982 trat sie mit einer großen Veranstaltung in der »Akademie der Künste« in West-Berlin endgültig von der Bühne ab. Blandine Ebinger verkörperte bis zuletzt den Typ des zu kurz gekommenen Berliner Kellerkindes, wie es von Zille hätte entworfen sein können, mit seinen tragikomischen Klagen, Ängsten und Hoffnungen. Diesem Typ gab sie mit leiser Stimme einen um so stärkeren, die große Kunst streifenden Ausdruck.
»Jede ihrer Vorführungen ist eigentlich im Grunde ein Linienspiel, dennoch kein bloßes Ornament, sondern aus dem Körperakzent geschöpfte Suggestivkraft erfüllt es, das Persönliche eines spezifischen Kabarettinstinktes belebt es. Dieses körperhafte Ausdrucksgenie ist an der Ebinger das Wesentliche.«

Alfred Kerr, 1922

»Ihre dünne, zarte, mädchenhafte Vorfrühlingserscheinung wird Figur dieser ahnungsvollen Dichtung. Aus Armut scheint Fülle des Erlebnisses zu steigen, sich reich zu gliedern, stark und erschütternd zu werden. Laut und Gebärde nehmen die Vorstellungen in eine nie ermüdende Mannigfaltigkeit des Ausdrucks auf. Der Ausdruck ist streng disponiert nach den klugen Regeln der Wahrheit und Wirkung zugleich. Vor der Gefahr der Überwirkung mahnt jedesmal ein bewundernswertes künstlerisches Taktgefühl. Es lenkt den Vortrag von jedem banalen Effekt

Blandine Ebinger als »armes Mädchen«.

einer Sentimentalität oder Übertreibung auf der Stelle ab. Dies ist ihre unerreichte Qualität: die Vielfältigkeit des Charakters so im Maß der andeutenden Kunst zu halten, daß die Phantasie mehr gereizt ist als durch jede vollbesetzte Bühne.«

Oscar Bie im »Berliner Börsenkurier«, 6. 11. 1925.

Fritz Eckhardt
* 30. 11. 1907 Linz (Österreich)
Schauspieler, Autor, Kabarettist
Der Sohn eines Revuedirektors besuchte das Reinhardt-Seminar in Wien. Nach Engagements in der österreichischen Provinz stieß er 1935 zum → *Lieben Augustin,* wo er spielte und inszenierte. 1936 conferierte, schrieb und inszenierte er im → *ABC* und verfaßte von 1939 bis 1944, getarnt durch seinen Kollegen Franz

Paul, Texte für das → *Wiener Werkel* (»Sebastian Kampels Höllenfahrt«, »Die Tokioten«).
Im Juni 1945 erweckte er den *Lieben Augustin* als Direktor zu neuem Leben, wirkte 1947 beim → *Kleinen Brettl* mit und leitete gleichzeitig das »Künstlertheater«. Bevor er seine Fernsehkarriere als »Inspektor Marek« begann, schrieb Eckhardt Komödien und Kabarettexte, u. a. für den *Igel*, Graz, die *Bärentatze*, Bern (1942), das *Kleine Welttheater*, Innsbruck, die → *Zwiebel*, München, und spielte und schrieb 1958 für das *Fred-Kraus-Brettl* und 1963 für das Bronner-Kabarett (»Das heiße Eisen«) sowie für das → *Kleine Renitenztheater*, Stuttgart.

Hanns Eisler
* 6. 7. 1898 Leipzig; † 6. 9. 1962 Ost-Berlin
Komponist und Musiktheoretiker
Studierte 1919 bis 1923 bei Arnold Schönberg und Anton von Webern Kompositionslehre. Komponierte nach anfänglichen Erfolgen mit Zwölftonmusik Lieder und Balladen für die revolutionäre Arbeiterbewegung, vor allem für den → *Agitprop* (z. B. für »Das Rote Sprachrohr«, dessen musikalischer Leiter er von 1927 bis 1929 war, ferner für den »Roten Wedding«). Er vertonte 1930 → *Bertolt Brechts* »Die Maßnahme« und viele seiner Chansons, außerdem Songs und Chansons von Johannes R. Becher und → *Kurt Tucholsky*, und zwar hauptsächlich für → *Ernst Busch* (»Solidaritätslied«, »Anna Luise« u. a.).
Seit 1933 im Exil, komponierte er 1937 Kampflieder für die Internationalen Brigaden im Spanischen Bürgerkrieg. 1938 ging er in die USA, wo er weiter mit Brecht zusammenarbeitete und einige preisgekrönte Filmmusiken schrieb. 1950 kehrte er über Wien nach Ost-Berlin zurück und übernahm eine Meisterklasse für Komposition an der dortigen Akademie der Künste. Komponierte die DDR-Hymne, auch Kantaten, Lieder sowie Chor-, Orchester-, Kammer-, Bühnen- und Filmmusik. – Mit seinem Volksliedton hat Hanns Eisler auch das literarische und politische Chanson den Massen und dem großen Publikum überhaupt nahegebracht.

Die Elf Scharfrichter
Politisch-literarisches Kabarett in München, entstanden aus der Auflehnung junger Künstler und Schriftsteller gegen einen im Frühjahr 1900 im Deutschen Reichstag eingebrachten Gesetzentwurf zur Einschränkung der künstlerischen Freiheit (»Lex Heinze«).
Federführend bei der Gründung waren der Schriftsteller und Regisseur Otto Falckenberg, der Kritiker und Lyriker Leo Greiner und der Student Achille Georges d'Ailly-Vaucheret (Künstlername: → *Marc Henry*), ein in München lebender Franzose. Nach endlosen Diskussionen in den Schwabinger Lokalen »Café Stephanie« und »Dichtelei« über Aufführungsstätte, Form und Inhalt einer deutschen Spielart des → *Cabaret artistique* – Henry hatte in Paris am Cabaret *Le lapin agile* conferiert – verkauften Falckenberg und Greiner Anteilscheine zu je hundert Mark an Münchener Mäzene. Mit dem Erlös baute der dem Freundeskreis angehörende Architekt Max Langheinrich den Paukboden hinter der Gaststätte »Zum goldenen Hirschen« in der Türkenstr. 28 zu einem kleinen Theater mit Bühne, »versenktem Orchester« und raffinierter Beleuchtungstechnik aus. An den Wänden hingen Graphiken von Charles Léandre, Félécien Rops und Théophile Steinlen sowie einiger Zeichner der »Jugend« und des »Simplicissimus« und die von Wilhelm Hüsgen gefertigten Masken der *Elf Scharfrichter*. Am Eingang zum Zuschauerraum stand ein »Schandpfahl« mit

dem Wahrzeichen der Gruppe: einem Totenschädel mit Zopfperücke, in dem ein Henkerbeil steckte. Am 13. April 1901 führten die aus elf Männern und einer Frau (→ *Marya Delvard,* der Freundin Henrys) bestehende Truppe unter dem Namen *Die Elf Scharfrichter* ihre erste »Exekution« einem geladenen Publikum vor. Es waren – mit ihren Scharfrichternamen:

Marc Henry (Journalist, Conférencier) = Balthasar Starr
Leo Greiner (Kritiker, Lyriker) = Dionysius Tod
Otto Falckenberg (Autor, Regisseur) = Peter Luft
Richard Weinhöppel (Komponist) = Hannes Ruch
Max Langheinrich (Architekt) = Max Knax
Robert Kothe (Rechtsanwalt, Lautensänger) = Frigidius Strang
Ernst Neumann (Maler, Graphiker) = Kaspar Beil
Wilhelm Hüsgen (Bildhauer) = Till Blut
Willy Rath (Schriftsteller) = Willibaldus Rost
Willi Örtel (Maler) = Serapion Grab
Viktor Frisch (Maler, Graphiker) = Gottfried Still
Marya Delvard (ohne Pseudonym)

Nach der Begrüßung der Gäste durch Marc Henry und dem Aufzug der übrigen zehn Kabarettisten in blutroten Kutten und mit geschulterten Henkerbeilen begann ein buntes Programm mit Brettlliedern aus → *Otto Julius Bierbaums* Anthologie »Deutsche Chansons (Brettllieder)«, aber auch mit eigenen Beiträgen (von Greiner, → *Hanns von Gumppenberg* alias Jodok) und Liedern aus »Des Knaben Wunderhorn«, gesungen zur Laute von Weinhöppel. Im zweiten Teil faszinierte die hohe, schmale Gestalt der Delvard das Publikum mit dem Vortrag von Bierbaums »Lied in der Nacht« und → *Frank Wedekinds* »Ilse«.

Trotz satirischer Einakter wie Gumppenbergs Literaturparodie »Der Nachbar« oder Willy Raths später verbotenen politischen Marionettenspiels »Eine feine

Die Masken der 11 Scharfrichter, modelliert von dem Bildhauer Wilhelm Hüsgen.

Familie« bildeten das Kernstück aller Programme Volkslied, Kunstlied und Chanson, darunter Jodoks »Lucrezia«, Bierbaums »Im Schlosse Mirabell« und → *Ludwig Thomas* »Der Schwalangscher« sowie Lieder von Eichendorff, Heine, Dehmel, Liliencron, Gustav Falke und anderer. – Eine eigene Note brachte der Dramatiker und Dichter Frank Wedekind mit dem Vortrag eigener Lieder und Balladen (»Der Tantenmörder«, »Brigitte B.« u. a.) in die Programme. Zum erweiterten Ensemble gehörten rund zwei Dutzend »Henkersknechte«, darunter der Dichter Heinrich Lautensack und der nachmalige Verleger Reinhard Piper. An der Gestaltung der Programmhefte wirkten mit: die »Simplicissimus«-Zeichner Bruno Paul, Rudolf Wilke, Julius Diez, Ernst Stern, Thomas Theodor Heine (von dem das berühmte Plakat stammt), sowie von der »Jugend« Arpad Schmidhammer. Weiterhin arbeiteten mit: die Autoren Paul Schlesinger (später als »Sling« bekannter Journalist), der Bildhauer Waldemar Hecker, der Dichter Ludwig Scharf, der Rezitator Arcus Troll und, als zweiter Kapellmeister, der Komponist Leonhard Bulmans; die Interpreten Hans Dorbe, Ria Classen, Emanuel Franz, Olly Bernhardi, Friederike Gutman-Umlauft, Kurt Miller, Paul Larsen, Heinz Lebrun u. a.

Anders als das knapp drei Monate zuvor in Berlin eröffnete erste deutsche Kabarett, das → *Bunte Theater (Überbrettl)* mit seinen 650 Plätzen und allabendlichem Spielplan brachten die *Elf Scharfrichter* einem kunstsinnigen Publikum von jeweils nur hundert Personen dreimal wöchentlich Lyrisches in Lied und Chanson und Satirisches (das allerdings mehr kulturpolitische als rein politische Spitzen enthielt) in literarischer Hochform. Wurde beim *Bunten Theater* Bierbaums »Lustiger Ehemann« zum Gassenhauer, so bei den *Elf Scharfrichtern* Thomas' »Schwalangscher« zum Volkslied. War das *Bunte Theater* ein Schauspieler- und Literatenkabarett, so die *Elf Scharfrichter* ein Künstlerbrettl, durch Weinhöppel auch musikalisch von künstlerisch hoher Qualität.

Der große künstlerische, personelle und technische Aufwand bei 100 Plätzen, 35 Mitwirkenden und monatlichem Programmwechsel brachte die *Elf Scharfrichter* trotz ausverkaufter Vorstellungen und privater Spenden an den Rand des geschäftlichen Ruins. Im Herbst 1904 löste sich das Kabarett auf. Mit Weinhöppel als musikalischem Leiter ließen sich Marc Henry und Marya Delvard danach in Wien nieder und gründeten 1906 das → *Cabaret Nachtlicht.*

»Die Elf Scharfrichter *sind ein eiserner Bestandteil des hiesigen Kunstlebens, der allmonatliche Programmwechsel bedeutet eine Sensation, auf die sich alle literarischen Gourmands freuen. Von dem Witz und Geist eines Scharfrichter-Abends könnten . . . drei Berliner Überbrettl mit beschränkter und unbeschränkter Haftung ein halbes Jahr lang leben.«*

»Bühne und Brettl«, Berlin, 31. 1. 1902.

»Es wird der Ruhm der Elf Scharfrichter *bleiben, daß diese Kleinkunstbühne – im Unterschied zu so vielen späteren, unliterarischen oder angeblich literarischen Kabaretts und auch zu den zahlreichen Überbrettln der Zeit –, daß unsere Kleinkunstbühne wirklich nur aus einer echten künstlerischen und kunstpolitischen Leidenschaft und Begeisterung heraus lebte und schuf; die* Elf Scharfrichter *schielten nicht nach irgendwelchen Gewalten, auch nicht nach der Masse und nicht einmal nach dem Publikum; bei ihnen gab es keine Liebedienerei, keine kapitalistische Angst vor Literatur und echter Kunst, keine Zote für den Geschmack der Menge. Es ist darum auch kein Zufall, sondern ein durch Sauberkeit, Tapferkeit, Selbstlosigkeit und Können ehrlich erworbener Kranz, wenn die Kunde von den* Elf Scharfrichtern *fast wie der Mythos vom literarischen Kabarett bis in unsere Tage gedrungen ist.«*

Otto Falckenberg in »Mein Leben – mein Theater«, München–Wien–Leipzig 1944.

Fred Endrikat
* 7. 6. 1890 Nakel an der Netze; † 12. 8. 1942 München
Kabarettist, Kabarettautor, Schriftsteller
Aufgewachsen in Wanne-Eickel als Sohn eines Bergmanns, begann er widerwillig eine Schlosserlehre und wurde Pferdejunge im Schacht. Durch einen Lokalkomiker, der bei Vereinsfesten und Hochzeiten auftrat, kam er in Berührung mit dem Kabarett. Zunächst schrieb er Couplets für Vortragskünstler, dann wagte er sich selbst auf Bühnen und Brettln.
In Samtjacke und mit Kavaliersschleife sang und sprach er seine Verse unter Verwendung eines Telefonbuches, aus dem er scheinbar vortrug. Nach anfänglichen Auftritten in Cafés und kleinen Varietés trat er 1920 im Berliner »Wintergarten« und 1926 im → *Alt-Bayern* auf. Ging nach München und löste → *Joachim Ringelnatz* als Hausdichter des → *Simplicissimus* (München) ab. 1930 schrieb er Texte für die → *Katakombe,* 1937 für das → *ABC* (Wien). Außer ihm selbst trugen im *Simpl* meist → *Marietta,* Walter Hillbring und Peter von der Osten seine Gedichte vor.
Endrikat war ein geistiger Nachfahr von Johann Peter Hebel und Jean Paul und dem Zeitgenossen Ringelnatz seelenverwandt, jedoch eher ein Humorist als ein Satiriker.

Entrée
(französisch = »Eintritt«), auch Opening (englisch = »Eröffnung«)
Im Kabarett der Auftakt des Programms, oft in Form einer leitmotivischen Ensembleconférence, eines kollektiv gesungenen Eröffnungsliedes oder einer einleitenden, das Gesamtthema des Programms proklamierenden Spielszene.

Käte Erlholz
(eigentlich: Katharina Reinholz)
* 20. 10. 1876 Königsberg (Pr.); † 5. 9. 1958 Amsterdam
Schauspielerin, Chansonniere
Spielte in klassischen Stücken in der Provinz, zuletzt in Wiesbaden. Während eines Sommerengagements in Heringsdorf lernte → *Rudolf Nelson* sie kennen und engagierte sie 1906 an den → *Roland von Berlin.* 1907 zog sie mit ihm in den → *Chat noir* (Berlin) um. Sie heirateten am 21. 12. 1909.
Mit ihrem Witz und ihrer eleganten Schnodderigkeit war sie Nelsons beste Interpretin, namentlich mit Texten von → *Kurt Tucholsky* (u. a. »Total Manoli«, »Die Dame mit'n Avec«, »Fang nie was mit Verwandtschaft an!«, die sie alle in *Nelsons Künstlerspielen* kreierte).
Anfangs der dreißiger Jahre zog sie sich vom Kabarett zurück. 1934 ging sie mit Nelson ins holländische Exil nach Amsterdam. Weil sie nicht den Rassegesetzen der Nazis unterlag, konnten sowohl Rudolf Nelson als auch ihr Sohn → *Herbert Nelson* überleben. Nach 1945 ging sie nicht mehr nach Deutschland zurück.
Mit Käte Erlholz war die erste große Chansonniere Berliner Provenienz geboren: keß, schlagfertig, voll trockenen Humors und doch mit der Grazie und Grandezza der weltstädtischen großen Dame.

Essener Kabarett-Tage
Von 1965 bis 1968 vom Jugendamt der Stadt Essen veranstaltete Treffen von Amateurkabaretts aus der BRD (»Tage der Begegnung, der Information und Lernarbeit junger Kabarettgruppen«, wie die Leitung 1968 formulierte). Ein erster Versuch 1963 war fehlgeschlagen.

Nach einer von den Veranstaltern unter Beratung durch Kabarettpraktiker und -theoretiker getroffenen Vorauswahl wurden zwischen acht und zwölf Amateurkabaretts eingeladen, ihre Programme im Saal des Jugendzentrums der Stadt Essen vorzuführen. In Werkstattgesprächen und Diskussionen im kleinen Kreis wurde die Arbeit der Gruppen gewürdigt und kritisiert. – Die Essener Kabarett-Tage standen unter der Schirmherrschaft des Oberbürgermeisters. Als Mentoren fungierten 1965 bis 1967 → *Kay Lorentz,* 1968 → *Hanns Dieter Hüsch.* Autoren und Regisseure von Berufskabaretts wie Kay Lorentz, → *Rolf Ulrich,* → *Volker Ludwig,* → *Klaus Peter Schreiner,* hielten Arbeitsgruppen über »Spiel«, »Team«, »Text« und »Regie«. An den Diskussionen und Werkstattgesprächen nahmen weitere erprobte Kabarettisten und Kabarettheoretiker sowie der Leiter der Volkshochschule Essen, Dr. Wilhelm Godde, teil.
Bei den 4. Essener Kabarett-Tagen 1968 kam es zu Protestaktionen einzelner Kabarettgruppen gegen das »herkömmliche Kabarett« als »Bestandteil des Establishments« (aus einem Pamphlet der *Stichlinge* und zu einem Aufruf des → *Floh de Cologne* mit Unterstützung durch → *Wolfgang Neuss,* → *Franz Josef Degenhardt,* → *Dieter Süverkrüp,* → *Hannes Stütz,* und das (Münchner) → *Rationaltheater* zum Boykott der Veranstaltung wegen vermeintlicher Zensur. Mehrere Gruppen und Einzelpersonen schlossen sich einer Demonstration gegen die bevorstehende Verabschiedung der Notstandsgesetze an.
Mit den Essener Kabarett-Tagen 1969 (16. bis 19. 10. 1969), die als »1. Kabarett-Werkstatt« in kleinem Rahmen Werkstattgespräche und Aufführungen abhielten (mit drei Amateurkabaretts, zwei Solokabarettisten und zwei Theoretikern), ging die Geschichte der Essener Kabarett-Tage zu Ende. Zu den Entdeckungen der Essener Kabarett-Tage gehörten der *Floh de Cologne,* → *Die Freimauler* (mit → *Franz Josef Bogner)* und die → *Hammersänger.*

Hanns Heinz Ewers
* 3. 11. 1871 Düsseldorf; † 12. 6. 1943 Berlin
Lyriker, Dramatiker, Essayist, Romancier (»Alraune«)
Ewers hatte in Paris das → *Cabaret artistique* kennengelernt und darüber ein Buch (»Das Cabaret«, Berlin 1904) geschrieben. In → *Ernst von Wolzogens* → *Buntem Theater (Überbrettl)* trat er 1901 als Rezitator eigener Gedichte auf, wurde wenig später künstlerischer Leiter des *Bunten Brettls* (→ *Überbrettl)* und trat sporadisch auch im → *Hungrigen Pegasus* und seit 1907 gelegentlich im → *Cabaret Fledermaus* in Wien auf.
1912 gab er eine Sammlung französicher Volks- und Cabaretlieder unter dem Titel »Joli Tambour« heraus. In den zwanziger Jahren wandte er sich (wie auch Wolzogen) dem Nationalsozialismus zu und schrieb 1932 einen Roman über Horst Wessel.

Exilkabarett
Nach der Auslieferung der Staatsgewalt an die Nazis am 30. Januar 1933 konnten die meisten Kabaretts – teils wegen der oppositionellen Einstellung ihrer Autoren und Akteure, teils wegen deren jüdischer Abstammung – ihren Betrieb nicht aufrechterhalten oder wurden von den neuen Machthabern kurzerhand verboten.
Von den bedeutsamsten Kabaretts machten lediglich die → *Katakombe,* das → *Tingeltangel-Theater* und das → *Kabarett der Komiker* (die beiden letztgenannten unter neuer Leitung) weiter. Kabarettleiter wie → *Friedrich Hollaender*

und → *Kurt Robitschek,* Autoren wie → *Walter Mehring,* → *Karl Schnog* und → *Max Colpet,* Komponisten wie Friedrich Hollaender, → *Werner Richard Heymann* und → *Mischa Spoliansky,* Conférenciers wie → *Fritz Grünbaum,* → *Paul Nikolaus,* → *Paul Morgan* sowie unzählige Darsteller verließen fluchtartig Deutschland und gingen ins benachbarte Ausland, die meisten nach Österreich und in die Schweiz. Mit der → *Pfeffermühle* verließ sogar ein geschlossenes Kabarettensemble Deutschland und siedelte sich in Zürich an. Die meisten gingen nach Wien – oder kehrten, soweit sie Österreicher waren, dorthin zurück, wie Oscar Karlweis, Paul Morgan, Fritz Grünbaum und → *Peter Hammerschlag.*

In Österreich
brachte im Herbst 1933 Kurt Robitschek an den »Kammerspielen« in Wien eine aktuelle Revue, »Wiener Illustrierte«, mit Oscar Karlweis, Hans Moser, Lia Dahms, Hansi Knoller, Adelheid Seek und anderen heraus, danach die 1932 in seinem Berliner *Kabarett der Komiker* uraufgeführte Kabarettoper »Rufen Sie Herrn Plim!« mit Paul Morgan, Curt Bois, Fritz Wiesenthal, Willy Trenk-Trebitsch und Irene Eisinger. Im Dezember führte das »Moulin Rouge« die Revuette »Höchste Eisenbahn« von Friedrich Hollaender auf, die 1932 in seinem Berliner *Tingeltangel-Theater* gelaufen war. Nachdem sie das *Tingeltangel-Theater* nach Hollaenders Flucht bis Mai 1935 künstlerisch geleitet hatte, ging auch → *Trude Kolman* im September 1935 nach Wien und machte im Wiener »Grand Hotel« zusammen mit Beate Moissi und Paul Morgan Kabarett (die Texte schrieb u. a. Max Colpet) und trat später mit → *Curt Bry* in ihrem eigenen Kabarett, dem *Sechsten Himmel,* auf. Von der *Katakombe* kam Sonja Wronko nach Wien und eröffnete mit Rolli Gero *Sonjas Plüschsofa.*
Während Friedrich Hollaender 1933 direkt nach Paris (und später in die USA) emigriert war, ging Trude Kolman 1938 über Paris nach England und Kurt Robitschek in die USA. Fritz Grünbaum und Paul Morgan fielen im Frühjahr 1938 den Nazis in die Hände und kamen im KZ um. Einige reichsdeutsche Schauspieler und Autoren konnten in den Wiener Kellerkabaretts Fuß fassen, so Martin Magner, ehemals Oberspielleiter am Stadttheater Breslau, und Traute Witt, ehemals bei der *Katakombe,* die zur → *Literatur am Naschmarkt* gingen, und → *Gerhart Herrmann Mostar,* der Hausautor beim → *Lieben Augustin* wurde.

In die Niederlande
emigrierten der Meister der kabarettistischen Kleinrevue, → *Rudolf Nelson,* mit seiner Frau → *Käte Erlholz.* In Amsterdam gründete Nelson das Kabarett *La Gaité,* in Scheveningen eröffnete der Schlagerautor und -komponist Willy Rosen das *Cabaret der Prominenten,* in dem die Komiker Siegfried Arno, Otto Wallburg und Max Ehrlich sowie die Schauspielerin Camilla Spira auftraten. Rosen, Wallburg, Ehrlich und Gerron wurden 1944 in Auschwitz vergast.

In die Schweiz
gingen von der *Katakombe* Dora Gerson und Ludwig Donath, vom *Tingeltangel-Theater* die Schweizerin Trudi Schoop sowie die Autoren Curt Bry, Hans Sahl und Karl Schnog, die dann alle im und für das → *Cabaret Cornichon* arbeiteten. Im Zürcher Schauspielhaus lief im September 1933 Friedrich Hollaenders Revuette »Höchste Eisenbahn« mit → *Therese Giehse,* Lale Andersen, Gusti Huber, Leny Marenbach, Leonhard Steckel, Kurt Horwitz, Erwin Kalser u. a. unter der Regie von Leopold Lindtberg.

In Paris
gründeten 1934 deutsche Emigranten *Die Laterne,* die 1938 von der *Bunten Bühne* abgelöst wurde.

In London

kam es erst 1939 zu einer deutschsprachigen Kabarettgründung. Österreichische Emigranten gründeten im Juni *Das Laterndl.* Ihm folgte im Juli 1939, von hauptsächlich reichsdeutschen Kabarettisten initiiert, das *4 & 20 Black Sheep,* aus dem wiederum die *Kleine Bühne* des »Freien Deutschen Kulturbundes« hervorging. Einen Eindruck vom deutschsprachigen Exilkabarett in London vermittelten während des Zweiten Weltkriegs die deutschsprachigen Sendungen der BBC mit Kabarettisten wie Agnes Bernelle (die Tochter von → *Rudolf Bernauer*), → *Annemarie Hase* und Martin Miller und Autoren wie Bruno Adler, → *Hugo F. Koenigsgarten,* → *Robert Lucas* und → *Rudolf Spitz.*

In der Tschechoslowakei

bildeten 1934 zwölf junge Emigranten unter Leitung von Hedda Zinner und Fritz Erpenbeck das *Studio 1934,* das auf der Bühne der Prager »Urania« mit seinem »Stimmorchester« sozialistisches Agitationskabarett machte.

In Moskau

schlossen sich 1934 die kommunistischen Berliner → *Agitprop*gruppen *Kolonne links* und *Truppe 1931* zum *Deutschen Theater Kolonne links* unter der Leitung von Arthur Pieck und Gustav von Wangenheim zusammen.

In den USA

scheiterten fast alle Versuche, für längere Zeit Emigrantenkabaretts zu etablieren. Selbst Kurt Robitschek, der am Broadway von New York sein *Kabarett der Komiker* eröffnete (mit Ilse und Curt Bois und → *Margo Lion*), sowie Friedrich Hollaender, der in New York sein *Tingeltangel-Theater* aufleben lassen wollte (mit → *Blandine Ebinger* und Lotte Goslar), mußten nach kurzer Zeit schließen. Auch die *Pfeffermühle* erlitt mit ihrem Gastspiel 1937 Schiffbruch. Einzig das Anfang 1943 von dem Wiener Kabarettleiter und -autor, dem Gründer des → *Jüdisch-Politischen Kabaretts,* Oscar Teller, in New York etablierte *Jüdisch-Politische Cabaret Die Arche* konnte sich behaupten. An ihm wirkten namhafte Autoren, Komponisten und Darsteller jüdischer Herkunft mit wie u. a. → *Hugo F. Koeningsgarten,* Victor Schlesinger, Oscar Teller, Jimmy Berg (auch Musik), Fritz Spielmann (nur Musik) und die Darsteller Kitty Mattern, Erna Trebitsch, Erich Juhn, Vilma Kürer, Gertrud Hill, Arthur Hoff und – als einzige Nichtjüdin – Ellen Schwanneke. Reines Unterhaltungskabarett machten 1942 in einzelnen Veranstaltungen in New York die Österreicher → *Karl Farkas,* Oscar Karlweis, → *Roda Roda,* Willy Trenk-Trebitsch, Armin Berg und der Komponist Ralph Benatzky (»Austrian Cavalcade« am 21. 3., 2. 5. und 3. 10. 1942).

Lit.: Huder, Walter: (Hrsg.); *Theater im Exil 1933–1945.* (»Akademie der Künste«) Berlin 1973. – Teller, Oscar; *Davids Witzschleuder.* Darmstadt 1982.

»Die Geschichte der deutschsprachigen Bühnen in London ist ein Ruhmesblatt vor allem für das englische Gastvolk (und nicht zuletzt für die britischen Behörden). Nach der ersten Panik der Internierung trafen wir überall auf Verständnis, Toleranz und Weitsicht über die verworrene Situation der Kriegszeit hinaus. Technisch waren wir noch immer ›feindliche Ausländer‹, aber gefühlsmäßig hatte man uns längst als Alliierte anerkannt. So gelang es uns mit der aktiven und passiven Unterstützung weiter englischer Kreise, eine ganz kleine Brücke zu schlagen zwischen dem deutschen Theater der Vergangenheit (zu dem ja auch seine jüngere Schwester, die Kleinkunst, gehört) und dem der Nachkriegszeit mit all seinen Verpflichtungen und Hoffnungen.«

Egon Larsen in der »Deutschen Rundschau«, 1957.

»In New York entstand eine Reihe von Kabaretts, die mit den Namen der besten deutschen und österreichischen Künstler geschmückt war. Doch in der Emigration zeigte sich, daß es unmöglich war, aus der Atmosphäre der Sprache auszuwandern. Trotz aller Bemühung ging das

Publikum nicht so mit, wie man es von daheim gewohnt war. Zwar gab es zunächst volle Häuser, doch die zündende Wirkung der Programmnummern fehlte. Trotz Robitschek und Benatzky, trotz Karl Farkas, Ellen Schwanneke, Curt und Ilse Bois und vieler anderer stellte es sich heraus, daß das deutschsprachige Kabarett in der Emigration nicht recht lebensfähig war. Der Geist der Elf Scharfrichter *oder des* Simplicissimus, das sprühend aggressive Gedicht eines Frank Wedekind oder Erich Mühsam war nicht mehr da.«

Karljakob Hirsch in »Das literarische Kabarett«, München 1946.

Karl Farkas
* 28. 10. 1894 Wien; † 17. 5. 1971 Wien
Schauspieler, Kabarettist und Kabarettautor, Theaterleiter und Drehbuchautor
Spielte Komikerrollen an der »Neuen Wiener Bühne«, ehe er 1921 beim Direktor des → *Simplicissimus* (Wien), Egon Dorn, vorsprach und als Conférencier engagiert wurde. Zusammen mit → *Fritz Grünbaum* entwickelte er hier seit 1922 die Doppelconférence (→ *Conférence).*
Mit zeitlichen Unterbrechungen prägte Karl Farkas das Gesicht des *Simpl* als einer Stätte bester kabarettistischer Unterhaltung ohne moralischen oder politischen Tiefgang durch seine gescheiten Conférencen und sein Gespür für Talente. – Schon seit 1920 wirkte Farkas an Wiener Kabaretts wie der *Hölle* und der *Femina.* 1923 brachte er die Revue »Wien, gib acht!« heraus und 1926 zusammen mit Grünbaum die Revue »Wien lacht wieder« (Musik: Ralph Benatzky), die ein Serienerfolg wurde. 1924 übernahm er mit Grünbaum die Direktion des »Wiener Stadttheaters« und 1927 allein das »Moulin Rouge«, wo er weitere Revuen herausbrachte. 1927 wurde Farkas künstlerischer Leiter des *Simpl.*
1938 emigrierte er, zunächst nach Frankreich, dann in die USA, wo er in → *Exilkabaretts* in New York auftrat. Nach seiner Rückkehr nach Wien 1946 übernahm er erneut die künstlerische Leitung des *Simpl,* schrieb die Programme, conferierte und schrieb außerdem Kabarettistisches für Funk und Fernsehen. Er starb bei der Vorbereitung eines neuen *Simpl*-Programms im Alter von 77 Jahren. Über sein Verständnis von Kabarett sagte Farkas einmal: »Ich will die Leute lachen machen – wenn sie später nachdenklich werden, gut. Moralische Anstalt – bitte nein!«

Das faule Ei
Ursprünglich ein Schülerkabarett, gegründet 1958 von Michael Uhden und Peter Grande am Gymnasium in Bad Harzburg. Spielte auch an den Universitäten Münster und Göttingen, meist vor studentischem Publikum mit überwiegend studentischen Themen, und nannte sich nach der Mitwirkung an einem Sommerfest der Universität Hamburg 1962 *Hamburger Studentenkabarett Das faule Ei.* Einiges Aufsehen erregte die Gruppe bei den → *Essener Kabarett-Tagen* 1966, bei denen → *Kay Lorentz* den Leiter, Michael Uhden, an das → *Kom(m)ödchen* engagierte. Peter Grande versuchte danach, *Das faule Ei* weiterzuführen, gab aber nach dem zehnten Programm (»Rouge et noir«) 1968 auf. Aus diesem Kabarett ging u.a. Ute Gerlach (später → *[Kleines] Renitenztheater)* hervor.

Federal → *Cabaret Federal*

Finale
Abschlußnummer eines Programms, oftmals Form und Thema des → *Entrée* als Quintessenz wiederaufnehmend. Durch diese Zusammenfassung der abgehandelten Themen soll das Publikum zu Schlußfolgerungen angeregt werden.

Werner Finck
* 2. 5. 1902 Görlitz; † 31. 7. 1978 München
Schauspieler, Conférencier, Kabarettist, Buchautor
Besuchte die Kunstgewerbe-Akademie in Dresden, dann Redaktionsvolontär bei den »Görlitzer Nachrichten«. Wirkte dann bei verschiedenen Laienspielscharen mit (Haaß-Berkow, Blachetta, u. a.). Kam über die Landestheater von Bunzlau und Darmstadt 1928 nach Berlin. Sprach Gedichte bei den → *Unmöglichen* und beim → *Larifari* sowie im → *Küka*. Dort sah ihn der Berliner Kunsthändler Karl Neumann-Nierendorf und lud ihn zu einem Gastspiel ins Vereinslokal des »Vereins Berliner Künstler« in der Bellevuestr. 3 ein.
Der Erfolg ermutigte ihn, zusammen mit → *Hans Deppe* und einigen anderen jungen Schauspielern die → *Katakombe* zu gründen. Am 16. 10. 1929 kam das Kollektiv mit seinem ersten Programm heraus, das sofort Anklang bei Publikum und Presse fand. Finck war – und blieb – bis zum Verbot der *Katakombe* im Mai 1935 ihr geistiger und künstlerischer Mittelpunkt, als Conférencier wie als gelegentlicher Mitspieler. Nach dem Auszug einer Gruppe aus dem Kollektiv im Dezember 1930 teilte sich Finck die Leitung mit → *Rudolf Platte*. Nach Schließung der *Katakombe* am 10. 5. 1935 durch die Nazis kam Finck kurzfristig in das KZ Esterwegen. Nach seiner Entlassung erhielt er für ein Jahr Auftrittsverbot. Von 1936 an durfte er für das »Berliner Tageblatt« Glossen schreiben (gesammelt in »Das Kautschbrevier«, 1938) und seit 1937 wieder auftreten (»Spaß

Werner Finck in seiner Katakombe

– ernst genommen«, April 1937 im → *Kabarett der Komiker*). Im Januar 1939 verbot »Reichspropagandaminister« Goebbels das Programm des *Kabaretts der Komiker*, in welchem Finck conferierte (→ *Die Drei Rulands*, → *Peter Sachse*), und schloß ihn aus der »Reichskulturkammer« aus.
Den Zweiten Weltkrieg verbrachte Finck an verschiedenen Fronten, zuletzt in Italien. Nach Kriegsende tat er sich 1946 mit → *Hellmuth Krüger* und Walther Kiaulehn in München zu einem »Schmunzelkolleg« zusammen, leitete 1947 zusammen mit den Schweizern Trudi Schoop und Max Mumenthaler das Cabaret *Nebelhorn* im Zürcher Niederdorf. 1948 gründete er die → *Mausefalle* (Stuttgart), 1951 die → *Mausefalle* (Hamburg), in denen beiden er spielte (in Hamburg nur Kabarett, in Stuttgart außerdem satirische Stücke). Mit der *Mausefalle* (Stuttgart) ging er 1951 auf eine halbjährige Südamerikatournee.
Neben seiner Tätigkeit als Schauspieler (u.a. in Brechts »Flüchtlingsgesprächen«, Shaws »Pygmalion« und »Androklus und der Löwe«, Shakespeares »Hamlet« – Polonius) schuf und praktizierte er seit 1946 eine neue Form der Conférence, indem er, seine Lebensgeschichte mit der Geschichte der jüngsten Vergangenheit verknüpfend, das Schicksal eines modernen Eulenspiegel und Schweijk demonstrierte. Diese Soloabende nannte er »Kritik der reinen Unvernunft« (von 1946 bis 1949), »Am besten nichts Neues« (1953), »Sire, geben Sie Gedanken ...!« (1960), »Der brave Soldat schweigt« (1963), »Bewältigte Befangenheit« (1964), »Sie werden lachen – mir ist es ernst« (1970). Außerdem gründete Finck zum höheren Spaße verschiedene Vereine und »Parteien«, so 1946 die »Schmunzelpartei«, 1950 die »Radikale Mitte«, 1951 die »Gesellschaft zur Pflege und Förderung Punkt« und die »Karl-Friedrich-Flögel-Gesellschaft« und 1962 »NURSO«.
Das Geheimnis seiner Unbeliebtheit bei den jeweils Mächtigen und seiner Beliebtheit bei den immer Ohnmächtigen sah er selber darin, daß er nie satirisch attackierte, sondern stets humorig entlarvte. Was zur Konsequenz hatte, daß dieser urkonservative Mann zeitlebens viel mehr von rechts als von links angegriffen worden ist. Fincks Stärke lag in der Aktivierung der Denkvorgänge seines Publikums durch wortspielerische Andeutungen und unvollendete Sätze – eine Methode, die ihn in den dreißiger Jahren den Nazis ebenso verdächtig machte wie ihn durch die Maschen ihres autoritären Netzes schlüpfen ließ, nach Ende der Diktatur aber zwangsläufig an politischer Durchschlagskraft einbüßte. Dennoch war und bleibt Finck einer der großen Erneuerer des zeitsatirischen Kabaretts, weil er ihm länger und stärker als andere Conférenciers eine philosophische Dimension gab.
Seine Gedichte, Betrachtungen und Conférencen gab Werner Finck heraus in den Sammlungen »Neue Herzlichkeit« (1931), »Das Kautschbrevier« (1938 »Fin(c)kenschläge« (1953), »USA USA usw. usw.« (1965), »Alter Narr – was nun?« (1972), »Zwischendurch – Ernste Versuche mit dem Heiteren« (1975), »Heiter – auf verlorenem Posten« (1977). Seine Biographie mit Bildern und Dokumenten, von ihm selbst erzählt, gab Klaus Budzinski 1966 unter dem Titel »Witz als Schicksal – Schicksal als Witz« heraus.

Gleichend einer madigen Leich
lag das dutzendjährige Reich
als, fünfhundert Jahre alt
Eulenspiegel in Gestalt
sich den Schweizern präsentierte
und, für eine Mahlzeit, referierte,
wie, indem er Witze riß und bebte,
er die großen Zeiten überlebte.

Denn es war für Späßemacher
die SS ein schlechter Lacher:
Eulenspieglein an der Wand,
wer ist der dümmste im ganzen Land?
Nun, da galt es mittlerweilen,
sich die Späße einzuteilen,
eng den Gurt zu schnallen und
gelassen
grad nur so viel Witze zu ver-
passen,
als man unbedingt zum Leben
brauchte,
daß die Bestie höchstens ein-
mal fauchte,
doch nicht biß. Und als der große
gütevolle, würdenlose
Späßevogel diese knappe
Zeit beschrieb, da wars, als
klappe
geisterhaft noch manche tote
Hand noch Beifall von dem Auf-
gebote
derer unter Schutt und Asche-
hügel.
Und es war, als wüchsen Flügel
unserm ungelenken Gaste,
der in große Zeit nicht paßte
und, indem er witzig war und
bebte,
wie das niedre Volk sie über-
lebte.

Bertolt Brecht am 14. 11. 1947 nach einem Besuch des Gastspiels Werner Fincks in Zürich.

»Für die Katakombe *war die Zeit der raffinierten Andeutung gekommen. Man brauchte nur mit einem kleinen Hämmerchen an ein kleines Glöckchen zu schlagen, schon übertrug sich das wie das Läuten einer Sturmglocke. Im Gegensatz zu heute. Heute kann man mit einem Riesenhammer an eine Mordsglocke schlagen, und die Leute fragen höchstens: Hat's da nicht eben geklingelt?«*

Werner Finck in »Witz als Schicksal – Schicksal als Witz«, Hamburg 1966.

Lisa Fitz
* 15. 9. 1951 in Zürich
Volksschauspielerin, Kabarettistin, Liedermacherin
Der bayerischen Volkstheaterfamilie Fitz entstammend, nahm sie zunächst Gitarre-, Gesangs-, Ballett- und Musikunterricht, danach Schauspielunterricht in München. Mit der Schauspielerin Mona Freiberg trat sie eine Zeitlang als Gesangsduo »Mona & Lisa« auf, schrieb sich aber bald eigene Lieder wie »I bin bläd«, mit dem sie der Bayerische Rundfunk als Moderatorin seiner »Bayerischen Hitparade« engagierte. Später moderierte sie die ARD-Sendung »Noten für zwei.«
Durch ihre Heirat mit dem in München aufgewachsenen persischen Musiker Ali Halmatoglu 1980 kam sie mit dem Rock in Verbindung und begann, zeitkritische Lieder zu schreiben und zur Begleitung durch die Rock-»Gruppe Hydra« ihres Mannes auf Veranstaltungen und auf LP (»Die heilige Hur«) zu singen. Bundesweit bekannt wurde Lisa Fitz mit ihrem Song »Mein Mann ist Perser« in

der *Scheibenwischer*-Folge vom Juni 1983, in dem sie die verkappte und offene Ausländerfeindlichkeit satirisch aufs Korn nimmt. Politisch engagierte sie sich zunächst für die SPD, dann für »Die Grünen«. Außerdem spielt sie in herkömmlichen und modernen bayerischen Volksstücken (wie Ludwig Thomas »Der Wittiber«, Franz Xaver Kroetz' »Das Nest« und »Nicht Fisch nicht Fleisch« sowie Karl Schönherrs »Glaube und Heimat«) und singt ihre Lieder auch zur eigenen Gitarrenbegleitung.

Fledermaus → *Cabaret Fledermaus*

Floh de Cologne
Politisch-satirisches Kabarett in Köln. Gegründet im Januar 1966 von fünf Studenten der Theaterwissenschaft an der Universität Köln: → *Gerd Wollschon* (Künstlerischer Leiter, Haupttextautor und Darsteller) Dieter Klemm (Geschäftsführer und Darsteller), Britta Baltruschat, Hans-Jörg Frank und Markus Schmidt. Erste Spielstätte: das Hinterzimmer des Lokals »Franziskaner im Gürzenich«.
Die ersten beiden Programme (»Vor Gebrauch Kopf schütteln«, Januar 1966, und »Trari-trata – die Pest ist da!«, Juni 1966) boten konventionelles Nummernkabarett. Erst mit seinem Programm »SimSALadimbambaSAladUSAladim« (Januar 1967) wandelte sich der Stil des *Floh de Cologne* zu einem »Ineinander und Miteinander von Zitat und Kommentar, Prosa und Vers, skandiert von Sprechchören mit Soloeinlagen, akzentuiert durch Beat, illustriert durch Dia-, akustisch erhärtet durch Tonbanddokumente; das Ganze gegliedert durch eine teilweise akrobatische Choreographie« (Klaus Budzinski in »Pfeffer ins Ge-

Floh de Cologne in ihrem Programm »SimSAladimbambasSAladUSAladim« (1967), v.l.: Hansi Frank, Britta Baltruschat, Markus Schmidt, Gerd Wollschon (vorn rechts).

triebe«, S. 258). Der erste Programmteil attackierte das kapitalistische System am Beispiel der Großen Koalition von SPD/CDU/CSU, der zweite am Beispiel des Vietnamkrieges, wobei die politische Lethargie des Publikums als Angriffsobjekt einbezogen wurde. Bundesweites Aufsehen erregte der *Floh de Cologne* mit seinem Gastspiel bei den → Essener Kabarett-Tagen« im Juli 1967.
In ihrem vierten Programm, »Zwingt Mensch raus« (Januar 1968), hängten sie ihre Kapitalismuskritik an der Werbung und mit dem damit zusammenhängenden »Konsumzwang« auf – formal ähnlich dem vorangegangenen Programm. Ihre Agitation gipfelte in der Aufforderung an das Publikum: »Zieht in leerstehende Häuser und Wohnungen ein! Treibt vorehelichen Geschlechtsverkehr oder Ehebruch! Stehlt die Grundnahrungsmittel, die ihr braucht!« Darauf reagierten die Staatsgewalt und die von ihr mitgetragenen öffentlichen Medien mit Anzeigen u.a. wegen Kuppelei, Verbreitung unzüchtiger Schriften, Gotteslästerung und Religionsbeschimpfung, Beleidigung eines ausländischen Staatsoberhaupts (Schah Resa Pahlawi) bzw. mit der Streichung einer SPD-Nummer und der Absetzung eines ganzen Programmitschnitts (WDR 1967 und 1968).
Mit ihrem »7. Programm« genannten fünften Programm verzichteten die »*Flöhe*« ganz auf herkömmliche kabarettistische Mittel und begannen, ihre Botschaft, verstärkt durch Dick Städtler (Elektrogitarre), mit Rock- und Beatmusik zu satirischen Texten an ein neues Publikum zu bringen, zuerst an Jugendliche allgemein, dann – mit dem Programm »Fließbandbaby's Beat Show« (Oktober 1969), ihrem Durchbruch – an die Gruppe der Auszubildenden. Zur Tourneetruppe geworden, gab der *Floh de Cologne* nun sein Domizil im »Franziskaner am Gürzenich« auf. Hatte er damit die traditionellen Bahnen des zeitkritischen Kabaretts verlassen, ging er mit seinem siebten Programm, »Profitgeier« (Dezember 1970), einen Schritt weiter: den zur – ersten deutschsprachigen – Rockoper. Mit den Spielstätten (Lagerhallen, Jugendzentren, Freilichtfestivals) wurde auch sein Publikum immer größer; den »Profitgeier« sahen rund 300000 Menschen. Im Oktober 1972 folgte die »Rock-Jazz-Rakete LUCKY STRIKE«, im Dezember 1973, anläßlich des Todes des Industriemagnaten Friedrich Flick, die »Geier-Symphonie in Rock-Dur«. Das Programm »Mumien – Kantate für Rockband« (April 1974) befaßte sich mit der Diktatur in Chile, die »Rock-Show TILT« (April 1975) mit den Aussichten arbeitsloser Jugendlicher, »Prima Freiheit« (1978) zielte auf das Parteiensystem, »Koslowsky« (1980) nahm sich der wirtschaftlichen und sozialen Probleme der »kleinen Leute« an. – 1968 brachte der *Floh de Cologne* eine erste LP unter dem Titel »Vietnam« zusammen mit dem Liedermacher → *Dieter Süverkrüp* heraus. Seit 1970 wurden alle Programme auf Langspielplatten aufgenommen.
Ihre letzte LP, »Faaterland«, erschien Anfang 1983. Im April 1983 löste sich das Ensemble, nachdem eine geplante Tournee mit ihrem letzten Programm, »Abschied der Flöhe«, nicht zustande gekommen war, bei einem großen Fest in der Kölner Sporthalle auf (Gerd Wollschon hatte sich bereits 1976 vom *Floh de Cologne* getrennt).

»Wenn wir jetzt so mithalten wollten, daß ein besseres Leben herausschaut – Fettaugen sind wir sowieso nie gewesen, es hat immer gerade so gereicht –, dann müßten wir richtig kommerziell hinlangen. Das aber wäre unter dem Namen Floh de Cologne *unmöglich, das wäre der Ruin dieses guten Namens.«*

Verlautbarung des Floh de Cologne *anläßlich ihres Abschieds, April 1983.*

Fortschrott → *Kabarett Fortschrott*

Four-and-twenty Black Sheep → *Exilkabarett (London)*

Werner Franke
* 31. 1. 1940 Paderborn
Biologe und Kabarettautor
Studierte Biologie an der Universität Heidelberg und schrieb Texte für das → *Bügelbrett,* ferner für das → *Kom(m)ödchen* und die → *Zwiebel.* Bearbeitete für den Saarländischen Rundfunk → *Walter Mehrings* Roman »Müller – Chronik einer deutschen Sippe«. Dr. rer. nat., Professor für Zellbiologie, Geschäftsführender Direktor des Instituts für Zell- und Tumorbiologie am »Deutschen Krebsforschungszentrum« Heidelberg.

Wolfgang Franke
* 6. 10. 1935 Berlin
Kabarettautor
Studierte an der Freien Universität Berlin Theaterwissenschaft, Germanistik und Romanistik und promovierte 1962 zum Dr. phil. Schrieb 1960 für → *Die Bedienten* und schreibt seit 1962 für → *Das Kom(m)ödchen,* ferner für → *Die Zwiebel,* → *Die Stachelschweine* und → *Die Wühlmäuse.*

Die Freimauler
Studentenkabarett an der Universität Frankfurt (Main), nach eigenem Verständnis »Mimobrettl«. Gegründet im Frühjahr 1963 in Limburg (Lahn) von → *Franz Josef Bogner* (erstes Programm »Schändet mir die Leiche nicht!« in Limburg vom 2. 7. bis 10. 7. 1963, Texte und Regie: Bogner). Mit ihrem zweiten Programm, für das nun auch Hans Jürgen Rosenbauer Texte schrieb, übersiedelten sie im September 1964 nach Frankfurt. Die Leitung übernahm jetzt Rosenbauer. Im September 1967 löste sich die Gruppe nach fünf Programmen und einer USA-Tournee auf.
Die Freimauler experimentierten als erstes deutsches Kabarett nach 1945 mit neuen Kabarettformen, indem sie das Gewicht auf mimisches Vorzeigen statt auf verbale Analyse legten. Sie selbst definierten sich als ein »mimisches (nicht unbedingt pantomimisches) Kabarett, das nicht Sprechkabarett im gängigen Stil zu sein versucht, sondern sich bewußt den Gesetzen und Forderungen der Bühne unterwirft. Spiel ist nicht dem Text untergeordnet. Es kommt nicht auf die Aussage (›ehrlich und schonungslos‹), sondern auf das WIE der Aussage an« (1966).

Thomas Freitag
* 17. 6. 1950 Alsfeld
Schauspieler, Kabarettist, Kabarettautor
Nach Schauspielausbildung bei Carlo Fuß in Stuttgart erstes Engagement am → *Kleinen Renitenztheater* (1974), seit 1975 Schauspieler am Stadttheater Gießen. Entwickelte nebenher ein eigenes Programm mit »In-flagranti-Parodien«, in denen er sich in die Denk- und Sprechweise bekannter Politiker zu Themen der Zeit äußerte. Darüber hinaus umfaßt sein Solorepertoire musikalische Parodien, kabarettistische Reportagen und Chansons. Er gastierte damit in München, Stuttgart und West-Berlin. 1976 brachte er im Gießener Theaterstudio sein zweites Programm, »Ansichten eines Trittbrettfahrers«, heraus.
Nach einem Gastspiel im *Kom(m)ödchen* wurde er 1977 in dessen Ensemble aufgenommen. Mit Lore Lorentz zusammen spielte er die Duoprogramme »Ende offen« und »Playback«, seit Herbst 1983 im Ensembleprogramm »Die Sache Mensch«. Dennoch tritt er weiterhin mit seinen Soloprogrammen auf (»Pfui –

Thomas Freitag

da steht er!«, 1978; »Comeback mit Schiller«, 1980; ». . . und sie bewegt sich doch«, 1982, mit Jonathan Hubbard, Piano, und Jochen Schaal, Baß – mit diesem Programm brachte er Formen des Straßen- und Agitationstheaters auf die Bühne). Thomas Freitag gehört zu den talentiertesten und ernsthaftesten Kabarettsatirikern der jüngeren Generation.

Egon Friedell
(eigentlich: Egon Friedmann)
* 21. 1. 1878 Wien; † (Selbstmord) 16. 3. 1938 Wien
Schriftsteller, Schauspieler, Kabarettist, Theaterkritiker
Promovierte 1904 zum Dr. phil. War von 1908 bis 1910 künstlerischer Leiter des → *Cabaret Fledermaus* in Wien. Schrieb – außer seinem Lebenswerk, der »Kulturgeschichte der Neuzeit« (1922 bis 1932) – literarhistorische Arbeiten, Aphorismen und Essays sowie zusammen mit → *Alfred Polgar* parodistische Einakter für das Kabarett (»Goethe im Examen«, »Soldatenleben im Frieden«, »Der Petroleumkönig« u.a.), in denen er gern selbst auftrat, und las in Kabaretts (→ *Hölle, Fledermaus,* → *Simplicissimus)* aus eigenen Werken. Berühmt wurden die Skizzen und Anekdoten seines Freundes → *Peter Altenberg* in seiner Interpretation (und die von ihm im Stile Altenbergs erfundenen eigenen) auf der Kabarettbühne.

Seit 1924 stand er jährlich abwechselnd in Berlin und Wien als Schauspieler auf einer der Reinhardt-Bühnen. Als er nach dem »Anschluß« Österreichs 1938 Gestapobeamte in sein Haus gehen sah, stürzte er sich aus dem Fenster.

Frischer Wind
Politisch-satirisches Kabarett, eröffnet am 1. 9. 1946 im Haus des ehemaligen Kabarettlokals → *Alt Bayern* in der Friedrichstr. 94 im Ostteil der damals noch ungeteilten Stadt Berlin.
Erstes Programm: »Halt Dir feste!« mit Joachim Krüger als Conférencier, Ursula Voß, Charlotte Brummerhoff und Walter Gross als Darsteller sowie dem Tanzpaar Lilo Nowka und Michael Piel. In weiteren Programmen wirkten u. a. mit: Bruno Balz, Loni Michaelis, Robert T. Odemann, Theo Schall und → *Robert Trösch*. Im Dezember 1946 Übersiedelung in den »Pfeiler-Gewölbe-Saal« des Friedrichstadt-Palastes (wo einst das → *Schall und Rauch* [II] spielte), im Herbst 1948 ins »Haus Vaterland« am Potsdamer Platz. Autoren u. a. → *Erich Brehm* (alias »Awril«), E. R. Greulich (alias »Erge«), Horst Heitzenröther. Nach dem Herbstprogramm 1948 (»Berlin diesseits von Gut und Böse«) stellte der *Frische Wind* Anfang 1949 den Spielbetrieb ein.

Gert Fröbe
* 25. 2. 1913 Planitz (Sachsen)
Schauspieler und Kabarettist
Verdiente sein erstes Geld als Stehgeiger und in einer Maschinenfabrik, wurde Maler und sprach 1936 (als Kulissenmaler am Dresdner Staatstheater) dem Schauspieler Erich Ponto vor, der ihn daraufhin ausbildete.
Nach einem Engagement in Wuppertal ging er nach Kriegsdienst und Kriegsende nach München. Vom 16. 1. 1946 an trat er mit Pantomimen im Münchner Kabarett *Würfel* auf. Ein weiteres Engagement im → *Simplicissimus* (München) mit Morgenstern-Gedichten ließ den Regisseur → *R. A. Stemmle* auf ihn aufmerksam werden, der ihn für die Rolle des »Otto Normalverbraucher« in seinem satirischen Film »Berliner Ballade« engagierte. Auch nach Beginn seiner Weltkarriere als Schauspieler in internationalen Filmen begab sich Fröbe immer mal wieder aufs Brettl, so 1967 (mit Herta Worrell) wieder im *Simpl* (München), 1971 (mit Fifi Brix) im → *(Kleinen) Renitenztheater*, 1972 solo im → *unterhaus* (»Morgenstern am Abend«) und 1974 und 1979 in der → *Münchner Lach- und Schießgesellschaft* und im *Kleinen Renitenztheater* mit dem Programm *»Durch Zufall frei«*.

Gebrauchslyrik
Von → *Erich Kästner* Ende der zwanziger Jahre geprägter Begriff, der – in Anlehnung an die Intentionen → *Otto Julius Bierbaums*, moderne Dichtung als → *Angewandte Lyrik* öffentlich vortragen zu lassen – die Lyrik als Ausdruck eines politisch und soziologisch bedingten Lebensgefühls begreift und sie aus dem Elfenbeinturm in die Öffentlichkeit von Zeitschriften und Kabaretts bringt. Kästner selbst hat mit seinen Gedichten die nichtliterarische Öffentlichkeit gesucht und sie in Tageszeitungen (»Montag Morgen«, »Vossische Zeitung«, »Berliner Tageblatt«), politischen Zeitschriften (»Weltbühne«, »Tagebuch«) und Kabaretts (→ *Küka*, → Katakombe, → *Wilde Bühne*, → *Tingeltangeltheater*) gefunden.

Voli Geiler
(* 18. 11. 1915)
Walter Morath
(* 26. 9. 1918)
Schweizerisches Kabarettduo, hervorgegangen aus dem → *Cabaret Cornichon,* aus dessen Ensemble sie sich nach dem Zweiten Weltkrieg lösten. 1948 traten sie zusammen mit → *Werner Finck,* Trudi Schoop u. a. im Kabarett *Nebelhorn* auf, ehe sie, bekanntgeworden vor allem durch gemeinsame Rundfunksendungen, am 1. 12. 1948 ihren ersten Duoauftritt (»Programm für zwei«) in Zürich wagten. Der Erfolg bewog sie, von 1951 an auf Tourneen zu gehen, zuerst in die BRD und nach Österreich, von 1953 an nach Israel, in die Türkei und nach Südamerika. Anfang 1959 kehrten sie nach Zürich zurück und spielten ihr Programm »Zehn Jahre Voli Geiler und Walter Morath« im Zürcher Schauspielhaus.

Voli Geiler und Walter Morath in »Die Nacht am Rhein«.

Nach vielen Tourneen mit ihrem Programm »Dolce vita« brachten sie 1962 ein Programm in fünf Sprachen (»European Rendezvous«) heraus, mit dem sie dann nach New York und nach London gingen. Ende 1963 starteten sie ihr letztes Programm, »Expo/Impo«. Den Hauptteil ihrer Texte schrieb ihnen → *Charles F. Vaucher.* – Seit 1964 ist Voli Geiler als freie Schauspielerin tätig (so als Jente in »Anatevka«), während Morath bis 1977 dem Ensemble des Zürcher Schauspielhauses angehörte. 1967/68 spielten sie noch einmal zusammen in einem Reprisenprogramm »Lachende Souvenirs« und als Schauspieler in Komödien (in Basel und Zürich).

Kurt Gerron
(eigentlich: Kurt Gerson)
* 11. 5. 1897 Berlin; † (ermordet) Oktober 1944 Auschwitz
Schauspieler, Kabarettist, Chansonnier
Studierte Medizin in Berlin, wurde 1919 im → *Küka* für das Kabarett entdeckt. Trat 1921 in der → *Wilden Bühne* mit Texten von → *Walter Mehring* (»Dressur« u.a.) und → *Hans Janowitz* auf, 1922 im → *Cabaret Größenwahn* (u.a. mit Kurt Megerle von Mühlfedts »Friedrichstraße«) und 1924 in der → *Rakete*. 1927 wirkte er in der Revuette »Das bist du« von → *Friedrich Hollaender* und 1930 in der Nelson-Revue »Der rote Faden« mit, die er inszenierte und in der er Hollaender/Nelsons Chanson »Das Nachtgespenst« kreierte. 1928 sang und spielte er den Tiger Brown in der Uraufführung der »Dreigroschenoper« im Theater am Schiffbauerdamm. In dem Film »Der blaue Engel« spielte er den Direktor der Varietétruppe.
1933 emigrierte Gerron in die Niederlande und trat an Willy Rosens *Cabaret der Prominenten* in Scheveningen auf. Nach der Besetzung durch deutsche Truppen wurde Gerron in das KZ Theresienstadt verschleppt. Hier gründete und leitete er das Lagerkabarett *Das Karussell* und sang darin Songs von → *Brecht* und → *Weill*. Im September 1944 zwang ihn die Lagerleitung, einen für das neutrale Ausland und für das Internationale Komitee vom Roten Kreuz gedachten Propagandafilm mit dem Titel »Der Führer schenkt den Juden eine Stadt« zu inszenieren. Nach Beendigung der Dreharbeiten wurde Gerron nach Auschwitz deportiert und dort vergast.

Valeska Gert
(eigentlich: Valeska Gertrud Samosch)
* 11. 1. 1892 Berlin; † ca. 16. 3. 1978 Kampen (Sylt)
Tänzerin, Schauspielerin, Kabarettistin
Schöpferin der modernen Grotesktanzpantomime. Schauspielunterricht bei Maria Moissi, Berlin. Debütierte 1916 auf einem Tanzabend von Rita Sacchetto in Berlin und trat bald allein und mit der Tänzerin Siddhi Riha im Ufa-Theater am Nollendorfplatz auf. Nach festen Schauspielengagements an den »Münchner Kammerspielen« und am »Deutschen Theater«, Berlin, wirkte sie 1920 im → *Schall und Rauch* (II) mit.
Sie gab unzählige solistische Tanzabende in Theatern und Konzertsälen. Gastierte mit ihren Tanzpantomimen u.a. in Paris, England, Skandinavien, Österreich, Ungarn und der Schweiz und – auf Einladung der Sowjetregierung – Ende der zwanziger Jahre in Moskau, Leningrad und Kiew. Als Kabarettistin trat sie in der Hollaender-Revuette »Laterna magica« (1926) und im → *Tingeltangel-Theater*, der → *Katakombe* sowie in ihrem eigenen Kabarett, dem → *Kohlkopp*, auf. Filmte u.a. in G.W. Pabsts »Die freudlose Gasse« (1925) und seinem »Tagebuch einer Verlorenen« (1929), ferner in der »Dreigroschenoper« (1931), in Fellinis »Julia und die Geister« (1965) und Schlöndorffs »Der Fangschuß« (1977).
1938 emigrierte sie nach New York, wo sie die *Beggar Bar* gründete und betrieb (→ *Exilkabarett*). Nach Berlin zurückgekehrt, eröffnete sie 1950 in der Paulsborner Str. 94 ihre *Hexenküche*, wo sie nun von der Tanz- zur Wort- bzw. Lautsatire überging. Nach Schließung der *Hexenküche* 1956 übersiedelte sie nach Kampen auf Sylt und führte dort bis zu ihrem Tode ihr Cabaretlokal *Ziegenstall*. Anschließend an seinen Film »Der Fangschuß« drehte Volker Schlöndorff einen

Valeska Gert tanzt (1917).

eigenen Film über »die Erfinderin der modernen Tanzpantomime« mit dem Titel »Nur zum Spaß – nur zum Spiel«.

Lit.: Peter, Frank-Manuel: *Auf den Spuren von Valeska Gert. Eine dokumentarische Biographie*. Berlin 1984.

»Das Stärkste aber und etwas, was ohne Beispiel in der Geschichte des modernen Tanzes steht, unkopierbar und unüberholbar und mächtig und unvergeßlich, das ist der Tanz 'Tod'. Hier ist mehr als Tanz, mehr als Pantomime, mehr als eine schauspielerische Szene, hier ist ein Gipfel von allem ... Sie tut nichts, sie steht und stirbt.«

Fred Hildenbrand in »Die Tänzerin Valeska Gert«, Berlin 1928.

Therese Giehse
(eigentlich: Therese Gift)
* 6. 3. 1898 München; † 3. 3. 1975 München
Schauspielerin und Kabarettistin
War seit 1925 an den »Münchner Kammerspielen« engagiert. Gründete zusammen mit → *Erika Mann* und deren Bruder Klaus 1932 in München die → *Pfeffermühle* und emigrierte im April 1933 mit dem Ensemble nach Zürich. Sie blieb von der Premiere am 1. 1. 1933 bis Anfang 1937 als Darstellerin bei der *Pfeffermühle.* Herausragende Interpretin der Chansons »Frau X«, »Kaltes Grauen«, »Die Dummheit spricht«, »Des Fischers Fru« (von Erika Mann).
Nach Auflösung der *Pfeffermühle* während eines USA-Gastspiels wurde Therese Giehse an das Zürcher Schauspielhaus engagiert, wo sie u. a. die Uraufführ-

Therese Giehse als »Dummheit« im Stück »Die Dummheit spricht« (1933/34) aufgeführt in der Pfeffermühle.

rung von → *Brechts* »Mutter Courage« spielte. Seit 1948 Mitglied des »Berliner Ensembles«, seit 1950 wieder an den »Münchner Kammerspielen«, seit 1970 auch an der Berliner »Schaubühne«. Gab an den »Münchner Kammerspielen« Soloabende mit Texten von Bertolt Brecht (»Bertolt Brecht gesungen – gelesen«) und wirkte 1960 an der kabarettistischen Revue »Ach, du goldene Zeit!« und 1966 in der Tucholsky-Matinee »Opposition! Opposition!« mit.

Gigampfi

Politisch-literarisches Cabaret in Basel, gegründet 1954 von Roland Rasser (* 27. 7. 1932), dem Sohn von → *Alfred Rasser.*

Eröffnet am 29. 9. 1954 im Restaurant »Greifen« mit dem Programm »Aimol obe – aimol unde«. Nach zwei weiteren Programmen (gastweise in zwei weiteren Gaststätten gespielt) bezog das *Gigampfi* am 27. November 1957 mit dem Programm »Pscht . . . wytersage!« ein festes Haus: das → *Théâtre Fauteuil* am Spalenberg in Basel. Hier spielte es bis 1963 jährlich zwei Programme. Seitdem bringt das *Théâtre Fauteuil* überwiegend Gastspiele fremder Kabarettisten und Kabarettgruppen heraus. Hauptautor des *Gigampfi* war Max Afflerbach, weitere Texte steuerten bei : → *Charles F. Vaucher,* → *Hanns Dieter Hüsch* und Alfred Rasser. Außer Roland Rasser spielten u. a. Dolly Goetz, Diana Billo, Marianne Simon, Paul Göttin und Ernst Egger.

Robert Gilbert

* 29. 9. 1899 Berlin; † 20. 3. 1978 Minusio (Tessin)

Chanson- und Kabarettautor, Librettist, Komponist

Der Sohn des Operettenkomponisten Jean Gilbert studierte an den Universitäten Berlin und Freiburg Philosophie und Kunstgeschichte. Verfaßte die Ge-

sangstexte zu etwa sechzig Operetten (darunter »Im Weißen Rößl«) und über hundert Tonfilmmelodien, schrieb und komponierte (als musikalischer Autodidakt) Schlager (»Am Sonntag will mein Süßer mit mir segeln gehn« u.a.) und verfaßte die Texte zu fast allen Evergreens von → *Werner Richard Heymann* (»Das gibt's nur einmal«, »Ein Freund, ein guter Freund«, »Liebling, mein Herz läßt dich grüßen« u.a.).
Er schrieb – unter dem Pseudonym David Weber – nebenher sozialanklägerische Chansons (»Stempellied«, »Lied der Arbeitslosen«, »Ballade von der Krüppelgarde« u.a.), die → *Ernst Busch* in der innerhalb der → *Katakombe* gastierenden → *Brücke* vortrug. Lebte von 1939 bis 1950 im Exil in New York. 1950 zurückgekehrt, begann er 1951, Sketsche und Chansons für die → *Kleine Freiheit* (von 1951 bis 1955) und danach für → *Die Zwiebel* zu schreiben. Schrieb 1954 zusammen mit Heymann das musikalische Lustpiel »Kiki vom Montmartre« und 1963 mit → *Per Schwenzen* »Das Blaue vom Himmel«.
Hauptsächlich fertigte er die deutschen Fassungen amerikanischer Musicals (»My Fair Lady«, »Hello Dolly!«, »Cabaret«, »Der Mann von La Mancha«, »Gigi« u.a.). Eine eigene Art satirischer Lyrik entwickelte er in seinen im Exil geschriebenen berlinischen Reminiszenzen »Meckern ist wichtig – nett sein kann jeder«, »Frischer Wind aus der Mottenkiste« und »Vorsicht! Gedichte!« (Berlin, 1950, 1951, 1960).

Die Gondel
Politisch-literarisches Kabarett in Berlin, eröffnet im Mai 1923 in der Bellevuestr. 4 am Potsdamer Platz von dem Komponisten Hans May und dem Maler und Regisseur Paul Leni (der 1924 den Stummfilm »Wachsfigurenkabinett« drehte).
Stilistisch in Nachahmung des → *Blauen Vogels*, gab sich *Die Gondel* inhaltlich konkreter und zeitkritischer. Für sie schrieben → *Marcellus Schiffer* und, bevor er 1924 Berlin verließ, → *Kurt Tucholsky* (»Gesang der Bergleute«, »Tobak«, »Auf Wiedersehn, Marie!«). Hier auch konnte → *Paul Nikolaus* seine geschliffenen politischen Conférencen voll zur Geltung bringen. *Die Gondel* existierte bis 1926.

Adolf Gondrell
(eigentlich: Adolf Grell)
* 1. 6. 1902 München; † 13. 1. 1954 München
Schauspieler, Conférencier, Kabarettleiter
Der Sohn des Münchner Schauspielers Adolf Grell begann als Charakterkomiker am Stadttheater Görlitz. Bereits 1923 conferierte er im → *Simplicissimus* (München) und 1926 im *Annast* am Münchner Hofgarten und wurde bald zum witzigsten Conférencier Deutschlands außerhalb von Berlin.
Anfangs der dreißiger Jahre trat er im »Deutschen Theater«, München, und in Berlin im »Wintergarten«, der »Scala«, dem → *Kabarett der Komiker* und der »Femina« auf. 1938 übernahm er die → *Bonbonnière* (München) und leitete sie bis zu ihrer Ausbombung 1944. Nach dem Tode der *Simpl*-Wirtin Kathi Kobus (1929) hatte er den *Simplicissimus* (München) gekauft und an → *Theo Prosel* verpachtet. Gondrells Paradestück war die Rezitation von → *Ludwig Thomas* »Der Münchner im Himmel«. Gondrell drehte einige Filme mit → *Karl Valentin* und spielte nach dem Zweiten Weltkrieg Charakterrollen an den »Münchner Kammerspielen« (u.a. »Herr Puntila und sein Knecht Matti«) von → *Bertolt Brecht*.

Paul Graetz
* 2. 7. 1890 Berlin; † 16. 2. 1937 Hollywood
Schauspieler, Kabarettist, Chansonnier
Kam über das »Neue Theater«, Frankfurt (Main), 1916 an das »Deutsche Theater« in Berlin und debütierte hier in der Reinhardt-Inszenierung des »Kaufmann von Venedig«. Seit Eröffnung des → *Schall und Rauch (II)* 1919 Star dieses Kabaretts, in dem er »Wenn der alte Motor wieder tackt« von → *Kurt Tucholsky* und »Heimat Berlin« von → *Walter Mehring* kreierte. Trat 1921 an der → *Wilden Bühne* auf.

Paul Graetz als »wilder Straßenhändler« im Kabarett Schall und Rauch (1919).

Nach Ausscheiden aus dem »Deutschen Theater« seit 1925 freier Bühnen- und Filmschauspieler sowie Kabarettist. 1928 Auftritte im → *Kabarett der Komiker* und im → *Alt Bayern*. Männlicher Lieblingsinterpret von Tucholsky, der für ihn ferner das Chanson »Immer raus mit der Mutter« und den Sketsch »Herr Wendriner geht ins Theater« schrieb. Graetz wirkte am 18. Januar 1930 zusammen mit → *Ernst Busch*, → *Rosa Valetti* und → *Karl Valentin* in der politischen Veranstaltung »Sturm über Berlin« mit. Sang und spielte in der Reinhardt-Inszenierung von »Hoffmanns Erzählungen« im »Großen Schauspielhaus«. Emigrierte 1933 nach England, 1935 weiter in die USA und drehte hier wie dort einige Filme.

Größenwahn → *Cabaret Größenwahn*

Fritz Grünbaum
* 7. 4. 1880 Brünn; † 14. Januar 1941 Dachau
Kabarettautor, Conférencier, Librettist
Studierte Jura (Dr. jur.), begann dann als Conférencier in der → *Hölle*. Dort sah ihn → *Rudolf Nelson* und engagierte ihn 1907 an seinen → *Chat noir* (Berlin). 1914 ging Grünbaum nach Wien zurück und wurde Soldat.
Nach dem Ersten Weltkrieg trat er im → *Simplicissimus* (Wien) in Sketschen auf und entwickelte 1922 mit → *Karl Farkas* die Doppelconférence (→ *Conférence*). Schrieb ferner für die *Hölle* und die *Femina* kleine kabarettistische Revuen und conferierte in ihnen. Verfaßte mit Farkas zusammen die Revue »Wien lacht wieder« (Musik: Ralph Benatzky). Zwischendurch trat er wieder in Berlin (1920 in der → *Rakete*, 1924 im → *Kabarett der Komiker*) auf, ferner in Leipzig *(Nachtfalter)* und München (1923) in der → *Bonbonniere*. Für Rudolf Nelson schrieb er 1920 die Kabarettrevue »Total Manoli«, für Leo Fall das Libretto zu dessen Operette »Die Dollarprinzessin«, ferner das Drehbuch zu dem Film »Liebeskommando« und Schlager (»Ich hab das Fräulein Helen baden sehn«).

Gustaf Gründgens
* 22. 12. 1899 Düsseldorf; † 7. 10. 1963 Manila
Schauspieler, Theaterleiter, Chansonnier, Kabarettist
Gründgens frönte sein ganzes Schauspieler- und Intendantenleben lang immer wieder seiner Vorliebe für Kabarett, Revue und Chanson. Schon als Schauspielschüler in Düsseldorf rezitierte er und trug in parodistischer Absicht bekannte Schlager vor. Während seines ersten Engagements in Berlin 1922/23 trat er vom 4. 10. 1922 an im → *Cabaret Größenwahn* mit einer eigenen Wandervogelparodie (»Der neue Mensch oder Hab Sonne im Herzen!«) in der Vertonung durch Theo Mackeben zusammen mit Else Ehser auf. In der Hollaender-Schiffer-Nelson-Revue »Der rote Faden« mit → *Margo Lion*, → *Kurt Gerron*, → *Wilhelm Bendow* u. a. 1930 im *Nelson-Theater* sang und spielte er den Prince of Wales und trat im selben Jahr in der Nelson-Revue »Glück muß man haben« auf.
1931 inszenierte er am »Theater am Kurfürstendamm« die Schiffer-Spoliansky-Revue »Alles Schwindel«, in der er mit Margo Lion auch mitwirkte. Im Februar 1947 führte Gründgens Regie für die Kabarettrevue »Alles Theater« von → *Günter Neumann* (→ im *Cabaret Ulenspiegel*). Auch auf dem Theater und im Film spielte und sang Gründgens gern Kabarettistisches. So schrieb er für die Uraufführung der Künneke-Operette »Liselott« im Februar 1932 sich selbst und seinen Partnerinnen Käthe Dorsch und → *Hilde Hildebrand* mehrere Chansons. 1936 schrieb er für Paul Apels Lustspiel »Hans Sonnenstößers Höllenfahrt« einige Chansons (»Ich tret aus mir heraus« u. a.), inszenierte und spielte es an dem von ihm geleiteten »Staatlichen Schauspielhaus«. In dem Film »Tanz auf dem Vulkan« (1938) sang er den Schlager »Die Nacht ist nicht allein zum Schlafen da«. In dem Film »Ein Glas Wasser« (Regie: → *Helmut Käutner*) sang er mehrere Chansons. Auch seine berühmt gewordene Mephisto-Interpretation weist deutlich kabarettistische Züge auf.

Fritz Grünbaum

Wolfgang Gruner
* 20. 9. 1926 Rathenow (Havel)
Kabarettist, Kabarettautor, Berliner Dialektkomiker
Besuchte die Finanzschule (zur Vorbereitung auf die Laufbahn eines Steuerinspektors). Wurde 1944 zum »Volkssturm« eingezogen, kehrte 1949 nach fünfjähriger sowjetischer Kriegsgefangenschaft nach Berlin zurück. Schauspielausbildung bei Marlise Ludwig. Erstes Engagement an der »Tribüne«, später an der »Komödie«, am »Theater am Kurfürstendamm« und am »Hebbel-Theater«. Seit 1951 Mitglied der → *Stachelschweine* als Darsteller, seit 1959 auch als Textautor. Schrieb 1961 auch Texte für → *Die Wühlmäuse*. Wirkte in satirischen Filmen mit wie »Der Hauptmann und sein Held«, »Wir Wunderkinder« u.a. Seit 1951 in zahlreichen Rundfunk- und Fernsehsendungen, u.a. als »Straßenfeger Otto Schruppke« (von 1958 bis 1968 SFB). Soloprogramm »Qualnacht 1968/69«. Spielte mit → *Wolfgang Neuss* in dem Film »Zwei Berliner in Paris«.

Wolfgang Gruner hat den volkstümlichen Stil der *Stachelschweine* wesentlich mitgeprägt. Daß das anfangs hochpolitische Kabarett in den 34 Jahren seines Bestehens allmählich zur klamottenseligen Volksbelustigung herabgesunken ist, ist ebenfalls nicht zuletzt Gruners Verdienst.

Otto Grünmandl
* 4. 5. 1924 Hall (Tirol)
Schriftsteller und Ein-Mann-Kabarettist
Studierte von 1945 bis 1947 Technik an der TH Graz, war 1948 bis 1965 Textilkaufmann. Seit 1965 freier Autor. Schrieb Hörspiele (»Salzwege«, »Divertimento für 5 Bankbeamte und 1 Kutscher« u. a.) und Humorbücher (»Meinungsforschung im Gebirge« und »Berge denken anders«). Von 1972 bis 1981 Leiter der Sparte Unterhaltung im ORF-Landesstudio Tirol. Seit 1981 nur noch Kabarettist. Erstes Programm: »Alpenländische Interviews« (1973, mit Theo Peer); zweites Programm: »Der Einmann-Stammtisch« (1974); drittes Programm: »Ich heiße nicht Oblomow« (1979); viertes Programm: »Ich bin ein wilder Papagei« (1982).
Schreibt kabarettistische Fernsehsendungen und kabarettistische Beiträge zu entsprechenden Sendungen bei ARD, ZDF und ORF (»Die Magazyniker«, ORF-Serie 1975; »Neues aus Transkastanien«, ZDF 1979; Doppelconférence mit Lukas Resetarits in der ORF-Fernsehsendung »Zukunftswerkstätte vorbereitet (1980); »Die ganze Welt und überhaupt«, Dialogserie des Bayerischen Rundfunks mit → *Gerhard Polt,* seit 1980). Grünmandl erhielt 1970 den Österreichischen Staatspreis für Hörspiele und 1978 den → *Deutschen Kleinkunstpreis.*

Yvette Guilbert
* 20. 1. 1867 Paris; † 2. 2. 1944 Aix-en-Provence
Chansonniere und Schauspielerin
In den neunziger Jahren des 19. Jahrhunderts die erste große Diseuse als Interpretin des literarischen Kabarettchansons in den französischen → *Cafés-concerts.* War Modistin, spielte zuerst kleine Rollen in kleinen Pariser Theatern, trat dann in Cafés-concerts in der französischen Provinz auf und wurde wegen ihrer dürren Figur vom Publikum meist ausgelacht und ausgepfiffen. Auch im »Eldorado« in Paris scheiterte sie.
1891 fand sie bei einem Bouquinisten am Seinequai ein Bändchen Gedichte von Leon Xanrof, in denen sie sofort Verwandtes spürte. In Lüttich und in Brüssel hatte sie mit dem Vortrag dieser Chansons Erfolg. Wieder in Paris, durfte sie im »Moulin Rouge« eine halbe Stunde vor dem Beginn des allgemeinen Publikumstanzes auftreten. Hier sah und hörte sie ein Kritiker der satirischen Zeitschrift »Gil Blas« und schrieb einen Hymnus auf sie. Daraufhin wurde sie an den »Divan Japonais« engagiert, ein Café-concert, in dessen Untergeschoß literarisch gehobene Vorführungen stattfanden. Hier begann der kometenhafte Aufstieg der Yvette Guilbert. Für sie schrieben nun außer Xanrof auch andere bekannte Autoren des → *Cabaret artistique* wie Maurice Mac Nab, Maurice Donnay, Jules Jouy. → *Aristide Bruant* überließ ihr sein Chanson »A Saint-Ouèn«.
Yvette Guilbert ist nie in einem Kabarett aufgetreten, sondern veredelte das Genre des leichten bis seichten Tingeltangelliedchens zum literarischen Chanson durch ihren komödiantisch-dramatischen Vortrag auf den Varietébühnen von Paris und der französischen Provinz. Nach der Jahrhundertwende ergänzte sie ihr Repertoire durch altfranzösische Volkslieder, weltliche und geistliche Gesänge und gastierte fortan nur mehr in Theatern und Konzertsälen. Ihre Tour-

Yvette Guilbert nach einem Aquarell von Henri de Toulouse-Lautrec (1894).

neen brachten sie außer nach England, Rußland, Österreich und den Vereinigten Staaten immer wieder nach Deutschland, wo sie ihr bestes Publikum fand und wo ihre Chansonkunst die Vorstellungen der → *Bierbaum* und → *Wolzogen* ermutigte, auch das deutsche Varieté auf ein künstlerisches Niveau zu heben. 1925 spielte sie in W. F. Murnaus »Faust«-Verfilmung die Marthe Schwerdtlein, 1937 unter Ernst Josef Aufricht in dessen Pariser »Dreigroschenoper«-Inszenierung am »Théâtre de l'Étoile« die Mrs. Peachum. 1928 erschienen ihre Lebenserinnerungen »Lied meines Lebens«. – Gleich wie Aristide Bruant war Yvette Guilbert eine Erneuererin des französischen Chansons und ist gleich ihm innerhalb und außerhalb Frankreichs bis heute unerreicht.

»Was war, was ist ihre Kunst anderes als Überwindung des Theaters? Als Theater im schlakkenlosesten Extrakt? Ihr Tonfall stellt Kulissen auf und Hintergründe, eine Gebärde schafft Mit- und Gegenspieler, Blick und Miene ersetzen die Zauber des Scheinwerfers, und dem Wort, wie sie es spricht, entwächst in unvergleichlicher Stärke und Spannung das Drama. Aus ein paar kargen Liedzeilen schöpft sie die Fülle des Lebens, Zartes, Gefährliches, Humor und Tragik, Gestalten, Schicksal . . . Vollkommenes Spiel ohne den breiten Umstand und Aufwand der Bühne.«

Alfred Polgar im Vorwort zu Yvette Guilberts Lebenserinnerungen »Lied meines Lebens«, Berlin 1928.

Hanns von Gumppenberg
* 4. 12. 1866 Landshut; † 29. 3. 1928 München
Schriftsteller, Dramatiker, Literaturparodist, Theaterkritiker
Schrieb unter dem Pseudonym »Jodok« parodistische Einakter (»Berdramen«) für die → *Elf Scharfrichter* (»Der Nachbar« nach Gerhart Hauptmann, »Der Veterinärarzt« nach Maurice Maeterlinck u. a.). Von 1901 bis 1903 war er (als Nachfolger des »Scharfrichters« Willy Rath) Theaterkritiker bei den »Münchner Neuesten Nachrichten«. Seine Parodien auf zeitgenössische deutsche Lyriker trug Otto Falckenberg bei den *Elf Scharfrichtern* vor. Gesammelt erschienen sie zum erstenmal 1891 in den »Münchner Flugschriften«, 1901 unter dem Titel »Das teutsche Dichterroß – In allen Gangarten geritten« (15. Auflage München 1966).

Danny Gürtler
* 1875 Darmstadt; † 30. 4. 1971 (in geistiger Umnachtung)
Schauspieler und Kabarettist
Der Sohn eines Bankprokuristen war ein genialischer Bohemien (er nannte sich selber »König der Boheme«), der durch viele, teils sentimental-infantile, teils gewalttätige Aktionen von sich reden machte. Hochbegabt, wie er war, spielte er am Wiener »Burgtheater«, mußte dort aber aufgrund eines Skandals ausscheiden.
1901 gründete er in Berlin das Kneipenbrettl »Schminkschatulle« und trug mit mitreißendem Pathos eigene Gedichte vor. Im gleichen Jahr war er im *Charivari* (→ *Überbrettl*) engagiert. Gürtler, den → *Max Herrmann-Neisse* dem »Kunstzigeunertum« zurechnete, trat mit Vorliebe in braunem Samtjackett und hohen Schaftstiefeln auf, mit einem riesigen Kalabreserhut auf dem Kopf und einem roten Tuch um den Hals, und ähnelte auch sonst seinem Vorbild → *Aristide Bruant,* indem er soziales Mitleid mit den Ausgebeuteten und seinen Einsatz für den Weltfrieden unbefangen mit einem kaisertreuen Nationalismus zu verbinden wußte. Sein Vortrag war so suggestiv, daß ihm die Frauenherzen zuflogen und er als Kabarettist monatlich 6000 Goldmark verdiente.

Eckart Hachfeld
* 9. 10. 1910 Mörchingen (Lothringen)
Schriftsteller, Kabarettautor
Dr. jur., ursprünglich Wirtschaftsjurist. Offizier im Zweiten Weltkrieg. In britischer Kriegsgefangenschaft gründete er 1946 im Camp Sheffield ein Lagerkabarett (»Das Waschbrettl«). 1947 nach Hamburg entlassen, traf er dort → *Werner Finck,* der ihn ermutigte, für das professionelle Kabarett zu schreiben. Erste Texte 1949 und 1950 für die → *Bonbonniere* (Hamburg). Schrieb 1949 bis 1955 Texte für → *Wolfgang Neuss'* Paukensoli und für das Paar Wolfgang Neuss → *Wolfgang Müller.*
1950 vier Programme für das → *rendezvous* und vier für die *Bonbonniere.* Ging 1950 mit dem *Bonbonniere*-Ensemble nach West-Berlin. 1951 Texte für den → *Nürnberger Trichter,* 1953 für das Kabarett im *Rauchfang,* 1952 für Werner Fincks Kabaretts → *Die Mausefalle* (Stuttgart und Hamburg). Seit 1953 (bis 1978) ständiger Autor des → *Kom(m)ödchens.* Gelegentliche Mitarbeit bei den → *Stachelschweinen* (seit 1955), → *Die Zwiebel* (seit 1960), → *Die Bedienten* (1962 und 1964), für das → *Reichskabarett* (von 1965 bis 1968), seit 1983 für das → *Institut für Lebensmut* sowie von 1963 bis 1965 für *Hallo, Nachbarn! (→ Medienkabarett).*

Eckart Hachfeld

Ferner schrieb und schreibt Hachfeld für Funk und Fernsehen sowie die wöchentliche Zeitsatire »Amadeus geht durchs Land« (seit 21. 8. 1954 für Die »Welt«, seit 1964 für den »Stern«). Schrieb außerdem für Udo Jürgens die Liedertexte zu dem Musical »Helden Helden« und die Chansons »Lieb Vaterland« und »Mit 66 Jahren«. Eckart Hachfeld zählt zu den meistbeschäftigten und einfühlsamsten Textautoren des deutschen Kabaretts zwischen *Stachelschweinen* und *Reichskabarett*. Seine knappen, wie angegossen sitzenden Verse sichern ihm ein Publikum weit über das Kabarett hinaus.

Rainer Hachfeld
* 9. 3. 1939 in Ludwigshafen
Politischer Karikaturist und Kabarettautor
Der Sohn des Kabarettautors → *Eckart Hachfeld* besuchte in Berlin, wo er seit 1952 lebt, die Meisterschule für das Kunsthandwerk in den Fächern Zeichentrickfilm und Bühnenbild. 1960 ein Jahr freie Malerei in Paris. Von 1962 bis 1964 Zeichner, Dramaturg und Regisseur bei der »Ufa-Werbefilm«, Düsseldorf. Danach ein halbes Jahr Karikaturist beim »Spandauer Volksblatt« bis zu seiner Entlassung. Seitdem freier Karikaturist, seit 1969 ständiger Mitarbeiter am »Berliner Extra-Dienst«.

Schreibt seit 1967 auch Stücke für Kinder (meist für das »Grips-Theater«, West-Berlin). Für »Stokerlok und Millipilli« erhielt er 1969 den Brüder-Grimm-Preis der Stadt Berlin, zusammen mit seinem Bruder und Coautor → *Volker Ludwig*. Seit 1970 Autor und Regisseur von Fernsehfilmen. Illustrierte die satirischen Parodien »Der Struwwelpeter, neu frisiert« von Eckart Hachfeld und »Marx und Maoritz« von Klaus Budzinski. Für das Kabarett entwirft Hachfeld Szenenbilder und schreibt Texte, so für das → *Reichskabarett* und 1983 für das → *Institut für Lebensmut.*

Joachim Hackethal
* 7. 11. 1929 Gotha
Schriftsteller, Schauspieler, Kabarettautor, Kabarettist
Studierte Volkswirtschaft in Jena und Kiel. Gründete 1947 in Kiel zusammen mit seinen Kommilitonen Ernst König, Jan Siefke Kunstreich und Walter Niebuhr das Studentenkabarett → *Die Amnestierten,* deren Leiter, Protagonist und hauptsächlicher Textautor er bis zu ihrem Ende 1961 war.
Seitdem schreibt er Texte für andere Kabaretts, so von 1961 bis 1962 für das → *Kleine Renitenztheater,* von 1963 bis 1966 für → *Die Zwiebel,* von 1965 bis 1969 für die → *Münchner Lach- und Schießgesellschaft,* seit 1969 für → *Die Machtwächter,* 1949/50 und 1973 für das → *Kom(m)ödchen.* Erhielt 1975 (zusammen mit den *Machtwächtern*) den → *Deutschen Kleinkunstpreis.* 1965 brachte er noch einmal ein *Amnestierten*-Programm heraus, »Bal paré« in West-Berlin, das aufgrund einer Vietnamnummer einen Theaterskandal auslöste. Außerdem ist Hackethal als Autor (u.a. für das Fernsehen) und als Schauspieler in Funk, Film und Fernsehen tätig.

Dieter Hallervorden
* 5. 9. 1935 Dessau
Kabarettist, Kabarettautor und -leiter, Nonsenskomiker
Studierte Romanistik in Ost- und West-Berlin sowie Publizistik und Theaterwissenschaft. Erste Bühnenversuche an Studentenbühnen in Ost- und West-Berlin. Fiel bei der Aufnahmeprüfung zur Max-Reinhardt-Schule, Berlin, durch. Bekam einen kostenlosen Studienplatz an der privaten Schauspielschule von Marlise Ludwig. Erstes Engagement an der »Tribüne« in West-Berlin.
Nach Abspaltung einer Gruppe vom Ensemble der → *Bedienten* 1959 eröffnete Hallervorden am 22. 12. 1960 in West-Berlin sein eigenes Kabarett, → *Die Wühlmäuse.* 1963 führte er Regie bei den → *Sieben Schaben,* 1967 spielte er sein erstes Soloprogramm (»Seltsame Begegnung« nach Slawomir Mrożek). Synchronisierte seit 1970 die deutsche Stimme des englischen Filmkomikers Marty Feldman. Begann 1972 mit der Blödelsendung »Abra-Makabra« seine Nonsenskarriere im Deutschen Fernsehen.

»Ich mag keine Gesinnungskotzerei vor der Bühnenrampe, wo praktisch nur Leitartikel vorgetragen werden, die man besser zu Hause lesen kann ... Es dürfen durchaus auch die Lachmuskeln strapaziert werden.«

Dieter Hallervorden über seine Auffassung von Kabarett in den »Lüdenscheider Nachrichten«, 7. 12. 1974, und dann der »Westfälischen Rundschau«, 26. 2. 1974.

Hallo, Nachbarn! → *Medienkabarett*

Die Hammersänger

Politisch-literarisches Kabarett, gegründet als Studentenkabarett an der Freien Universität Berlin Ende November 1963 von den Studenten Wolfgang Hasel (Germanistik), Claus Raab (Musik) und → *Helmut Ruge* (Soziologie) sowie der Schauspielschülerin Skil Kaiser. Die Texte schrieb Helmut Ruge, der im Januar 1964 die Leitung der Gruppe übernahm. Erstes Programm: »Hiebe 64« (Februar 1964 im »Haus am Preußenpark«, West-Berlin). Zweites Programm: »Kritik der kleinen Zukunft« (Juni 1964, Regie Günter Bein, ehemals Leiter der *Brennesseln*). Drittes Programm: »Die Verfolgung und Ermordung des Tabus – dargestellt durch die Schmierentruppe der Novizen zu Dahlem unter Anleitung der Herren Bein und Bruchhäuser« (Dezember 1964).

Mit dem vierten Programm, »Dies irae oder Der Tag des offenen Sarges« (September 1965) Durchbruch bei der Presse und Anerkennung bei den → *Essener Kabarett-Tagen* 1966 und 1967. 1965 spielten sie dreimal wöchentlich im Haus der → *Wühlmäuse*, 1966 und 1967 im Haus des → *Reichskabaretts*. Dazwischen Gastspiele in der BRD, der Schweiz und Skandinavien. Im Herbst 1967 Übersiedelung nach München, seitdem *Münchner Hammersänger*. Weitere Programme u. a. »Volkskörperpflege« (1968), »Vorsicht – die Mandoline ist geladen! oder Beutemüller konzertiert zum letzten Mal« (1969), »Die Meise auf dem Vibraphon« (1972, mit → *Jörg Hube*). Seit 1975 trägt Ruge seine Programme allein vor.

In der Form des bürgerlichen Kabaretts und mit der scheinbaren Bonhomie Helmut Ruges haben *Die Hammersänger* von Anfang an radikale, von soziologischem und volkswirtschaftlichem Faktenwissen untermauerte Aufklärung im komödiantischen Gewande an ein Publikum heranzubringen verstanden, das dem auch in der Form harten Agitationskabarett der sechziger Jahre ferngeblieben ist.

Peter Hammerschlag

* 1902 Wien; † nach 1942 (deportiert und wahrscheinlich ermordet)

Kabarettautor und Conférencier

Begann 1930 an der → *Katakombe*, Berlin, und formte nach deren Vorbild seit November 1931 den Stil des von ihm mitgegründeten → *Lieben Augustin* in Wien, für den er von 1931 bis 1934 schrieb und in dem er – in kleinen Rollen, als Stegreifdichter und als Conférencier – auftrat.

Von 1936 bis 1938 schrieb er für die → *Literatur am Naschmarkt*. Floh 1938 nach Jugoslawien, kehrte aber 1940 heimlich nach Wien zurück und schrieb unter Pseudonym für das → *Wiener Werkel*. 1943 fiel er der »Aktion Brunner« zum Opfer: Er wurde deportiert und wahrscheinlich in Auschwitz ermordet.

Peter Hammerschlags lyrisch-verspielte Art des Dichtens brachte eine eigene Note in das Repertoire der Wiener Kleinkunstbühnen in den dreißiger Jahren. Als der *Liebe Augustin* Ende 1934 politisch schärfer satirisch wurde, war Hammerschlags Zeit als Hausautor abgelaufen. In der *Literatur am Naschmarkt* fand er ein neues Betätigungsfeld, das genügend weit gefächert war, um auch seine Note zur Geltung zu bringen.

Hans Harnisch

* 8. 6. 1904 Zwickau; † 22. 6. 1972 Ost-Berlin

Kabarettautor und Kabarettkritiker

War ursprünglich Lehrer, dann Redakteur und Lektor beim »Verlag Volk und Wissen« und beim »Verlag der Nation« in der DDR. Wurde 1955 Dramaturg der → *Distel*, für die er seit 1956 auch regelmäßig Texte schrieb. Schrieb ferner Texte für die → *Leipziger Pfeffermühle* und die → *Herkuleskeule*, Dresden. War außerdem Dramaturg der DEFA-Propagandafernsehsendung »Das Stacheltier«, zuletzt Dramaturg des Friedrichstadt-Palastes und stellvertretender Chefredakteur der Zeitschrift »Unterhaltungskunst«. Auch Beiträge in Zeitschriften über Probleme des Kabaretts und der Satire.

Heinz Hartwig
* 25. 3. 1907 Berlin
Werbefachmann und Kabarettautor
1941 Autor und Leiter einer Soldatenbühne und Verfasser bissiger Verse unter dem Titel »Dichter Qualm«. Nach Ende des Zweiten Weltkriegs gründete Hartwig mit → *Gerhart Herrmann Mostar* 1945 das Reisekabarett → *Die Hinterbliebenen*. Seitdem auch Autor zahlreicher Unterhaltungssendungen an allen deutschsprachigen Rundfunkanstalten. Verfasser und Herausgeber mehrerer »Schmunzelbücher« und Mitautor der Revue »Alles Theater« (1953 am »Deutschen Theater«, München). Schrieb Hörspiele und Drehbücher für Fernsehsendungen. Hartwigs leicht fließende Verse für die *Hinterbliebenen* machten treffsicher, aber nie bösartig Inventur in der geistigen Hinterlassenschaft der Nazizeit und nahmen Erscheinungen und Tendenzen der Jahre zwischen Kriegsende und Währungsreform publikumswirksam, doch kompromißlos aufs Korn.

Annemarie Hase
* 1900; † 1971 Ost-Berlin
Schauspielerin und Kabarettistin
Debütierte als Schauspielerin in Osnabrück, als Kabarettistin 1921 am → *Schall und Rauch* (II), ging 1921 zur → *Wilden Bühne*, wirkte in den Hollaender-Kleinrevuen »Laterna magica« (1926), »Das bist du« (1927) mit sowie im → *Tingeltangeltheater* (1931), im → *Küka*, bei den → *Wespen*, in der → *Katakombe* (1930/31) und bei der → *Brücke* (1931). Theater spielte sie in München (»Kammerspiele«), Berlin, Stuttgart, Kassel, Hamburg.
Emigrierte 1936 nach England und trat 1939/40 in der *Kleinen Bühne* des »Freien Deutschen Kulturbundes« (→ *Exilkabarett*) auf. Nach Kriegsbeginn sprach sie in den deutschsprachigen Sendungen der BBC London die »Frau Wernicke«. Kehrte 1948 zurück, von 1949 bis 1961 Mitglied des »Berliner Ensembles«, danach am »Deutschen Theater« (beide Ost-Berlin). Wirkte 1955 im Ost-Berliner *Palast-Brettl* unter dem »Friedrichstadt-Palast« (dem ehemaligen Domizil des *Schall und Rauch* [II]) mit. – Annemarie Hase vertrat im Berliner Kabarett der zwanziger Jahre den Typ der gewitzten Frau aus dem Volke, vornehmlich in Chansons von Leo Heller, → *Friedrich Hollaender*, → *Erich Kästner*, (der für sie seine »Ankündigung einer Chansonette« schrieb), → *Klabund*, → *Walter Mehring* und → *Joachim Ringelnatz*.

Oliver Hassencamp
* 10. 5. 1921 Rastatt
Schauspieler, Kabarettist, Kabarettautor, Buchautor
Nach Schulzeit in Salem und Kriegsdienst 1946 Regieassistent von Erich Engel an den »Münchner Kammerspielen«. Studierte nebenher Kunstgeschichte und Psychologie und nahm Schauspielunterricht im Schauspielstudio von Heinrich Koch. Debütierte 1947 an den »Münchner Kammerspielen« in der Uraufführung von Max Frischs »Nun singen sie wieder«. Spielte 1948 bei der → *Schau-*

bude, gehörte von 1951 zum Direktorenkollektiv der → *Kleinen Freiheit*, für die er Texte schrieb und bei der er auftrat.
Zog sich 1955 an den Schreibtisch zurück, schrieb zeitkritische Zeitungskolumnen, Essays, Kurzgeschichten, Romane und Filmdrehbücher. Schrieb die Romanreihe »Bekenntnisse eines möblierten Herrn« (1960), »Erkenntnisse eines etablierten Herrn« (1972) und »Geständnisse eines graumelierten Herrn« (1982) sowie den politischen Roman »Das Recht auf den anderen« und einige humoristische Romane. 1977 erschien seine Satirensammlung »Sage und schreibe«, 1978 seine Aphorismensammlung »Klipp und kar«, 1983 seine Erinnerungen an die erste Nachkriegszeit, »Der Sieg nach dem Krieg», 1984 (als Fortsetzung) »Das große Wundern«. Außer für die *Kleine Freiheit* schrieb er Texte für die → *Stachelschweine*, das → *Kom(m)ödchen*, → *Die Zwiebel* und die → *Münchner Lach- und Schießgesellschaft*, der er auch den Namen gab. Er erhielt 1967 den Tukan-Preis und 1984 den Ernst-Hoferichter-Preis.

Emil Hegetschweiler
* 15. 10. 1887 Zürich; † 1. 10. 1959
Gastronom und Kabarettist
Gelernter Konditor, erwarb er die Helmhaus-Konditorei in Zürich, die bald zum Treffpunkt von Schauspielern, Malern, Sängern und Autoren wurde. Hier wurde 1933 die Idee der Gründung des → *Cabaret Cornichon* unter reger Anteilnahme des Wirts entwickelt. Hegetschweiler wirkte dann bis 1942 in dessen Programmen als Darsteller und Autor mit.

Leo Heller
* 18. 3. 1876 Wien; † um 1949
Journalist, Kabarettautor, Erzähler
Kam als junger Mann nach Berlin, schrieb 1901 Texte für das → *Überbrettl.* Hauptberuflich Redakteur an der »Nationalzeitung«, schrieb er zumeist Gedichte und Szenen im Jargon (und mit Themen) der Berliner Unterwelt, so für die *Weiße Maus* und (1921) für die → *Wilde Bühne*, als deren Hausautor ihn → *Trude Hesterberg* engagierte. 1921 gab er seine Gedichte gesammelt unter dem Titel »Aus Pennen und Kaschemmen« heraus. Außer der Hesterberg trugen vor allem → *Annemarie Hase* und Dora Paulsen seine Texte im Kabarett vor.

Emmy Hennings
* 17. 1. 1885 Flensburg; † 10. 8. 1948 Sorengo bei Lugano
Schauspielerin und Vortragskünstlerin
Trat in Berlin, Budapest, München (im → *Simplicissimus*) auf. Lernte in München → *Hugo Ball* kennen (Heirat 1920), emigrierte mit ihm 1915 in die Schweiz und trat dort im → *Cabaret Voltaire* auf. Schrieb Gedichte, Erzählungen, Märchen, Legenden und Erinnerungen an Hugo Ball.

Jürgen Henningsen
* 1. 6. 1933 Kiel; † 14. 10. 1983 Münster
Kabaretttheoretiker und -autor
Studierte in Kiel und Göttingen Pädagogik, Philosophie, Germanistik, Anglistik und vergleichende Indogermanische Sprachwissenschaft. 1954/55 Lehrer, 1957 Dr. phil. Von 1964 bis 1967 Dozenturen an den Pädagogischen Hochschulen Hannover und Kettwig (Ruhr). Dort gab er dem Lehrerkabarett → *Die NIveau-HILISTEN* (1964 bis 1971) mit Textbeiträgen und Regie Stil und Linie.
1967 veröffentlichte er eine »Theorie des Kabaretts«. 1967 war er Referent für

Grundsatzfragen und Koordinierung der Lehrerbildung und für Politische Bildung im Kultusministerium von Nordrhein-Westfalen. 1976 regte er zusammen mit seinem Kollegen Professor Dr. Anton Austermann die Gründung des Münsteraner Studentenkabaretts → *Fortschrott* an, bestehend aus Studenten der Pädagogik am Institut für Erziehungswissenschaft der Universität Münster, schrieb Texte dafür und spielte mit (Premiere: 16. 5. 1977 in Münster – inzwischen fünf weitere Programme).

Marc Henry
(eigentlich: Achille Georges d'Ailly-Vaucheret)
(Lebensdaten nicht bekannt)
Schriftsteller, Journalist, Kabarettist
Trat in Paris im Cabaret *Le lapin agile* auf. Ging zum Studium nach München und gab hier die »Révue Franco-Allemande« heraus. 1900 initiierte er die Gründung einer deutschen Version des → *Cabaret artistique* und brachte die → *Elf Scharfrichter* zusammen, deren Organisator und Conférencier er bis zu deren Ende 1904 war. Als einzige Frau hatte er → *Marya Delvard* in das Ensemble eingebracht. 1906 eröffneten beide in Wien das → *Cabaret Nachtlicht* (das Henry nach einem handgreiflichen Streit und nachfolgendem Prozeß mit → *Karl Kraus* aufgab) und 1907 das → *Cabaret Fledermaus*. Schrieb zusammen mit → *Hanns Heinz Ewers* das Libretto zu Eugen d'Alberts Oper »Die toten Augen«. Henry kehrte vor Ausbruch des Ersten Weltkriegs nach Frankreich zurück und soll 1915 gefallen sein.

Jo Herbst
* 11. 8. 1928 Berlin; † 18. 9. 1980 Berlin
Schauspieler, Kabarettist, Kabarettautor
Sah als Schauspielschüler in Berlin 1947 die Kabarettrevue »Schwarzer Jahrmarkt« von → *Günter Neumann* und beschloß, Kabarettist zu werden. Gründete 1949 mit anderen → *Die Stachelschweine* und wurde einer ihrer besten Autoren und Darsteller. Schrieb Texte auch für das Kabarett im *Rauchfang*, den → *Nürnberger Trichter*, → *Die Schiedsrichter* und die → *Münchner Lach- und Schießgesellschaft*. Blieb bei den *Stachelschweinen* bis 1964 und schrieb bis 1961 Texte für sie. Wirkte bei der Neuinszenierung des »Schwarzen Jahrmarkts« 1972 in West-Berlin mit, ferner – als Darsteller und Autor – in zahlreichen kabarettistischen Veranstaltungen, in Funk und Fernsehen, trat in Komödien auf und in Filmen, u.a. in »Der Hauptmann und sein Held« (1955), »Die Halbstarken«(1956), »Das Mädchen Rosemarie«, (1958, auch als Chansonautor).

Ursula Herking
* 28. 1. 1912 Dessau; † 17. 11. 1974 München
Schauspielerin und Kabarettistin
Die Tochter eines Schauspielers und einer Sängerin erhielt ihre Ausbildung bei Leopold Jessner an der Staatlichen Schauspielschule, Berlin. Erstes Engagement 1930 in Dessau, 1933 kurz am »Schiller-Theater«, Berlin, dann von → *Paul Schneider-Duncker* an dessen Kabarett im Restaurant »Uhlandeck« verpflichtet. Dort entdeckte → *Werner Finck* sie und engagierte sie an die → *Katakombe*. Daneben drehte sie bei der Ufa einige kleinere Filme und wirkte in dem Spielfilm »Die vier Gesellen« (mit Ingrid Bergman) mit. Nach Schließung der *Katakombe* wirkte sie 1935 im → *Tatzelwurm* mit, spielte dann aber hauptsächlich Theater (u.a. am »Deutschen Theater« und an den »Kammerspielen«). 1937 wirkte sie in einer Kabarettrevue von und mit → *Helmut Käutner* im → *Kabarett der Komi-*

Ursula Herking als Besucherin von Gruselfilmen in Herbert Witts »Achtung – Grün!«.

ker mit. 1946 wurde sie an die → *Schaubude,* München, engagiert. Hier begann mit dem »Marschlied 1945« von → *Erich Kästner* ihre große Zeit als Kabarettistin (»Das Lied vom Warten«, »Fräulein Grün« u. a.). Nach dem Ende der *Schaubude* spielte sie bis 1949 wieder Theater, gastierte ein halbes Jahr beim → *Kom(m)ödchen,* Düsseldorf, ging dann an die → *Bonbonniere* (Hamburg), wo sie zusammen mit → *Wolfgang Neuss* auftrat (Programm »Narr-kose«, 1950, u. a.). Dort wurde sie von → *Tude Kolman* gesehen und 1951 nach München an → *Die Kleine Freiheit* engagiert.

Bereits am 24. 4. 1951 schied sie aus dem Kollektiv der *Kleinen Freiheit* aus und

ging nach Berlin. Gründete dort mit Wolfgang Neuss, → *Wolfgang Müller,* → *Dieter Thierry,* Walter Gross und anderen den → *Nürnberger Trichter.* 1954 machte sie mit Wolfgang Neuss im »Rauchfang« ein literarisches Zweipersonenkabarett und spielte mit ihm, Thierry und Müller in der »Komödie« 1954 in Nachtvorstellungen »Macht bloß keen Theater!«. Zwischendurch Theater und Film. 1955/56 spielte sie noch einmal in der *Kleinen Freiheit.* In dem Siodmak-Film »Kinder, Mütter und ein General« erlebte sie endlich ihren Durchbruch zur Charakterschauspielerin.
Trotz Kabarettmüdigkeit machte sie danach doch wieder Kabarett: von Herbst 1956 bis April 1958 in der → *Münchner Lach- und Schießgesellschaft,* danach 1959 im *Kom(m)ödchen.* Spielte in der → *Zwiebel* mit → *Michael Burk* zwei Duoprogramme (»Blumen für Frau Müller«, 1957, und »Doppelbett mit Einzelhaft«, 1960). 1963 mit dem Stück »Gigi« (nach Colette) auf Tournee, 1964 Tournee durch die Goethe-Institute Skandinaviens mit ihrem Soloprogramm »Kinder, wie die Zeit vergeht!«. Spielte 1967 in der *Kleinen Freiheit* das Stück »Schwester George muß sterben« von Frank Marcus, 1969 am »Westfälischen Landestheater« → *Brechts* »Die Mutter« und 1972 am »Jungen Theater«, Hamburg, Rolf Hochhuths »Die Hebamme«. Erhielt 1967 den Schwabinger Kunstpreis.
Ursula Herking war als Kabarettistin eine typische Vertreterin der »Neuen Sachlichkeit«, nüchtern mit verdecktem Herzen, von einer bis ins Alter hinein mädchenhaften Kumpelhaftigkeit. Als Autor lag ihr am meisten Erich Kästner. Ihm verdankte sie ihre großen Chansons, vor allem in der *Schaubude.*

Herkuleskeule
Politisch-satirisches Kabarett in Dresden, gegründet 1954 auf Initiative von → *Otto Stark* von Künstlern des Staatstheaters, des Landesschauspiels und des »Theaters der jungen Generation«, Dresden.
Erstes Auftreten am Silvesterabend bei einem bunten Programm der Staatstheater im Großen Haus. Offizielle Premiere am 8. 1. 1955 im Otto-Grotewohl-Saal. Erstes Programm »Derf'n die'n das?« mit Ilse Maybrid, Lilo Oesterreich, Greta und Waldemar Baeger, Alexander Bauer, Wilhelm Burmeister, Heinz Löffler und Hans Lucke, und mit Texten von Otto Stark, Klaus Eidam, Hans Lucke, Otto Pirwitz, Ulrich Pohle und Alexander Bauer. Seit 1956, nach Verkleinerung des Ensembles auf Ilse Maybrid, Waldemar Baeger, Alexander Bauer und Otto Stark, nannte es sich *Herkuleskeulchen* und spielte nur noch selten und löste sich nach dem Überwechseln von Stark zur *Distel* (als Leiter) im Sommer 1959 auf. Neugründung durch den Rat der Stadt Dresden mit Manfred Schubert als neuem Leiter und einem neuen Ensemble 1960, Eröffnung am 1. 5. 1961 als »Kabarett der Stadt Dresden«.
Nach mehreren temporären Quartieren faßte die *Herkuleskeule* 1965/66 im Saal des Clubhauses am Hans-Beimler-Platz festes Quartier. Seit Dezember 1967 Versuche, vom reinen Nummernprogramm ab- und zum Themenprogramm hinzukommen. 1967 Einbau sowjetischer Satiren in das Programm »Lach schneller, Genosse!«. 1980 brachte die *Herkuleskeule* mit »Bürger, schützt Eure Anlagen oder Wem die Mütze paßt« ein revueartig gebautes Programm als »Diskussionsstück« heraus. Thema: Der Widerspruch zwischen dem kommunistischen Ideal und der realsozialistischen Wirklichkeit. – Seit Beginn und Neubeginn bis 1971 »ständiger Wechsel im Personalbestand« (Otto Rösler, *Kabarettgeschichte,* 1981).

Lit.: Bauer, Alexander, *Die Anfänge der ›Herkuleskeule‹.*
Schubert, Manfred: *Waffenträger ohne Waffenschein* in *Kassette 4.* Berlin (Ost) 1980.

Max Herrmann-Neisse
(eigentlich: Max Herrmann)
* 23. 5. 1886 Neisse (Oberschlesien); † 8. 4. 1941 London
Lyriker, Kabarettautor, Theater- und Kabarettkritiker
Studierte in München und Breslau Germanistik und Kunstgeschichte. Seit 1909 freier Schriftsteller, seit 1917 in Berlin. Von 1914 bis 1917 veröffentlichte er mehrere Gedichtbände. Schrieb 1920 politische Couplets für das → *Schall und Rauch* (II), trat 1921 mit eigenem Repertoire in der → *Wilden Bühne* und in der → *Retorte* (Leipzig) auf. Schrieb von 1920 an die ersten ernst zu nehmenden Kabarettrezensionen in der »Neuen Schaubühne«, in »Der Kritiker« und im »Berliner Börsen-Courier«. 1924 erhielt er den Eichendorff-Preis.
Von 1925 bis 1929 war er Kabarettkritiker am »Berliner Tageblatt«, von 1926 bis 1932 Mitarbeiter an der »Literarischen Welt« und an → *Hans Reimanns* »Stachelschwein«. Schrieb nebenher weiter Gedichte, auch Romane und Theaterstücke. 1933 Emigration über Zürich nach London. Zwei weitere Gedichtbände 1936 und 1942. – Max Herrmann-Neisse war nicht nur ein sprachsinnlicher Lyriker, sondern auch der erste, der das Kabarett als eigenständige Kunstform ernst nahm und dem es daran lag, »regulierenden Antrieb zu geben, Minderwertiges von Bedeutsamem zu trennen« (Helga Bemmann im Vorwort zu *Max Herrmann-Neiße – Noch immer klimpert das Klavier – Gedichte, Lieder und Satiren,* Berlin [Ost] 1974).

»Die Kabarettkunst litt, wie die Kunst des Varietés, in Deutschland lange darunter, daß sie nicht ernst genommen wurde, daß sie nicht als in sich geschlossene Aufgabe mit eigenen Möglichkeiten und Grenzen gewürdigt wurde. Daß sie als ein untergeordneter, minderwertiger, unebenbürtiger Kunstzweig galt, ja, überhaupt als kein Kunstbezirk . . . Es wurde kein Unterschied gemacht, die primitive vorstadtliche Spezialitätenbühne dem ›Wintergarten‹ gleichgeachtet, das banale Zoten- und Animierbrettl mit dem geist- und gesinnungsvollen Kampfkabarett auf eine Stufe gestellt.«

Max Herrmann-Neisse

Trude Hesterberg
* 2. 5. 1892 Berlin; † 31. 8. 1967 München
Schauspielerin, Kabarettleiterin, Operettensängerin, Chansonniere, Kabarettistin
Die Tochter eines Berliner Drogisten studierte am Stern'schen Konservatorium Opern- und Konzertgesang und wurde 1912/13 an das »Deutsche Theater«, Berlin, als Angélique in Molières »George Dandin« engagiert. Spielte und sang 1913 in Köln in der Revue »Kölle, dat is jett för dich«. Nach Rückkehr Mitwirkung in musikalischen Lustspielen und Operetten in Berlin. In Jean Gilberts »Puppchen« sang sie den Titelschlager.
Erster kabarettistischer Auftritt 1914/15 im »Eispalast« (nachmals: »Admiralspalast«) mit Couplets u.a. von Willy Prager. Sprang 1919 für die erkrankte → *Gussy Holl* im → *Schall und Rauch* (II) ein und fand so zum literarischen Chanson. 1920/21 wieder Operette (»Metropoltheater«). Am 5. 9. 1921 eröffnete sie die → *Wilde Bühne,* die sie leitete und in der sie selber auftrat. Ende 1923 gab sie die *Wilde Bühne* ab und spielte und sang erneut in Operetten, Revuen und musikalischen Lustspielen (1924: »An alle«, 1925 »Wann und wo?«, 1926 »An und aus«, ferner »Dreimäderlhaus« u.a.). Kreierte in »Die Scheidungsreise« den Schlager »Wer wird denn weinen, wenn man auseinandergeht?«. Sang 1928/29 im »Großen Schauspielhaus« vierhundertmal »Die lustige Witwe«, spielte 1930 in »Die drei Musketiere«, 1932 »Eine Frau, die weiß, was sie will«. Danach auf Gastspielreisen durch Deutschland. Sang und spielte

Trude Hesterberg singt in der Wilden Bühne Walter Mehrings »Bösenlied«.

die Witwe Begbick in → *Brecht*/→ *Weills* »Aufstieg und Fall der Stadt Mahagonny« (Dezember 1931 in Berlin).
1926 und 1928 im → *Kabarett der Komiker,* 1931 im *Karussell* in der kabarettistischen Revue »So wird's gemacht«. 1933/34 Tournee mit → *Kurt Robitschek* durch die Tschechoslowakei. Eröffnete 1934 in der Behrenstraße in Berlin das Kabarett *Musenschaukel.* Stellte in ihrem Künstlerlokal »Groschenkeller« 1932 den Berlinern die → *Nachrichter* vor. Filmte und spielte Theater in Berlin und nach dem Zweiten Weltkrieg in München (hier als Mrs. Peachum in der Wiederaufführung der »Dreigroschenoper« an den »Münchner Kammerspielen«). Soloauftritte mit Chansons u.a. in der → *Zwiebel* (1959). Mitwirkung in der Kabarettrevue »Ach, du goldene Zeit!« 1960 an den »Münchner Kammerspielen«. Moderatorin der Fernsehjugendsendung »Teenager Party«.
Trude Hesterberg gehört zu der Generation Berliner → *Diseusen* und Chansonnieren, die im ersten Drittel des 20. Jahrhunderts einen eigenen, großstädtischen Chansonstil prägten. Anders als ihre Kolleginnen kam sie von der Operette und stellte ihren Gesangsstil jeweils auf die unterschiedlichen Sparten ein.

»Sie fand für ihr Auftreten einen besonderen Stil, der ihre Eigenart mit den speziellen Anforderungen des Kabaretts trefflich in Einklang setzt, indem er ein phantastischeres, flimmrigeres, wenn ich so sagen darf: elektrischeres Soubrettentum schafft.«

Max Herrmann-Neisse in einer Rezension der »Wilden Bühne« in »Neue Schaubühne«, Dresden, Heft 3/1922.

»Sie sang, sie schmetterte, sie säuselte die schärfsten Lieder der Zeit. Am schärfsten sind sie ja, wenn man sie säuselt. Aber wer wußte das außer ihr? Gab es je eine Wiedergeburt der begnadeten Yvette Guilbert, sie war es! Aber mit eigenem Mündchen, mit eigener Schnauze, mit den ureigenen Bewegungen ihrer aufzeigenden, aufreizenden Hände.«

Friedrich Hollaender in seinen Erinnerungen »Von Kopf bis Fuß«, München 1966.

Werner Richard Heymann
* 14. 2. 1896 Königsberg (Pr.); † 30. 5. 1961 München
Komponist
Studierte Musiktheorie und Kontrapunkt bei Paul Scheinpflug in Königsberg. Komponierte als Sechzehnjähriger sein erstes Orchesterwerk, nach dem Ersten

Weltkrieg Bühnenmusiken. Seit 1919 mit → *Friedrich Hollaender* Hauskomponist am → *Schall und Rauch* (II), von 1921 an an der → *Wilden Bühne*. Vertonte Chansons von → *Klabund*, → *Walter Mehring*, → *Kurt Tucholsky* u.a. Schrieb seit 1925 Musiken zu Stummfilmen und »Stimmungsmusiken« für Dreharbeiten. Von 1926 bis 1928 Generalmusikdirektor der Ufa.
Nach Aufkommen des Tonfilms erfolgreichster Filmkomponist Deutschlands mit Schlagern für »Die drei von der Tankstelle«, »Bomben auf Monte Carlo«, »Der Kongreß tanzt«, »Ein blonder Traum« u.a. nach Liedtexten von → *Robert Gilbert*. 1933 Emigration nach Paris (wo er Komödien, u.a. von Sacha Guitry, komponierte), dann in die USA. Schrieb dort Musiken für Filme der Centfox, Hollywood. Bühnen- und Filmmusiken in Paris und London. 1936 wieder in Hollywood, schrieb er die Musiken zu über vierzig Tonfilmen, u.a. »Ninotschka«, »Rendezvous nach Ladenschluß«, »Sein oder Nichtsein«. 1950 nach Europa zurückgekehrt, ließ er sich in München nieder, komponierte erneut Filmmusiken (zu »Alraune« u.a.) und schrieb zusammen mit Gilbert Chansons zur Bühnenfassung von »Professor Unrat« von Erich Ebermayer in der »Kleinen Komödie«, München. 1953 schrieben die beiden das musikalische Lustspiel »Kiki vom Montmartre« (1954 Uraufführung in Stuttgart). Letztes persönliches Auftreten in der Tucholsky-Matinee »Und ruh' von meinem Vaterlande aus« 1960 an den »Münchner Kammerspielen« als musikalischer Begleiter seiner alten Kabarettchansons.
Werner R. Heymanns Musiken glichen sich kongenial der jeweiligen Textvorlage an, ob es Walter Mehrings Großstadtlyrik war (»Die Kälte«, »An den Kanälen«) oder Kurt Tucholskys erotische Balladen (»Das Leibregiment«, »Die Dorfschöne«). Selbst seine Schlagerevergreens (»Liebling, mein Herz läßt dich grüßen«, »Das gibt's nur einmal, das kommt nicht wieder« u.a.) verloren nie das Chansonelement, waren Schlagerchansons im besten Sinne.

Kurd E. Heyne
* 3. 10. 1906 Braunschweig; † 7. 5. 1961 bei Luzern
Schriftsteller, Schauspieler, Komponist, Kabarettist, Regisseur
Studierte in Göttingen und Berlin Philologie. Gründete zusammen mit → *Helmut Käutner* und Bobby Todd 1930 → *Die Nachrichter*, war ein Teil von ihnen und schrieb für sie Texte und Chansons. Nach dem Ende der *Nachrichter* 1935 schrieb er zunächst Theaterstücke und musikalische Lustspiele (»Juchten und Lavendel« mit Helmut Käutner und Bernhard Eichhorn, »Ein Mann kommt in die Stadt« mit → *Werner Finck* und Harald Böhmelt. Emigrierte 1938 in die Schweiz und wirkte bis zu seinem Tode am Stadttheater Basel als Schauspieler und Regisseur. Verfaßte nebenbei heitere und ernste Hörspiele, die vom schweizerischen Rundfunk und nach dem Zweiten Weltkrieg auch von deutschen Rundfunkanstalten häufig gesendet wurden, sowie Texte für den → *Kaktus*.

Hilde Hildebrand
* 10. 9. 1897 Hannover; † 25. 5. 1976 West-Berlin
Schauspielerin, Kabarettistin, Chansonniere
Nahm 1905 Ballettunterricht am Hoftheater Hannover. Kam 1922 nach Berlin, trat seit 1924 als Salondame in Boulevardstücken an Theatern in Berlin, Hamburg, Stuttgart und Frankfurt auf. Wirkte im Juli 1927 im → *Kabarett der Komiker* in dem Programm »Hier herrscht Ordnung« mit. 1932 engagierte → *Rudolf Nelson* sie an sein Kabarett im Blauen Saal des Eden-Hotels für die Kabarettre-

vuen »Es hat geklingelt« (1932) und »Etwas für Sie« (1933; darin »Der Vamp«, »Die Dame von der alten Schule«).
In der Uraufführung von Künnekes »Lieselott« Februar 1932 sang sie zusammen mit → *Gustaf Gründgens* das Chanson »Gräfin, was sind wir beide vornehm!«. Sang Chansons auch in Filmen (»Die englische Heirat«, 1935, darin »Liebe ist ein Geheimnis«), »Große Freiheit Nr. 7« (1944, darin »Beim erstenmal, da tut's noch weh«). In der Neuverfilmung der »Dreigroschenoper« 1962 war sie die Mrs. Peachum. Spielte nach dem Zweiten Weltkrieg Theater (»Die Irre von Chaillot«, »Besuch der alten Dame«) und sang Chansons in Rundfunk- und Fernsehsendungen.
Ihre vampige Note, ihre Kühle und aufreizende Eleganz prädestinierten sie zur Nachfolgerin von → *Marlene Dietrich*. Daß sich die Nazis für Zarah Leander entschieden, hing nicht zuletzt mit ihrer ablehnenden Haltung gegenüber dem Regime zusammen.

Dieter Hildebrandt
* 23. 5. 1927 Bunzlau (Niederschlesien)
Kabarettist, Kabarettautor, Schauspieler
Sohn eines Landwirtschaftsschuldirektors. War mit sechzehn Jahren Flakhelfer in Berlin. Geriet mit achtzehn Jahren in britische Kriegsgefangenschaft. 1947 Abitur in Weiden (Oberpfalz). War danach zwei Jahre Lagerarbeiter in einem amerikanischen PX-Laden in Grafenwöhr. 1950 Immatrikulation für Literatur- und Kunstgeschichte und für Theaterwissenschaft an der Universität München, um Dramaturg und Regisseur zu werden. Nahm nebenher zwei Jahre Schauspielunterricht bei Alice Strathmann am Seminar für Ausdrucksschulung in München. Arbeitete als Werkstudent, Bankbote, Hilfsarbeiter, Regenschirmverkäufer. Wurde 1952 Platzanweiser in der → *Kleinen Freiheit*. Begegnete dort bei einem Gastspiel des Studentenkabaretts *Die Seminarren* → *Klaus Peter Schreiner*.
Kam Januar 1955 in Kontakt mit Hans Guido Weber und Gerhard Potyka von der Studiobühne der Universität München und stellte mit ihnen und Schreiner das Programm eines studentischen Faschingskabaretts zusammen, das sie am 17. 2. 1955 in der »Alten Laterne« in Schwabing aufführten (→ *Die Namenlosen*). Aufgrund des Erfolgs und der Weiterführung der *Namenlosen* brach Hildebrandt nach zehn Semestern und mit einer angefangenen Dissertation sein Studium ab und wurde hauptberuflich Kabarettist und Kabarettautor – bis Herbst 1956 bei den *Namenlosen*, von Dezember 1956 bis Sommer 1972 bei der → *Münchner Lach- und Schießgesellschaft* als Autor und Interpret, seitdem nur noch als – gelegentlicher – Autor. Moderierte von 1973 bis 1979 die monatliche satirische Fernsehsendung *Notizen aus der Provinz* (ZDF) und ist seit Juni 1980 Protagonist der satirischen Fernsehserie *Scheibenwischer* des SFB (→ *Medienkabarett*).
Von 1974 bis 1982 schrieb und spielte er für Duoprogramme mit → *Werner Schneyder* (»Talk täglich«, Mai 1974; »Lametta & Co.«, November 1975; »Wie abgerissen«, Oktober 1977; »Keine Fragen mehr«, April 1979; »Ende der Spielzeit«, Oktober 1981). Unternahm 1977 eine Tournee mit den »Philharmonischen Cellisten«, Köln, und dem Programm »Klassik, Ragtime, Kabarett«. Schrieb 1966 ein Soloprogramm für → *Ursula Herking*, außerdem zahlreiche Beiträge zu Funk- und Fernsehsendungen. 1983 Mitwirkung in dem satirischen Film »Kehraus« von → *Gerhard Polt* und → *Hanns Christian Müller*. 1984 Mitwirkung in dem »szenischen Kabarett« »München leuchtet« an den »Münchner Kammer-

Dieter Hildebrandt im ZDF-Fernsehkabarett »Notizen aus der Provinz« (1979).

spielen«. Erhielt für seine *Scheibenwischer*-Sendungen den Berliner Kunstpreis 1983 für Fernsehen des Verbands deutscher Kritiker.
Dieter Hildebrandt verkörpert den Typ des verschmitzten »kleinen Mannes«, der – ein moderner Eulenspiegel und Schweijk – mit lächelndem Gesicht harte, zugespitzte Wahrheiten in intellektuell geschliffener Form sagt. Auch außerhalb des Kabaretts agiert er, freilich stets mit kabarettistischen Mitteln, zugunsten der SPD und der Friedensbewegung. Er ist gegenwärtig der bekannteste und beliebteste Kabarettist im deutschen Sprachraum, was ihm Schwierigkeiten mit Politikern und Fernsehgewaltigen nicht erspart.

Peter Hille
* 11. 9. 1854 Erwitzen (Westfalen); † 7. 5. 1904 Berlin
Lyriker, Aphoristiker, Romancier, Kabarettist
Hille war um die Jahrhundertwende einer der führenden Köpfe der Berliner Boheme. Kam nach langen Wanderungen 1885 nach Berlin und sprach in verschiedenen Berliner → *Kneipenbrettln* seine Gedichte und Aphorismen, so erstmals 1901 im → *Hungrigen Pegasus,* 1903 im *Poetenbänkel zum Siebenten Himmel.* 1903 etablierte er sich im »Ristorante Vesuvio« von Carlo Dalbelli mit seinem *Cabaret zum Peter Hille* und las dort Freunden (unter ihnen Else Lasker-Schüler, Margarete Beutler, Richard Dehmel und → *Erich Mühsam*) seine Gedichte und Aphorismen vor. Alle seine Texte kritzelte er auf kleine Zettel, die er in ei-

nem großen Sack mit sich herumtrug. Er starb, keine fünfzig Jahre alt, lungenkrank auf einer Parkbank vor der S-Bahn-Station Berlin-Lichterfelde.

Die Hinterbliebenen
Literarisch-politisches Reisekabarett, gegründet im Frühsommer 1945 in Bad Reichenhall von dem Berliner Schriftsteller → *Heinz Hartwig,* dem Wiener Schauspieler Roman Sporer und dem Regisseur Hans Albert Schewe, zu denen sich der Regisseur Fritz Peter Buch und der Schriftsteller und Kabarettautor → *Gerhart Herrman Mostar* gesellten.
Nach dem Eröffnungsprogramm Anfang Dezember 1945 (»Wir heizen ein«) im Bauerntheater der Leni Meth in Bad Reichenhall zogen *Die Hinterbliebenen* vier Jahre lang zuerst durch die bayerische Provinz und dann durch die drei Westzonen Deutschlands und machten im Juni 1946 auch einen Abstecher nach Berlin (→ *Cabaret Ulenspiegel*). Die Texte schrieben Hartwig und Mostar, die Darsteller waren: Hans Bernuth, Ruth von Brause, Gerda Bundesmann, Hans Günter Dzulko, Senta Foltin, Jente von Lossow, Elisabeth Puhr, Margarete Trampe und Claire Winter. Anfang 1949 fielen *Die Hinterbliebenen* der Währungsreform zum Opfer und lösten sich auf.
Die Hinterbliebenen verstanden sich als sozialistisches Kabarettkollektiv. Bei all ihrem Witz und all ihrer musischen Begabung benutzten sie das Unterhaltende ihrer Texte als Mittel zur Aufrüttelung und zur Selbstbesinnung ihres Publikums unter Lachen. Ihre unbestechliche Kritik trug ihnen den Argwohn der Besatzungsmächte und die Mißgunst vieler Gruppen der Besiegten ein, die sich in Pfeifkonzerten, Abreißkommandos und Zensurmaßnahmen äußerten.

Reinhard Hippen
* 17. 1. 1942 Leer (Ostfriesland)
Grafiker, Schöpfer und Leiter des → *Deutschen Kabarett-Archivs*
Studierte von 1962 bis 1966 Design und Visuelle Kommunikation an der Werkkunstschule Rheinland-Pfalz. Danach dort zwei Jahre Assistent und vier Jahre Lehrbeauftragter für nonverbale Kommunikation. Seit 1968 freischaffender Grafik-Designer.
Begann 1958 mit dem Sammeln von Materialien über das Kabarett und baute sein Hobby zum Deutschen Kabarett-Archiv aus, das er leitet und laufend ergänzt. Von 1964 bis 1970 Mitherausgeber der Zeitschrift »song«. Ständiger Mitarbeiter der Zeitschriften »folk-magazin«, »Pardon« und »Ästhetik und Kommunikation«. Mitveranstalter bzw. Berater zahlreicher einschlägiger Kulturveranstaltungen, u.a. der »Chansons Foklore International Festivals« auf Burg Waldeck (von 1964 bis 1969), der → *Essener Kabarett-Tage* (von 1964 bis 1968), der »Essener Song-Tage« (1968), des Liederwettbewerbs der Stadt Duisburg (seit 1979), und des »Open Ohr Festivals« in Mainz (seit 1974). Initiator und Jurymitglied verschiedener Wettbewerbe, u.a. »Folklore im Sender« (WDR, seit 1978), → *Deutscher Kleinkunstpreis* (→ *unterhaus*) seit 1974. Hielt und hält Vorträge und Seminare über die Themen »Politisches Lied«, »Chanson«, »Subkultur« und »Kabarett« in Kulturhäusern, Volkshochschulen und Universitäten. Veranstaltete 1979 eine Ausstellung zum Thema »Chanson«, 1981/83 die Wanderausstellung »80 Jahre Kabarett in Deutschland«, die in mehr als zwei Dutzend westdeutschen Städten und im Ausland gezeigt wurde; verfaßte zum gleichen Thema die ZDF-Matinee »Kein Grund zum Feiern« (18. 1. 1981) und – mit → *Volker Kühn* – die zwölfteilige Hörfunkserie »Sich fügen – heißt lügen«. Autor der Hörfunkserien über die Themen »Chanson«, »Politisches Lied« und

»Geschichte des Kabaretts« im Hessischen Rundfunk. Zahlreiche Veröffentlichungen in Zeitschriften, Büchern und in Einzelsendungen von Hörfunk und Fernsehen.

Hofnarren
Seit dem hohen Mittelalter bis ins 17. Jahrhundert (Frankreich) und 18. Jahrhundert (Deutschland) Spaßmacher und Unterhalter an Fürstenhöfen, denen ihre Herren gnädig gestatteten, mehr oder weniger scharfe Kritik an ihnen und anderen Personen und Zuständen zu üben. Die Grenzen wiesen ihnen absolutistische Fürsten wie der Preußenkönig Friedrich Wilhelm I., der Gelehrte zu Hofnarren degradierte und ihnen ihren anbefohlenen Freimut durch grausame Scherze zu vergelten pflegte. Die Hofnarren in einer Monarchie sind nicht zu verwechseln mit Kabarettisten in einer Demokratie, obwohl sie häufig als solche bezeichnet werden – verdienter- wie unverdientermaßen.

Franz Hohler
* 1. 3. 1943 Biel (Schweiz)
Schriftsteller, Solokabarettist, Liedermacher
Aufgewachsen in Olten, studierte fünf Semester Germanistik und Romanistik an der Universität Zürich. Begann am 7. 5. 1965 während seines Studiums im Kellertheater der Universität Zürich mit dem Programm »pizzicato«. Es

Franz Hohler

folgten: »Die Sparharfe« (1967), »Kabarett in 8 Sprachen« (1969), »Doppelgriffe« (1970), »Die Nachtübung« (1973) und »Schubert-Abend« (1979). Schon mit seinem ersten Programm gastierte Hohler in größeren Theatern und Kabaretts in der Schweiz, in Berlin und in der → *Münchner Lach- und Schießgesellschaft*. Seither haben ihn seine Soloprogramme außer in die deutschsprachigen, die romanischen und die skandinavischen Länder u. a. in die ČSSR, nach Jugoslawien, Frankreich, Israel, Kanada und in die USA geführt.
Hohler hat überdies Erzählungen, Kinderbücher, Theaterstücke, Hör- und Fernsehspiele geschrieben. Seit 1979 gestaltete er eine regelmäßig gesendete satirische Viertelstundensendung, »Denkpause«, im schweizerischen Fernsehen. Aufgrund einer kritischen »Denkpausen«-Folge über Kernkraftwerke am 13. 11. 1981 weigerte sich die Regierung des Kantons Zürich unter dem Druck der Energielobby, Hohler den ihm von einer Jury einstimmig zugesprochenen Literaturpreis 1982 für sein Buch »Die Rückeroberung« zu überreichen (woraufhin die Zürcher Literaturkommission geschlossen zurücktrat). Am 7. 10. 1983 setzte das schweizerische Fernsehen kurzfristig eine »Denkpausen«-Folge ab, in der Hohler das Chanson »Le déserteur« von Boris Vian auf Schwyzerdütsch als »Herr Oberschtdivisionär« vorgetragen hatte, und ersetzte sie durch eine frühere Folge. Daraufhin beschloß Hohler, von 1984 an keine »Denkpausen«-Folgen mehr zu gestalten.
Im Dezember 1982 verlieh der »World Wildlife Fund« (Sektion Schweiz) Hohler für »Die Rückeroberung« seinen Ehrenpreis »Der grüne Zweig« (mit 130 000 Mitgliedern die größte Umweltschutzvereinigung des Landes).
Franz Hohler begann eher als literarischer Humorist denn als Satiriker. Die oftmals vertrackte Wortakrobatik seiner kleinen Alltagsgeschichten begleitete er sitzend auf einem Cello. Zunehmende Politisierung machte ihn zum Satiriker, den angstvolle Zukunftsvisionen die Gegenwart schärfer sehen und attackieren lassen.

Gussy Holl
* 1888[?] Frankfurt (Main); † Juli 1966 Salzburg
Schauspielerin, Chansonniere, Parodistin
Besuchte die Reinhardt-Schule. Debütierte 1910 im »Intimen Theater«, Nürnberg, bei Emil Meßthaler, der im selben Jahre mit ihr in München die → *Bonbonniere* (München) gründete, aber bereits 1911 starb. 1911 verpflichtete → *Rudolf Nelson* sie an seinen → *Chat noir* (Berlin). 1912 nahm sie ein Engagement an das → *Linden-Cabaret* an. Spielte dann Operette und Theater in Berlin (»Metropol-Theater«, »Residenztheater«, »Lessing-Theater«). Machte noch einmal Kabarett in → *Schall und Rauch* (II). Mit der Darstellung der »Öffentlichen Meinung« in der Reinhardt-Inszenierung von Offenbachs »Orpheus in der Unterwelt« im »Großen Schauspielhaus« 1921/22 beschloß sie ihre Karriere und heiratete den Schauspieler Emil Jannings.

Friedrich Hollaender
* 18. 10. 1896 London; † 18. 1. 1976 München
Autor und Komponist
Sohn des Operettenkomponisten Victor Hollaender. Seit 1901 in Berlin. Studierte an der Akademie für Musik in Berlin als Meisterschüler von Engelbert Humperdinck. Im Ersten Weltkrieg Kapellmeister im »Theater an der Westfront«.
1919 holte ihn → *Max Reinhardt* als Hauskomponisten und musikalischen Lei-

Gussy Holl

ter ans → *Schall und Rauch* (II). Dort komponierte Hollaender für → *Klabund* (»Ich baumle mit de Beene« u.a.), → *Walter Mehring* (»Heimat Berlin« u.a.), → *Kurt Tucholsky* (»Zieh dich aus, Petronella!« u.a.), entdeckte dort → *Blandine Ebinger* als Chansonniere, der er für das → *Cabaret Größenwahn* seit 1921 die »Lieder eines armen Mädchen« schrieb und komponierte, auch »Johnny, wenn du Geburtstag hast« (sie heirateten 1919). Hier wie in der → *Wilden Bühne* und der → *Rakete* komponierte er auch weiterhin fremde Texte (so Tucholskys »Rote Melodie« für → *Rosa Valetti*) und schrieb außerdem Bühnenmusiken für Reinhardts Inszenierungen von Stücken von Fritz von Unruh (»Phäa«), Walter Hasenclever und Ernst Toller sowie für Else Lasker-Schülers »Die Wupper« und für → *Frank Wedekinds* Pantomime »Die Kaiserin von Neufundland« (aufgeführt an den »Münchner Kammerspielen«, 1923).
Schon seit 1919 verfaßte er Schlager (»Liliput«, »Ich mache alles mit den Beinen«, »Guck doch nicht immer nach dem Tangogeiger hin!« u.a.). 1925 war er künstlerisch-musikalischer Leiter der → *Bonbonniere* (München). Am 19. 2. 1926 brachte Hollaender im heutigen »Renaissance-Theater« seine erste, selbstgeschriebene und -komponierte Kabarettrevue, »Laterna magica – Auch eine Revue«, heraus. Unter vielerlei zeitkritischen Spitzen war auch ein Schlager darin (»Du bist mein Typ«). Hollaender begriff das neue Genre – er nannte es »Revuette« – als Gegensatz zu → *Rudolf Nelsons* bis auf eine einzige politische Nummer durchwegs unpolitischen Kleinrevuen. Der Erfolg dieses Erstlings ermutigte ihn zu weiteren »Revuettes«.

Friedrich Hollaender nach seinem »Comeback« in der Kleinen Freiheit in seiner Kabarettrevue »Hoppla, aufs Sofa« (1957).

Im April 1926 brachte er im »Theater am Kurfürstendamm« »Das bist du« heraus. Es folgten im »Kleinen Theater« (Unter den Linden) im November 1926 die »Hetärengespräche« (Text: → *Marcellus Schiffer*) in Hollaenders Vertonung und Inszenierung (vom Februar 1927 an im umgebauten »Renaissance-Theater«), 1927/28 »Bei uns um die Gedächtniskirche rum« im »Theater am Kurfürstendamm« und im Juli 1928 »Es kommt jeder dran« (darin »Die Trommlerin«) im »Deutschen Künstler-Theater«. Für das *Nelson-Theater* schrieb er zusammen mit Marcellus Schiffer die Texte zu den Kleinrevuen »Der rote Faden« (darin »Das Nachtgespenst«) und »Quick« (beide 1930, Musiken: Rudolf Nelson). 1929 schrieb er für → *Marlene Dietrich* die Chansons zu dem Film »Der blaue Engel«, mietete sich von seiner Gage Kellerräume der ehemaligen *Wilden Bühne* unter dem »Theater des Westens« und eröffnete dort am 7. 1. 1931 sein → *Tingeltangel-Theater*.

Das erste Programm war eine bunte Kabarettmischung. Im September ließ Hollaender die Revuette »Spuk in der Villa Stern« folgen, im Dezember 1931 »Allez hopp!«(darin »Die zersägte Dame« und »Das Wunderkind«) und Ende 1932 »Höchste Eisenbahn« (darin »Das Lied vom falschen Zug«). 1932 heiratete er, von Blandine Ebinger geschieden, die Kabarettistin Hedi Schoop.

Ende Februar 1933 Emigration nach Paris, drei Monate später nach Hollywood, wo er ein *Tingeltangel* mit englisch gespielten Programmen eröffnete (→ *Exilkabarett*). Nach wenigen Monaten gab er es auf und begann, Filmmusiken (insgesamt 165) für »Paramount«, »Warner Bros.« und »Universal« zu komponieren (»Moonlight and Shadows«, »Whisper in the Dark«, »The Boys in the Backroom« u. a.).

1952 kehrte Hollaender nach Deutschland zurück und wurde 1955 endgültig in München seßhaft. Nach einer mißglückten Inszenierung seines kabarettistischen Stücks »Scherzo« in Hamburg gab ihm → *Die Kleine Freiheit* Gelegenheit zu einem großen Comeback auf seinem ureigenen Gebiet, der »Revuette«. Hol-

laender schrieb und komponierte hier »Hoppla, aufs Sofa!« (1957), »Der große Dreh«(1958), »Es ist angerichtet« (1959) und »Futschikato« (1961). Dazwischen brachte er in eigener Produktion und Regie »Rauf und runter« (im Münchner »Intimen Theater«) heraus. Danach inszenierte er »Hoppla, aufs Sofa!« am Berliner »Hebbel-Theater« und stellte aus vielen alten und mehreren neuen Nummern zahlreiche Funk- und Fernsehsendungen zusammen. Außerdem schrieb er Filmmusiken (»Das Spukschloß im Spessart« u.a.). 1972 erhielt er den Schwabinger Kunstpreis für Musik. Hollaender schrieb ferner das satirische Musical »Adam und Eva« und – zusammen mit → *Robert Gilbert* und → *Per Schwenzen* – das musikalische Lustspiel »Das Blaue vom Himmel«.
In Friedrich Hollaender vereinten sich zum erstenmal in der Geschichte des deutschsprachigen Kabaretts satirischer Witz und musikalische Phantasie zu einem großstädtischen Gesamtkleinkunstwerk. Bei aller Gefälligkeit seiner durchkomponierten Revuetten erreichten einzelnen Nummern (»Die Trommlerin«, »Die Bäume« u.a.) ein über die Tagessatire hoch hinausreichendes literarisches Niveau.

Lit.: Hollaender, Friedrich: *Von Kopf bis Fuß – Mein Leben mit Text und Musik.* München 1965.

»Ein Cabaret ohne Angriffsfreudigkeit, ohne Kampflust ist lebensunfähig. Es ist das gegebene Schlachtfeld, auf dem mit den einzig sauberen Waffen geschliffener Worte und geladener Musik jene mörderischen aus Eisen in die Flucht geschlagen werden können. Stärker, erfolgreicher als im vielgepriesenen Zeittheater, diesem meist nüchternen Katheder der Theorien, dem zur saftvollen Tendenzwirkung fast immer der Verführungszauber ironischer oder peitschender Musik fehlt. Der Effekt, der im Cabaret aus den Stimmungskontrasten gezogen wird, ist wirklich unüberbietbar, wenn man bedenkt, daß von achthundert Menschen unter tausend das Cabaret als harmlose Amüsierstätte angesehen und besucht wird, kann man den gesunden seelischen Schock ermessen, den ein zwischen zwei parodistischen Lustigkeiten hingepfeffertes soziales Chanson auslösen kann; hier kann – wie nirgendwo anders – unter dem Deckmantel entspannender Abendunterhaltung plötzlich eine Giftoblate verabreicht werden, die, suggestiv eingegeben und hastig verschluckt, weit über den harmlosen Abend hinaus das gemütlich rollende Blut entzündet, das träge Gehirn zum Denken aufreizt. Musik als Verführerin, sie schafft es immer, wenn sie Magie im Leibe hat als Choral in der Kirche, als Militärmusik vor der Kompagnie, als Anklage auf dem Podium.«

Aus dem Aufsatz »Cabaret« von Friedrich Hollaender in der »Weltbühne« Nr. 5/28. Jhg. vom 2. 2. 1932.

Hölle

»Theater-Kabarett« in Wien, eröffnet nach der Jahrhundertwende von den Gebrüdern Natzler im Kellergeschoß des »Theaters an der Wien«, 1926 von Direktor Spitz im IV. Bezirk neu eröffnet. In ihrem ersten Domizil spielte die *Hölle* kleine Operetten und während der langen Aufführungsserie der »Lustigen Witwe« im »Theater an der Wien« eine Parodie darauf unter dem Titel »Die zweite Ehe der lustigen Witwe«. Später umrahmte sie ihre Kurzoperetten mit kabarettistischen Nummern.
In der *Hölle* traten → *Fritz Grünbaum,* Fritz Heller, → *Karl Farkas* und Heinrich Eisenbach auf. 1912 gastierte hier → *Danny Gürtler.* In den zwanziger Jahren warb Direktor Spitz die Prominenten des → *Simplicissimus* (Wien) mit Spitzengagen ab. – Ein komischer Einakter (»Alles für Slowenien«) wurde im Oktober 1912 von der Zensur »aus politischen Gründen« verboten.

Jörg Hube
* 22. 11. 1943 Neuruppin
Schauspieler, Kabarettist, Kabarettautor
Schauspielausbildung im Mozarteum, Salzburg. Nach Theaterjahren in der Provinz Partner von → *Helmut Ruge* in dessen Programm »Maria hilf!« (Oktober 1971) und »Die Meise auf dem Vibraphon« (September 1972) bei den *Münchner Hammersängern* in den Räumen der → *Münchner Lach- und Schießgesellschaft*. Dort brachte Hube am 31. 7. 1975 ein eigenes Kabarettprogramm, »Alstadtfunk«, heraus, mit dem er im Herbst 1975 in die Gaststätte »Fraunhofer« (Fraunhoferstr. 9) übersiedelte. Gastierte damit u. a. in West-Berlin, Hannover, Mainz (→ *unterhaus*), Nürnberg, Passau, Salzburg, Liechtenstein.

Jörg Hube in dem Stück »Herzkasperl« (ab 1975).

Im Juli 1975 folgte das Programm »Herzkasperl«, im Mai 1981 »Salto Normale« im »Fraunhofer«. 1978 spielte er das »Herzkasperl«-Programm (wie stets mit seiner Partnerin Elisabeth Fall) auf dem Münchner Marienplatz und bei der Kabarettwoche der »Münchner Kammerspiele« in deren Werkraumtheater. 1982 erhielt er den → *Deutschen Kleinkunstpreis* und den Förderpreis der Stadt München für darstellende Kunst. 1984 gastierte er mit »Herzkasperls Salto Normale« erneut im Werkraumtheater. Als Schauspieler wirkte Hube mit in »Das Nest« von Franz Xaver Kroetz (»Modernes Theater«, München, 1974), in »Ne-

pal« von Urs Widmer (»Münchner Kammerspiele«, 1979), in Widmers »Stan und Olli« (»Theater am Sozialamt«, München, 1981), außerdem in Funk- und Fernsehsendungen (zuletzt in der TV-Serie «Heimat«, 1984).
Jörg Hube ist in seiner Mischung von praller Komödiantik, sprachlichem Feingefühl und moralischem Gewissen eine singuläre Erscheinung im deutschsprachigen Kabarett ein bitterer Kasperl, der die Regionen des Genialen streift.
»Um diesen Jörg Hube weht ein Hauch von 1848, etwas Aufständisches, Demokratisches; sein Hanswurst knüpft, als hätte es keinen Bruch gegeben, an die Tradition süddeutscher Volkskomödianten auf vorstädtischen Jahrmärkten an. Es hilft da kein Beschreiben, kein Nacherzählen seiner schauspielerischen Mittel (die phantastisch sind): Wie sich Zirkus nicht nachempfinden läßt, so auch dieser motorische, hypersensibel reagierende Hanswurst im Münchner Hinterhof nicht. Die Atmosphäre der engen, explodierenden, empörten Lust am Widerstand trägt ihn – uns reißt sie mit.«

Michael Skasa in »Theater heute«, September 1981.

Richard Huelsenbeck
* 23. 4. 1898 Frankenau (Hessen); † 20. 4. 1974 Muralto (Tessin)
Arzt, Schriftsteller, Kabarettist
Kam 1916 aus Berlin nach Zürich und wirkte dort am kurz zuvor gegründeten → *Cabaret Voltaire* mit. Kehrte im Mai 1917 nach Berlin zurück und rief dort zusammen mit Raoul Hausmann und → *Walter Mehring* die Berliner Dada-Bewegung ins Leben. Nahm am 12. 4. 1918 an der ersten Veranstaltung des »Clubs Dada«, am 7. 12. 1918 an der »Sonntagsmatinee« des Clubs in der »Tribüne« teil, wo er seine »Phantastischen Gebete« und »Bruitistischen Litaneien« aus dem *Cabaret Voltaire* vortrug. Machte nach 1918 Weltreisen als Schiffsarzt und Korrespondent, emigrierte 1936 nach New York, wo er als Psychiater arbeitete.

Lit.: *Das war Dada – Dichtungen und Dokumente,* Zürich 1963. – Huelsenbeck, Richard: *Mit Witz, Licht und Grütze* (Erinnerungen), 1957. Mehring, Walter: *Berlin Dada,* Zürich 1959.

Humor
(lateinisch = »Feuchtigkeit«)
Gattung des → *Komischen.* Eines der Stilmittel des Kabaretts. Im Gegensatz zur → *Satire,* die ihren Gegenstand negiert, ihn attackiert und der Lächerlichkeit preisgeben will, bejaht der Humor das Wesentliche seines Objekts, nimmt die »Übel der Welt« in resignierender Heiterkeit als gegeben hin und mißbilligt allenfalls individuell bedingte Auswüchse. Jean Paul sah im Humor das »umgekehrt Erhabene«, das »das Endliche durch den Kontrast mit der Idee« vernichtet. → *Werner Finck* formulierte 1974: »Humor ist eine zwischen dem Tragischen und Komischen genau in der Mitte pendelnde bürgerlich-romantische Stimmung, die nichts wichtig nimmt außer sich selbst. Um das zu verstehen, muß man aber Humor haben.« Abarten des Humors sind: der schwarze Humor (das Scherzen mit dem Schrecklichen in der Absicht, die Absurdität der menschlichen Existenz dazustellen); der Galgenhumor – die Heiterkeit angesichts des Unentrinnbaren wie zum Beispiel des gewissen Todes im Angesicht des Galgens (auch im übertragenen Sinne gebraucht). – Einer der wenigen deutschen Satiriker, die sowohl satirischen Witz als auch Humor hatten, war → *Kurt Tucholsky.*

Humorist
1. ein Vortragskünstler, der sein Publikum mit → *Humor* unterhalten will (→ *Otto Reutter*) und dabei auf äußere Effekte weitgehend verzichtet; 2. ein Schriftstel-

ler, der humorvolle Werke produziert und sie vortragen kann (→ *Roda Roda*), aber nicht muß.

Hungriger Pegasus → *Berliner Kneipenbrettl*

Hanns Dieter Hüsch
* 6. 5. 1925 Moers (Niederrhein)
Autor, Komponist, Kabarettist, Kabarettgründer
Studierte nach einem Semester Medizin in Gießen Literaturgeschichte und Theaterwissenschaft in Mainz, um Opernregisseur zu werden. Schrieb nebenbei Gedichte und Chansons und spielte im Mainzer Zimmertheater kleine Rollen. Zog 1947/48 mit dem Studentenkabarett *Die Tolleranten* durch westdeutsche Universitätsstädte. Als sich das Ensemble 1949 auflöste, schrieb er sich unter dem Titel »Das literarische Klavier« ein Soloprogramm mit eigenen Texten und Musik und ging damit auf Gastspielreisen.
1953 führte er im Mainzer Zimmertheater ein »Kritisches Oratorium für Soli, Chor und Reißnagelklavier« auf. 1956 gründete er in Mainz die → *arche nova*. Seine 1959 im Auftrag des WDR geschriebenen »Carmina urana – Vier Gesänge gegen die Bombe« ließ der Sender ungesendet; sie erschienen erst vier Jahre später auf einer Schallplatte. Nach dem Ende der *arche nova* 1961 setzte Hüsch seine Linie mit Soloprogrammen, auch in Hörfunk und Fernsehen, fort. –

Hanns Dieter Hüsch

Hüschs satirisch-musikalische Programme waren nach seinem eigenen Zeugnis »bis 1965/66 fast nur unpolitisch«. Seit dem »Festival Chansons Folklore International« auf Burg Waldeck 1966 engagierte er sich im linken Spektrum, ohne doch je seine Poesie und seinen behutsamen Spott aufzugeben.
1967 »Quartett« mit → *Franz Josef Degenhardt*, → *Wolfgang Neuss* und → *Dieter Süverkrüp;* 1972 Tournee mit → *Hannes Wader* und Schobert & Black. 1972 erhielt Hüsch als erster den → *Deutschen Kleinkunstpreis* (nochmals 1982), 1977 die Ehrenbürgerwürde der Stadt Mainz und 1978 die Gutenberg-Plakette. Hüsch ist ferner als Autor, Moderator und Interpret in zahlreichen Hörfunk- und Fernsehsendungen (WDR und Saarländischer Rundfunk) tätig sowie als Mitautor und Mitwirkender beim ZDF, auch in der ARD-Sendung *Scheibenwischer* (→ *Medienkabarett*). Seit 1976 Mitautor und Dialogpartner von → *Helmut Ruge* in der monatlichen satirischen Hörfunksendung »Hammer und Stichel« des WDR. Schrieb zahlreiche Fernsehsendungen, u.a. die Serie »Der goldene Sonntag« für den Süddeutschen Rundfunk. Textsammlungen (u.a.): »Frieda auf Erden« (1959), »Cabaretüden« (1963), »Carmina urana« (1964), »Archeblues und andere Sprechgesänge« (1968), »Da habt ihr es – Stücke und Lieder für ein deutsches Quartett« (mit Degenhardt, Neuss und Süverkrüp, 1968), »Freunde, wir haben Arbeit bekommen« (1968), »Enthauptungen« (1971), »Und wenn der Mond dann rot ist« (1972), »... den möcht ich sehn« (1978), »Hagenbuch hat jetzt zugegeben & andere Rede- und Schreibweisen« (1979).
Hanns Dieter Hüsch ist unter den deutschsprachigen Kabarettisten der lyrischste, ein phantasiesprudelnder Wort- und Tonkomponist und virtuoser Interpret seiner selbst. Sein Sprachwitz entlarvt durch Wiederholungen und durch verbalen Leerlauf das unsäglich Kleinbürgerliche, das er auf diese Weise indirekt anprangert und sozusagen durch sich selbst der Lächerlichkeit preisgibt. Trotz ausgesprochenen individualistischer Weltsicht engagiert er sich für eine menschenwürdigere Gesellschaft und nimmt offen Partei für entsprechende politische Aktionen. Wiederholte Zensurversuche westdeutscher Rundfunkanstalten haben nicht verhindert, daß Hanns Dieter Hüsch mit am häufigsten von allen deutschen Kabarettisten auf dem Bildschirm erscheint.

Lit.: Frühling, Elke: *Hanns Dieter Hüsch ... ein Mainzer Kabarettist,* Mainz 1984.

»Wir wünschen uns ein äußerst ironisches Cabaret ... Wir wünschen uns ein skeptisches Cabaret von glasklarem Intellekt, herber Melancholie und verspieltem Herzen. Wenn es sein muß, soll es ein ekstatisches Cabaret sein, das von den noch vorhandenen Schönheiten dieser Welt erzählt oder aber einsame Wege aufzeigt, den Verführern zu entkommen.«

Hanns Dieter Hüsch in dem Aufsatz »Auf dem Wege zum Anti-Cabaret«, 1960.

»Was er dem Publikum offeriert, sind weniger Lieder als Sprechgesänge von bestechender sprachlicher Prägnanz ... Die Einsicht in die Sprache der Menschen vermittelt ihm eine Einsicht in das Denken der Menschen, das hat ihn zu einem skeptischen Realisten und zu einem radikalen Moralisten werden lassen, dem allerdings der Zynismus, den andere mit gleichem Einblick schnell benutzen, völlig fremd geblieben ist.«

Reinhard Hippen, 1978.

Hans Hyan
* 2. 6. 1868 Berlin; † 6. 1. 1944 Berlin
Schriftsteller und Kabarettist
Schrieb Romane und Chansons. Erstes Auftreten als Kabarettist im Oktober 1901 im *Hungrigen Pegasus*. Gründete im November 1901 die *Silberne Punschterrine* (→ *Berliner Kneipenbrettl*). Sprach in beiden seine Gedichte aus dem Ber-

liner »Milieu« (»Ludenlied«, »Schutzmannslied«, »Der Einbruch bei Tante Klara« sowie »Die letzte Nacht« nach → *Aristide Bruants* »A la Roquette«). Trat meist im selben Programm wie seine Frau Käte Hyan auf, die Lieder zur Laute sang. Conferierte nach dem Ersten Weltkrieg im Kabarett »Rote Nachtigall«. Schrieb 1930 eine kriminologische Studie »Sexualmörder in Düsseldorf« (→ *Kurt Tucholsky* darüber: »Ein sehr verdienstvolles Werk«).

Institut für Lebensmut

Politisch-satirisches Kabarett in West-Berlin. Eröffnet von → *Volker Ludwig* und → *Detlev Michel* am 1. 5. 1983 mit dem Programm »Zukunft – warum denn?« mit Texten von Volker Ludwig, Detlev Michel, → *Eckart Hachfeld,* → *Rainer Hachfeld,* Henning Venske und Henning Spangenberg. Mitwirkende: Sabine Lorenz, Stefan Gossler, Christian Kunert, Bernd Vollbrecht. Im Juni 1984 wegen Differenzen im Ensemble eingestellt. – *Das Institut für Lebensmut* war der kurzfristige Versuch einer Wiedererweckung des von den gleichen Autoren bestrittenen, 1971 aufgegebenen → *Reichskabaretts.* Es spielte im Probenraum des seinerzeit beibehaltenen GRIPS(Kinder-)Theaters unter dem Stadtbahnbogen Altonaer Straße. Anders als das *Reichskabarett* verstand sich das *IfL* nicht als ein Kabarett der direkten Aktion, sondern der Ironisierung des drohenden Untergangs durch scheinbar tröstenden Zuspruch.

»Wo andere Kabarettisten auf hyperintellektuelle Wortspielchen bauen und damit unangenehm dogmatisch auffallen, ist im IfL Volkskabarett angesagt, und das ist ihre Stärke.«

»Volksblatt«, West-Berlin, über das Programm »Zukunft – warum denn?«, Mai 1983.

Die Insulaner

Politisch-literarisches Rundfunkkabarett in West-Berlin, gegründet Ende 1948 von → *Günter Neumann* und von ihm geleitet, mit Texten und Musiken versehen und musikalisch begleitet bis Januar 1958, dann wieder 1960, 1963 und 1968. Den Namen leitete Neumann von der von ihm seit dem Sommer 1948 redigierten satirischen Zeitschrift »Der Insulaner« her, die ihrerseits aus dem kommunistisch inspirierten »Ulenspiegel« hervorgegangen war. Als der Chefredakteur dieser in den Westsektoren ansässigen satirischen Zeitschrift, Herbert Sandberg, mit dem Beginn der Berliner Blockade in den Ostsektor der Stadt gegangen war, hatte Neumann sie als »Der Insulaner« weitergeführt und Texte daraus dem »Rundfunk im amerikanischen Sektor (RIAS)« für eine einmalige Sendung angeboten, die dann am 25. 12. 1948 ausgestrahlt wurde. Der Anklang bei den von den Landzufuhren abgeschnittenen West-Berlinern war so groß, daß *Die Insulaner* hinfort regelmäßig ausgestrahlt und damit zum ersten Massenkabarett der deutschen Nachkriegsgeschichte wurden. Insgesamt brachte es die Serie auf 150 Folgen. Die Texte und Musiken lieferte Günter Neumann. Es wirkten mit: → *Tatjana Sais,* Agnes Windeck, Edith Schollwer, Ilse Trautschold, Rita Paul, Joe Furtner, Bruno Fritz, Walter Gross, Ewald Wenck sowie Gäste. Am Flügel: Günter Neumann und Olaf Bienert bzw. Heinz Reinfeld. Von 1960 bis 1962 Tourneen durch die BRD, die Schweiz und Luxemburg. 1962 Auftritt im Berliner »Sportpalast«. 1963 Tournee (mit Georg Thomalla) mit dem Sammelprogramm »15 Jahre Günter Neumann und seine ›Insulaner‹ «. 1967 Programm »Die Insulaner – jetzt wird's zu bunt« zur Internationalen Funkausstellung in West-Berlin. Der Versuch eines Comebacks im RIAS 1968 scheiterte nach drei Sendungen.

Die Insulaner des an sich unpolitischen Günter Neumann waren kabarettisti-

Günter Neumann mit seinen »Insulanern«, v.l.: Ewald Wenck, Joe Furtner, Agnes Windeck, Edith Schollwer, Ilse Trautschold, Tatjana Sais, Walter Gross, Bruno Fritz.

scher Ausdruck einer historischen Situation, in der – nach Adenauers Empfehlung »Keine Experimente!« – eine eigenständige deutsche Außenpolitik nicht gemacht wurde. Um auf die entpolitisierten Massen wirken zu können, verwandte Neumann Elemente des vormärzlichen Berliner Volkshumors nach Art Adolph Glaßbrenners und brachte das → *Couplet* nach Art David Kalischs und → *Otto Reutters* zu neuer Blüte. Nachdem die deutsche Politik seit 1966 eigene außenpolitische Initiativen zu entwickeln begann, hatten sich *Die Insulaner* mit ihrer undifferenzierten Antiostpropaganda überlebt.

Ironie

(griechisch = »erheuchelte Unwissenheit«, »Verstellung«) Literarischer Kunstgriff, durch Rede, aber auch durch Gestik, Mimik und Haltung das Gegenteil dessen auszudrücken, was Rede, Pose oder Gebärde zu äußern vorgeben, und es dadurch in Frage zu stellen. Mit den Mitteln des Scheinlobs, der Über- und Untertreibung beabsichtigt die Ironie eine Problematisierung von Urteilen über Personen, Zustände und Verhaltensweisen. Im Altertum benutzte Sokrates die Ironie als Vehikel didaktischer Kommunikation, indem er seine Schüler durch bewußt falsche oder fragwürdige Wertvorstellungen, logische Fehlschlüsse oder fragende Schein-Unwissenheit zu positiver Erkenntnisanstrengung provozierte. In Deutschland wurde seit der Romantik (F. und A. W. Schlegel, Tieck, Brentano, E.T.A. Hoffmann, Grabbe u.a.) die Ironie zur literarischen Kunstform und kulminierte im 20. Jahrhundert in den Romanen Thomas Manns und Robert Musils. In der Kurzform des Kabaretts tritt die Ironie meist hinter dem → *Spott* zurück, der seine Gegenstände unumwunden und direkt aufs Korn nimmt.

Hans Janowitz
* 2. 12. 1890 Podebrady (Böhmen); † 25. 5. 1954 New York
Schriftsteller, Kabarettautor
Gehörte in Prag zum Kreise um Max Brod und Franz Kafka. Schrieb mit Carl Mayer 1920 das Drehbuch zu dem Stummfilm »Das Cabinet des Dr. Caligari«. Wurde 1921 von → *Trude Hesterberg* als Autor und Regisseur an die → *Wilde Bühne* verpflichtet. Janowitz gab seine Chansontexte 1923 unter dem Titel »Asphaltballaden« heraus.

Bruno Jonas
* 3. 12. 1952 Passau
Kabarettist, Kabarettautor, Regisseur
Jonas war wie → *Siegfried Zimmerschied* und → *Rudolf Klaffenböck* Ministrant in → *Passau*. Gründete nach Abitur und Zivildienst 1975 in Passau mit Zimmerschied das Kabarett *Die Verhohepeopler*. Immatrukulierte sich 1975 an der Universität München für Germanistik, Politologie und Geschichte, später noch für Philosophie und Theaterwissenschaften.
Von 1976 bis 1978 Autor und Darsteller am Münchner → *Rationaltheater*. Am 15. 4. 1979 erstes Soloprogramm (»Zur Klage der Nation«). Gründete 1979 das Kabarett *Gesellschaft mit beschränkter Hoffnung*, in dessen Programm »Vertreten und verkauft« er als Autor, Regisseur und Darsteller mitwirkte. 1980 zweites Soloprogramm (»Total verwahrlost«). Seit 1981 ist Jonas Mitglied des neuen Ensembles der → *Münchner Lach- und Schießgesellschaft* und spielte in deren Programmen »Umzingelt« (1981), »Wir werden weniger« (1982), »Pinks an die Macht« (1983) und »Auf Nummer Sicher« (1984) mit, zu denen er zusammen mit → *Klaus Peter Schreiner* auch die Texte schrieb. Arbeitet außerdem als Autor und gelegentlicher Darsteller an den Programmen der TV-Sendung *Scheibenwischer* (→ *Medienkabarett*) mit.

Jüdisch-Politisches Kabarett
1927 von den Wiener Zionisten Oscar Teller, Victor Schlesinger und Fritz Stöckler im Saal des Porrhauses in der Treitlstraße in Wien gegründetes Kabarett, das sich gegen das Assimilationsbestreben der österreichischen Juden an ihre z. T. antisemitische Umwelt richtete. Die meisten Texte schrieben neben Benno Weiser die drei Gründer unter dem Sammelnamen »Victor Berossi«. Darsteller: Rosl Safier, Otto Presser, Kurt Riegelhaupt, Leopold Dickstein (auch Musik) u. a. Hauskomponist war Arthur Reichenbaum. Programme bis 1938: »Juden hinaus!«, »Rassisches und Klassisches«, »Ho-ruck nach Palästina!«, »Sorgen von morgen«, in denen auch der Linie entsprechende Texte anderer jüdischer Autoren aufgenommen waren. Nach der Annektion Österreichs gründete Teller in New York das *Jüdisch-Politische Cabaret Die Arche* (→ *Exilkabarett*).

Lit.: Teller, Oscar: *Davids Witzschleuder*, Darmstadt 1982.

Jung-Wiener Theater zum Lieben Augustin
Erstes literarisches Kabarett Wiens. Eröffnet am 16. 11. 1901 von dem Schriftsteller Felix Salten im Keller des »Theaters an der Wien«, versuchte es sich im

Stile des Berliner → *Überbrettls* mit der Rezitation von Dichtungen Friedrich von Bodenstedts durch eine dünngewandete Dame namens Sartori, durch eine szenische Aufführung von Ludwig Uhlands Ballade »Des Sängers Fluch« mit Musik, ferner mit Liedern von → *Otto Julius Bierbaum* und dem Schattenspiel »Ahasver« nach Henry Rivière vom → *Chat noir* (Paris). Im ersten Programm wirkte auch → *Frank Wedekind* mit. Während das Schattenspiel ausgelacht und durch eine dramatische Skizze von Courteline ersetzt, der abschreckende Wedekind durch eine Kinderszene von Jeanne Marni abgelöst wurde, bescherte diesem Kabarett (und seinem Publikum) den einzigen Erfolg die Wiener Operettensoubrette Hansi Niese. Das Unternehmen ging noch im Jahre 1901 ein.

Kabarett

Deutsche Form des französischen Worts »Cabaret«, das zunächst eine runde, mit fächerartig angeordneten Schüsselchen bestückte Speisenplatte bezeichnete und danach jene Schenken, in denen neben Getränken solche bunten Platten serviert wurden. Wie der Begriff »Varieté« steht der Begriff »Cabaret« in der Unterhaltungskunst für ein zeitlich und örtlich begrenztes Miteinander verschiedener Kunstformen wie Drama, Dichtung, Tanz, schöne Literatur und bildende Kunst zum Zwecke leichter und teilweise oder durchgehend zeitkritischer Unterhaltung. (Daher abgeleitet → *Kleinkunst.*) Vom Varieté, in dem Tanz und Artistik überwiegen, hat das Kabarett die Form des bunten Allerleis übernommen und sie mit einer teils literarisch, teils dramatisch, teils poetisch, teils tänzerisch ausgedrückten »Aussage« aufgefüllt, die sich kritisch mit Zeiterscheinungen und deren Exponenten im öffentlichen Leben auseinandersetzt.
Im Unterschied zu den zahlreichen »Cabarets« im Sinne von einfachen Kneipen verstand → *Rodolphe Salis,* der Gründer und Leiter des ersten Kabaretts (→ *Chat noir* [Paris, 1881]), seine Kneipe als → *Cabaret artistique,* also als Künstlerkneipe, in der zunächst in der Hauptsache Künstler verkehrten und sich zwanglos gegenseitig ihre Kunstschöpfungen vorstellten. Durch die Ausweitung des Kreises der Gäste auf Nichtkünstler wurde das »Cabaret artistique« wenig später zum literarischen Kabarett im seither geläufigen Sinne.
Aus diesem ursprünglichen Kneipenbrettl mit sporadischen Künstlerabenden und losen improvisierten Vortragsfolgen vor konsumierenden Gästen entwikkelte sich, zumal im deutschen Sprachraum, das theaterartige Kabarett mit festen Sitzreihen und festem, täglich gespieltem Programm. Daneben besteht das Kneipenbrettl seit jeher fort (bekanntestes Beispiel: der → *Simplicissimus* [München] sowie als Mischform: die → *Münchner Lach- und Schießgesellschaft*) und ist in jüngster Zeit in der alternativen »Szene« zu neuer Blüte gelangt.
Strukturell bündelt das Kabarett die dem Theater entlehnten Formen der Szene, des Einakters, des Dialogs und des Monologs mit den von der Literatur übernommenen Formen der Lyrik, der Prosa und des Essays und den der Musik entstammenden Kategorien Lied, Song, Chanson und Couplet. Durchzogen werden diese Elemente im literarischen, im politisch-literarischen und im politisch-satirischen Kabarett mit vielfältigen Formen der → *Satire* (wie → *Parodie,* → *Travestie,* Irreführung mit überraschendem Ausgang, Wortspielereien und pantomimischen wie rein visuellen Effekten). Das Ziel ist ein »zündender Witz« insofern, als die unerwartete Pointe im Publikum einen Denkvorgang zünden soll – im Unterschied zum Witz als Selbstzweck, wie ihn die literarisch unambitionierte, zeitkritisch neutrale → *Kleinkunst* und das → *Artistische Kabarett* pflegen.

Lit.:Budzinski, Klaus: *Die Muse mit der scharfen Zunge – Vom Cabaret zum Kabarett.* München 1961. – Budzinski, Klaus: *Pfeffer ins Getriebe – So ist und wurde das Kabarett. München 1982.* – Greul, Heinz: *Bretter, die die Zeit bedeuten.* Köln-Berlin 1967. – Hösch, Rudolf: *Kabarett von gestern.* Berlin (Ost) 1967. – Hösch, Rudolf: *Kabarett von gestern und heute.* Berlin (Ost) 1972. – Müller, Wolfgang C; Hammer, Conrad J.: *Narren, Henker, Komödianten.* Bonn 1956. – Otto, Rainer; Rösler, Walter: *Kabarettgeschichte.* Berlin (Ost) 1977, erweiterte Neuaufl. 1981). – Schumann, Werner: *Unsterbliches Kabarett.* Hannover 1948.

Artistisches Kabarett
Im allgemeinen die Kleinkunst ohne literarische oder satirische Ambitionen, zumeist in Nachtclubs mit Möglichkeit des Publikumstanzes und dazwischengeschobenen artistischen und sentimentalen oder frivolen Gesangsdarbietungen (Schlager, Chanson) dargeboten.

Literarisches Kabarett
Nach dem Vorbild des → *Cabaret artistique* bildeten sich seit der Jahrhundertwende Kneipenbrettl und Kabarettheater auch in Deutschland (1901 das *Bunte Theater* → *[Überbrettl]* und das → *Schall und Rauch* [I] in Berlin, die → *Elf Scharfrichter* und [1903] der → *Simplicissimus* in München); ferner in Österreich-Ungarn das → *Cabaret Nachtlicht* (1906), das → *Cabaret Fledermaus* (1907), die → *Hölle* und der → *Simplicissimus* 1912, in Wien; der *Grüne Lampion* in Krakau (1905), die *Moderne Bühne* in Budapest (1910), das *Montmartre* (1911) und *Die rote Sieben* (1914 in Prag; im zaristischen Rußland die *Fledermaus* (1908) in Moskau, der *Streunende Hund* (1911) in St. Petersburg und der *Momus* (1912) in Warschau; in Norwegen das *Literaere Varieté* (schon 1892 in Oslo, Hermann Bang, → *Holger Drachmann) und das Chat noir* (1912) in Oslo sowie in den Niederlanden das *Intiem Theater* (1912).
Diese literarischen Kabaretts boten zumeist lockere Mischungen aus → *Bänkel-* und Kunstliedern, Chansons, Tänzen, Musikstücken, Einaktern, Parodien auf literarische und dramatische Werke, zuweilen auch Puppenspiele, oft unter Mitwirkung der Autoren, wobei die einzelnen Nummern durch geistreiche Plaudereien eines → *Conférenciers* verbunden wurden. Bedingt durch die scharfe Theaterzensur in den drei Großmächten Mittel- und Osteuropas unterdrückte das literarische Kabarett seine anfängliche Zeitkritik, verflachte aber allmählich auch künstlerisch und literarisch und tendierte mehr und mehr zur unverbindlichen, wenn auch immer noch witzigen Unterhaltung. Mit dem Ende des Ersten Weltkriegs ging auch das literarische Kabarett im großen ganzen zu Ende.

Politisch-literarisches Kabarett
Vom Ersten Weltkrieg erschüttert, besannen sich viele Kabarettisten auf die literarischen und zeitkritischen Ursprünge des deutschen Kabaretts. Aus dem → *Cabaret Voltaire* (Zürich 1916/17) leiteten → *Walter Mehring,* → *Richard Huelsenbeck,* George Grosz und John Heartfield die antibürgerliche Pose her, als sie 1919 Stil und Inhalt des von → *Max Reinhardt* wiedererweckten Kabaretts → *Schall und Rauch* (II) in Berlin bestimmten. Mit ihm wurde das literarische Kabarett zur politischen Tribüne der aus dem Krieg heimgekehrten Dichtergeneration.
In rascher Folge entstanden weitere Kabaretts dieser Art wie das → *Cabaret Größenwahn,* die → *Rampe,* die → *Wilde Bühne* (sämtlich in Berlin) sowie die → *Retorte* (Leipzig), wenngleich in allen die politische Satire nur einen geringen

Anteil hatte. Nach dem Ende der Inflation erlag das politisch-literarische Kabarett der wiedererwachten Sorglosigkeit und Vergnügungssucht seines Publikums. Spurenelemente erhielten sich vor allem in dem 1924 gegründeten → *Kabarett der Komiker* durch seine → *Conférenciers*. Nachdem in der zweiten Hälfte der zwanziger Jahre das Revuekabarett dominiert hatte, erweckten gegen Ende des Jahrzehnts junge Schauspieler, Schriftsteller, Journalisten und Maler das Künstlerbrettl zu neuem Leben (→ *Katakombe*, → *Larifari*, → *Die Unmöglichen*, → *Die Nachrichter*, → *Die Pfeffermühle* u. a.) und gaben ihm merklich satirische Züge. Ausläufer dieser Gattung retteten sich personell über den Zweiten Weltkrieg hinweg in die ausgehenden vierziger Jahre (→ *Werner Finck*, → *Erich Kästner*, → *Trude Kolman*, → *Hellmuth Krüger*, → *Günter Neumann* u. a.) und lebten in neuen Gründungen fort (→ *Schaubude* und → *Kleine Freiheit*, München, Günter Neumanns »Schwarzer Jahrmarkt« in Berlin, → *Die Rampe*, Leipzig).
Daneben wuchsen aus den geistigen Kriegstrümmern unzählige Brettl, die den überkommenen Fundus von Gedichten und Chansons der Kästner, → *Joachim Ringelnatz* und → *Kurt Tucholsky* auswerteten, aber fast alle gingen nach der Währungsreform von 1948 ein. (Über das politisch-literarische Kabarett in Österreich → *Der liebe Augustin*, → *Die Stachelbeere*, → *ABC*, → *Literatur am Naschmarkt* sowie in der Schweiz *Die Pfeffermühle*, das → *Cabaret Cornichon* und das → *Cabaret Federal*, in anderen Ländern → *Exilkabarett*.)

Politisch-satirisches Kabarett

Eine neuerliche Konkretisierung erfuhr das zeitkritische Element des Kabaretts nach dem Zweiten Weltkrieg, als es in der Abrechnung mit dem Nationalsozialismus und – teilweise – in der Hoffnung auf eine sozialistische Zukunft satirisch eindeutig Stellung bezog. (Diese Entwicklung hatten bereits einige → *Exilkabaretts* während des Krieges vorweggenommen.)
Die ersten Nachkriegskabaretts dieser Gattung waren → *Die Hinterbliebenen* (Bad Reichenhall, 1945), der → *Frische Wind* (Berlin, 1946), → *Die Amnestierten* (Kiel, 1947), die → *Stachelschweine* (West-Berlin1949), → *Die Schmiere* (Frankfurt [Main], 1950). In den fünfziger Jahren folgten die → *Münchner Lach- und Schießgesellschaft* (München, 1956) und das → *Bügelbrett* (Heidelberg, 1959), in den sechziger Jahren → *Die Leid-Artikler* (Hannover, 1960), → *Die Wühlmäuse* (West-Berlin, 1960), → *Die Hammersänger* (West-Berlin, 1964, später München), ferner die – meist aus diesen Ensembles hervorgegangenen – Solokabarettisten wie → *Hanns Dieter Hüsch*, → *Dietrich Kittner*, → *Helmut Ruge* u. a.
Mit dem Anwachsen der Jugendprotestbewegung Mitte der sechziger Jahre schärfte sich die politische Satire von der »Symptomkritik« zur »Systemkritik« in Kabaretts wie dem → *Rationaltheater* (München, 1965), dem → *Reichskabarett* (West-Berlin, 1965), dem → *Floh de Cologne* (Köln, 1966).
Die allgemeine Publikumszustimmung zu den vom Fernsehen ausgestrahlten etablierten Kabaretts (→ *Kom[m]ödchen, Stachelschweine, Münchner Lach- und Schießgesellschaft*) hatte der jüngeren Generation die Wirkungslosigkeit politischen Kabaretts dieser Machart vor Augen geführt. Nun wollte man das Kabarett als Instrument des politischen Kampfes gegen das kapitalistische System einsetzen. Dies mußte in letzter Konsequenz zur Selbstaufhebung des Kabaretts führen, was der *Floh de Cologne*, das *Reichskabarett* und das *Bügelbrett* Anfang der siebziger Jahre erkannten und sich wie der *Floh* zur Politrockgruppe wandelten oder wie die beiden anderen den Spielbetrieb einstellten. Vorläufig, wie das Wiederaufleben des *Bügelbretts* seit 1981 und des *Reichskabaretts* unter dem Namen → *Institut für Lebensmut* 1983 zeigt.

Kabarett der Komiker (»Kadeko«)
Literarisches Kleinkunsttheater in Berlin, gegründet 1924 von → *Kurt Robitschek* und → *Paul Morgan,* eröffnet am 1. 12. 1924 im Haus der → *Rakete,* Kant-, Ecke Joachimsthaler Straße.
Robitschek, im Sommer 1924 von Wien nach Berlin gekommen, war mit Morgan und Max Adalbert am *Charlott-Casino* engagiert gewesen und hatte sich aufgrund dieses erfolgreichen Gastspiels mit Morgan in der *Rakete* eingekauft. Unter dem Namen *Kabarett der Komiker in der Rakete* schrieben und spielten sie dort eine Persiflage auf den gerade aufkommenden Nazismus, »Quo vadis?«, zusammen mit Curt Bois, → *Kurt Gerron* und → *Margo Lion* (Musik: Willy Rosen). Später schrieben auch → *Walter Mehring,* → *Marcellus Schiffer,* → *Kurt Tucholsky* und → *Erich Weinert* Texte für das *Kadeko.* Am 1. 12. 1925 übersiedelte das Kabarett in das »Palmenhaus« am Kurfürstendamm (Eröffnung mit der Robert-Stolz-Operette »Märchen im Schnee«) und bezog am 28. 9. 1928 eine eigens dafür eingerichtete Spielstätte in dem Mendelssohn-Bau am Lehniner Platz (Eröffnung mit der Revueoperette »Kitty macht Karriere«). Dort wurde es am 15. 2. 1944 ausgebombt.
Das *Kabarett der Komiker* war der Versuch, das nach dem Ende der Inflation von Publikumsschwund bedrohte literarisch-politische Kabarett durch eine Verbindung mit Varieté- und Kleinkunstelementen am Leben zu erhalten. Das literarische, gemäßigt zeitkritische Element brachten neben Robitschek und Morgan die witzigsten Conférenciers des damaligen Berlin in die Programme, als da waren: Max Ehrlich, → *Werner Finck,* → *Fritz Grünbaum,* → *Hellmuth Krüger,* → *Paul Nikolaus,* Willy Prager, → *Willi Schaeffers* und → *Karl Schnog.* Als Komiker traten auf: Max Adalbert, Siegfried Arno, → *Wilhelm Bendow,* Curt Bois, Felix Bressart, → *Paul Graetz,* Hans Moser, Max Hansen, Szöke Szakall, Otto Wallburg, Gisela Werbezirk, Lotte Werkmeister; als Chansonniers: → *Ernst Busch,* → *Blandine Ebinger,* Kurt Gerron, → *Trude Hesterberg,* → *Kate Kühl,* Margo Lion, Paul O'Montis, Hermann Vallentin, → *Claire Waldoff* u.a. In Stückrollen traten auf: Elisabeth Lennartz, Theo Lingen, Lucie Mannheim, Gerda Maurus, Adele Sandrock, Reinhold Schünzel, Ellen Schwanneke, Camilla Spira, Jacob Tiedtke, Hedwig Wangel u.a. Ferner wirkten mit: die Parodistin Ilse Bois, als Anekdotenerzähler → *Hans Reimann* und → *Roda Roda,* als Komponist und musikalischer Entertainer Willy Rosen u.v.a.m.
Außer Nummernkabarett und Gastauftritten (auch → *Yvette Guilbert,* Lucienne Boyer, Albert Préjean und → *Joachim Ringelnatz* gastierten hier) brachte das *Kadeko* kabarettistisch aufgemachte Kurzoperetten (z.B. »Die schöne Galathee« in der Bearbeitung durch → *Friedrich Hollaender*) und parodistische Operetten (wie 1924 »Quo vadis?«), aber auch Einakter wie »Die Himmelfahrt der Galgentoni« und »Der Fall des Generalstabchefs Redl« (mit Wolfgang Heinz) sowie die Kurzoper »Rufen Sie Herrn Plim!« von Marcellus Schiffer und → *Mischa Spoliansky.*
Eine Glanznummer des *Kadeko* war das »Meistersingerquartett« mit Adalbert, Hansen, Morgan und Robitschek; sein besonderes Verdienst: die Einladung an → *Karl Valentin* und Liesl Karlstadt zu einem Gastspiel nach Berlin (Oktober 1924), der ihnen zu ihrem überregionalen Durchbruch verhalf (weitere Valentin-Gastspiele: 1928, 1930, 1935, 1938). Im September 1933 mußte Robitschek die Leitung des *Kadeko* abgeben und emigrierte nach Wien. Leiter wurde Dr. Hanns Schindler, nach dessen Tod 1938 Willi Schaeffers, der das Unternehmen im alten Stil, wenn auch ohne allzu gewagte Zeitsatire fortzuführen sich bemühte. Dennoch wurde ihm 1939 ein Programm verboten, in dem Werner

Finck, die → *Drei Rulands* und → *Peter Sachse* aufgetreten waren. (Sie wurden daraufhin aus der »Reichskulturkammer« ausgeschlossen, was Auftrittsverbot bedeutete.)
In den dreißiger Jahren traten im *Kadeko u. a. auf: Alexis, Erwin Hoffmann, Peter Igelhoff, Rosita Serrano, Edith Schollwer, Loni Heuser.* – Nach der Ausbombung der Räume am Lehniner Platz übersiedelte das Kadeko in das benachbarte »Café Leon«, mußte aber im Zuge der allgemeinen Theaterschließungen am 31. 8. 1944 den Spielbetrieb einstellen. Im Mai 1945 eröffnete Schaeffers es erneut im »Café Leon«, spielte danach in wechselnden Quartieren, bis er es am 28. 4. 1946 in der »Neuen Scala am Nollendorfplatz« etablierte. Von September 1947 bis April 1948 spielte er dort Heino Gazes Kabarettrevue »Melodie der Straße«, mit der er anschließend auf Tournee ging. Im November 1949 gastierte im *Kadeko* → *Rudolf Nelson* mit Dora Paulsen. 1950 mußte es aus finanziellen Gründen schließen.

Lit.: Schaeffers, Willi: *TingelTangel,* Hamburg 1959.

Kabarett FORTSCHROTT
Als Studentenkabarett aus Pädagogikstudenten der Universität Münster im April 1976 von den Dozenten → *Jürgen Henningsen* und Anton Austermann gegründet. Neben Austermann gehören dem Stammensemble an: Volker Linneweber, Norbert Neumann, Christoph Schründer und Carl-Otto Velmerig.
Erstes Programm, »Fortschrott«, am 16. 5. 1977 in Münster. Seitdem sind fünf weitere Programme dazugekommen. *FORTSCHROTT* spielt hauptsächlich in Jugendzentren, Kulturkneipen, bei Bürgerinitiativen, bei kirchlichen und politischen Gruppen und Parteien, auf Altstadtfesten und Kabarettfestivals. Gleich wie → *Die NIveauHILISTEN* ist *FORTSCHROTT* eine Frucht der Umsetzung von Jürgen Henningsens Kabarettheorie in die bewußt amateurische Praxis mit der Absicht, Kabarett als pädagogische Funktion zu verwirklichen.

Kabarettrevue
Von → *Rudolf Nelson* geschaffene Form der literarisch-musikalischen Kleinrevue. Nelson hatte seit 1910 parallel zu seinen Kabarettproduktionen Operettenrevuen für das »Metropol-Theater« komponiert und nutzte die Revuefreudigkeit des Berliner Publikums, namentlich nach dem Ersten Weltkrieg, zu der neuen Form der Kabarettrevue in seinen *Künstlerspielen* (später: *Nelson-Theater*) am Kurfürstendamm. Mit literarischeren Mitteln und politisch klarerer Überzeugung entwickelte → *Friedrich Hollaender* die Kabarettrevue zu der von ihm so benannten »Revuette« weiter.
Im Gegensatz zu dem thematisch oft weitgefächerten Nummernkabarett wählt die Kabarettrevue ein einziges durchgängiges Thema oder aber auch einen bestimmten Schauplatz (Hotel, Warenhaus, Eisenbahn) als Hintergrund und Bündelungsfaktor von vielerlei damit zu assoziierenden Themen. (Hollaenders »Höchste Eisenbahn«, Hollaender-Nelsons »Der rote Faden«, → *Schiffer-Spolianskys* »Es liegt in der Luft« u. a.).)

Stella Kadmon
* 16. 7. 1902 Wien
Kabarettistin, Schauspielerin, Kabarettleiterin
Ausbildung an der Staatsakademie für Musik und darstellende Kunst in Wien. Debütierte 1927 als Chansonniere am *Pavillon* (Wien). Gründete zusammen mit

→ *Peter Hammerschlag,* den sie an der Staatsakademie kennengelernt hatte, im November 1931 den → *Lieben Augustin,* den sie bis zum März 1938 leitete und in dem sie mitspielte.
Nach dem »Anschluß« emigrierte sie nach Palästina und kehrte 1947 nach Wien zurück. Dort übernahm sie den wiedererweckten *Lieben Augustin* erneut und machte ihn nach drei Kabarettprogrammen 1948 mit → *Brechts* »Furcht und Elend des Dritten Reiches« zur Schauspielbühne unter dem Namen »Theater der Courage«. Im November 1981 zog sie sich von der Leitung der Bühne zurück. – 1981 erhielt sie die Ehrenmedaille der Stadt Wien und den Titel »Professor« verliehen.
Stella Kadmon hat mit der Gründung des *Lieben Augustin* die eigentlich zeitkritische Ära des Wiener Kabaretts begonnen und nach dem Zweiten Weltkrieg die Ära des kritischen Zeittheaters eingeleitet.

Heinz Kahlau
* 6. 2. 1931 Drewitz bei Potsdam
Schriftsteller, Lyriker, Erzähler, Kabarettautor (DDR)
1953 bis 1956 Meisterschüler von → *Bertolt Brecht* am »Berliner Ensemble«. Schrieb Lieder und Songs für den → *Agitprop* sowie Gedichte, Chansons und Couplets für → *Die Distel,* die → *Leipziger Pfeffermühle, Die Kneifzange* und *Die Kibitzensteiner.* Erhielt 1963 den Heinrich-Heine-Preis der DDR.

Heinz Kahlow
* 5. 7. 1924 Rostock
Schriftsteller, Lyriker, Erzähler, Kabarettautor (DDR)
Schrieb Songs für den → *Agitprop* sowie Chansons und Couplets für die → *Distel* und die → *Leipziger Pfeffermühle.* Schrieb Texte und führte Regie beim *Berliner Brettl* (1956). Läßt nach eigener Aussage »vom Gedicht bis zum Fernsehspiel und vom Roman bis zum Feuilleton nichts aus, was satirisch zu schlucken und heiter zu verdauen ist«.

Der Kaktus
Politisch-satirisches Kabarett in Basel, gegründet und geleitet von → *Alfred Rasser,* eröffnet am 19. 10. 1943 im Restaurant »Gambrinus«, Basel, mit dem Programm »Wenn die Blätter fallen« mit Alfred Rasser und Ruedi Walter. Texte Alfred Rasser, → *C. F. Vaucher* (auch Regie), → *Kurd E. Heyne* und → *Hans Weigel* (Pseudonym: Hermann Kind) (zweites Programm im 1. Stock des »Corso-Theaters« Zürich). Zum Ensemble gehörten ferner: Edith Carola, Michel Simon jun. und Simone Petitpierre.
Nach fünf Nummernprogrammen brachte Rasser seine (und Vauchers) schweizerische Bearbeitung von Hašeks »Bravem Soldaten Schweijk« als »HD-Soldat Läppli« mit sich selbst in der Titelrolle heraus (31. 12. 1945). Wegen des großen Erfolgs dieser Mischung von Kabarett und Volkstheater zog das *Kaktus*-Ensemble in das tausend Plätze fassende »Küchlin-Theater« um. Am 13. 9. 1947 folgte die Fassung »Demokrat Läppli«, am 29. 9. 1949 der »Weltbürger Läppli«, am 26. 12. 1958 der »Millionär Läppli«. Zwischendurch spielte der *Kaktus* im »Gambrinus« wieder Nummernkabarett. 1952 und 1953 spielte Rasser im »Embassy«, Zürich, zwei Einmannkabarettprogramme und gastierte als Solist seit 1958 im → *Théâtre Fauteuil* auch in Zürich und in Bern als Verkörperung des nicht mehr seßhaften *Kaktus.* Demnächst will das *Théâtre Fauteuil* den *Kaktus* als Institution wiederaufleben lassen.

Karl Napps Chaos Theater
Frankfurter »Szene«-Kabarett, gegründet 1976 von Studenten und ehemaligen Mitgliedern des Sozialistischen Deutschen Studenten-Bundes. Die Gruppe (ausnahmslos Laien), bestand aus sechs Männern und drei Frauen: Dieter, Florian, Henning, Klaus, Mathias, Philipp und Cornelia, Hendrike und Hilde (Nachnamen wurden verschwiegen). Erstes Programm: »Ei, was strahlt denn da?« (8. 12. 1976), eine Szenencollage über die Antikernkraftbewegung. Zweites Programm (1977): »Unser schönes Amerika.« Drittes Programm (1978): »68er Nachlese.« Mit ihrem vierten Programm »Das Polizeifest« (1979) ernteten sie heftige Kritiken der »Szene«, weil sie versucht hätten, »*die* als Nachbarn« zu zeigen«. Als Reaktion darauf brachten sie zwei Wochen später ihr Programm »Szenen aus der Szene« heraus, eine »bissige Auseinandersetzung mit dem Szene-Publikum«, das sie überregional bekannt machte. Von der anfänglichen Slapstickkomik fanden sie zur »stillen Pointe«, zu »Witz und Schliff« (Christian Schütze in der »Süddeutschen Zeitung«, 21. 3. 1981). Anfang März 1982 spalteten sich Dieter (Thomas), Hendrike (von Sydow) und Mathias (Beltz) von der Gruppe ab und spielten (mit Vor- und Nachnamen) das achte Programm, »Freak und Frieden«, unter dem Namen → *Vorläufiges Frankfurter Fronttheater. Karl Napps Chaos Theater* erhielt 1980 den → *Deutschen Kleinkunstpreis,* 1981 den »Berliner Wecker«.

»Die Idee unseres Theaters ist, Politik mit anderen Mitteln zu machen. Dabei bringt jeder seine ganz persönlichen Interessengebiete ein, ohne daß wir jetzt klare politische Aussagen machen. Es ist nicht so wie 68, wo man die Fronten zwar klar gesagt hat, aber sie waren nicht die richtigen. Es fällt schwer, 'ne Identifikation für jemanden zu finden, aber auch gegen jemanden. Man kann nicht hingehen und sagen, Marxismus ist das Ziel. Eigentlich kann man noch eher sagen, was man nicht will.«

Ensemblemitglied Philipp in einem Interview zu Dieter Roberg (aus »Theater muß wie Fußball sein«, Berlin 1981).

Das Karussell
Literarisches Kabarett in Berlin, eröffnet 1922 im »Haus der Sezession« am Kurfürstendamm von → *Peter Sachse.* Außer dem von Sachse entdeckten Conférencier → *Harry Lamberts-Paulsen* traten hier auf die Chansonnieren → *Trude Hesterberg,* Else Ward, Lotte Werkmeister sowie die Schauspielerin Tilly Wedekind, die Tänzerin Anita Berber und Victor Schwanneke.
Außerdem lasen hier Meister der kleinen Form wie → *Roda Roda* und Victor Auburtin ihre Anekdoten und Miniaturen vor und sprach → *Klabund* seine satirischen Balladen. Für das *Karussell* vertonte Lamberts-Paulsen den volksliedhaften »Seemannschoral« von → *Walter Mehring* und trug ihn zusammen mit Victor Schwanneke, Paul Westermeier und Eugen Rex (später ersetzt durch → *Willi Schaeffers*) zum erstenmal vor.

Erich Kästner
* 23. 2. 1899 Dresden; † 29. 7. 1974 München
Schriftsteller, Dramatiker, Kabarettautor
Studierte in Leipzig Geschichte, Germanistik, Philosophie und Theatergeschichte. 1922 Feuilletonredakteur an der »Neuen Leipziger Zeitung«. 1925 Dr. phil. Seit 1927 in Berlin als Theaterkritiker und freier Mitarbeiter an der »Weltbühne«, dem »Tagebuch«, der »Vossischen Zeitung«, dem »Berliner Tageblatt« u.a. 1929 Hörspiel »Leben in dieser Zeit«, gesendet von Radio Breslau.
Kästners erste satirische Gedichte erschienen gesammelt in »Herz auf Taille«

Erich Kästner

(1928), »Lärm im Spiegel« (1929), »Ein Mann gibt Auskunft« (1930), »Gesang zwischen den Stühlen« (1932). Gedichte aus diesen Sammlungen wurden in vielen Kabaretts vorgetragen, so an der → *Wilden Bühne* (Pseudonym: Fabian), in der → *Katakombe,* im → *Tingeltangel-Theater* und im → *Küka,* wo Kästner sich selber rezitierte. Schließlich schrieb er direkt fürs Kabarett (so für → *Trude Hesterberg* das Chanson »Ganz besonders feine Damen« und für → *Kate Kühl* eine Parodie auf → *Brechts* »Surabaya-Johnny«. → *Blandine Ebinger* trug im → *Kabarett der Komiker* Kästner-Gedichte vor. Nach 1933 schrieb Kästner anonym noch ein paar Chansons für die *Katakombe* sowie für Trude Hesterbergs *Musenschaukel,* danach bis zum Ende des Zweiten Weltkriegs nur noch Romane sowie unter Pseudonym das Drehbuch zu dem Ufa-Film »Münchhausen« (1942).
Neben seinen Kinderromanen (»Emil und die Detektive«, 1928, »Pünktchen und Anton«, 1931, »Das fliegende Klassenzimmer«, 1933) hatte er 1931 den satirischen Roman »Fabian« veröffentlicht. Nach 1933 ließ er seine Romane in der Schweiz erscheinen. 1945 mit einer Filmexpedition der Ufa nach Tirol verschlagen, ging er nach Kriegsende nach München und wurde Feuilletonredakteur an der »Neuen Zeitung«. Gleichzeitig schrieb er Szenen und Chansons für die → *Schaubude,* so u.a. das »Marschlied 1945« und »Das Lied vom Warten« für → *Ursula Herking* sowie die Szenen »Die Schildbürger« und »Deutsches Ringelspiel 1947«. 1949 erschien sein Kinderroman »Die Konferenz der Tiere«, 1950 »Das doppelte Lottchen« (auch verfilmt, Bundesfilmpreis 1950). 1951 wurde Kästner Präsident des Deutschen PEN-Zentrums (West). Im gleichen

Jahr bat ihn → *Trude Kolman* um Mitarbeit an ihrer → *Kleinen Freiheit,* deren Hauptautor er bis 1953 war (»Solo mit unsichtbarem Chor«, »Kantate de minoribus« u. a.). 1956 führten die »Münchner Kammerspiele« sein satirisches Stück »Die Schule der Diktatoren« auf, 1959 »Das Haus der Erinnerung«.
Erich Kästner brachte mit seiner »Gebrauchslyrik«, wie er seine Verse nannte, einen neuen sachlichen und doch poetischen Ton in die deutsche Lyrik, voll Heinescher Satire und luzider Sprache. Diese Verse bahnten, weil sie sprechbar waren, der Literatur erneut den Weg ins Kabarett.

Lit.: Enderle, Luiselotte: *Kästner – Eine Bildbiographie.* München 1960. – Schneyder, Werner: *Erich Kästner. Ein brauchbarer Autor.* München 1982.

Die Katakombe
Politisch-literarisches Kabarett in Berlin, gegründet von → *Werner Finck* und → *Hans Deppe,* eröffnet 16. 10. 1929 im Keller des »Künstlerhauses«, Bellevuestr. 3 (dem Vereinslokal des »Vereins Berliner Künstler«) mit einem namenlosen Programm (»Musik, Tanz, Dichtung, Improvisation«). Texte: Finck und Deppe. Mit: Werner Finck, Hans Deppe, Stina Lindblat, Ruth Poelzig, dem Tanzpaar Trudi und Hedi Schoop, Hans Meyer-Hanno, Arnulf Schröder und den Tibor Blue Boys (Musik und Begleitung: Tibor Kasics).
Im zweiten Programm (9. 12. 1929) kamen neu dazu: Lulu Basler, Dolly Haas, Sohn-Rethel. Texte (u. a.) von → *Erich Kästner,* → *Walter Mehring,* → *Kurt Tucholsky.* Im dritten Programm (24. 1. 1930) neu: → *Ernst Busch;* als Textautor: → *Günter Neumann;* als Bühnenbildner: Erich Ohser. (Mit diesem Programm gastierte *Die Katakombe* am 21. 2. 1930 im → *Kabarett der Komiker.*) Im vierten Programm (5. 3. 1930) neu: → *Kate Kühl,* → *Robert Adolf Stemmle,* die Geschwister Witt (Tanzpaar); Choreographie: Mary Wigman. (In diesem Programm sang Ernst Busch Tucholskys »Anna-Luise«, begleitet vom Komponisten → *Hanns Eisler.*) Im fünften Programm (19. 4. 1930) kam → *Rudolf Platte* dazu. Ausstattung: Rolf Gero, im sechsten Programm neu als Autor → *Curt Bry* (Pseudonym: Rudolf Aldach). Wegen vorübergehender Exmittierung aus dem »Künstlerhaus« Gastspiel im Nelson-Theater im »Palmenhaus«. Im siebten Programm (10. 11. 1930) neu als Darsteller: Rolf Gero, Marcella Salzer, Elisabeth Neumann; als Autor: Julian Arendt; als Komponist Günter Neumann. (In diesem Programm sang Ernst Busch B. Travens »Ballade von den Baumwollpflückern«.)
Im Dezember 1930 kam es über Modalitäten der Gagenzahlung zu Unstimmigkeiten im Kollektiv, in deren Folge Ernst Busch, Kate Kühl, Hans Deppe, Hedi Schoop und Rolf Gero ausschieden und sich Werner Finck (als künstlerischer Leiter) und Rudolf Platte (als geschäftlicher Direktor) die Direktion der *Katakombe* teilten. Als neue Mitwirkende kamen hinzu: im achten Programm (2. 1. 1931) Dorothea Albu, Inge Bartsch, Ludwig Donath, → *Annemarie Hase,* Henry Lorenzen als Darsteller; im neunten Programm (9. 2. 1931) als Autor → *Max Colpet* (Max Kolpe); im zehnten Programm (25. 3. 1931) als Darsteller: → *Trude Kolman* (Gertrud Kohlmann), → *Erik Ode,* Eckstein und Denby (Tanzpaar), als Autor: Max Ophüls; im elften Programm (22. 9. 1931) als Darsteller: Theo Lingen, Julia Marcus, Sonja Wronko, als Autoren: → *Hellmuth Krüger,* H. G. Lustig. Ferner traten nach 1930 in der *Katakombe* auf: → *Valeska Gert,* → *Ursula Herking,* → *Tatjana Sais,* → *Rudolf Schündler,* Walter Trautschold, Isa Vermehren, Walter Gross, Ivo Veit, Kadidja Wedekind u. a. Am Klavier begleitete nun Edmund Nick.

Sketsch »Der Schrecken der Produktion« (1931) in der Katakombe, oben: Rudolf Platte, darunter: Eric Ode, ganz rechts: Theo Lingen, liegend rechts: Gertrud Kohlmann.

Als 1932 das »Künstlerhaus« in der Bellevuestraße den Besitzer wechselte, gastierte die *Katakombe* vorübergehend im neuen Domizil des → *Blauen Vogels* im »Palmenhaus« am Kurfürstendamm und zog wenig später in den ersten Stock des Hauses Lutherstr. 22. Nach den Jahren der gefälligen kabarettistischen Unterhaltung seit dem Eingehen der politisch-literarischen Kabaretts um das Jahr 1924 hatte die *Katakombe* eine Wiedergeburt des literarischen und künstlerischen Brettls im Sinne der → *Elf Scharfrichter* gewagt, freilich mit deutlicheren politischen Akzenten. Den raffinierten Augen- und Ohrenschmaus der kabarettistischen Kleinrevuen des Kurfürstendamms lösten naive Spielfreude, Lust an der literarischen Parodie, auch im Tanz, heitere Satire und die in ihrer scheinbar frisch-fröhlichen Naivität präzis ihre Objekte treffenden Conférencen von Werner Finck ab. Diese unbefangen wirkende Art einer in scheinbar zustimmenden Humor verpackten Satire garantierte der *Katakombe* nach 1933 zunächst das Überleben, da die Nazis Kleinkunststätten, sofern sie »judenrein« waren (was nun sowohl auf die *Katakombe* wie auf das → *Tingeltangel-Theater* und das *Kabarett der Komiker* zutraf) gern weiterexistieren ließen (auch wegen ihrer Funktion als Ventil für politische Unlustgefühle des noch zu gewinnenden Bürgertums).
Am 10. Mai 1935 allerdings wurde die *Katakombe,* hauptsächlich wegen zweier gegen die »Winterhilfe« und die heimliche Wiederaufrüstung (»Das Fragment vom Schneider«) gerichteten Sketsche auf Anweisung von »Reichspropagandaminister« Goebbels verboten und Werner Finck sowie die Darsteller Heinrich Giesen, Walter Trautschold und Rudolf Platte »in Schutzhaft genommen« und am 24. 5. 1935 (außer Platte) für sechs Wochen in das Konzentrationslager Esterwegen überführt (zusammen mit Walter Gross, Walter Lieck und Günter

Lüders vom ebenfalls verbotenen *Tingeltangel-Theater*). Am 26. 10. 1936 wurde gegen Finck und Trautschold (sowie gegen Gross, Lieck und Lüders) vor dem Sondergericht des Landgerichts Berlin wegen »Vergehens gegen das Heimtückegesetz« verhandelt. Die Verhandlung endete für alle Angeklagten mit Freispruch mangels ausreichender Beweise.

Lit.: Buchele, Marga: *Der politische Witz als getarnte Meinungsäußerung gegen den totalitären Staat* (Diss.). München 1955. – Heiber, Helmut: *Die Katakombe wird geschlossen*. München–Bern–Wien 1966.

»Sie machen wirklich Kabarett . . . ohne Stars, ohne Requisiten, ohne Krampf . . . mit Einfällen, mit Laune, mit einer prachtvollen Hingabe . . . ein Abend naiver und schöpferischer Jugend.«

Manfred Georg im »Tempo«, Berlin 1929.

»Ein witziges, kabarettistisch mit dem Lachen einer gern zugestandenen Narrenfreiheit aufgelockertes Programm flitzt über die Bühne, dem Werner Finck sein von manchmal geklügelten, manchmal überraschend pointensicheren Scherzen getragenes und gestottertes Geleitwort gibt . . . Der Abend ist voll fröhlicher, geistreich zugespitzter Heiterkeit.«

Schimmel-Falkenau im NS-Parteiorgan »Völkischer Beobachter«, 29. 3. 1935, über das Frühlingsprogramm, auf das hin die Katakombe *am 10. 5. 1935 von den Nazis verboten wurde.*

Hannelore Kaub
* 7. 7. 1936 Berlin
Kabarettistin, Kabarettautorin und -leiterin
Studierte in West-Berlin Publizistik und in Heidelberg Englisch und Spanisch am dortigen Dolmetscher-Institut der Universität. 1959 stieß sie als Hannelore Kunz zu dem damaligen Studentenkabarett → *Bügelbrett*, schrieb Texte dafür, führte Regie und wirkte mit. Ende 1960 übernahm sie – nach ihrer Eheschließung mit dem geschäftlichen Leiter des Kabaretts, Erich Kaub – als Hannelore Kaub die künstlerische Leitung. Zwischen Juni 1969 und November 1981 pausierte sie aus Gesundheitsgründen.
Seit Dezember 1981 leitet sie das *Bügelbrett* erneut, schreibt alle Texte selbst, führt Regie und spielt in allen Programmen als einzige Frau mit. 1969 kaufte das → *Kom(m)ödchen* pauschal ihr Programm »Trotzdem . . . Rot ist die Hoffnung!«, brachte aber nur wenige Nummern daraus. Anfang der siebziger Jahre schrieb sie gelegentlich eigens für das *Kom(m)ödchen*, 1969/70 für die SDR-Sendung »Heiße Sachen«. Am 16. 10. 1980 und am 16. 6. 1983 wirkte sie als Autorin und Darstellerin in der satirischen Fernsehsendung *Scheibenwischer* (→ *Medienkabarett*) und 1981 in der TV-Ost-West-Sendung »Kennzeichen D« mit. 1969 erhielt sie den Kunstpreis der Stadt Berlin. Hannelore Kaub ist die einzige aktive Kabarettautorin und -leiterin der BRD und West-Berlins und eine der besten deutschsprachigen Kabarettistinnen.

Helmut Käutner
* 25. 3. 1908 Düsseldorf; † 20. 4. 1980 Castellina (Italien)
Schauspieler, Kabarettist, Regisseur
Beschäftigte sich mit Graphik und Innenarchitektur, bevor er 1927 in München das Studium der Theaterwissenschaft aufnahm und bei der Bayerischen Landesbühne als Schauspieler auftrat. Gründete für einen Faschingsball des Kutscher-Seminars mit → *Kurd E. Heyne* und Bobby Todd → *Die Nachrichter*. Nach dem Verbot dieses Kabaretts im Oktober 1935 spielte er als »ambulanter Komö-

diant« (Käutner) in Leipzig und München Theater und trat als Kabarettist 1937 in einer selbstverfaßten Revue am → *Kabarett der Komiker* auf. Schrieb (mit Heyne und Bernhard Eichhorn) das musikalische Lustspiel »Juchten und Lavendel« und als Coautor Drehbücher.
Führte seit 1939 Regie in mehreren Filmen (»Romanze in Moll«, 1943, »Große Freiheit Nr. 7«, 1944, »Unter den Brücken«, 1945, »In jenen Tagen«, 1946, »Die letzte Brücke«, 1953, »Des Teufels General«, 1954, »Das Glas Wasser«, 1960 u. a.). Der nach dem verbotenen *Nachrichter*-Stück 1948 gedrehte Film »Der Apfel ist ab« wurde ein Mißerfolg. Zog sich nach 1960 von der Filmregie zurück und spielte nur noch Rollen in Film und Fernsehen.
Neben Kurd E. Heyne prägte Käutner wesentlich Stil und Aussage der *Nachrichter:* den unbefangenen Stil einer ernüchterten Zwischenkriegsgeneration und die leicht satirische Absage an Rummel und falsches Pathos.

Michael Kehlmann
* 21. 9. 1927 Wien
Kabarettist, Kabarettautor, Regisseur
Der Sohn eines expressionistischen Schriftstellers mußte aus »rassischen« Gründen die Schule verlassen, versuchte eine Schlosserlehre. Noch während des Zweiten Weltkriegs lernte er → *Helmut Qualtinger* kennen. Machte nach dem Kriege Abitur, studierte an der Universität Wien Germanistik, Philosophie und Theaterwissenschaften und schrieb nebenher Artikel und Gedichte für Zeitungen und Zeitschriften. Wirkte bei der Aufführung eines eigenen Stücks am »Studio der Hochschulen« mit.
Gründete dort das Kabarett *Die Grimasse* und gastierte mit dem Programm »Wir stellen fest« in den »Kammerspielen«. 1950 übernahm er die künstlerische Leitung des »Kleinen Theaters im Konzerthaus«. Über Qualtinger trat er mit → *Carl Merz* in Verbindung. Zu dritt schrieben sie ein Kabarettprogramm »Blitzlichter«, das aber nicht einschlug. Danach schrieben sie das kabarettistische Stück »Reigen 51 – 10 Variationen auf ein Thema von Schnitzler«. Für die Musik zogen sie → *Gerhard Bronner* zu, der dann in der Aufführung das Geschehen vom Flügel aus musikalisch conferierte. Damit war der Grundstein zu einer neuen, politisch-literarischen Ära des Wiener Kabaretts gelegt. Nach dem von den vieren geschriebenen, inszenierten und gespielten Programm »Brettl vorm Kopf« (1952) ging Kehlmann als Fernsehregisseur zum NDR. Inszenierte Fernsehspiele (»Radetzkymarsch« u. a.), später auch an Theatern (»Akademie-Theater«, Wien, u. a.).

César Keiser
(eigentlich: Hanspeter Keiser)
* 4. 4. 1925 Basel
Kabarettist, Kabarettautor, -regisseur, -produzent
Ausbildung als Fachlehrer für Zeichnen, Schreiben und Handarbeit (Lehrerdiplom). Gründete 1947 mit anderen in Basel das Studentenkabarett → *Kikeriki,* schrieb Texte dafür und spielte mit. Ein Gastspiel im »Hirschen« in Zürich führte zur Eingliederung von Keiser und dem Mitautor und Regisseur des *Kikeriki,* → *Werner Wollenberger,* in die Autorengemeinde des dort beheimateten → *Cabaret Federal.*
Daraufhin ließ Keiser das Angebot einer Lehrerstelle an der Kunstgewerbeschule in Basel fahren, übersiedelte nach Zürich und wirkte von 1951 bis 1958 als Autor und Darsteller am *Cabaret Federal.* Arbeitete danach drei Jahre in ei-

Margrit Läubli und César Keiser in »OPUS 9: Schöne Neue Welt!« (1978).

ner Firma für Werbefilme als Zeichner. Seit 1962 spielt er mit seiner Frau, → *Margrit Läubli,* mit der er am *Federal* engagiert war, Duoprogramme mit stark pantomimischem Einschlag, das erste vom 18. 4. 1962 an im »Theater am Hechtplatz«, Zürich (Texte: Keiser und → *Fridolin Tschudi,* Choreographie: Albert Mol). Es folgte im Frühjahr 1963 das Programm »Opus 2«. Seit »Opus 4« (Frühjahr 1966) schreibt, inszeniert und choreographiert Keiser alle Duoprogramme selbst. Durchschnittlich alle zwei Jahre bringen Keiser und Läubli ein neues »Opus« heraus, mit dem sie dann auf Tourneen innerhalb und außerhalb der Schweiz gehen. Nach »Opus 10« (16. 9. 1981) folgte »Opus 11«. Außerdem spielten sie die Programme »Opus USA« (1980), »Das Tagebuch von Adam und Eva« (1973), »Cabaret? Cabaret!« (1976) sowie – 1976 – im Fernsehen (SDR) »Opus in Ces-dur« und 1983 in → *Werner Schneyders* Fernsehserie »Meine Gäste und ich« (ARD). –

César Keisers und Margrit Läublis artistisches, pantomimisch und spielerisch hochstilisiertes Totalkabarett ist zeitkritisch ohne tagespolitische Bezüge.

Kikeriki
Politisch-literarisches Kabarett in Basel, gegründet August 1947 anläßlich eines Balls von Studenten und Grafikern im Saffran-Zunfthaus von Hanspi Hort, Ferdi Afflerbach, Steff Elias und → *César Keiser*. Leitung, Regie und den Hauptteil der Texte brachte der damalige Germanistikstudent → *Werner Wollenberger* ein, der dem Ensemble Qualität und Richtung gab. Einen anderen Teil der Texte schrieb César Keiser. Eröffnet wurde das *Kikeriki* am 30. 8. 1947 mit dem Programm »40 Grad im Schatten« (mit Trudi Roth u.a.). 1950 Tournee durch die BRD, danach Gastspiel im Zürcher »Hirschen«, damals der Spielstätte des → *Cabaret Federal,* das starken Anklang fand und zur Eingliederung von Wollenberger und Keiser in die Autorengemeinde und von Trudi Roth in das Spielerensemble des *Federal* und - nach acht Programmen - am 7. 4. 1951 zur Auflösung des *Kikeriki* führte.

Dietrich Kittner
* 30. 5. 1935 Oels (Schlesien)
Kabarettist, Kabarettautor, Kabarettleiter
Studierte Geschichte und Jura in Göttingen. Gründete 1959 das *Göttinger Studenten- und Dilettanten-Kabarett Die Leid-Artikler*. Erstes Programm: »Kompromisere« (24. 2. 1960). Übersiedelte mit dem fortan → *Die Leid-Artikler* heißenden Kabarett nach Hannover. Zweites Programm: »In höheren Kr(e)isen« (21. 2. 1961).
Nach acht Programmen und der Auflösung des Ensembles 1966 trägt Kittner seine Programme im Alleingang vor, zunächst als »Dietrich Kittners Staatstheater«, dann als »Kittners kritisches Kabarett« (»Bornierte Gesellschaft«, 1966; »Wollt ihr den totalen Mief?«, 1968; »Konzertierte Reaktion oder Zustände wie

Dietrich Kittner

im neuen Athen«, 1969; »Siecher in die 70er Jahre«, 1970; »Dein Staat, das bekannte Unwesen«, 1971; »Schöne Wirtschaft«, 1974; »Kittners progressive Nostalgie«, 1976; »Dem Volk aufs Maul«, 1979; »Vor Jahren noch ein Mensch«, 1981; »Maden in Germany«, 1983/84).
Seit dem 2. 12. 1975 hat er ein festes Domizil im »Theater an der Bult«, Bischofsholer Damm 88, in Hannover. 1984 → *Deutscher Kleinkunstpreis.*
Mit seinen – immer wieder aktualisierten – Programmen bereist Kittner die BRD (jährlich rund 70000 km) und spielt vor jährlich ca. 150000 Besuchern, u.a. in Veranstaltungshallen, Vortragssälen, Volkshochschulen, Universitäten, Kabaretts, und tritt gelegentlich bei Großveranstaltungen im Freien (z.B. Rote-Punkt-Aktion, Hannover 1969) auf. In Sketschen, satirischen Monologen und Songs (zur eigenen Girarrenbegleitung) greift er voll Witz und Schlagkraft vom Standpunkt eines orthodox geprägten Sozialismusverständnisses die Ungereimtheiten des kapitalistischen Systems an. Seine volkstümliche Sprache, sein Mut, seine Geradheit und sein Einfallsreichtum beeindrucken auch ein Publikum, das Kittners politische Überzeugung nicht teilt.
Stadt, Staat und öffentliche Institutionen reagieren auf Kittners vielfältige kabarettistische Provokationen mit Auftrittsverboten und Subventionskürzungen. Im Sommer 1965 wurde er auf offener Straße verhaftet, weil er sich, orientiert an der »Zivilschutzfibel« der Bundesregierung, mit Stahlhelm und Gasmaske in ein Café im Zentrum Hannovers gesetzt hatte.

Klabund
(eigentlich: Alfred Henschke)
* 4. 11. 1890 Crossen/Oder; † 14. 8. 1928 Davos (Schweiz)
Lyriker, Dramatiker, Romancier, Kabarettautor
Studierte 1909 in München Germanistik und lernte durch den Theaterprofessor Arthur Kutscher → *Frank Wedekind* kennen. Trug erste Gedichte im → *Simplicissimus* (München) vor. Unter dem Einfluß der Vagantenlyrik von François Villon und den → *Bänkelliedern* Frank Wedekinds, den er in seinen Münchner Studienjahren als Chansonnier erlebt hatte, verfaßte Klabund, sozusagen als Nebenprodukte seiner expressionistischen Lyrik, Bänkellieder in dichterisch überhöhtem Argot und trug sie nach dem Ersten Weltkrieg im → *Schall und Rauch* (II) und in der → *Wilden Bühne* vor. 1917 war er in Zürich mit dem → *Cabaret Voltaire* in Berührung gekommen.
Sein öffentlich bekundeter Pazifismus brachte ihm 1919 sogar vorübergehend Verhaftung und Gefängnis in der Schweiz ein. Viele seiner Lieder vertonte → *Friedrich Hollaender* (»Da muß ich fliegen«, »Rag 1920« sowie »Mignon vom Kietz«, »Dornröschen vom Wedding«, »Ich baumle mit de Beene«, die ihn zu seinen »Liedern eines armen Mädchens« anregten). – Klabund war nie politisch im Sinne von → *Walter Mehring* und → *Kurt Tucholsky.* So sind denn auch seine eigens fürs Kabarett geschriebenen Chansons eher die Auflehnung eines Dichters gegen die in seine Welt brutal einbrechende Wirklichkeit von Krieg und Nachkriegszeit.

Lit.: Kaulla, Guido von: *Brennendes Herz Klabund – Legende und Wirklichkeit.* Zürich-Stuttgart 1971.

Klabund

Rudolf Klaffenböck
* 14. 3. 1952 Passau
Kabarettist, Kabarettautor, Filmemacher
War acht Jahre Ministrant. Studierte von 1972 bis 1976 an der Fachhochschule München Grafik-Design. Drehte 1980 einen satirischen Kurzfilm über den Politischen Aschermittwoch in → *Passau* (»Ascherdienstag«). Machte 1980 zusammen mit → *Bruno Jonas*, → *Siegfried Zimmerschied* und Elmar Raida Kabarett in Passau (»Passauer Abende«). Drehte 1981 einen satirischen Kurzfilm über die Passauer Fronleichnamsprozession (»Bleibe bei uns, Herr, denn es will Abend werden«). Erstes Soloprogramm: »Passauer Pfarrfamilienabend« (1. 11. 1981) im »Theater im Fraunhofer«, München. Zweites Soloprogramm »Bayern-Expreß« (27. 11. 1983).
Klaffenböck bildet zusammen mit Zimmerschied und Jonas das Trio ehemaliger Passauer Ministranten, das »die oft genug paradoxe, absurde und nicht selten makabre Realität der Dreiflüssestadt« (Klaffenböck) nach den Meldungen der lokalen geistlichen und weltlichen Presse in satirischer Selektivität nachzeichnet.

Kleine Bühne des Freien Deutschen Kulturbundes → *Exilkabarett (London)*

Die kleinen Fische
Politisch-satirisches Kabarett in München, entstanden 1952 aus einer Faschingskabarettvorstellung des literarischen Vereins »Die Schublade« in München-Schwabing, für das → *Therese Angeloff* die Texte schrieb und das Ensemble zusammenstellte.
Nach Gastspielen in der Künstlervereinigung »Katakombe« eröffnete Therese Angeloff im März 1953 in der »Künstlerklause« an der Leopoldstraße eine eigene Spielstätte mit dem Programm »Die optimistische Illustrierte« (mit Anita Bucher, Ingrid van Bergen, Lia Pahl, Hannes Ganz und Erich Sehnke). Anfangs gab es alle drei Wochen ein neues Programm. Nach dem Ausscheiden Anita Buchers trat Kinga von Felbinger dem Ensemble bei. 1955 Übersiedelung in den Keller des »Café Freilinger« am oberen Ende der Leopoldstraße, 1957 in die Universitätsreitschule am Englischen Garten. Nach achtzehn Programmen trennte sich im Juni 1958 das Ensemble von Therese Angeloff und spielte (als »Das Ensemble«, angereichert durch Sabine Hahn) unter der neuen Leitung von Alf Tamin in der Maximilianstraße weiter, bis es bald darauf einging.
Die kleinen Fische waren ein typisch schwabingerisches Kabarett. Mit äußerlich turbulenter Lustigkeit, doch mit ernsthaft satirischem Bemühen sangen und sprangen sie gegen Klerikalismus, Wiederaufrüstung und neuen Nazi-Ungeist an – amateurisch unbefangen zwischen den professionellen Münchner Antipoden, der → *Zwiebel* und der → *Kleinen Freiheit.*

Die Kleine Freiheit
Politisch-literarisches Kabarettheater in München, gegründet von → *Trude Kolman,* eröffnet am 25. 1. 1951 im »Atelier-Theater«, München, Elisabethstraße 34, mit dem (Versuchs-)Programm »Die Kleine Freiheit« mit Texten von → *Erich Kästner,* → *Robert Gilbert* und → *Per Schwenzen.*
Der Erfolg führte zur Bildung eines Kollektivs, bestehend aus den Hauptakteuren Trude Kolman, → *Ursula Herking,* → *Oliver Hassencamp,* Karl Schönböck und Bum Krüger. Nach Übersiedelung in den ersten Stock der Bar »Barberina« in der Pacellistraße Eröffnung mit »Die Kleine Freiheit« am 8. 3. 1951. Nach drei weiteren Programmen (»Ente gut – alles gut«, 10. 4. 1951; »Das faule Ei des Kolumbus«, 20. 6. 1951; und »Affen unter sich«, 12. 9. 1951) Übersiedelung in ein festes Domizil in der Maximilianstr. 8 (Keller des »Opern-Espressos«). Dort 6. 12. 1951 Eröffnung mit dem Programm »Achtung, Kurve!«. Aus den zwölf Kabarettprogrammen in der Maximilianstraße ragen hervor: »Kleine Wäsche« (19. 5. 1952), »Alle Wege führen nach Schilda« (15. 9. 1953) sowie ein Programm über die Kaiserzeit, »Plüsch und Pleurösen« (1953/54). Zu den hauptsächlichen Autoren gehörten: → *Curt Bry,* Erich Kästner, Robert Gilbert, → *Martin Morlock,* Oliver Hassencamp, → *Werner Wollenberger,* Per Schwenzen und Walter Ulbrich. Darsteller: Helmut Brasch, Alois Maria Giani, Monika Greving, Oliver Hassencamp, Klaus Havenstein, Ursula Herking, Gertrud Kükkelmann, Eva Maria Meineke, Hans Nielsen, Rainer Penkert, Karl Schönböck, Hannelore Schützler, Peter W. Staub, Selma Urfer, → *Helen Vita.* Komponist und Begleiter: Jochen Breuer.
Nach der Schließung der *Schaubude* Anfang 1949 leitete *Die Kleine Freiheit* eine neue Kabarettära in München ein. Nach der Bewältigung der Vergangenheit folgte die Auseinandersetzung mit den restaurativen Tendenzen der Gegenwart. Dies besorgten zwar auch die Angehörigen der Vor-Weltkriegs-(I-)Generation – Kästner, Schwenzen und Gilbert – mit Scharfblick und Bravour, doch gab dem Fühlen und Denken der Zwischenkriegsgeneration erst der 20 Jahre jüngere

Eine Szene aus dem Programm der Kleinen Freiheit »Keine Zeit für Große Männer« (1955), v.l.: Klaus Havenstein, Ursula Herking, Rainer Penkert, Eva Maria Meineke, Alois Maria Giani.

Martin Morlock adäquaten Ausdruck. Vor allem seine literarisch wie gestanzten Balladen prägten im Verein mit Trude Kolmans abgezirkeltem Regiestil das Gesicht der *Kleinen Freiheit,* vor allem in deren Hoch-Zeit zwischen 1952 und 1954. Die satirische Schärfe, wie sie in »Kleine Wäsche« (Mai 1952) und »Alle Wege führen nach Schilda« (September 1953) zum Ausdruck kam, war bereits zwischen Februar und August 1953 durch die publikumswirksame Veralberung der Restaurationtendenzen in »Plüsch und Pleurösen« abgestumpft, da gerade die Form dieses Programms eher Sehnsucht nach der »guten, alten Zeit« als Abschreckung vor ihrer Wiederkehr bewirkte.
Zudem bewog Trude Kolmans Liebe zum »kabarettistischen Theater« sie zu Stücken wie Christopher Frys »Ein Phönix zuviel« (Frühjahr 1952), Ernst Penzoldts »Squirrel« (Herbst 1953). Mit dem Umzug der *Kleinen Freiheit* in die Maximilianstr. 31 im Juli 1956 wollte sie deren kabarettistische Ära beenden, doch gelangen ihr die Inszenierungen kabarettistischer Theaterstücke so wenig, daß sie immer wieder originäres Kabarett dazwischenschieben mußte (August 1956 Wiederaufnahme von »Bier unter Palmen« vom Juni 1954). Aus dem Tief half ihr seit dem Mai 1957 → *Friedrich Hollaender* mit seinen teils neu geschriebenen und komponierten, teils aus früheren Beständen montierten Revuetten »Hoppla, aufs Sofa!« (17. 5. 1957), »Der große Dreh« (22. 1. 1958), »Es ist angerichtet« (4. 12. 1958) sowie – nach einem Intermezzo Hollaenders mit seiner Revuette »Rauf und runter« im »Intimen Theater« (1960) – »Futschikato« (März 1961). Diese Revuetten verdankten ihre Erfolge nicht zuletzt einer Darstellerin und Chansonniere, die wie außer Helen Vita keine andere den Diseusenstil der zwanziger Jahre traf: → *Hanne Wieder* (»Circe«). Ihr zur Seite stand mit schweizerischer Präzision Lukas Ammann vom → *Cabaret Federal.*

Mit »Futschikato« war die Kabarettära der *Kleinen Freiheit* endgültig vorbei. Während Hollaenders Abwesenheit hatte Trude Kolman mit wenig Glück vier kabarettistische Theaterstücke, darunter Erich Kubys »Die Dame in Bonn oder Das Ritterkreuz«, herausgebracht und setzte ihre Boulevardinszenierungen nach »Futschikato« bis zu ihrem Tode 1969 fort. Ihre Abkehr vom Kabarett begründete sie 1961 so: »Ich bin gegen politisches Kabarett, weil ich die Zeit dafür für zu ernst halte und die Eisen als zu heiß empfinde, als daß man sie komisch anfassen könnte ... Und so meine ich, daß es besser war, sich dem Sozial- und Kulturkritischen zuzuwenden, und dies in entsprechend liebenswürdiger Form.«

Kleines Renitenztheater → *(Kleines) Renitenztheater*

Kleinkunst
1. Seit etwa 1860 Sammelbezeichnung für kunsthandwerkliche Arbeiten kleineren Formats im Altertum (Miniaturen, Statuetten, Geräte usw.).
2. Seit etwa 1900 Sammelbezeichnung für alle in Kabaretts, Varietés und Singspielhallen gebotene Formen künstlerischer Betätigung ohne qualitative Wertung, also: Artistik, Bänkelsang, Chanson- und Coupletvorträge, Conférence, Grotesktanz, Maskenspiele, Pantomimen, Possentheater, Puppentheater, Rezitation, Sketsch, Slapstick, Tanz, Zauberkunst und dergleichen mehr.

Kleinkunstbühne
Sammelbezeichnung für Bühnen, die in irgendeiner Form → *Kleinkunst* bieten, ohne qualitative Wertung. In diesem Sinne auch Bezeichnung für das → *Kabarett.*

Gerd Knabe
* 13. 1. 1923 Marburg (Lahn)
Kabarettist, Kabarettautor und -leiter.
Gründer, Leiter, Textautor und Darsteller des rechtsextremen politischen Kabaretts → *Die Zeitberichter.* »Meldete sich als Abiturient 1940 freiwillig zur Waffen-SS. Wurde mehrfach ausgezeichnet und war bei Kriegsschluß Oberleutnant. Trat in Gefangenschaft und Internierung als Kabarettist hervor. Gründete 1952 das Kabarett *Die Zeitberichter.* Erhielt 1974 zusammen mit seiner Lebens- und Bühnenpartnerin Peppi Kausch die Jahresehrengabe der ›Gesellschaft für freie Publizistik‹.« (Gerd Knabe auf dem Buchdeckel seines Buchs *Zwischen Gestern und Heute – Eine ganz persönliche Conférence,* 1976.) Gerd Knabe schrieb u.a. eine Zeitlang Glossen für die rechtsradikale »Deutsche National-Zeitung«.

Die Knallfrösche
»Politerarisches Kabarett« (Eigenbezeichnung), entstanden aus einem SPD-Wahlkampf-Kabarett 1958/59, gegründet 1960 von Hans Kolo, Ekkehard Kühn und → *Hannes Stütz* als Studentenkabarett. Erstes Programm »Ehret Eure Deutschen Meister«, 1961.
Mit dem dritten Programm, »Die ehrbare Birne«, errangen die *Knallfrösche* bei den Berliner Kabarett-Tagen 1961 zusammen mit dem → *Bügelbrett* den ersten Preis und gastierten damit im »Hirschen« in Zürich. Mitwirkende: Jochen Busse, Ute Kilian, Hans Kolo, Ekkehard Kühn (auch Texte und Musik), Ursula Stinner, Hannes Stütz (auch Texte), Friedrich von Thun, Manfred Vosz, Susanne Weber. Nach einem Gastspiel in Basel im Sommer 1963 hörten *Die Knall-*

frösche auf, ein Studentenkabarett zu sein. Kühn engagierte ein neues Ensemble, mußte aber noch im gleichen Jahre aufgeben. 1965 beteiligte er sich an der Gründung des Münchner → *Rationaltheaters.*

Kuno Knöbl
(eigentlich: Konrad Knöbl-Kastelliz)
* 21. 12. 1936 Graz
Kabarettist, Kabarettautor, -gründer, -regisseur
Studierte Rechts- und Staatswissenschaften, Germanistik, Geschichte und Völkerkunde. Gründete 1958 in Graz das – damalige – Studentenkabarett → *Der Würfel.* Gründete gleichzeitig das »Grazer Hochschulstudio«. Daneben frühzeitig journalistisch tätig. Schrieb nach der Niederlassung des *Würfel* in Wien weiterhin Texte für das Ensemble, inszenierte und conferierte. War nebenher außenpolitischer Redakteur der »Abendzeitung« und der »Kronenzeitung«. 1965 stellvertretender Chefredakteur des »Neuen Österreich«. Von 1965 bis 1967 als Reporter in Vietnam und in Indien. Von 1967 bis 1979 Hauptabteilungsleiter für Unterhaltung im ORF. Seit 1981 Hauptabteilungsleiter für Neue Medien im ORF. Unter seiner Leitung wurden u. a. die Sendereihen »Wünsch dir was« und der »Club 2« kreiert. Knöbl schrieb verschiedene Sachbücher sowie Erzählungen, Theaterstücke, Hör- und Fernsehspiele.

Hugo F. Koenigsgarten
* 13. 4. 1904 Brünn; † 23. 6. 1975 London
Schriftsteller, Opernlibrettist, Kabarettautor
Wuchs in Berlin auf. Studierte von 1922 bis 1929 an der Universität Heidelberg Literaturgeschichte. Schrieb Opernlibretti für Mark Lothar (»Tyll«, 1928, »Lord Spleen«, 1930) sowie einige Kinderopern. Emigrierte 1933 nach Wien. Seine mitgebrachten Literaturparodien (»Dreimal Faust«, »Klassiker frisch gestrichen«: »Julius Cäsar von Gerhart Hauptmann«, »Romeo und Julia von August Strindberg« u. a.) führte seit 1934 der → *Liebe Augustin* auf, für den er zusammen mit → *Gerhart Herrmann Mostar* auch originale → *Mittelstücke* und anderes schrieb (»Reineke Fuchs«, »Heimkehr des Odysseus«).
Emigrierte 1938 nach London und schrieb dort für das *Laterndl* (→ *Exilkabarett*) u. a. den Sketsch »Wiener Ringelspiel« (1939) und das Stück »Das Spiel von Sodoms Ende« (1941). Studierte von 1941 bis 1943 am New College Oxford und machte dort 1944 seinen Dr. phil. Lehrte von 1947 bis 1965 Deutsch an der Westminster School und Deutsche Theatergeschichte an der University of Surrey von 1965 bis 1973, während er gleichzeitig am King's College, Bedford College und Queen Mary College der Universität London Gastvorlesungen hielt. Veröffentlichte zahlreiche Artikel über deutsche Literatur und Oper in »The Times Literary Supplement« und einschlägigen Fachzeitschriften und gab kritische Ausgaben der Dramen von Dürrenmatt, Frisch, Hauptmann, Georg Kaiser und Zuckmayer heraus.

Trude Kolman
(eigentlich: Gertrud Kohlmann)
* 15. 9. 1904 Nürnberg; † 31. 12. 1969 München
Kabarettistin, Regisseurin, Kabarettleiterin
Gelernte Buch- und Kunsthändlerin. Nahm Schauspielunterricht bei Tilla Durieux, hospitierte an der → *Wilden Bühne* und spielte 1928 in Berlin Theater. Trat 1928 am → *Larifari* und seit März 1931 an der → *Katakombe* auf. Eröffnete

1932 in der Lutherstraße ihr erstes eigenes Kabarett, das *Casanova*, in dem sie auch auftrat und die Revue »Casanova 1933 oder Viele Geschichten über die Liebe« von → *Günter Neumann* inszenierte. Mitte Februar 1935 eröffnete sie mit Günter Lüders das → *Tingeltangel Theater* mit der Revue »Ein bißchen glücklich sein« neu und führte es unter dem Schutz eines ihr gewogenen Kritikers des NS-Parteiorgans »Völkischer Beobachter« bis Anfang Mai weiter.
Im September 1935 emigrierte sie nach Wien und inszenierte und spielte Kabarett im »Grand Hotel« (zusammen mit Beate Moissi und → *Paul Morgan*) und 1936 in ihrem eigenen Kabarett, dem *Sechsten Himmel* (mit → *Curt Bry*). Ging 1937 über Paris nach London, gastierte zwischendurch im Zürcher Kabarett *Nebelspalter*, kehrte nach Österreich zurück, wo sie ihren späteren Mann, Dr. Egon Goliat, kennenlernte, mit dem sie 1938 nach Prag emigrierte. Mit ihm ging sie endgültig nach London und eröffnete in der Nähe der Hauptstadt eine Fremdenpension.
1950 besuchsweise in München, stellte sie für den Fasching 1951 versuchsweise ein Kabarettprogramm zusammen, das sie unter dem Titel »Die Kleine Freiheit« am 25. 1. 1951 im »Atelier-Theater« München, Elisabethstr. 34, herausbrachte. Der Erfolg bewog sie, das Unternehmen als eigenständiges Kabarett fortzusetzen. – Trude Kolman machte → *Die Kleine Freiheit* zum besten Kabarett Münchens zwischen 1951 und 1955, sowohl was die Qualität der Texte wie der Darsteller, der Ausstattung und ihrer Regie anbetraf. Mit der Übersiedelung in das heutige Quartier der *Kleinen Freiheit* (Maximilianstr. 31) im Sommer 1956 versuchte sie, ihre Idee eines »kabarettistischen Theaters« zu verwirklichen, erreichte aber mit entsprechenden Stücken nicht den Erfolg ihrer Kabarettprogramme. Mit den Kabarettrevuen des heimgekehrten → *Friedrich Hollaender* erfuhr sie zwischen 1957 und 1961 eine zweite kabarettistische Erfolgssträhne, bevor sie sich – mit wechselnden Erfolgen – dem reinen Boulevardtheater zuwandte.

Komik

Jede Art übertreibender Sichtbarmachung von Konflikten einander widersprechender Prinzipien, die, weil sie die Nichtübereinstimmung von Ideal und Wirklichkeit oder von gesellschaftlicher Norm und individuellem Handeln aufdeckt, zum Lachen reizt und dadurch dem Zuschauer das Gefühl von Überlegenheit vermittelt. Komik findet sich in mannigfachen Formen in allen Literaturen und Literaturgattungen und, von ihnen abgeleitet oder sich mit ihnen überschneidend, vor allem im Kabarett auf unterschiedlichstem Niveau (→ *Humor*, → *Ironie*, → *Komiker*, → *Sarkasmus*, → *Satire*, → *Spott*, → *Witz*).

Komiker

Darsteller des Komischen; auch Schauspieler, der überwiegend komische Rollen spielt. Die Kunst des Komikers besteht darin, durch die Darstellung von Fehlern und Schwächen einzelner oder der Gesellschaft Diskrepanzen zwischen Sein und Schein bloßzustellen und damit zu ihrer Überwindung aufzufordern. Der Begriff »Komiker« ist eine Kurzform der »Komischen Person« der französischen Komödie des 15. und des Harlekins der Commedia dell'arte des 16. Jahrhunderts, die durch ihr grellbuntes Aussehen, ihr tölpelhaftes Betragen und ihren Mutterwitz das Publikum erheiterten. Seither dient der Komiker als Hanswurst, Kasper, dummer August; auch als Narr (engl.: »Clown«) bei Shakespeare: ein teils weiser, teils unverschämter Kommentator der Zeitläufte und der aktuellen Dramenhandlung, auf jeden Fall aber als räsonnierende »Stimme des Volkes« gegenüber den agierenden Vertretern von Macht und Autorität. Gegenüber dem anarchistischen Charakter der »Komischen Person« stellt der literarisch-politische Kabarettist seine Komik in den Dienst von Moral und Aufklärung.

Das Kom(m)ödchen
Politisch-literarisches Kabarett in Düsseldorf, Bolkerstr. 44. Gegründet von → *Kay und Lore Lorentz,* eröffnet als »Die kleine Literaten-, Maler- und Schauspielerbühne« (Untertitel) im ausgebauten Vereinssaal im Rückgebäude einer Kneipe in der Hunsrückenstr. 20 der Düsseldorfer Altstadt am 29. 3. 1947 mit dem Programm »Positiv dagegen«. Texte: Kay und Lore Lorentz, Stefan Stips, Bert Markus und Rudi vom Endt. Mit: Lore Lorentz, Ruth Henrichs, Hans-Walter Clasen, Iris Fanslau, Kay Lorentz, Bernd Nesselhuth, Werner Vielhaber. Regie: Werner Vielhaber, Musik: Emil Schuchardt, Ausstattung: Eduard Marwitz. Als Darsteller kamen u.a. hinzu: Walter Gottschow (1947), → *Hanne Wieder* (1948), Horst Butschke und Karl-Heinz Gerdesmann (1950), Trudi Roth (1953), → *Ursula Herking* (1951 für nur ein Programm), Helga Kruck (1957), Fritz Korn (1958), → *Conrad Reinhold* (für nur ein Programm 1958), Ernst Hilbich (1960), Hans Gerd Kübel (1964), Michael Uhden (1966), Ingrid Ohlenschläger (für nur ein Programm 1966), Heinrich Hambitzer (1971), Jochen Busse (1976), Thomas Freitag (1976), Renate Küster (1978), Michael Quast (1982), Angela Fischer (1983). – Als Autoren wirkten u.a. mit: Thaddäus Troll (1947 bis 1952), (→ *Martin Morlock* [alias Kurt Zundgut] seit 1949), → *Werner Wollenberger* (seit 1949),

Szenenfoto vom Programm des Kom(m)ödchen »Es geht um den Kopf« (1969), v.l.: Jochen Piel, Lore Lorentz, Ernst H. Hilbich, Glenn Walbaum, Werner Vielhaber.

→ *Eckart Hachfeld* (seit 1951), Wolfgang Franke (seit 1963), → *Volker Ludwig* (seit 1968), → *Hannelore Kaub* (seit 1969) – ferner u. a.: Erich Kuby, Dieter Werner, Helmut Brasch, → *Hanns Dieter Hüsch,* Fritz Grasshoff, Herbert Witt, → *Oliver Hassencamp,* → *Fridolin Tschudi,* → *Per Schwenzen,* → *Dieter Thierry,* Horst Lommer, Alf Tamin, → *Joachim Hackethal,* → *Joachim Roering,* Michael Uhden, → *Volker Kühn,* → *Thomas Freitag,* Karl Hoche, → *Rainer Hachfeld,* → *Detlef Michel.* Regie führten u. a.: Kay Lorentz, Werner Vielhaber, Werner Lenz, Paul Vasil.

Anfang Mai 1967 zog das *Kom(m)ödchen* in ein neues, eleganteres Domizil in der Bolkerstr. 44, das der in Paris lebende Bühnenbildner Fritz Barth mit Möbelstücken aus altfranzösischen Häusern und Schlössern, ornamentierten Wandverkleidungen und Schränken ausgestattet hatte, die zu einer schwarzen Überkommode zusammenschießen. Das *Kom(m)ödchen,* entstanden knapp zwei Jahre nach Ende des Zweiten Weltkriegs, ist das älteste noch bestehende Nachkriegskabarett der BRD. Von den beiden anderen bundesweit bekanntgewordenen Kabaretts der »Gründerjahre« – den volkstümlichen Berliner → *Stachelschweinen* und der journalistischen → *Münchner Lach- und Schießgesellschaft* – unterscheidet es sich durch das Gewicht, das es von Anfang an auf das Literarische in Wort, Form und Ausdruck gelegt hat. Nicht Schauspieler und Maler gaben bei der Gründung den Ausschlag, sondern das aus dem Hörsaal in die letzten Kriegswirren verschlagene Ehepaar Kay und Lore Lorentz. Mit Martin Morlock, Eckart Hachfeld, Werner Wollenberger und → *Wolfgang Franke* stand ihnen über Jahre hinweg ein Autorenstamm hochkarätiger literarischer Qualität zur Verfügung, in Lore Lorentz eine Interpretin von souveränem Charme und von sinnlich wie intellektuell suggestivem Reiz.

Über solchen Qualitäten lähmten die Mittel, mit denen das *Kom(m)ödchen* dem konservativen Bildungs- und Besitzbürgertum an Rhein und Ruhr satirisches Aufbegehren gegen das Bestehende schmackhaft machen wollte – ästhetische Spielerei, formale Überstilisierung, literarische Verfremdung –, oftmals die Härte des satirischen Zugriffs und ließen den Hieb in der Watte kunstvoller Verbrämung verpuffen. Dennoch bemühte sich das *Kom(m)ödchen* immer wieder, sich neuen Strömungen, wenn auch in ironischer Distanzierung, aufzuschließen, nicht nur in der Aussage, auch in der personellen Besetzung seiner Programme. Hatte es mit dem Programm »Zustände wie im alten Rom« (1963) angesichts der fortdauernd gefestigten Restaurationspolitik bei aller kabarettistischen Brillanz resigniert, so rang es sich zur Zeit der APO 1969 mit dem Programm »Es geht um den Kopf« zur treffenden Selbstpersiflage durch. Trotz aller revolutionären Anklänge in diesem Programm versteht sich das *Kom(m)ödchen* nach wie vor als bürgerlich-liberal. Zu den formalen Wandlungen gehört die Verpflichtung immer wieder neuer Kabarettisten von eigenständigem Format (wie Michael Uhden und Thomas Freitag) wie auch die zeitweilige Absenz von Lore Lorentz (z. B. in den Programmen »Saldo rückwärts«, 1978, und »Die Sache Mensch«, 1983/84) und ihr Soloprogramm »Lore Lorentz präsentiert die Pürkels«, 1980. – Als eines der ersten Nachkriegskabaretts gastierte das *Kom(m)ödchen* seit 1949 im Ausland, so 1949/50 in Zürich, 1951 und 1953 in London, 1961 und 1966 in New York.

Lit.: *Das Kom(m)ödchen-Buch.* Düsseldorf 1955.

»Also, bei aller linken Überzeugung: Aufklärung ohne ein bißchen gepflegten Kom(m)ödchen-*Touch ist bei mir nicht drin. Man kommt sich ja beinahe vor wie eine Barrikaden-Jule. Und: Was hat der früher für Spaß gemacht – erinnern Sie sich noch? Diese Feinheiten, dieser humanistische Doppelsinn, Formulierungen, die auf der Zunge zergingen. Wir waren eine*

große, augenzwinkernde Familie . . . Wir kämpften gegen die Wiederbewaffnung – bis wir sie hatten. Gegen die Notstandsgesetze – bis wir sie hatten. Gegen die alten Nazis – bis wir neue Nazis hatten . . . Und wenn man fragt: Was habt ihr gegen die Verbrechen dieser verrotteten, korrumpierten Gesellschaft getan? – Wir haben sie ästhetisch formuliert.«

Lore Lorentz in dem Programm »Es geht um den Kopf«, 1969/70.

Karl Kraus

* 28. 4. 1874 Gitschin (Böhmen); † 12. 6. 1936 Wien
Schriftsteller, Sprach-, Kultur- und Gesellschaftskritiker
Sohn eines wohlhabenden jüdischen Fabrikbesitzers, der 1877 mit seiner Familie nach Wien übersiedelte. Studierte in Wien acht Semester Jura und Philosophie und wurde Mitarbeiter verschiedener Wiener und reichsdeutscher Zeitungen und Zeitschriften mit Theaterkritiken und Beiträgen über das Theater. 1899 gründete er die Zeitschrift »Die Fackel«, deren Herausgeber und – seit 1912 – alleiniger Autor er bis zu seinem Tode war.
Mit dem Kabarett verband ihn sein Sinn für die volkstümliche Satire Raimunds und Nestroys und für die satirische Opéra comique Offenbachs sowie seine starke Begabung für den Vortrag eigener und fremder Verse, Couplets, Essays

Karl Kraus

und szenischer Stücke, die er in rund 700 Vorlesungen, auch auf Vortragsreisen, rezitierte. In seinem Lesedrama »Die letzten Tage der Menschheit« (1922) prangerte er in kabarettistischer, also satirisch-szenischer Manier die »Verlotterung der Sprache« durch die Presse der Donaumonarchie als Ausdruck der Korruption und der Unwahrhaftigkeit und als letztlich kriegsauslösenden Faktor an. Kraus stand der → *Überbrettl*-Bewegung anfangs interessiert und wohlwollend gegenüber und verkehrte 1906 im → *Cabaret Nachtlicht,* wo er auch einmal einen Einakter inszenierte. An den jüdischen Volkskomikern »Die Budapester« rühmte er das »wahre Theatervergnügen« und insonderheit in deren Protagonisten Heinrich Eisenbach einen »Possenreißer, der zum Erhabenen nicht einmal einen Schritt braucht«.

Lit.: Fischer, J. M.: *Karl Kraus*. Stuttgart 1974. Weigel, Hans: *Karl Kraus oder Die Macht der Ohnmacht*. Wien–Frankfurt–Zürich 1968.

Georg Kreisler
* 18. 7. 1922 Wien
Schriftsteller, Kabarettist, Komponist und politischer Liedermacher
Studierte nach dem Realgymnasium Klavier, Violine und Musiktheorie, emigrierte 1938 mit seiner Familie in die USA. Arbeitete in Hollywood als Filmmusiker, lernte an der University of Southern California dirigieren, komponieren und orchestrieren. Von 1942 bis 1945 US-Soldat, von 1944 an in Europa, u.a. als

Georg Kreisler

Dolmetscher. Schrieb während seiner Militärzeit ein Soldatenmusical und durfte es mit einer Truppe vor US-Soldaten aufführen. Zog im besetzten Gebiet US-Shows auf.

1945 und 1946 wieder in Hollywood, wo er u.a. mit Charles Chaplin an dessen Film »Monsieur Verdoux« arbeitete. Sang bis 1955 in New Yorker Nachtlokalen Chansons und schrieb Lieder für Rundfunk und Fernsehen. Stilmäßig beeinflußt von dem satirischen Entertainer am Klavier Tom Lehrer, machte Kreisler erste Tourneen durch die USA. 1955 nach Wien zurückgekehrt, sang er im Winter 1955/56 eigene Chansons, vornehmlich in der »Marietta-Bar« (u.a. »Taubenvergiften im Park«, angelehnt an Tom Lehrers »Poisoning Pidgeons in the Park«). Pachtete zusammen mit dem aus Hamburg vom NDR nach Wien zurückgekehrten → *Gerhard Bronner* 1956 das »Intime Theater«, wo sie gemeinsam mit → *Carl Merz,* → *Helmut Qualtinger,* → *Peter Wehle* und Louise Martini mit dem Programm »Blattl vorm Mund« an den Durchbruch einer neuen Art Wiener Kabaretts anknüpften, den 1952 seine jetzigen Partner sowie der – inzwischen ausgeschiedene – → *Michael Kehlmann* mit dem Programm »Brettl vorm Kopf« geschafft hatten. In »Blattl vorm Mund« sang, spielte und dirigierte Kreisler Bronners »Krajanuskopf« und schrieb mit Bronner eine Parodie auf »Orpheus in der Unterwelt«. 1957 schied er aus der Doppeldirektion aus, wirkte aber im nächsten Programm (»Glasl vorm Aug'«) noch als Autor und Komponist mit.

1958 übersiedelte er mit seiner Frau, der Soubrette und Chansonniere Topsy Küppers, nach München und 1975 nach West-Berlin. Seit 1977 ist Barbara Peters seine Partnerin. Kreisler tritt mit eigenen Programmen in Funk und Fernsehen und auf Gastspielreisen auf. Populär wurde er mit seinen makaber-grotesken Liedern der Gattung schwarzer Humor (»Zwei alte Tanten tanzen Tango«, »Der guate, alte Franz« u.a.). Mitte der sechziger Jahre wurden seine Chansons zuerst resignierter, dann »politischer« im Sinne eines Engagements für den Frieden und gegen Restauration und Neonazismus, ohne daß er sein differenzierendes Sprachgefühl und seinen Humor aufgegeben hätte. Textsammlungen: »Zwei alte Tanten tanzen Tango«, »Der guate alte Franz«, »Seltsame Gesänge«, »Lieder zum Fürchten«, »Nichtarische Arien« u.a. Nach Machart und Form seiner Texte wie seiner Musik – von der Interpretation gar nicht zu reden (Hans Weigel hält ihn zu Recht für einen »bedeutenden Lyriker« und »konzertreifen Pianisten«) – gehört Kreisler noch immer, auch als → *»Liedermacher«,* als der er sich heute versteht, in die gute alte Schule des Kabaretts.

»Ich begreife mich natürlich als politischer Liedermacher, eigentlich fast mehr als Schriftsteller denn als Liedermacher – ich mag das Wort eh nicht sehr. Von den Produzenten, Veranstaltern und Kritikern bin ich auch immer politisch begriffen worden, wurde immer sehr vorsichtig und dosiert eingesetzt – das geht auf die vierziger Jahre zurück, bis heute . . . Politisch einzuordnen dürfte ich schwer sein, ich neige wahrscheinlich am ehesten zum Anarchismus, Trotzkismus. Partei gehöre ich keiner an, bin noch immer amerikanischer Staatsbürger, Heimat habe ich keine . . .«

Georg Kreisler in einem Gespräch mit Thomas Rothschild.

»In einer Wiener Bar wirkt einer namens Georg Kreisler, der etwas unendlich Seltenes, Schwieriges, Köstliches und Kostbares vollendet beherrscht, eine wienerische Mischung aus Frank Wedekind, Maurice Chevalier und Kurt Weill. Geht hin und bewundert ihn! Wenn nicht alles trügt, wird er sehr bald berühmt sein. Und ihr könnt sagen, ihr seid dabeigewesen.«

Hans Weigel, 1955.

Hellmuth Krüger
* 22. 6. 1890 Dorpat; † 5. 8. 1955 München
Kabarettautor, Conférencier
Wurde nach dem Besuch von Schauspielschulen in Köln und München 1913 Schauspieler in Nürnberg und war danach fünf Jahre am »Deutschen Theater« in Berlin engagiert. Entdeckte bei Auftritten in der von baltischen Aristokraten aufgezogenen »Kurländischen Diele« am Prager Platz in Berlin sein Talent zum Conférencier. Wurde von seiner Landsmännin, der Schauspielerin Elsa Wagner, dem Leiter des → *Schall und Rauch* (II), → *Hans von Wolzogen,* empfohlen. 1919/20 beim *Schall und Rauch* (II), von 1920 bis 1922 in der → *Rakete* Hausconférencier.
Danach conferierte er u. a. im *Korso-Kabarett,* im → *Kabarett der Komiker,* im → *Tingeltangel-Theater,* im → *Alt Bayern,* im *Kabarett für alle,* bei den → *Wespen* (1932), in der »Scala« (Berlin) und in der → *Bonbonniere* (München). 1930 spielte er in der von ihm und → *Karl Schnog* verfaßten Kabarettrevue »So wird's gemacht« im Korso-Kabarett mit. Krüger hatte 1930 das Chanson »Wenn wir wüßten, was der Adolf mit uns vorhat« geschrieben (das → *Willi Schaeffers* im *Kabarett der Komiker* vortrug). Während der Nazizeit wich er in unpolitische Unterhaltung aus. Von 1945 bis 1948 war er Hausconférencier der → *Schaubude,* wirkte 1946 im »Schmunzelkolleg«, München (mit → *Werner Finck,* Walther Kiaulehn und → *R. A. Stemmle*), mit und trat 1946 im → *Ulenspiegel* (Berlin) auf, in der 1947 seine Kabarettrevue »Wir sind noch einmal sitzengeblieben« lief. Ferner conferierte Hellmuth Krüger 1946 in der → *Mausefalle* (Stuttgart) und 1951 im ersten Programm der → *Kleinen Freiheit* (München). Seit 1947 conferierte er in Sendungen des Bayerischen Rundfunks (u. a. im »Nudelbrett«).

Anton Kuh
* 12. 7. 1891 Wien; † 18. 1. 1941 New York
Schriftsteller, Bohemien, Stegreifconférencier
Der Sohn des Hebbel-Biographen Emil Kuh gehörte dem literarischen Kreis um → *Peter Altenberg* und → *Egon Friedell* an. Schrieb vornehmlich Aphorismen und Essays, war aber viel besser im Vortrag seiner geistsprühenden Conférencen und freien Polemiken, die er – um seinen beständigen Geldmangel zu beheben, wenn ihm niemand mehr etwas lieh – in Sonntagsmatineen im »Konzerthaus« in Wien oder im »Theater am Kurfürstendamm« in Berlin vor stets vollbesetzen Häusern darbot (weshalb ihn → *Kurt Tucholsky* einen »Sprechsteller« nannte). Nach einer erbitterten Pressefehde mit → *Karl Kraus,* den er den »Affen Zarathustras« nannte, ging Kuh Mitte der zwanziger Jahre nach Berlin, wo er u. a. für die »Weltbühne« schrieb. 1933 emigrierte er nach Wien, 1938 weiter in die USA. Seine aufgeschriebenen Werke erschienen 1981 in Wien unter dem Titel »Luftlinien«.

Kate Kühl
(eigentlich: Elfriede Katharina Neerhaupt)
* 16. 12. 1899 Köln; † 29. 1. 1970 Berlin
Chansonniere, Schauspielerin
Wollte Opernsängerin werden. Wurde in Berlin von → *Rosa Valetti* für die → *Rampe* entdeckt, wo sie u. a. eigens für sie von → *Kurt Tucholsky* geschriebene Chansons sang (so 1922 »Die Dorfschöne«). Kreierte wenig später in der → *Wilden Bühne* Tucholskys »Leibregiment«. 1927 sang sie in Erwin Piscators Inszenierung von Ernst Tollers »Hoppla – wir leben!« die Chansons von → *Walter*

Kathe Kühl in Trude Hesterbergs Wilder Bühne (1923).

Mehring, 1928 die Lucy in der Uraufführung von → *Bertolt Brechts* »Dreigroschenoper«.
Zwischendurch trat sie im Sprechtheater auf (u.a. in Shaws »Kaiser von Amerika« und in Pirandellos »Sechs Personen suchen einen Autor«). Von März bis Dezember 1930 trat sie in der → *Katakombe* auf, die sie mit anderen wegen Mißhelligkeiten mit → *Werner Finck* verließ. – Ihre größten Chansonerfolge hatte sie mit Tucholskys »Der Graben«, seinem »Seemannslied« und seiner »Roten Melodie«, mit → *Klabunds* »Matrosenlied«, → *Joachim Ringelnatz'* »Seepferdchen«, → *Friedrich Hollaenders* »Die zersägte Dame«, mit Brechts »Ein Pferd klagt an« und seinem »Surabaya-Johnny« sowie mit → *Erich Kästners* Parodie darauf.
In der Nazizeit schlug sie sich u.a. als Landfunksprecherin am Reichssender Berlin durch. Nach 1945 spielte sie in der Neuinszenierung der »Dreigroschenoper« am Hebbel-Theater, Berlin, die Mrs. Peachum und trat in Günther Weisenborns »Die Illegalen« auf. In den sechziger Jahren wurde sie auch den Jüngeren bekannt mit einer LP mit Chansons von Walter Mehring, die Bert Grund vertont hatte. Kate Kühl gehört neben → *Ernst Busch* zu den großen Interpreten des politisch-literarischen Chansons deutscher Zunge.

»Pausbäckig, mit ihren großen, immer wie lustig verwunderten Augen und mit einer Stimme, die klang wie ein kratzbürstiges Clairon. Sie konnte den Leuten direkt ins Herz trompeten.«
Friedrich Luft in seinem Nachruf in »Die Welt«, 2. 2. 1970.

Volker Kühn
* 4. 11. 1933 Osnabrück
Kabarettautor und Regisseur
Studierte Germanistik und kam über den Journalismus zu Funk- und Fernseharbeit: Hörspiele, Feature, Satire. Produzierte am Hessischen Rundfunk von 1965 bis 1977 (mit kurzen Unterbrechungen) eine eigene Funkkabarettreihe, »Bis zur letzten Frequenz«, für die er 1968 den Kurt-Magnus-Preis der ARD erhielt. Autor und Regisseur verschiedener Programme des → *Reichskabaretts* (u. a. »Hab Bildung im Herzen«, 1967, »Der Guerilla läßt grüßen«, 1968, »Ex und hopp«, 1970) und bei den → *Wühlmäusen.* Schrieb außerdem Texte für das → *Kom(m)ödchen,* für → *Wolfgang Neuss,* → *Hanns Dieter Hüsch,* → *Jürgen von Manger* u. a.
Schrieb und produzierte zahlreiche satirische Fernsehsendungen (»Kleinkunststücke«), TV-Porträts (über Walter Scheel als Popsänger und über Wolfgang Neuss), Fernsehshows (»Einmal vor und Revue«, »Herzeleid und Tränenbäche«). Startete zusammen mit → *Dieter Hildebrandt* die ZDF-Satire-Reihe »Notizen aus der Provinz« (→ *Medienkabarett*). Schrieb und inszenierte die TV-Groteske »Die halbe Eva« als BRD-Beitrag zum Festival von Montreux 1975, die Satire »Euer Clown kann ich nicht sein« (ZDF, Oktober 1980) und »Hochkant« (ARD, April 1982). Montierte seit 1969 Politsatiren auf Schallplatten (»Wie die Alten singen«, »Pol[h]itparade« u. a.). Schrieb Satiren für die Zeitschrift »Pardon«. Gab 1981 *Das Wolfgang-Neuss-Buch* heraus.

Küka
(Künstler-Kaffee)
Café in der Budapester Straße an der Kaiser-Wilhelm-Gedächtniskirche in Berlin, war von 1920 bis 1930 ein Treffpunkt noch nicht arrivierter Künstler, Schriftsteller und Schauspieler, die hier Gelegenheit hatten, bei billigem Verzehr eigene oder fremde zeitkritische Verse vorzutragen. Zu den Gästen gehörten u. a. → *Max Colpet,* → *Werner Finck,* → *Annemarie Hase,* Resi Langer, → *Erich Mühsam,* → *Erich Kästner,* → *Karl Schnog,* Ernst Toller, → *Erich Weinert.* Im April 1930 ging das letzte Programm über das Podium des *Küka,* nachdem der völkisch eingestellte Besitzer des Lokals dem revolutionären Satiriker Erich Weinert Hausverbot erteilt hatte.

Edgar Külow
* 10. 9. 1925 Werdohl (Westfalen)
Schauspieler und Kabarettist (DDR)
Seit 1959 Darsteller, Autor, Regisseur und von 1962 bis 1964 auch Direktor der → *Leipziger Pfeffermühle.* Schreibt seither Fernsehspiele für das DDR-Fernsehen, spielt Filmrollen und schreibt seit 1964 Texte und inszeniert bei dem Laienkabarett *Die Taktlosen,* Halle. Erhielt den Händel-Preis des Bezirks Halle.

Harry Lamberts-Paulsen
* 1895 Hamburg; † 20. 6. 1928 Berlin
Kabarettist und Conférencier
Im Ersten Weltkrieg Reserveleutnant, wurde Lamberts-Paulsen nach dem Krieg von → *Peter Sachse* für das Kabarett entdeckt. Forsch und volkstümlich, gehörte er zu den witzigsten und schlagfertigsten Conférenciers der zwanziger Jahre. Mit Sachse zusammen übernahm er 1922 die Leitung des *Karussell*, conferierte u. a. in Sachses *Weißer Maus* und im → *Kabarett der Komiker*.
1925 übernahm er von → *Rosa Valetti* deren → *Rampe*, wo er eine Gastspielreihe unter dem Titel »Die Pistole« mit bekannten Künstlern aufzog, u. a. mit → *Erich Weinert*. Lamberts-Paulsen trat auch gemeinsam mit → *Claire Waldoff* auf. Die Berliner »Volksbühne« hatte ihn gerade für eine Bühnenrolle vorgesehen, als Lamberts-Paulsen mit Leberkrebs ins Krankenhaus mußte, an dem er am 20. 6. 1928 starb. Tausende gaben ihm das letzte Geleit. Zu seinem Gedenken stiftete der Herausgeber des »8-Uhr-Abendblatts«, Victor Hahn, auf Anregung von Sachse den »Lamberts-Paulsen-Ring« des deutschen Kabaretts mit der Inschrift: »Bester, gedenke des Besten!«

Larifari
Politisch-satirisches Kabarett ohne festes Haus in Berlin, gegründet 1928 von → *Rosa Valetti* und dem Komponisten Erich Einegg. Mit Gastspielen, mal im → *Blauen Vogel*, mal im Nelson-Theater, mal im »Palmenhaus«, versuchte die Valetti noch einmal, politisch bewußtes Kabarett zu machen. In dieser Absicht unterstützt wurde sie von → *Ernst Busch*, der hier die beißendsten Songs aus seinem Repertoire sang (u. a. → Brechts »Legende vom toten Soldaten« und Julian Arendts »Seifenlied«) sowie Verse von Julian Arendt und → *Karl Schnog* vortrug.
Ferner wirkten im *Larifari* u. a. mit: Roma Bahn, → *Max Colpet*, → *Werner Finck*, → *Valeska Gert*, → *Annemarie Hase*, → *Trude Kolman*, → *Kate Kühl*, Hubert von Meyerinck, → *Rudolf Platte*, Adele Sandrock, Leonhard Steckel, Aribert Wäscher, Else Ward. Texte schrieben u. a. Erich Einegg, Werner Finck (»Minutenparodien«), Günther Franzke (Schwenn), Fritz Gottfurcht, Egon Jacobsohn, Hermann Kesten, Rosa Valetti, Aribert Wäscher. Kompositionen und am Klavier: Erich Einegg, Tibor Kasics.
»Rosa Valettis Larifari *wollte ein ›satirischer Zeitspiegel‹ sein, listig in seinem Angriff, ernst in seinem Übermut. Es war in seinen Darbietungen frech, aufrührerisch, aktuell, es war ein Kabarett, wie es damals, im Jahre 1929, in Berlin keine zweite Stätte dieser Art gab. ›Hier herrscht Gesinnung in edelster Form‹, meinte eine Zeitung. ›Die Einzigartigkeit dieses Kabaretts in Berlin‹, so schrieb eine andere, ›ist darin zu suchen, daß all diese Chansons und grotesken Szenen schärfste aggressive Kritik an sozialen und politischen Zu- und Mißständen darstellen.‹ «*
Aus: Herbert Ihering und Hugo Fetting, Ernst Busch, *Berlin (Ost) 1965, S. 68.*

Das Laterndl → *Exilkabarett* (London)

Die Laterne → *Exilkabarett* (Paris)

Margrit Läubli
* 3. 4. 1928 Zürich
Kabarettistin
Ursprünglich Tänzerin. Engagement am Stadttheater Basel, dann Stipendium in Paris. Kam durch Zufall ins → *Cabaret Cornichon* und spielte dort zwei Pro-

gramme. Seit Herbst 1951 im → *Cabaret Federal.* Lernte dort → *César Keiser* kennen und spielt seit 1962 mit ihm kabarettistische Duoprogramme.

Die Leid-Artikler
Politisch-satirisches Kabarett, gegründet als *Göttinger Studenten- und Dilettanten-Kabarett Die Leid-Artikler* 1959 von dem Geschichts- und Jurastudenten → *Dietrich Kittner* (erstes Programm: »Kompromisere«, 24. 2. 1960), 1960 nach Hannover übergesiedelt und fortan unter dem Namen *Die Leid-Artikler* Berufskabarett (zweites Programm: »In höheren Kr[e]isen«, 21. 2. 1961).
Vier Jahre lang zogen *Die Leid-Artikler* (Dietrich und Christel Kittner, Rosemarie Schulz, Gisela Kugel, Dor Knecht und Willi Weist-Bosch) als Reisekabarett durch die BRD. 1964 ließen sie sich im »Intimen Theater« in Hannover nieder und bestritten dort vier weitere Programme (»Im Westen nichts Treues«, 1965; »Goldene Pleiten«, 1965; »Arm, aber kleinlich«, 1966; »Bornierte Gesellschaft«, 1966), bis sich die Truppe 1966 auflöste und Kittner unter der Firmierung »Dietrich Kittners Staatstheater« (später »Kittners kritisches Kabarett«) seit dem 24. 2. 1976 seine Texte allein vorzutragen begann.

Leipziger Pfeffermühle
Politisch-satirisches Kabarett der DDR. Gegründet von Künstlern des »Theaters der jungen Welt« in Leipzig, eröffnet von und mit ihnen unter Leitung von Hans Joachim Würzner am 22. 3. 1954 im »Weißen Saal« am Leipziger Zoo. Nach dem ersten Programm vom Rat der Stadt Leipzig übernommen, spielte die *Leipziger Pfeffermühle* mit eigenem Ensemble bis 1961 im »Walter-Albrecht-Haus« und residiert seither im eigenen Haus am Thomas-Kirchhof.
Bereits zum zweiten Programm steuerten namhafte Autoren wie Ferdinand May, Lothar Kusche und → *Karl Schnog* Texte bei. Im August 1955 übernahm → *Conrad Reinhold* die Leitung und hob das Kabarett literarisch, künstlerisch wie satirisch auf ein Niveau, das es von anderen DDR-Kabaretts unterscheidet und auch bei westlichen Besuchern der Leipziger Messe Anklang findet. Mit seiner unerschrockenen Kritik handelte sich Reinhold bereits mit seinem zweiten Programm (»So'n Zirkus«) ein Spielverbot während der gesamten Herbstmesse 1955 durch die Kulturabteilung des Rats der Stadt ein. In der 70. Vorstellung seines Programms »Rührt Euch!« (1956) wurde Reinhold mitten in seinem »Zeitungscouplet« von Parteifunktionären von der Bühne gezerrt; er ging 1957 in die BRD.
Nach vorübergehender Schließung setzte der Rat der Stadt den Dramaturgen Horst Gebhardt als neuen Leiter ein. Ihm folgten 1962 der *Pfeffermühlen*-Autor, -Regisseur und -Darsteller → *Edgar Külow,* 1964 der Dramaturg Horst Günther und 1979 Hans-Dieter Schmidt. Trotz dieses häufigen Wechsels in der Leitung hat sich die *Leipziger Pfeffermühle,* auch dank des anhaltenden Zuspruchs durch die Messegäste, ihre relativ satirische Schärfe bewahrt, was sich auch darin ausdrückt, daß sie, im Gegensatz etwa zur → *Distel,* nicht im DDR-Fernsehen gezeigt wird.
»Das ist die Chance eines guten Kabaretts: das verbotene Terrain anzuleuchten, abzutasten, hier und da vorsichtig einzudringen. In einem Gemeinwesen, das die Sprache regelt, können schon leichte Regelverletzungen Erhellung bringen. Wo man Worte auf die Waagschale zu legen hat, können schon wenige Silben den Ausschlag geben . . . Heilig ist den Leipziger Spaßmachern kaum etwas – wie sonst hätten sie auch einen so guten Ruf.«
Volker Hage zum 25jährigen Bestehen der Leipziger Pfeffermühle *in der »Frankfurter Allgemeinen« vom 14. 3. 1979 über das Programm »Wir können gratulieren« (aufgrund dessen der Leiter Horst Günther vom Rat der Stadt Leipzig abgesetzt wurde).*

Max Werner Lenz
* 7. 10. 1887 Kreuzlingen (Schweiz); † 31. 10. 1973 Bassersdorf bei Zürich
Schauspieler, Regisseur, Kabarettautor, Kabarettist
Ausgebildet in Sankt Gallen als Stickereientwerfer, wurde Lenz 1916 Schauspieler: von 1917 bis 1920 am Stadttheater Zürich, von 1920 bis 1931 (auch Regisseur) in Frankfurt (Main), Dessau, München (»Kammerspiele«) und am Deutschen Theater in Rumänien. Kehrte 1931 in die Schweiz zurück, wo er einige Theaterstücke schrieb (u.a. die Komödie »Heil dir, Helvetia!«).
In einer Aufführung seiner Bearbeitung der »Schönen Helena« von Offenbach, in der er auch als Darsteller mitwirkte, sah ihn 1934 der Leiter des → *Cabaret Cornichon,* → *Walter Lesch,* und engagierte ihn im Herbst 1934 als Autor, Regisseur, Darsteller und Conférencier an sein Haus. Lenz schrieb für das *Cornichon* zahlreiche berühmt gewordene Chansons (u.a. »Mensch ohne Paß«, »Gesundung der Kunst«, »Der Rattenfänger«, »Größenwahn«) und verarbeitete die mundartlichen Kurzszenen des Volksschriftstellers Jakob Bührer (»Das Volk der Hirten«) zu Fünf-Minuten-Sketschen, womit er eine volkstümlich schweizerische Note in das Schweizer Kabarett brachte. Lenz schrieb vornehmlich Chansons und Monologe für → *Elsie Attenhofer* (u.a. »Das alkoholfreie Mädchen«, »Europa-Union«). 1947 schied er aus dem *Cornichon* aus und schrieb hinfort Texte für das → *Cabaret Federal* sowie für Soloprogramme von → *Alfred Rasser.*

Walter Lesch
* 4. 3. 1898 Zürich; † 28. 5. 1958 Zürich
Schriftsteller, Dramaturg, Kabarettautor und -leiter
Dr. phil. War Direktionssekretär, Hauslehrer, Journalist, Kaufmann, Filmautor, Regisseur und Dramaturg, bevor er 1928 in Zürich das Kabarett »Krater« gründete. Ende 1933 gründete er das → *Cabaret Cornichon,* dessen künstlerischer Leiter und Hauptautor (teilweise zusammen mit → *Max Werner Lenz*) er bis zum Ende des *Cornichon* 1951 war.
Lesch hat das *Cornichon* mit Umsicht und Geschick durch die Fährnisse gesteuert, die mit Interventionen fremder Mächte (in den dreißiger und ersten vierziger Jahren von seiten Deutschlands und Italiens, nach dem Kriege von seiten Frankreichs) die Existenz der frei geäußerten Satire in der Schweiz bedrohten. In vielen Chansons und Szenen attackierte er Nazismus und Faschismus und die ängstliche Neutralitätspolitik der Schweiz (u.a. »Er ist an allem schuld«, »Großes Oratorium für Zufriedene«, »Abessinische Litanei«, »Die Demokratie in eigener Person«). Wie Lenz schrieb auch er Texte für Soloprogramme von → *Elsie Attenhofer.* Zusammen mit Lenz gab er dem *Cornichon* die spezifisch schweizerische Note. 1948 schrieb Lesch die kabarettistische Revue »Die kleine Niederdorf-Oper«.

Der liebe Augustin
Literarisch-politisches Kabarett in Wien, eröffnet am 7. 11. 1931 von der Schauspielerin → *Stella Kadmon* als Kollektiv mit dem Schriftsteller → *Peter Hammerschlag,* dem Zeichner Alex Szekely und dem Musiker Fritz Spielmann (1932 bis 1937: Franz Eugen Klein) im Keller des »Café Prückl«, Biberstr. 2. Mitwirkende außer den Genannten: Lisa Thenen, Walter von Varndal, Grete Wagner. Bis zum Revirement 1935 wirkten ferner mit: Anton Edthofer, Tom Kraa u.a.
Bis zu seinem neunten Programm (März–Mai 1933) gab sich *Der liebe Augustin* als buntes Brettl im Fahrwasser der Berliner → *Katakombe* (bei der Hammerschlag gastiert hatte) mit viel Raum für Improvisationen. So machte etwa Ham-

Der liebe Augustin in dem Sketsch »Die Geburt des Schlagers« (1931/32), v.l.: Peter Hammerschlag, Grete Wagner, Anton Edthofer, sitzend: Fritz Spielmann, Stella Kadmon, Gerti Sitte, Walter von Varndal.

merschlag auf Zurufe aus dem Publikum blitzartig (er nannte es »Blitzen«) Gedichte nach Art eines ihm genannten Autors, während Szekely dazu in der Manier eines ihm genannten Malers das dazu passende Bild zeichnete. Weitere Spezialitäten waren die Literaturparodie und der parodistische Tanz (Gertie Sitte, später Traute Witt). Bis 1934 bestimmte Peter Hammerschlag als Hausdichter mit seiner an → *Peter Altenberg* geschulten feuilletonistisch-verspielten Schreibart das Gesicht des *Lieben Augustin.* Mit seinem Austritt aus dem Kollektiv nach neun Programmen im Herbst 1934 und dem Eintritt von → *Gerhart Herrmann Mostar* als neuem Hausautor wandelte der *Liebe Augustin* auch seinen Stil: Er verlegte sich – auch unter dem Einfluß des in der → *Literatur am Naschmarkt* gebotenen kabarettistischen Zeittheaters – mehr auf das Theatermäßige, brachte Einakter und schließlich auch → *Mittelstücke,* die ihm neben Mostar hauptsächlich → *Hugo F. Koenigsgarten* schrieb. Gemeinsam verfaßten beide für das (im Garten des Café Hohe Warte aufgeführte) Sommerprogramm 1935 eine Allegorie auf Hitler: »Reineke Fuchs«. Während vom bisherigen Ensemble als Darsteller einzig Kraa und Varndal blieben, trugen zur neuen Ära vor allem bei: als Darsteller Gusti Wolf, Vilma Kürer, Alice Lach, Wilhelm Hufnagl, Manfred Inger u.a., als Autoren neben den Genannten → *Curt Bry* und Hans Fischer sowie als Regisseure Peter Ihle, Martin Magner, Herbert Berghof, Leo Askenazy, → *Fritz Eckhardt.* Statt eines festen Ensembles gab es nur noch Stückverträge.

Zu den literarischen wie politischen Höhepunkten des *Lieben Augustin* gehört Mostars von Herbert Berghof vorgetragene »Legende vom namenlosen Soldaten« (1935) als Antwort auf die Anordnung der Nazis, die Namen der im Ersten

Weltkrieg gefallenen deutschen Juden von den Kriegerdenkmälern zu entfernen. Seine wichtigsten Programme: »Lysistrata« (1934), »Reineke Fuchs« (1935), »Die Ballade vom lieben Augustin« (1936), »O du liebe Weltgeschichte« (1936), »Zirkus Universum« (1937). Mit seinem 35. Programm (»Der Durchschnittsmensch«) von Curt Bry (Premiere: 17. 2. 1938) stellte der *Liebe Augustin* am 10. 3. 1938 seinen Spielbetrieb ein.
Der liebe Augustin war das erste eigenständige Wiener literarisch-politische Kabarett und die Urzelle der in den dreißiger Jahren nachfolgenden Wiener Kleinkunstbühnen. Im Juni 1945 ließ ihn Fritz Eckhardt im Prückl-Keller wiederaufleben mit dem Programm »Wiener Panoptikum« (mit sich selbst, Elli Naschold, Egon Kment, zeitweise auch Kurt Nachmann und Carl Merz). Im September 1946 übernahm → *Carl Merz* die Direktion. 1947 kehrte Stella Kadmon aus dem Exil in Palästina heim und versuchte, den *Lieben Augustin* im alten Stile fortzuführen, kam aber über drei Programme (»Wir pflanzen«, »Reflexe«, »Der goldene Ball«) nicht hinaus. Mit Brechts »Furcht und Elend des Dritten Reiches« und Siegfried Freibergs »Kleinem Welttheater« wandelte sich ihr Kabarett 1948 in eine Kleinbühne unter dem Namen »Theater der Courage« um und wurde von ihr bis zum 31. 12. 1981 geleitet.

»Während die Zeit den heroischen Menschen sich zum Ziel gesetzt hat, koste es, was es wolle, nimmt sich der Liebe Augustin des Durchschnittsmenschen an und kommt auch hier mit Galgenhumor zu der alten lieben Weise, die alles hin sein läßt, aber auch in der Pestgrube die Hoffnung nicht aufgibt.«

Oscar Maurus Fontana in einer Rezension des letzten Programms des L.A. im »Wiener Tag«, 12. 3. 1938.

»Erotik wird nur mäßig ausgezogen. Börsenanekdoten sind verboten, Geistigeres wird bevorzugt. Einiges könnte man sich schärfer, mutiger, übermütiger denken. Aber fast alles zeigt Begabung und ist amüsant.«

»Neues Wiener Tagblatt«, 10. 11. 1931

Liedermacher
Sammelbezeichnung für Chansonniers, die ihre Lieder selber schreiben, komponieren und vortragen, geprägt von → *Wolf Biermann* in Anlehnung an den von → *Bertolt Brecht* geprägten Begriff »Stückeschreiber«, der der künstlerischen Produktion das Air des Höheren nehmen und das Herstellen von Liedern bzw. Theaterstücken als eine Arbeit wie jede andere ausweisen sollte.
Mit dem Verfall des herkömmlichen literarisch-politischen Kabaretts Anfang bis Mitte der sechziger Jahre sah sich die darstellende Satire auf ihre Ursprünge zurückverwiesen: auf das literarisch-zeitkritische Chanson. So übernahmen die neuen Liedermacher – in erster Linie → *Franz Josef Degenhardt*, → *Dieter Süverkrüp* und Wolf Biermann – formal viel vom französischen → *Chanson* (vor allem von Georges Brassens), während sie sich inhaltlich am amerikanischen Folk Song, genauer am Topical Song, orientierten. Den neuen Anstoß zum politischen Lied hatten in den USA das »Civil Rights Movement« für die Rassengleichstellung von 1960 sowie die Protestbewegung gegen den Vietnamkrieg gegeben. Die jungen amerikanischen Protestsänger orientierten sich an linken Folk Singern wie Woodie Guthrie (*1912–†1967) und Pete Seeger (*1919), die in den vierziger Jahren die gewerkschaftlich ausgerichteten »Almanac Singers« gegründet hatten. Beim Folk Festival in Newport 1963 fanden sie in Tom Paxton, Phil Ochs und vor allem in dem 22jährigen Bob Dylan ihre unmittelbaren Interpreten. Bald drang der engagierte Folk Song nach Deutschland vor, befördert von Joan Baez in die BRD und von Perry Freedman in die DDR.

Speziell in der BRD, wo die Erschießung des Studenten Benno Ohnesorg in West-Berlin, die bevorstehende Notstandsgesetzgebung und der Vietnamkrieg in der Jugend ein Protestpotential aktiviert hatten, wurden Inhalte und Form des neuen Folk Songs aufgegriffen und dieses zu eigenständigen »Protestliedern« verarbeitet. Namentlich Degenhardt, Süverkrüp und → *Hannes Wader* lehnten sich mehr oder weniger an die amerikanische Tradition an, während → *Walter Moßmann* eher an der französischen anknüpfte. In der DDR sang Wolf Biermann gegen die bürokratische Verkrustung des Staatsapparats an, beeinflußt sowohl von den Chansons des François Villon (um 1431–um 1463) wie vom amerikanischen Folk Song. – Ausgehend von den Festivals »Chansons Folklore International« (1964 bis 1969) auf der Burg Waldeck im Hunsrück, wo noch nebeneinander traditionelle und aktuelle politische Lieder und Songs, literarische Chansons, Liebes- und Nonsenslieder gesungen wurden, teilten sich die durch diese Festivals bekanntgewordenen Liedermacher seit Anfang der siebziger Jahre in drei große Gruppen, zu denen in der Folgezeit immer neue Autoren und Interpreten hinzukamen.

Die erste Gruppe greift mit ihren Liedern – oft nach Volksweisen, mit Wortspielen und vielfältigen Assoziationen – in die tagespolitischen Auseinandersetzungen ein, so bei Streiks und Massendemonstrationen u. a. gegen die Atombombe (Ostermarschbewegung), Rassendiskriminierung, soziale Unsicherheit und Krieg (z. B. den Vietnamkrieg). Den ersten politischen Liedermachern (Degenhardt, Süverkrüp, Biermann) folgten in den siebziger Jahren Moßmann, Wader, → *Konstantin Wecker,* Rolf Schwendter u. a. nach. In diese Kategorie gehören auch Politrockgruppen wie der → *Floh de Cologne,* die → *Schmetterlinge* u. a. sowie Songgruppen wie *Die Conrads, Peter, Paul und Barmbek* und aus der Frauenbewegung hervorgegangene Solistinnen und Gruppen wie Ina Deter, Bettina Wegner, *Schneewittchen, Flying Lesbians.* Viele Sänger belebten durch ihre Interpretation traditionelle Volks- und Arbeiterlieder, andere – wie → *Ernst Busch,* Hein und Oss Kröher, Peter Rohland, Wolfram u. a. – entwickelten sie weiter.

Die zweite Gruppe, deren Lieder vornehmlich in Geschichten die Wirklichkeit beschreiben, karikieren oder parodieren, steht in der Tradition des literarischen Chansons. Neben der »Berliner Schule« um Reinhard Mey (mit Ulrich Rosski, Schobert & Black, Lothar von Viersen u. a.) wurden in der Anfangszeit vor allem Kristin Bauer-Horn, Lerryn, Christof Stählin und Eva Vargas bekannt. Auf dem von Hildegard Knef und Udo Jürgens bereiteten Boden löste diese Gruppe der Liedermacher im Schallplattengeschäft die Schlagersänger ab. Dazu kamen im Laufe der siebziger Jahre noch Wolfgang Ambros, Arik Brauer, Georg Danzer, Gunter Gabriel, Nina Hagen, André Heller, Peter Horton, Joana, Knut Kiesewetter, Udo Lindenberg, Marianne Mendt, Marius Müller-Westernhagen, Erika Pluhar, Ulrik Remy, → *Hans Scheibner,* Herman van Veen u. a.

Die dritte Gruppe gebar mit ihren Liedern, gesungenen Sprüchen, Limericks und Wortcollagen im Lauf der siebziger Jahre die Nonsenswelle. Aus den Anfängen von Schobert & Black, Insterburg & Co. u. a. entwickelten → *Dieter Hallervorden,* Mike Krüger, Otto u. a. den musikalisch untermalten Unsinn.

Allen drei Gruppen zuzurechnen sind Kabarettisten wie → *Hanns Dieter Hüsch,* → *Franz Hohler,* → *Dietrich Kittner,* → *Georg Kreisler* u. a. 1968 wurde zum erstenmal außerhalb der Burg Waldeck ein größeres Festival, die »Internationalen Essener Songtage«, veranstaltet. Anfang der achtziger Jahre gab es rund 70 Chanson-Folklore-Festivals in verschiedenen Städten der BRD.

Obwohl die Liedermacher auf einen der Hauptzuströme des Kabaretts zurückgreifen, nämlich das Chanson, sind sie dem eigentlichen Kabarett nicht zuzurechnen wie noch Brecht und → *Wedekind*, die ihre Chansons innerhalb des räumlichen Kabarettrahmens vortrugen. Sie sind aber für die seit den sechziger Jahren zu beobachtende Auflösung des Ensemblekabaretts in seine konstituierenden Bestandteile – Chanson und Conférence – symptomatisch.

Lit.: Huff, Hartmut: *Liedermacher – Songpoeten, Mundartsänger, Blödelbarden, Protestsänger,* München 1980 (darin Literaturangaben zu einzelnen Liedermachern). Rothschild, Thomas: *Liedermacher – 23 Porträts.* Frankfurt (Main) 1980. – Rudorf, Reginald: *Schach der Show – Über Lach- und Liedermacher in Deutschland.* Wiesbaden 1974.

Linden-Cabaret
(Cabaret Unter den Linden)
Unterhaltungskabarett in Berlin, Unter den Linden 22 (in der Passage zur Friedrichstraße). Gegründet vor dem Ersten Weltkrieg, geleitet von den Brüdern Karl und Theodor Rosenfeld, bot es dem Theaterpublikum und den Nachtbummlern des alten Berliner Unterhaltungsviertels entlang der Friedrichstraße nach Schluß der Theatervorstellungen und der Speiselokale nach Mitternacht für 2 Mark Eintritt ein erschwingliches Vergnügen.
Hier gastierten so unterschiedliche Kabarettisten wie Else Ward, Senta Söneland, Willy Prager, → *Egon Friedell,* → *Gussy Holl,* → *Fritz Grünbaum* und vor allem → *Claire Waldoff,* die hier u.a. 1914 ihr Chanson »Hermann heeßt er...« kreierte.

Margo Lion
* 29. 2. 1899 in Konstantinopel
Kabarettistin, Chansonniere, Schauspielerin
Tochter eines französischen Vaters. Kam mit ihm, einem Geschäftsmann, nach dem Ersten Weltkrieg nach Berlin und lernte hier den Kabarettautor → *Marcellus Schiffer* kennen. Sah mit ihm zusammen in einem Berliner Kabarett → *Gussy Holl.* Überzeugt, dies auch zu können, sofern der Text französisch wäre, bat sie Schiffer, ihr ein Chanson zu schreiben. Der schrieb ihr – auf deutsch – »Die Linie der Mode« und nahm sie 1923 zum Vorsingen in die → *Wilde Bühne«* mit, für die er damals schrieb. Sie wurde sofort engagiert und wurde mit ihrer überschlanken Figur und ihrem parodistischen Talent zu einer der großen Parodistinnen des deutschsprachigen Chansons.
Als Ehefrau und beste Interpretin Schiffers trat sie in dessen von → *Mischa Spoliansky* vertonten Kabarettrevuen »Hetärengespräche«, »Es liegt in der Luft«, »Alles Schwindel«, »Rufen Sie Herrn Plim« und in anderen Produktionen auf (mit Chansons wie »L'heure bleue«, »Wenn die beste Freundin...« [mit → *Marlene Dietrich*], »Nofretete« [von → *Friedrich Hollaender*], »Die Braut« u.a.). Nach Schiffers Freitod 1932 ging Margo Lion nach Paris zurück, wo sie seitdem lebt. Spielte 1932 in der französischen Version von G. W. Pabsts »Dreigroschenoper«-Verfilmung die Jenny, danach viele Theater- und Filmrollen. Trat auch als Interpretin von → *Brecht*-Songs hervor. Bei den »Berliner Festwochen« 1977 gastierte sie nach viereinhalb Jahrzehnten der Abwesenheit zum erstenmal wieder in Berlin: am 7. 9. 1977 im »Renaissance-Theater«, am Flügel begleitet von Mischa Spoliansky.

Margo Lion (1924)

Literatur am Naschmarkt

Literarisch-politisches Kabarett in Wien, gegründet von einer Gruppe des »Bundes junger Autoren Österreichs«, bestehend hauptsächlich aus → *Rudolf Weys* und F. W. Stein (eine andere Gruppe hatte im Sommer 1933 unter → *Rudolf Spitz* die → *Stachelbeere* gegründet. Eröffnet am 3. 11. 1933 im Keller des »Café Dobner«, Linke Wienzeile, mit Texten von Harald Peter Gutherz und R. Weys. Darsteller: Franja Frey, Manfred Inger, Gerda Landers, Carl Merz, Liesl Valetti, Gerda Waschinsky und Hans Wlassak.

Der Name des Kabaretts sollte die Balance zwischen literarischem Kabarett und dem traditionsgemäß am Wiener Naschmarkt beheimateten Volkswitz ausdrücken. Demgemäß strebten die Initiatoren nach einem Mittelding zwischen Theater und Brettl. Daraus ergab sich zwangsläufig die »Erfindung« (Weys) eines neuen Kabarettelements, das sie → *Mittelstück* nannten: ein dreißig bis vierzig Minuten langer kabarettistischer (mitunter auch rein dramatischer) Einakter, vor und nach welchem das übliche Nummmernprogramm ablief, darunter viele zeitkritische Dramen- und Filmparodien. (In den Pausen vor und nach dem Mittelstück wurde serviert bzw. kassiert.) Schon im zweiten Programm gab es eine Art Mittelstück: die auf fünfzig Minuten verkürzte Bearbeitung der Märchenposse von 1848, »Der letzte Zwanz'ger« von N. J. Kola, durch Rudolf Weys, das, mit einer aktualisierten Fassung des Hauptcouplets versehen, nun »Die Metamorphosen des Herrn Knöllerl« hieß. Das erste eigene Mittelstück

Das Mittelstück »Die große Reise« (1935) von Lothar Metzl in der »Literatur am Naschmarkt.« Hier ein Gespräch zwischen der Judenbuche (Elisabeth Neumann) und der deutschen Eiche (Oskar Wegrostek).

schrieb Weys für das fünfte Programm (Mitte Mai 1934) unter dem Titel »A.E.I.O.U. oder Wenn Österreich den Krieg gewonnen hätte«, eine politisch harmlose Utopie von einer k.u.k. Weltmacht nach 1918. Außerdem wurden Einakter von Offenbach (»Nr. 66«), Nestroy (»Häuptling Abendwind«), Molnar und Schnitzler sowie – als deutschsprachige Erstaufführung (im elften Programm, 25. 11. 1935) – Thornton Wilders »The Long Christmas Dinner« als Mittelstücke aufgeführt.
Weitere Mittelstücke schrieben u. a. → *Hans Weigel* (»Marie oder Der Traum ein Film«, 18. 2. 1935), Lothar Metzl (»Pimperloper«, 8. 9. 1934), Rudolf Weys (»Pratermärchen«, 27. 4. 1936) und → *Jura Soyfer* (»Der Lechner Edi schaut ins Paradies«, 6. 10. 1936). Weitere Texte schrieben: Harald Peter Gutherz, → *Peter Hammerschlag,* Kurt Nachmann, Rudolf Spitz u. a. Kaufmännischer Direktor war F. W. Stein. Regie führten u. a.: Walter Engel (vom achten Programm an auch künstlerischer Leiter), Martin Magner und Hermann Kner. Hauskomponisten waren nacheinander Otto Andreas (= André Singer), Ferdinand Piesen und J. C. Knaflitsch. Darsteller: Herbert Berghof, Franz Böheim, Walter Engel, Leon Epp, Hugo Gottschlich, Heidemarie Hatheyer, Grete Heger, Wilhelm Hufnagl, Manfred Inger, Liesl Kienast, Hilde Krahl, Paul Lindenberg, → *Carl Merz,* Josef Meinrad, Martin Miller, Adolf Müller-Reitzner, Elisabeth Neumann, Erich Pohlmann, Peter Preses, Rudolf Steinboeck, Walter von Varndal,

Hilde Volk, Gerda Waschinsky, Oskar Wegrostek u.a. Bis zur letzten Vorstellung am 12. 3. 1938 brachte die *Literatur am Naschmarkt* 22 Programme mit einer Laufzeit von je zwei bis drei Monaten heraus. Nach den »Anschluß« gründeten einige Mitglieder (Weys: »Unsere ›arische‹ Abteilung«) das → *Wiener Werkel.*

»Es war die dem Theater denkbarst angenäherte Form des Kabaretts . . . Man hat die Literatur am Naschmarkt *einmal als das ›Burgtheater der Wiener Kleinkunst‹ bezeichnet, und das hatte im Positiven wie im Negativen etwas für sich.«*

Hans Weigel in »Gerichtstag vor 49 Leuten, Rückblick auf das Wiener Kabarett der dreißiger Jahre«, Graz–Wien–Köln, 1981.

»Weitgehend liberal, jedoch nicht mit zu großer Schlagseite nach links, pro-österreichisch, jedoch nicht für einen Diktaturkurs«.

Die politische Programmatik der Literatur am Naschmarkt.

Peter Lodynski
* 12. 10. 1936 Wien
Schauspieler, Regisseur, Kabarettist, Drehbuch- und Kabarettautor
Studierte Medizin, dann Theaterwissenschaft und Kunstgeschichte an der Universität Wien und besuchte daneben die Schauspielschule und das Film- und Fernsehseminar an der Akademie der bildenden Künste in Wien. Spielte Dezember 1961 sein erstes Kabarettprogramm (»Man trägt wieder Hirn«, im »Theater der Courage«). Daraufhin engagierte ihn und seine Partnerin Mirjam Dreifuss → *Gerhard Bronner* an seine »Marietta-Bar« und dann an sein → *Neues Theater am Kärntnertor,* wo er mit der Grazer Kabarettgruppe → *Der Würfel* zusammentraf.
Mit dem Leiter der Gruppe, → *Kuno Knöbl,* löste er sich von Bronner. Im Dezember 1963 eröffneten er und Knöbl ein eigenes Kabarett *(Der Würfel)* im Keller des »Café Savoy« in der Himmelpfortgasse, Wien I., das dort bis 1968 spielte und im November 1968 in das *Neue Theater am Kärntnertor* übersiedelte. Von 1967 bis Januar 1969 Leiter des *Würfel,* schrieb Lodynski seit 1967 Drehbücher für Dokumentar- und Unterhaltungssendungen des Österreichischen Fernsehens und führte auch TV-Regie. Mit seiner Fernsehsatire »Lodynski's Flohmarkt Company« gewann er 1971 die »Goldene Rose« von Montreux, den Chaplin-Preis, den Internationalen Pressepreis und den »Hollywood-Price of World TV« der Zeitschrift »Variety«. 1979 schrieb und inszenierte er für das → *Kleine Renitenztheater,* Stuttgart, die Kabarettrevue »Signale aus dem Bockhorn«. Heute ist Lodynski als Drehbuchautor und Regisseur für das Fernsehen tätig, so mit »Peter Voss, der Millionendieb« (1977), der Serie »Die Magier sind unter uns« (1981) und »Der blaue Salon« (1982).

Lokomotive Kreuzberg
Berliner Politrockgruppe, gegründet in West-Berlin im Januar 1972 von dem Arbeiter Karl-Heinz Scherfling (* 1945), dem Radio- und Fernsehmechaniker Uwe Holz (* 1949), dem Sänger Andi Brauer (* 1945), dem Drucker Manfred Praeker (* 1951) und dem Schüler »Nino« Volker Hiemann (der 1973 durch den Hilfsarbeiter Bernhard Potschka [* 1952] ersetzt wurde).
Seit 1973 bezeichnete sich die Gruppe als »Rock'n'Roll-Theater«. Scherfling hatte zuvor Undergroundgedichte geschrieben, Brauer hatte Undergroundmusik gemacht, ehe sie beschlossen, gemeinsam politisches Kabarett zu machen. Beide wandten sich von der Subkultur weg der Arbeitswelt zu und sangen und spielten nun für Jungarbeiter und Lehrlinge. Nach vier Programmen (»Kollege Klatt«, 1972, »James Bond, den Lohnräubern auf der Spur«, 1973, »Menschen, Mäuse

und Moneten«, 1974, »COUNT DOWN«, 1976, löste sich die Gruppe am 30. 11. 1977 nach einem letzten Konzert auf.

Horst Lommer
* 19. 11. 1904 Lichterfelde bei Berlin; † 17. 10. 1969 Lübeck
Schriftsteller und Schauspieler, Kabarettautor
Besuchte neben seinem Studium an der Berliner Universität die Staatliche Schauspielschule. Seit 1929 Schauspieler, von 1935 bis 1945 am Staatstheater in Berlin. Danach freier Autor. Schrieb während des Dritten Reiches unverbindliche Lustspiele und daneben, geheim, ätzende satirische Verse gegen das Nazitum, die er 1946 unter dem Sammeltitel »Das Tausendjährige Reich« herausgab. Mit der braunen Vergangenheit setzte er sich auch in seiner satirisch-politischen Revue »Höllenparade« und dem Schauspiel »Der General« (beide 1946) auseinander. 1957 Mitarbeiter des → *Kom(m)ödchen*. Schrieb ferner vielbeachtete Fernsehspiele.

Kay Lorentz
* 17. 2. 1920 Chemnitz
Kabarettgründer, -leiter und -autor.
Der Sohn eines Ingenieurs studierte zuerst in Köln, dann in Berlin orientalische Sprachen, um Diplomat zu werden. An der Berliner Universität lernte er die Philologiestudentin Lore Schirmer (→ *Lore Lorentz*) kennen. An die Ostfront beordert und dort verwundet, kam er ins Lazarett, zuerst nach Hannover, dann nach Mährisch-Ostrau, wo er seine Kommilitonin heiratete. Nach dem Zusammenbruch der Ostfront zogen beide mit einem Flüchtlingstreck westwärts. In Sachsen kam ihr erstes Kind, Constanze, zur Welt. Unteroffizier Lorentz mußte noch einmal an die Front, diesmal ins Ruhrgebiet. Nach Kriegsende holte er Frau und Kind in den Westen.
Der Aufforderung eines Schulfreundes folgend, bei dessen Kabarett *Die Wäscheleine* in Düsseldorf mitzumachen, wurde Kay dort kaufmännischer Leiter, während Lore an der Kasse saß. Mit dem Schwarzmarkterlös einer »Leica« und von zwei Dutzend silbernen Löffeln bauten beide 1947 das Vereinslokal einer Altstadtkneipe in der Hunsrückenstr. 20 zu ihrem eigenen Kabarett, dem → *Kom(m)ödchen,* aus, dessen Leiter und Regisseur Kay Lorentz seither ist. Anfangs schrieb er auch Texte. 1971 erhielt er zusammen mit Lore Lorentz den Offenbach-Preis der Stadt Köln.

Lore Lorentz
* 12. 9. 1922 Mährisch-Ostrau als Lore Schirmer.
Chansonniere, Kabarettistin
Die Tochter eines Ingenieurs studierte Geschichte, Philosophie und Germanistik, zuerst in Wien, dann an der Berliner Universität, wo sie → *Kay Lorentz* kennenlernte. Nach dessen Fronteinsatz und Verwundung heirateten die beiden in Lores Heimat und zogen nach dem Zusammenbruch der Ostfront mit einem Flüchtlingstreck westwärts. In Sachsen kam ihr erstes Kind, Constanze, zur Welt.
Nachdem sie 1946 in Düsseldorf seßhaft geworden waren, gründeten beide 1947 das → *Kom(m)ödchen,* deren unbestrittener weiblicher Star Lore Lorentz seither ist. Ohne entsprechende Vorbildung hatte sie bereits in dem Kabarett *Die Wäscheleine* von Kay Lorentz' Schulfreund Günter Ebert Chansons gesungen (ursprünglich dort Kassiererin, war sie für eine → *Diseuse* eingesprungen). Lore Lo-

rentz besticht durch ihren klugen Charme und durch ihren fraulich-spirituellen Reiz und gehört seit Jahrzehnten zu den großen Darstellerinnen und Chansonnieren des deutschsprachigen Kabaretts. Sie ist Dozentin für Chanson an der Folkwang-Schule in Essen und dort auch seit 1978 Professorin für Song und Musical. 1971 erhielt sie zusammen mit Kay Lorentz den Offenbach-Preis der Stadt Köln.

Loriot
(eigentlich: Bernhard Victor von Bülow)
* 12. 11. 1923 Brandenburg (Havel)
Karikaturist und Kabarettist, Kabarettautor und -regisseur
Der Sproß einer preußischen Offiziers- und Diplomatenfamilie wurde im Zweiten Weltkrieg Offizier und befehligte eine Panzerkompanie. Nach dem Kriege war er als Holzfäller tätig, holte sein Abitur nach und besuchte sechs Semester lang die Kunstakademie in Hamburg. Zeichnete 1949 Karikaturen für die Hamburger Illustrierte »Die Straße«, von 1953 brachte der »Stern« seine Cartoonserie »Auf den Hund gekommen«.
Von Februar 1967 bis Dezember 1972 stellte Loriot in einer Cartoonserie im Fernsehen berühmte Karikaturisten und ihre Werke vor und entwickelte diese Sendung zu einer kabarettistischen Selbstdarstellung. Es folgte die Einzelsendung »Telecabinet« (1974) sowie die TV-Serie »Loriot I« bis »Loriot VI« (1976

Loriot auf seinem Kanapee im ZDF-Fernsehprogramm.

bis 1978). Zu seinem 60. Geburtstag brachte das Deutsche Fernsehen am 12. 11. 1983 die Sendung »Loriots 60. Geburtstag«.
Loriot gehört zu den vielseitigsten Satirikern der BRD. Seine Karikaturenbände mit selbstverfaßten Texten erreichen Millionenauflagen, seine kabarettistischen Fernsehparodien entlarven Fernsehmoderatoren und Politiker wie auch den »kleinen Mann«, angemaßte Wissenschaftlichkeit wie unbedarfte Hilflosigkeit. Politisch ist Loriots Satire nur indirekt.

Lit.: Loriot; *Möpse und Menschen – Eine Art Biographie.* Zürich 1984.
»Ich bin kein politischer Satiriker, sondern ich bin, wenn man das mal mit einem so ernsten, hochtrabenden Wort sagen will, ein sozialkritischer Zeichner . . . Das Komische steht bei mir nun mal an erster Stelle. An zweiter kommt der satirische Nebeneffekt.«
Loriot in einem Interview mit Alexander U. Martens in »Titel – Das Magazin der Bücher«, Februar/März 1984.

Robert Lucas
(eigentlich: Robert Ehrenzweig)
* 8. 5. 1904 Wien; † 19. 1. 1984 London
Schriftsteller, Journalist, Kabarettautor
Studierte in Wien Chemie und Philosophie, Dr. phil. Arbeitete zunächst in Berlin in der Industrie. War Chefredakteur der Zeitschrift »Die politische Bühne« und Leiter des *Politischen Kabaretts,* Wien, für das er auch Texte schrieb. Verfaßte u.a. »Das große Festspiel«, mit dem 1931 die Arbeiter-Olympiade und das Wiener Stadion eröffnet wurden.
Emigrierte 1934 aus Protest gegen den Dollfuß-Putsch nach England und wirkte dort bis zum »Anschluß« (März 1938) als Chefkorrespondent der »Neuen Freien Presse«. War seit September 1938 Mitarbeiter im deutschsprachigen Dienst der BBC London. Bekannt wurde vor allem seine Serie »Die Briefe des Gefreiten Adolf Hirnschal« für die britischen Kriegspropagandasendungen nach Deutschland (deutsch veröffentlicht Frankfurt [Main] 1984). Nach 1945 Mitarbeiter bei der WELT, der ZEIT und beim Deutschlandfunk.

Volker Ludwig
(eigentlich: Volker Hachfeld)
* 13. 6. 1937 Ludwigshafen
Dramatiker, Kabarett- und Kinderstückautor, Kabarett- und Theaterleiter
Der Sohn des Kabarettautors → *Eckart Hachfeld* studierte neun Semester Literatur- und Kunstgeschichte und schrieb seit 1956 für Funk und Fernsehen in West-Berlin Chansons und Glossen, 1959 Kabarettexte für die → *Stachelschweine,* von 1961 bis 1963 fünf Programme für → *Die Bedienten,* von 1963 bis 1964 für das → *Bügelbrett* und die → *Wühlmäuse.*
1965 trennte sich Ludwig mit fünf Kabarettisten von den *Wühlmäusen* aus politischen Gründen und rief zusammen mit ihnen im Herbst 1965 das → *Reichskabarett* ins Leben, dessen künstlerischer Leiter und Hauptautor er bis zum Ende 1971 war. Danach konzentrierte er sich auf das von ihm 1966 gegründete »Theater für Kinder«, das er jetzt »GRIPS-Theater« nannte. Am 1. 5. 1983 eröffnete er zusammen mit → *Detlef Michel* ein neues politisch-satirisches Kabarett, das → *Institut für Lebensmut.* Außerdem schrieb Ludwig von 1963 bis 1965 Texte für zwölf Folgen der Fernsehserie *Hallo, Nachbarn!* (→ *Medienkabarett*), von 1969 bis 1972 für drei Programme des → *Kom(m)ödchen* sowie 1981/82 für fünf Folgen des Fernsehkabaretts *Scheibenwischer* (→ *Medienkabarett*). – Volker Ludwig ist der fruchtbarste und politisch genaueste Kabarettautor der Gegenwart.

Volker Ludwig

»Der einseitige Meinungsdrill und -terror des Hausautors Volker Ludwig, sein zähflüssiger Nachhilfeunterricht in Amerikahetze hätten jenseits der Mauer ohne Zweifel den richtigen Standort.«

Sibylle Wirsing in der »Stuttgarter Zeitung«, 22. 9. 1966.

»Dem halsbrecherischen Witz und der Verve halfen eine fixe Intelligenz und ein beachtliches Faktenregister auf die Sprünge. Der mutige Chef des Hauses, Volker Ludwig, wird sich darein finden müssen, mehr als je zuvor zu den Berliner Bürgerschrecken zu zählen.«

Sibylle Wirsing in »Der Tagesspiegel«, Berlin, 17. 5. 1968.

Die Machtwächter

Literarisch-satirisches Kabarett in Köln. Gegründet von dem Schauspieler Heinz Herrtrampf und eröffnet am 1. 3. 1966 in der Gertrudenstraße 24 mit dem Programm »Eine kleine Macht-News-ik« mit Texten von Heinz Herrtrampf, Rainer Hannemann, Wilhelm Huth und Max Kellas, die – außer Huth – auch als Darsteller neben Wiltrud Fischer mitwirkten. Nach je einem halben Jahr Laufzeit folgten bei gleichbleibender Besetzung die Programme »Unheilbares Deutschland« (Oktober 1966), »Heil Society« (März 1967) und »Schöne Bescherung« (Oktober 1967) – alle mit Texten von Rainer Hannemann und Heinz Freitag.

Bis dahin nach eigener Standortbestimmung ein »Literarisches Kabarett« mit stark komödiantischem Einschlag, wandelten sich *Die Machtwächter* von ihrem fünften Programm – »Deutschland zur Sache« (April 1968) – an im Zuge der

Zeit allmählich zu einem systemkritischen Kabarett, und zwar mit einer dokumentarischen Vietnamnummer, die ihnen → *Joachim Hackethal* geschrieben hatte. Hackethals Einfluß zeigte sich deutlich im sechsten Programm (»Danke glänzend«, November 1968) und kontinuierlich vom achten Programm an (»Puppen«, Dezember 1969); das dazwischenliegende (»Make Love not Wahl«, April 1969) kennzeichnete den Rückfall in die rein komödiantische Phase. Inzwischen verstanden sich *Die Machtwächter* als »Institut für kritische Konsumbefriedigung«, bevor sie sich in letzter Konsequenz nach dem »Puppen«-Programm als »Sozialistisches Kollektiv« bezeichneten. Als solches brachten sie im Oktober 1970 »Rot für die Welt« und im Mai 1971 »Wer wen« heraus. Der Umschwung zeichnete sich im darauffolgenden Programm (»Life Story«, November 1971) ab.

Nachdem der Schwung der Linken abgeebt war, stellten sich *Die Machtwächter* erneut auf ein wieder bürgerlich gewordenes Publikum ein. Nach »Der Stoff, aus dem die Menschen sind (Über das Herstellen von Untertanen)«, April 1973, gingen sie, nunmehr nur noch von Hackethal mit Texten versehen, vom Nummernkabarett ab und konzentrierten sich fortan auf je ein übergreifendes Thema (Gesundheitswesen, »Jahr der Frau«, Justiz). Seit »Mensch Mann« (1983) arbeiten neben Hackethal wieder andere Autoren an den Programmen mit, so an »Tango Apokalypso« (seit Mai 1984). Für das Programm »Ihr schönster Tag« (Februar 1975) erhielten sie den → *Deutschen Kleinkunstpreis* für das Jahr 1975.

»Am Anfang waren wir schon lustig. Das änderte sich dann durch die APO-Zeit, da war halt Agitprop-Kabarett gefragt . . . Das war keine Modeerscheinung, sondern es war auch unsere Überzeugung. Und das Spielerische trat etwas zurück. Das haben wir jetzt halt wieder geändert; wir sind jetzt wieder kulinarischer geworden. Was ja auch richtig ist.«

Heinz Herrtrampf, Leiter der Machtwächter, *in einem Interview mit dem WDR, 1977 (in:* »Machtwächter *Köln – Materialien, Texte, Fotos von und über die Machtwächter«, 1980).*

Die Maininger

(Das kleine Resistenztheater)

Politisch-satirisches Kabarett in Frankfurt (Main). Eröffnet am 8. 1. 1960 in der Neuen Rothofstr. 26a von → *Conrad Reinhold* und seiner Frau und Partnerin Christel Burgert (* 26. 2. 1931 Leipzig) mit dem Programm »Dividende gut – alles gut«.

In den über zwanzig Programmen, die Reinhold mit Christel Burgert teils allein, teils mit wenigen Partnern bis zu seinem Tode 1974 herausgebracht hat, setzte er seine in der DDR entwickelte Linie eines kritischen Sozialismus fort, wie eh und je mit Lust und Laune und komödiantischen Mitteln. Besondere Hervorhebung verdienen die *Maininger*-Programme »Ost-West-Side-Story« (1963), »Die verkaufte Haut« (1964), »Deutschlandstreicher« (1966), in denen er aktuelle Kommentare in Maske und Haltung eines Kasperle einflocht.

Nach Reinholds Tod drei Tage vor der für den 4. 10. 1974 vorgesehenen Premiere des Programms »Papa, Charly hat gesagt« (das dann am 13. 11. 1974 herauskam) versucht Christel Burgert, *Die Maininger* im Geiste Reinholds als Hauptautorin und Regisseurin mit wechselnden Coautor(inn)en und Darstellern weiterzuführen, darunter Tochter Claudia (*1957) und Ingrid Zwerenz als Coautorinnen, ferner als Darstellern: Christel Burgert, Ben Engel, Walter von Mende, Claudia Reinhold, Nikolaus Schilling u. a. Mit »Frisch, fromm, fröhlich – Frau« stellten *Die Maininger* ein reines Frauenprogramm vor. Im Oktober 1978 kamen sie mit einem »Nachtstudio Lyrik« (mit dem Lyriker und Jazzkritiker Wilhelm Liefland, † 1980) heraus. Das jüngste Kabarettprogramm der *Maininger:* »HEIMAT in tele VISION« (1984).

Jürgen von Manger
* 6. 3. 1923 Koblenz
Schauspieler, Kabarettist, Kabarettautor.
Der Sohn eines Staatsanwalts wuchs in Hagen (Westfalen) auf, wurde Schauspieler und begann mit 31 Jahren aus Pflichtgefühl seiner Familie gegenüber mit dem Jurastudium, das er nach vier Jahren ohne Abschluß aufgab.
Als Ensemblemitglied der Theater in Bochum und Gelsenkirchen erzählte er den Kollegen in der Garderobe gern kleine Geschichten auf westfälisch. 1961 führte die Schauspielerin Fita Benkhoff einen heimlich davon gemachten Tonbandmitschnitt der Unterhaltungsabteilung des NDR vor. Die Sendung des Bandes zu Silvester 1961 machte Manger und die von ihm geschaffene Figur des kleinen Mannes aus dem Ruhrpott, »Adolf Tegtmeier«, schlagartig bekannt und beliebt. In Rundfunk und Fernsehen, auf Schallplatten und in Büchern, bei Gastspielen und auf Tourneen führt Manger seither seine volkstümlichen Alltagsgrotesken vom Kampf des mitteilungsfreudigen Kumpels mit den Tücken der Sprache vor, mit einer durchaus spürbaren, wenn auch nicht immer ausgesprochenen politischen Dimension.

Erika Mann
* 9. 11. 1905 München; † 27. 8. 1969 Zürich.
Schriftstellerin, Schauspielerin, Kabarettautorin, Kabarettgründerin und -leiterin, Kabarettistin
Die Tochter Thomas Manns bildete 1925 zusammen mit ihrem Bruder Klaus, dessen Verlobter Pamela Wedekind und ihrem damaligen Ehemann → *Gustaf Gründgens* ein Theaterensemble, das u. a. Stücke von Klaus Mann aufführte (»Anja und Esther«, 1925, »Revue zu vieren«, 1926). Die Ehe mit Gründgens dauerte bis 1928.
1933 gründete Erika Mann in München die → *Pfeffermühle* und siedelte mit ihr im März 1933 nach Zürich über. Heiratete 1936 den englischen Dichter W. H. Auden. Nach dem Ende der *Pfeffermühle (Peppermill)* Februar 1937 in den USA Lektorin, Journalistin, Kriegskorrespondentin der BBC, London, nach dem Krieg US-Leutnant und Kriegsberichterstatterin in Deutschland.
Übersiedelte zu ihrem Vater nach Kilchberg bei Zürich, verwaltete den schriftlichen Nachlaß Thomas Manns und betrieb eine Neuausgabe der Werke Klaus Manns. Schrieb ferner Jugendbücher, Erzählungen und Essays.

Die Mausefalle (Hamburg)
Ein 1951 von → *Werner Finck* und Ludwig Gang (kaufmännische Leitung) parallel zur → *Mausefalle* (Stuttgart) in Hamburg, Spitaler-, Ecke Glockenwallstraße, gegründetes literarisch-politisches Kabarett.
Eröffnet mit dem Programm »Von Falle zu Falle«, das – nach der verschleierten Bekanntgabe der Wiederaufrüstung durch Bundeskanzler Adenauer Ende Juni 1951 – in »Hut ab – Helm auf!« umbenannt wurde (Texte: → *Eckart Hachfeld* und Werner Finck, mit Werner Finck, Helmut Brasch, Mona Baptiste, Klaus Havenstein, Helga Kruck, Ralf Wolter, Edith Dyckerhoff und Jürgen Wulf). Nach einer Tournee durch die ganze BRD und nach West-Berlin wurde dieses Programm von der *Mausefalle* (Stuttgart) übernommen und dort bis Anfang 1953 gespielt. Von 1952 bis 1957 diente die *Mausefalle* (Hamburg) (wie die *Mau-*

sefalle ([Stuttgart]) als Podium für Gastspiele fremder Ensembles und Solokabarettisten und beteiligte sich an gemeinsamen Gastspielen, so mit den *Kabarettichen,* und an Werner Fincks Südamerikatournee mit dessen Programm »Kritik der reinen Unvernunft«. 1957 lösten Finck und Ludwig Gang die *Mausefalle* (Hamburg) auf.

Die Mausefalle (Stuttgart)
Ein 1948 von → *Werner Finck* und Ludwig Gang (kaufmännische Leitung) in der Tübinger Str. 17b gegründetes Kabarettheater.
Eröffnet am 16. 6. 1948 mit dem Programm »Wir sind wieder so weit« mit Werner Finck, → *Elsie Attenhofer,* → *Max Werner Lenz,* Trudi Schoop, Herta Worell (vom Juli 1948 an auch Isa Vermehren) u. a. Nach dem zweiten Programm (»Ihr könnt ja wieder kommen«, August 1948) brachte die *Mausefalle* auch kleine satirische Stücke, Musicals und Operetten heraus: »Orpheus in der Unterwelt« in einer Bearbeitung von → *Heinz Hartwig* und → *Gerhart Herrmann Mostar* mit Werner Finck, Gerda-Maria Jürgens, Henry Lorenzen u. a. (31. 12. 1948), »Seit Adam und Eva« von Priestley mit Werner Finck, Maragarete von Benda, Otto Stern u. (März/April 1949), »Die hellgelben Handschuhe« von Willi Kollo (auch Regie und Begleitung), mit Harald Paulsen,Edith Schollwer, u. a. (1950), »Der Maulkorb« von Heinrich Spoerl mit Werner Finck u. a. (1951).
Nach Gründung der → *Mausefalle* (Hamburg) spielte die *Mausefalle* (Stuttgart) (nach einer Inszenierung von Zuckmayers »Der fröhliche Weinberg«, 1951, durch Peter Beauvais) abwechselnd Boulevardstücke und Kabarettprogramme und diente als Gastspielbühne für fremde Ensembles und Solokabarettisten, so für eine Inszenierung von → *Günter Neumanns* »Schwarzem Jahrmarkt« mit → *Gert Fröbe,* → *Wolfgang Müller,* Helmut Brasch, Ruth Peter u. a. (1952). Ferner gastierten hier (wie auch in der *Mausefalle* [Hamburg] von 1951 bis 1957) von 1951 bis 1966 → *Die Amnestierten,* Elsie Attenhofer und Max Werner Lenz, Lucienne Boyer, → *Voli Geiler/Walter Morath,* → *Ursula Herking,* → *Trude Hesterberg,* das → *Kabarett der Komiker, Die Kabarettiche,* Liesl Karlstadt, *Die kleinen Vier,* das → *Kom(m)ödchen,* → *Theo Prosel,* Willy Reichert, das → *rendezvous* Max Strecker, → *Hanne Wieder,* das *Wiener Werkel* u. a.
Mit eigenen Programmen bereisten die *Mausefallen* (Stuttgart und Hamburg) die BRD und West-Berlin und veranstalteten u. a. eine Halbjahrestournee mit den *Kabarettichen.* 1951/52 führte Ludwig Gang eine Halbjahrestournee durch Südamerika mit Werner Finck und seinem Programm »Kritik der reinen Unvernunft« durch. 1963 trat Werner Finck als Gesellschafter der *Mausefalle* (Stuttgart) zurück; Ludwig Gang betrieb das Unternehmen und das ihm angegliederte Kabarett *Der Kreisel* bis 1969 weiter und zog sich dann ins Privatleben zurück.

Gisela May
* 31. 5. 1924 Wetzlar.
Schauspielerin, Chanson- und Songinterpretin
Die Tochter des Autors und Chefdramaturgen Ferdinand May und einer Schauspielerin besuchte die Schauspielschule in Leipzig und wurde – nach Engagements in Dresden, Görlitz, Leipzig (1945) und Schwerin – von Wolfgang Langhoff 1951 an das »Deutsche Theater« in Ost-Berlin verpflichtet. 1962 wechselte sie an das »Berliner Ensemble«.
Nachdem sie 1959 zum erstenmal Songs von → *Bertolt Brecht* sang, gilt Gisela May nächst Lotte Lenya als bedeutendste Interpretin seiner Songs, vornehmlich

Gisela May

in der Vertonung durch Kurt Weill, → *Hanns Eisler* und Paul Dessau. 1966 spielte und sang sie in der »Dreigroschenoper«-Inszenierung des »Berliner Ensembles« die Mrs. Peachum, 1963 an der »Deutschen Staatsoper« Unter den Linden die »Anna I« in Brecht-Weills »Die sieben Todsünden der Kleinbürger«. Nebenher doziert sie an der Staatlichen Schauspielschule der Humboldt-Universität, Ost-Berlin, und gastweise bei den Internationalen Musikseminaren der »Berliner Musikhochschule Hanns Eisler« in Weimar, spielt Theater und Musical (1970 »Hello Dolly« im »Metropoltheater«, Ost-Berlin), tritt in Film, Funk und Fernsehen auf und gibt Chansongastspiele in der DDR, der BRD und zahlreichen anderen europäischen Ländern sowie in den USA. Am 7. 10. 1974 sang sie vor der UNO in New York. Außerdem singt sie Chansons von → *Kurt Tucholsky*, → *Walter Mehring*, → *Erich Kästner*, → *Friedrich Hollaender* u.a., auch auf Schallplatten, die mehrfach preisgekrönt worden sind. Seit 1972 ist Gisela May Mitglied der »Akademie der Künste« der DDR. Sie erhielt den Kunstpreis der DDR und wurde mehrfach erstmals 1973 mit deren Nationalpreis ausgezeichnet.

Medienkabarett
Sammelbegriff für zeitkritische Kabarettsendungen, die von den öffentlich-rechtlichen Rundfunkanstalten entweder selbst veranstaltet werden oder die sie von eigenständigen Kabaretts übernehmen.
Seitdem sich die öffentlich-rechtlichen Medien des zeitkritischen Kabaretts angenommen haben, schwanken sie im Dilemma zwischen ihrer Neigung zu »ge-

hobener Unterhaltung« und der Pflicht zur statutengerechten »Ausgewogenheit« der gesendeten Meinungsbeiträge. Daß die Satire unter den *Kunstvorbehalt* von Artikel 5, Absatz 3, des Grundgesetzes fällt und daß – lt. Absatz 2 – »eine Zensur nicht statt[findet]«, hält die von den staatstragenden Parteien kontrollierten Anstalten nicht von vielfältigen, teils offenen, teils versteckten Zensurmaßnahmen gegen satirische (und andere kritische) Sendungen in Funk und Fernsehen ab. An solchen Maßnahmen hindern sie nicht einmal die Richtlinien über Ausgewogenheit im »Fernsehurteil« des Bundesverfassungsgerichts vom 28. 2. 1961, in dem es u. a. heißt:
»Eine ›unausgewogene‹ soziale Realität ausgewogen darzustellen hieße nichts anderes, als Konflikte und Interessengegensätze zu verschleiern und veränderungsbedürftige soziale Mißstände oder politische Fehlentwicklungen zu tabuisieren.«
Selbst seine eigenen Richtlinien mißachtete beispielsweise das ZDF, als es die satirische Fernsehsendung *Notizen aus der Provinz* zum Jahresende 1979 wegen des bevorstehenden Wahljahres absetzte, dagegen das »ZDF-Magazin« des politisch einschlägig aktiven Moderators Gerhard Löwenthal weiterhin ausstrahlte. Unter Ziffer III, Absatz 5, der ZDF-Richtlinien vom 11. 7. 1963 heißt es nämlich: »Die Anstalt ist zur Überparteilichkeit verpflichtet. Die Ausgewogenheit des Gesamtprogramms bedingt jedoch nicht die Überparteilichkeit jeder Einzelsendung.«
Kabarettistische Elemente enthielt die aus einer Hörfunkunterhaltungsreihe des RIAS, Berlin, entstandene Fernsehunterhaltungsserie *Rückblende* des NDR (1961 bis 1963) mit → *Dieter Hildebrandt* als politisierendem Dachdecker und ein paar eingestreuten zeitkritischen Sketschen. Essentiell kabarettistisch startete dann – entstanden aus der mitternächtlichen Funksendung des NRD »Adrian und Alexander«, in welcher Richard Münch die Hörer stets mit »Hallo, Nachbarn!« begrüßte – am 28. 10. 1963 die erste Sendung des NDR-Fernsehkabaretts *Hallo, Nachbarn!* Ebenfalls von Münch moderiert, brachte sie zwischen aktuellen Fotos und Dokumentareinblendungen darauf Bezug nehmende »Nachrichten« und zeitkritische Chansons nach dem Muster der seit 1962 gesendeten BBC-Kabarettserie *That Was The Week That Was.* Die Leitung der Sendung hatte → *Joachim Roering,* Texte schrieben u. a.: Wolfgang Ebert, *Werner Franke,* → *Eckart Hachfeld,* → *Joachim Hackethal,* → *Volker Ludwig,* → *Jürgen von Manger,* → *Martin Morlock,* Joachim Roering, → *Dieter Thierry,* → *Rolf Ulrich.* Die Chansons sang vor allem Renée Franke, aber auch → *Hannelore Kaub,* Beate Hasenau, Ingrid von Bergen und viele andere.
Schon Mitte April 1964 regte sich Unmut bei der CDU über einzelne Beiträge. In der Sendung vom 7. 7. 1964 war die Aufzeichnung des → *Bügelbrett*-Programms »Stolz auf Deutschland« wesentlich gekürzt worden, ohne daß die Sendeleitung die Textautorin Hannelore Kaub davon unterrichtet hätte. Nachdem die konservative Presse sich auf *Hallo, Nachbarn!* immer stärker eingeschossen hatte, ließ der Stellvertreter des erkrankten NDR-Intendanten Gerhard Schröder, Ludwig Freiherr von Hammerstein-Equord (CDU), die für den 30. 12. 1965 vorgesehene Sendung absetzen. Trotz lebhafter Proteste der Öffentlichkeit ließ der NDR die Serie sterben mit der Begründung: »Die Sendung lief eineinhalb Jahre und mußte einfach durch etwas Neues ersetzt werden.« Diese »Neue« ist der NDR seinen Publikum seither schuldig geblieben.
Ähnlich erging es dem ZDF-Fernsehkabarett *Notizen aus der Provinz,* präsentiert von Dieter Hildebrandt, das zum erstenmal am 26. 8. 1973 auf den Bildschirm kam. Unter der Regie von → *Sammy Drechsel* wirkten u. a. mit eigenen Texten mit: → *Otto Grünmandl,* → *Jörg Hube,* → *Hanns Dieter Hüsch,* → *Gerhard*

Polt, → *Werner Schneyder*, → *Jochen Steffen*, während Hermann Ebeling, Jürgen Lehmann, Kurt Rittig, → *Helmut Ruge*, → *Klaus Peter Schreiner* u.a. Texte beisteuerten. Trotz einer Einschaltquote von 45 Prozent polemisierte seit März 1974 die CSU in ihrem »Bayern-Kurier« heftig gegen die Hildebrandt-Serie und fragte, »wie lange dieser Politclown, dessen Kalauer nicht jedermanns Sache sind, noch im Fernsehen sein Unwesen treiben darf und wann das deutsche Fernsehen endlich Schluß damit macht, ganze Bevölkerungsgruppen pauschal zu diffamieren«. Plötzlich erklärte ZDF-Intendant Holzamer die Sendung für »politisch zu einseitig«, und im September 1974 erregte sie den Zorn des ZDF-Fernsehrats. Daraufhin wurde die für den 27. 2. 1975 eingeplante Folge 18 (wegen einiger Beiträge über das BGH-Urteil zum Abtreibungsparagraphen 218) abgesetzt und durch eine »Tegtmeier«-Sendung Jürgen von Mangers ersetzt. Für diese – nicht gesendete – Folge erhielt *Notizen aus der Provinz* am 14. 3. 1975 den »Adolf-Grimme-Preis« verliehen. Mitte März wurde dann eine völlig neue Folge (ohne die beanstandeten Beiträge) gesendet. Im Oktober 1977 wurde die 45. Folge (wegen der satirischen Behandlung des Terrorismus in bezug auf die Ermordung des Bankiers Jürgen Ponto) abgesetzt. Nach immerhin 68 Folgen (die letzte lief am 22. 11. 1979) stellte das ZDF *Notizen aus der Provinz* im Hinblick auf das bevorstehende Wahljahr 1980 endgültig ein.

Mitte 1980 beauftragte dann der SFB Dieter Hildebrandt mit der Gestaltung einer neuen Serie unter dem Titel *Scheibenwischer*. Die SFB-Serie *Scheibenwischer* begann am 12. 6. 1980 und läuft seither in normalerweise zweimonatigem Turnus. Im Gegensatz zu den vorgenannten Fernsehkabaretts ist der *Scheibenwischer* eine Live-Sendung mit Publikum. Regie führt Sammy Drechsel, Hauptautor ist Klaus Peter Schreiner. Unter den vielen Gastdarstellern, die zum Teil ihre eigenen Texte bringen, sind: die → *Biermösl-Blos'n*, → *Thomas Freitag*, Hanns Dieter Hüsch, → *Bruno Jonas*, Hannelore Kaub, → *Walter Mossmann*, Gerhard Polt, Werner Schneyder, Jochen Steffen und → *Konstantin Wecker*. Des weiteren wirkten u.a. mit: Rainer Basedow, Jochen Busse, Katja Ebstein, → *Lore Lorentz*, Beatrice Richter, Gisela Schneeberger und Susanne Tremper.

Die Folge vom 14. 1. 1982 mit dem – einzigen – Thema Rhein-Main-Donau-Kanal erregte vor allem die den Bau strikt befürwortende CSU und beschäftigte das Kabinett in München. Am 22. 2. 1982 erhielt diese Folge den Adolf-Grimme-Preis verliehen. Die für den 22. 1. 1983 geplante 16. Folge sollte wegen des vorgezogenen Bundestagswahltermins (6. 3. 1983) ausfallen, wurde dann aber auf den 30. 12. 1982 vorverlegt. – Als Hörfunkkabarett verdienen Erwähnung die Serie *Bis zur letzten Frequenz* des HR (von 1965 bis 1977 mit Unterbrechungen) von → *Volker Kühn* und die satirische Monatssendung des WDR »Hammer und Stichel« von und mit Hanns Dieter Hüsch und Helmut Ruge (seit 1976).

»Was nun aber Hallo, Nachbarn! *anbelangt; ... Was hier an Satire und Zeitkritik geboten wurde, hatte nichts mehr mit Geist und Witz oder gar Charme zu tun, es waren meist recht verantwortungslose politische Tiefschläge unterhalb der Gürtellinie. Hier war die Freiheit über die Liberalität offen zur Libertinage geworden.«*

»DIE WELT«

»Musterbeispiel eines couragierten Fernsehkabaretts«.

»Frankfurter Rundschau«

»Die originellleste Kabarettsendung des Deutschen Fernsehens.«

»Der Tagesspiegel«, Berlin

»Das, was hier geboten wird, ist keine Kritik oder Selbstkritik mehr, es ist eine Vergiftung, eine Selbstzerstörung der Demokratie.«

»Sonntagsblatt«, 21. 11. 1965

»Das hat überhaupt nichts mit den Wahlen zu tun. Wir brauchen nur mal eine Verschnaufpause, wollen uns eine andere Form der Satire überlegen. Nach so vielen Jahren geht doch der Lack ab. Wir machen den Jungen (gemeint: Dieter Hildebrandt) ja kaputt.«

Fernsehunterhaltungs-Chef Gerd Mechoff zur Absetzung des ZDF-Fernsehkabaretts Notizen aus der Provinz, *Ende 1979.*

»Mir hat es viel Spaß gemacht, damals die Sendung im Fernsehen zu sehen . . . Aber es blieb nicht beim Spaß. Die Bitterkeit der Wirklichkeit wurde auch sichtbar. Lachen und Nachdenklichkeit müssen eben kein Widerspruch sein. Es ist gut, daß es Kabarettisten gibt, die uns das zeigen.«

Volker Hauff, Bundesverkehrsminister a. D., im März 1983 über die Scheibenwischer-*Sendung über den Rhein-Main-Donau-Kanal vom 14. 1. 1982.*

Walter Mehring

* 29. 4. 1896 Berlin; † 3. 10. 1981 Zürich

Lyriker, Chansondichter, Essayist, Dramatiker (»Der Kaufmann von Berlin«, 1929), Romancier (»Müller. Chronik einer deutschen Sippe von Tacitus bis Hitler«, 1935) und Kulturkritiker (»Die verlorene Bibliothek«, 1951, deutsch 1958). Der Sohn des Chefredakteurs Sigmar Mehring und einer Opernsängerin studierte von 1914 bis 1915 in Berlin und München Kunstgeschichte. Erste – expressionistische – Lyrik aus seiner Feder veröffentlichte 1915 Herwarth Walden in seiner Kulturzeitschrift »Der Sturm«. Ende 1918 schloß sich Mehring der Berliner Dada-Bewegung um → *Richard Huelsenbeck,* George Grosz, John Heartfield und Wieland Herzfelde an. Durch Grosz und Heartfield kam er 1919 als Textautor an das von → *Max Reinhardt* neu gegründete → *Schall und Rauch* (II) und schrieb auf Wunsch Reinhardts einen Dialog zwischen den satirischen Vorkriegsfiguren »Serenissimus und Kindermann« nach der Manier des → *Schall und Rauch* (I) von 1901 sowie ein Puppenspiel »Einfach klassisch! Eine Orestie mit glücklichem Ausgang« als aktuelle Parodie auf die im »Großen Schauspielhaus« laufende Reinhardt-Inszenierung der »Orestie« des Aischylos.

Trotz des von Mehring und anderen Dadaisten provozierten Premierenskandals beauftragte Reinhardt Mehring, Chansons für das nächste Programm zu schreiben. Von 1919 bis 1921 schrieb Mehring dann seine großen Chansons, die trotz der kurzen Zeitspanne in seinem Schaffen als seine bedeutendsten literarischen Hervorbringungen gelten: »Heimat Berlin«, »Wenn wir Stadtbahn Stadtbahn fahren«, »Die Kartenhexe«, »Die Arie der großen Hure Presse«, »Jazzband«, »Dressur«, »Die roten Schuhe«, »Die kleine Stadt«, »Die Kälte«, »An den Kanälen« und viele andere, gesungen u. a. von → *Blandine Ebinger,* → *Trude Hesterberg,* → *Gussy Holl,* → *Paul Graetz,* → *Rosa Valetti.* Mehring sprach seine Satiren mitunter auch selber, so im *Schall und Rauch* (II) und in der → *Wilden Bühne.*

1920 gab er seine Chansons als »Das politische Cabaret« in Buchform heraus, 1921 folgte die Sammlung »Das Ketzerbrevier«. Seinen »Choral für Seemannsleute«, den er 1919 in Hamburg gedichtet und den die »Weltbühne« veröffentlicht hatte, komponierte → *Harry Lamberts-Paulsen* in Anlehnung an das englische Soldatenlied »It's a long way to Tipperary« und trug ihn zusammen mit Paul Westermeier, Victor Schwanneke und Eugen Rex, (später mit → *Willi Schaeffers*) im *Karussell* vor. Damit war Mehring ein echtes Volkslied gelungen, das noch während der Nazizeit (ähnlich wie Heines »Loreley« mit dem Vermerk »Dichter unbekannt«) gesungen wurde.

1921 nahm Mehring seinen Wohnsitz in Paris, kam aber zwischendurch (und 1928 »endgültig«) immer wieder nach Deutschland und arbeitete weiterhin für das zeitkritische Kabarett. Nach Reinhardts Weggang aus Berlin 1922 blieb

Walter Mehring

Mehring unter dem neuen Direktor des *Schall und Rauch* (II), → *Hans von Wolzogen,* künstlerischer Leiter, schrieb aber mehr und mehr für das → *Cabaret Größenwahn* und die → *Wilde Bühne.* Für Rosa Valetti schrieb er u. a. das Lied »Die Maschinen« mit der Pointe, daß diese immer weiterlaufen würden, auch wenn kein Mensch auf der Welt mehr lebe. Dieses Lied wurde bei der ersten Maifeier der Nazis am 1. Mai 1933 auf dem Tempelhofer Feld von einem Männerchor gesungen, allerdings ohne die auf Hitler zielende Schlußstrophe, sowie nach dem Zweiten Weltkrieg in der DDR von → *Ernst Busch* mit einer angehängten, auf die DDR bezugnehmende neue Schlußstrophe.
Nach seiner Kabarettzeit schrieb Mehring hauptsächlich Essays für die politischen Zeitschriften »Tagebuch«, »Weltbühne« und »Zukunft« und arbeitete für die Verlage Kurt Wolff, Kiepenheuer und S. Fischer (Novellen, Übersetzungen, Lieder). 1927 schrieb der die Chansons zu Ernst Tollers von Erwin Piscator uraufgeführtem Stück »Hoppla, wir leben!« (gesungen von → *Kate Kühl*) und die zu seinem eigenen Stück »Der Kaufmann von Berlin« (gesungen von Ernst Busch). Am Vorabend des Reichstagsbrandes (27. 2. 1933) erschien von ihm in der »Weltbühne« seine prophetische »Sage vom Großen Krebs«. Am selben Tage flüchtete er nach Paris, ging dann nach Wien, 1938 erneut nach Paris und gelangte 1941 – nach wiederholter Verhaftung, Internierung und wiederholter Flucht – über Marseille in die USA. 1935 von den Nazis ausgebürgert, wurde Mehring nun amerikanischer Staatsbürger. Von 1942 bis 1949 lebte er in New

York. 1953 kehrte er nach Europa zurück, ließ sich 1958 in Ascona nieder und übersiedelte 1971 nach Zürich, wo er bis zu seinem Tode wohnte. 1962 erschien sein »Neues Ketzerbrevier«, 1967 erhielt er den Fontane-Preis der Stadt Berlin, 1977 das Große Bundesverdienstkreuz. 1974 erschienen Schallplattenaufnahmen seiner politischen Songs in der Interpretation von Ernst Busch. 1977 führte die Berliner »Tribüne« zu den »Berliner Festwochen« mit nachhaltigem Erfolg eine Mehring-Revue unter dem Titel »Das Lumpenbrevier« auf.
Walter Mehring ist einer der wenigen – wenn nicht der einzige – Dichter des politisch-satirischen Kabaretts in Deutschland. Trotz seiner scharfen Attacken auf Bürgertum und Kapitalismus verstand er sich nie als Sozialist oder Kommunist, sondern als Anarchist mit einer deutlich ausgesprochenen Ablehnung des Marxismus und des Sowjetsystems. Weder die Nazis noch die DDR-Kommunisten konnten ihn für sich vereinnahmen. Mehring starb, mit sich und der Welt zerfallen, kurz nach Erscheinen seiner vom Claasen-Verlag herausgegebenen »Gesammelten Werke«.

Carl Merz
(eigentlich: Carl Czell)
* 30. 1. 1906 Kronstadt (Siebenbürgen); † (Selbstmord) 31. 10. 1979 Kirchberg (Niederösterreich)
Schriftsteller, Kabarettist, Kabarettautor
Begann als Schauspieler. Trat von 1933 bis 1935 in der → *Literatur am Naschmarkt* auf, spielte nach deren Verbot an verschiedenen österreichischen und reichsdeutschen Bühnen. Haft wegen Kritik am Nationalsozialismus. Spielte 1945/46 im wiedereröffneten → *Lieben Augustin,* dessen Direktor er 1946/47 war. Zu dieser Zeit spielte bei ihm der junge → *Helmut Qualtinger.* Durch diesen kam er mit → *Michael Kehlmann* in Kontakt und schrieb mit beiden das satirische Stück »Reigen 51«. Danach schrieb er mit Helmut Qualtinger und → *Gerhard Bronner* die Programme »Brettl vorm Kopf«, »Blattl vorm Mund«, »Glasl vorm Aug« und »Dachl überm Kopf« (1952 bis 1960) (→ *Neues Theater am Kärntnertor*). Zusammen mit Qualtinger schrieb er das satirische Einmannstück »Der Herr Karl« (1961), die Travnicek-Dialoge zwischen Qualtinger und Bronner sowie die satirischen Stücke »Alles gerettet« (1963) und »Die Hinrichtung« (1965). Merz hat auch Romane und Gedichte geschrieben. Wegen einer unheilbaren Krankheit nahm er sich 73jährig das Leben.

Detlef Michel
* 25. 5. 1944 Türkheim (Elsaß)
Schriftsteller und Kabarettautor
Studierte von 1964 bis 1973 Germanistik, Psychologie und Soziologie, Dr. phil. Danach Lehrbeauftragter an der Fachhochschule für Wirtschaft, West-Berlin. Von 1976 bis 1979 Akademischer Rat an der Universität Osnabrück für Medienwissenschaften. Seitdem freier Autor.
Machte bereits in der Schule 1963 Kabarett als Autor und Darsteller und schrieb 1965 für das Tübinger Studentenkabarett *Die Spaskammer* das Programm »Mund auf – Augen zu!«. 1966 Mitarbeit an dem Programm »Vor Gebrauch Kopf schütteln« des → *Floh de Cologne,* von 1966 bis 1970 Mitarbeit an den Programmen des → *Reichskabarett,* 1972 am Programm »Hilfe! Die Polizei kommt!« der → *Wühlmäuse* und 1982 an dem → *Kom(m)ödchen*-Programm »Playback«. 1983 gründete Michel zusammen mit → *Volker Ludwig* das → *Institut für Lebensmut* und arbeitete an dessen Programm »Zukunft – warum denn?« mit.

»Einige der Beiträge hatten nach meinem Eindruck nichts mehr mit kabarettistischer Glossierung zu tun, sondern wirkten hetzerisch.«

Brief des Intendanten des Hessischen Rundfunks, Werner Hess, an Detlef Michel vom 24. 5. 1968 als Begründung für die Absetzung der kabarettistischen Hörfunkreihe »Bis zur letzten Frequenz« im Mai 1968.

Le Mirliton
(französisch = »Die Rohrflöte«, auch »Bake«, ein Vorwarnsignal auf Eisenbahnstrecken)
→ *Cabaret artistique* in Paris, eröffnet 1885 in den Räumen des vormaligen → *Chat noir* (Paris) auf dem Boulevard Rochechouart 84 von → *Aristide Bruant.* Hier bestritt der Wirt allein das Programm. Doch zog wie zuvor der *Chat noir* auch *Le Mirliton* immer mehr Snobs und großbürgerliches Amüsierpublikum an, das sich wie einst von → *Rodolphe Salis* wonneschauernd nun von Bruant mit noch deftigeren Beschimpfungen traktieren ließ.

Lit.: Carco, Francis: *La Belle Époque au temps de Bruant.* Paris 1954. – Herbert, Michel: *La chanson à Montmartre.* Paris 1967.

Mittelstück
Von → *Rudolf Weys* in der → *Literatur am Naschmarkt* eingeführtes zusammenhängendes Kabarettstück von durchschnittlich 25 bis 40 Minuten Dauer, das in die Mitte des üblichen Nummernkabaretts plaziert wurde, wodurch vorher und nachher je eine Pause entstand, in der serviert bzw. abkassiert werden konnte. Da in den Wiener Kellerkabaretts der dreißiger Jahre konsumiert wurde, ergab sich diese Aufteilung aus den ökonomischen Notwendigkeiten einerseits, aus der Idee des kabarettistischen Zeittheaters andererseits.
Nach dem ersten Mittelstück – einer Bearbeitung der Märchenposse »Der letzte Zwanz'ger« von N. J. Kola (1848) durch Rudolf Weys unter dem Titel »Die Metamorphosen des Herrn Knöllerl« im zweiten Programm der *Literatur am Naschmarkt* (Dezember 1933 bis Februar 1934) – kam das erste eigenständige Mittelstück unter dem Titel »A.E.I.O.U. oder Wenn Österreich den Krieg gewonnen hätte« im fünften Programm (Mai/Juni 1934) heraus (Autor: Rudolf Weys). Allmählich bürgerte sich die Form des Mittelstücks auch in den anderen Wiener Kabaretts der dreißiger Jahre ein. Mittelstücke schrieben neben Weys vor allem → *Hugo F. Koenigsgarten,* Lothar Metzl, → *Gerhart Herrmann Mostar,* → *Rudolf Spitz* und → *Hans Weigel,* oftmals mit einem von ihnen als Coautor. Auch weiterhin dienten Kurzstücke und Einakter der Theaterliteratur als Mittelstücke.

Walter Morath (→ *Voli Geiler/Walter Morath*)

Paul Morgan
(eigentlich: Paul Morgenstern)
* 1. 10. 1886 Wien; † 10. 12. 1938 KZ Buchenwald
Schauspieler (Komiker), Kabarettist, Kabarett- und Buchautor
Studierte Schauspiel bei Ferdinand Gregori an der Theater-Akademie Wien. Spielte Komikerrollen, auch in Operetten. Trat bereits 1914 nach seinen Vorstellungen an der »Neuen Wiener Bühne« im → *Simplicissimus* (Wien) als Conférencier auf. 1917 ging er nach Berlin ans Lessing-Theater. 1918 conferierte er nach Theaterschluß unter dem Pseudonym »Paul Stephan« am *Nelson-Theater.* Spielte dann Komikerrollen in den Revuen der Haller und Charell. Mit → *Kurt Robitschek* zusammen führte er (im *Charlott-Kasino*) in Berlin die Doppelconférence *(→ Conférence)* ein.

Am 1. 12. 1924 eröffnete er zusammen mit Kurt Robitschek und Max Hansen in der von Robitschek übernommenen *Rakete* das → *Kabarett der Komiker* und trat dort gemeinsam mit den Genannten sowie mit Max Adalbert auf (Ihre Paradenummer: »Das Meisterquartett«). Morgan conferierte auch in zahlreichen anderen Kabaretts, später auch in Varietés (→ *Alt Bayern,* »Wintergarten«). Nach seinem Engagement am Lessing-Theater von Eugen Robert an dessen »Theater am Kurfürstendamm« verpflichtet, übersiedelte Morgan 1925 nach Berlin. Nach seiner Rückkehr nach Wien trat er im November 1933 in den von Robitschek übernommenen »Kammerspielen« in einer Variante der Kabarettrevue »Rufen Sie Herrn Plim« auf und conferierte in → *Trude Kolmans* Kabarett im »Grand Hotel« und im »Fiaker«.
Nach dem »Anschluß« Österreichs im März 1938 fiel er den Nazis in die Hände, die ihn zuerst in das KZ Dachau, dann in das KZ Buchenwald verschleppten, wo er im Dezember 1938 an Entkräftung starb.
Als Autor schrieb er 1936 zusammen mit Max Hansen das von Ralph Benatžky komponierte musikalische Lustspiel »Axel an der Himmelstür«, in dem Zarah Leander entdeckt wurde, bearbeitete Suppés Operette »Die schöne Galathee« und schrieb amüsante Anekdotenbücher (»Stiefkind der Grazien«, »Mein Onkel Sigismund« u.a.).

Moritat
Lied des → *Bänkelsangs,* das unter Begleitung durch eine Drehorgel (anfangs auch durch Harfe und Geige) eine sensationelle, schauerliche oder rührselige Geschichte zum Vortrag bringt.
Entstanden im 17. Jahrhundert, erweiterte sich der Moritatenvortrag zu Beginn des 18. Jahrhunderts durch die Einbeziehung von Bildertafeln. Auf zusammenrollbaren Wachstuchtafeln von zwei Metern Höhe und eineinhalb Metern Breite wurden die emotionell ergiebigsten Phasen der Geschichte in starrer Feierlichkeit dargestellt. – Für den Namen »Moritat« gibt es verschiedene Deutungen: 1. er leite sich ab vom lateinischen »moritas« für erbauliche Geschichte, Moralität; 2. er stamme aus dem Rotwelsch-Jiddischen »moores« für Lärm, Angst, Schrecken; 3. er sei eine Verballhornung von »Mordtat«.
In der zweiten Hälfte des 18. Jahrhunderts fand die Moritat als moralisierende, tragikomische Ballade bzw. Romanze Eingang in die deutsche Literatur (durch Bürger, Gleim, u.a.). Im 19. Jahrhundert stark kommerzialisiert, kam sie im 20. Jahrhundert, namentlich durch → *Frank Wedekind,* → *Erich Mühsam,* → *Joachim Ringelnatz,* → *Bertolt Brecht,* → *Walter Mehring,* und → *Erich Kästner* zu neuen literarischen (und teilweise auch kabarettistischen) Ehren. (→ *Ballade.*)

Martin Morlock
(eigentlich: Günther Goercke)
* 23. 9. 1918 Berlin; † 12. 11. 1983 München
Kabarettautor, Fernsehkritiker und -autor
Seit 1923 in München. Besuchte eine private Kunstschule, studierte dann aber nach Ausbruch des Zweiten Weltkriegs Medizin. Nach einem halben Semester wurde er Nachrichtensoldat in Frankreich und in Rußland, danach Sanitätsgefreiter in einer Münchner Studentenkompanie und trat hier in Anni Trautners »Künstlerklause« an der Leopoldstraße mit eigenen Gedichten auf. Auf Wunsch der Frau des »Reichspropagandaministers« Goebbels zu Probeaufnahmen für das Ufa-Nachwuchsstudio kommandiert und als »ausgesprochener Typus des jungen Mannes von heute« registriert (Aktenvermerk vom 18. 8. 1942),

Martin Morlock

erhielt er einen Ausbildungsvertrag mit der »Bavaria-Filmkunst GmbH.« in München. Daneben studierte er weiter Medizin. Wurde als Feldunterarzt nach Italien abkommandiert und geriet dort in amerikanische Gefangenschaft. Im Lager machte er zusammen mit dem gleichfalls kriegsgefangenen → *Werner Finck* eine »Zeitung für die Lazarette in Meran« mit dem Titel »Die Fieberkurve«.

Nach Kriegsende gab er das Studium auf und begann zu schreiben: für das Zürcher Kabarett *Nebelhorn,* die → *Mausefalle* (Stuttgart) und seit 1949 → *Das Kom(m)ödchen.* Wurde 1949 Reporter, dann Kolumnist der Münchner »Abendzeitung«. → *Erich Kästner* nahm ihn 1952 in das Autorenteam der → *Kleinen Freiheit* auf. Schrieb dann Fernsehkritiken, zuerst für die »Süddeutsche Zeitung«, dann acht Jahre lang als »Telemann« für den SPIEGEL. Schrieb Bühnenstücke und Fernsehspiele, darunter eine Familienserie, die ihm jedoch mißriet. 1972 schrieb er noch einmal Kabarettexte, und zwar für die neue → *Münchner Lach- und Schießgesellschaft.*

Martin Morlock gehörte zu den sprachlich genauesten und polemisch unerbittlichsten Moralisten des deutschen Nachkriegskabaretts, vornehmlich der fünfziger Jahre, der – wie Erich Kästner – das Dichterische streifte, weshalb sein Schwerpunkt eher beim *Kom(m)ödchen* als bei der *Kleinen Freiheit* lag.

»Ihm gelangen Formulierungen, Gedankengänge und polemische Zusammenfassungen von genauer Treffsicherheit. Dabei wirkte seine Ironie nie selbstgefällig, sein Spott nie eitel, sein

Witz zwar immer ›leicht‹, aber nie leichtfertig. Denn er schrieb für die Sache. (Nicht für sich.)«
Joachim Kaiser in seinem Nachruf auf Martin Morlock in der »Süddeutschen Zeitung«, 22. 11. 1983.

Walter Mossmann
* 31. 8. 1941 Karlsruhe
Politischer Liedermacher
Studierte von 1961 bis 1968 Politologie, Soziologie und Germanistik in Tübingen, Hamburg und Freiburg. Schreibt und singt seit 1964 eigene Lieder und gastierte von 1964 bis 1969 beim »Festival Chansons Folklore International« auf der Burg Waldeck.
Mossmann verfaßte zunächst Lieder privateren Charakters (z. B. »Achterbahn Chansons«, seine erste LP), engagierte sich seit 1968 beim »Sozialistischen Deutschen Studentenbund« und in der Ostermarschbewegung. Seit 1968 auch als Journalist und Rundfunkautor tätig. Seit 1973 schreibt und singt er für die Protestaktionen gegen den Bau des Kernkraftwerks Wyhl »Flugblattlieder«. – Stark von Georges Brassens und Boris Vian beeinflußt, später auch von → *Wolf Biermann,* folgte Mossmann am deutlichsten von allen deutschen politischen Liedermachern der französischen Chansontradition. Er begann mit sanftem Spott über die Kleinbürger und besang die Liebe. Vom Metaphorischen fand er in den späten sechziger Jahren »zu den kräftigen Bildern der Alltagssprache, des plebejischen Jargons« (Thomas Rothschild). Politisch zwar »links«, fühlte sich Mossmann stets eher dem anarchistischen Teil des Spektrums verbunden, wie er auch die antiautoritäre Attitüde der APO-Bewegung beibehalten hat. Mit Erfolg verweigert er sich bis heute der Vermarktung: wenige LPs, keine gedruckte Chansonsammlung. Mit dem Hoffmann & Campe Verlag überwarf er sich, weil dieser Textänderungen verlangte, mit dem Südwestfunk, weil der an seiner Jugendsendung Anstoß nahm.
Anfang der siebziger Jahre unterbrach Mossmann seine Liederproduktion. Er übersetzte nun italienische und spanische Lieder und sang sie zusammen mit Gastarbeitern auch im Original. Von seiner Ambition, Lieder zum praktischen Gebrauch für Demonstrierende zu machen, zeugen seine »Flugblattlieder« (1975), »Neuen Flugblattlieder« (1977), »Frühlingsanfang« (1979) und »Hast du noch Hunger?« (1981), die sämtlich auch auf LP erschienen sind und mit denen er auf Tourneen durch die BRD geht.

Gerhart Herrmann Mostar
(eigentlich: Gerhart Herrmann)
* 8. 9. 1901 Gerbitz (Saale); † 8. 9. 1973 München
Schriftsteller und Kabarettautor
Zunächst Lehrer, dann Journalist, wirkte er seit 1921 an Redaktionen in Bochum, Berlin und München. Bekannt wurde er 1929 durch seinen Roman »Der Aufruhr des schiefen Calm«. Wegen seines Karl-Marx-Romans »Der schwarze Ritter« (1933), den die Nazis verboten und verbrannten, und seiner Mitarbeit am sozialdemokratischen »Vorwärts« emigrierte Mostar 1933, zuerst nach Zürich, dann nach Wien und später – immer vor den deutschen Invasionstruppen her – nach Zagreb, Belgrad, Sofia, Instanbul und Bukarest. Von der jugoslawischen Stadt Mostar bezog er sein Pseudonym.
In Wien schrieb er zunächst politische Gedichte für die »Arbeiterzeitung«, stieß dann 1935 zum → *Lieben Augustin* und wurde nach dem Ausscheiden von → *Peter Hammerschlag* dessen Hausautor. Seine »Legende vom namenlosen Solda-

ten« wurde zu einem dichterischen Höhepunkt des damaligen Wiener Kabaretts. Schrieb ferner allein oder mit anderen Autoren verschiedene → *Mittelstücke* (»Lysistrata«, »Reineke Fuchs« mit Hugo F. Koenigsgarten, »Der liebe Augustin« u. a.). 1940 wurde er von den Deutschen auf dem Balkan verhaftet und in ein Strafbataillon eingewiesen. Er gründete 1945 mit → *Heinz Hartwig* das Reisekabarett → *Die Hinterbliebenen,* für die er mit Hartwig auch die Texte schrieb. Von 1948 bis 1954 wurde er als engagierter Gerichtsberichterstatter bekannt. Noch bekannter machten ihn seine »In-diesem-Sinn . . .«-Bücher voller schmunzelnd gereimter Lebensweisheiten (»In diesem Sinn – die Großmama«, ». . . Dein Onkel Franz«, ». . . Ihr Knigge zwei«) sowie seine historischen Plaudereien »Weltgeschichte höchst privat« (1954). Mostar schrieb ferner das Bühnenwerk »Meier Helmbrecht« (1946) sowie Lyrik, Hörspiele und humorige Essays.

»Die Arbeiten Mostars bringen einen neuen, frischen Zug in die Wiener Kabarettkunst. Sie sind geistvoll, scharfzüngig, kampflustig, von einem mutigen Menschen geschrieben, der Haltung hat und etwas zu sagen wagt.«

»Neue Freie Presse«, Wien, 23. 1. 1935

Erich Mühsam

* 6. 4. 1878 Berlin; † (ermordet) 10. oder 11. 7. 1934 im KZ Oranienburg bei Berlin

Schriftsteller, Politiker und Kabarettautor

Aufgewachsen in Lübeck, wegen »sozialistischer Umtriebe« vom dortigen Gymnasium verwiesen. Danach Apothekergehilfe, seit 1901 freier Schriftsteller. Trat mit eigenen Gedichten und → *Moritaten* in Berliner Kneipenbrettln auf wie dem *Hungrigen Pegasus* und dem *Cabaret zum Peter Hille,* ferner 1906 in Wiener Kabaretts (→ *Nachtlicht* u. a.). Seit 1909 in München ansässig, trat er auch hier mit eigenen Versen, Balladen und Moritaten in Kabaretts, hauptsächlich im → *Simplicissimus* (München) auf (»Der Revoluzzer«, »Lumpenlied«, »Die drei Gesellen«, »Kriegslied«, u. a.).

Ferner arbeitete er an satirischen Zeitschriften wie »Simplicissimus« und »Jugend« mit und schrieb Theaterkritiken und polemische Essays. Er gab von 1911 bis 1919 (mit kriegsbedinger Unterbrechung von 1915 bis 1918) das Literaturblatt »Kain. Zeitschrift für Menschlichkeit« heraus. 1919 wurde er Mitglied des Zentralrats der (1.) Bayerischen Räterepublik. Wurde nach deren Sturz zu fünfzehn Jahren Festung verurteilt, von denen er sechs Jahre (in Niederschönefeld) verbüßte. Dort entstanden seine besten Kampflieder. Von 1926 bis 1933 Herausgeber der Zeitschrift »Fanal«. Am 28. 2. 1933 verhaftet und schließlich in das KZ Oranienburg verschleppt, wurde er dort am 10. oder 11. 7. 1934 nach viehischen Quälereien ermordet.

Mühsam, befreundet mit nonkonformistischen Literaten wie Paul Scheerbart, Gustav Landauer, → *Peter Hille* und → *Frank Wedekind,* wurde vom literarischen Bohemien und Anarchisten zum anarchistisch-kommunistischen Revolutionär, der bei aller praktischen Kampfgemeinschaft mit der kommunistischen Partei nie die anarchistische Variante des Sozialismus verleugnete und früh die stalinistische Entartung erkannte und verurteilte. Seine kabarettistischen Beiträge zeichnen sich im Gegensatz zu den lyrischen Pathos seiner revolutionären Verse durch satirische Heiterkeit und auch formalen Witz aus. Viele seiner satirischen Gedichte sind enthalten in den Anthologien »Wüste – Krater – Wolken« (Berlin, 1914) und »Sammlung 1898–1928« (Berlin 1928) sowie neuerlich in

Erich Mühsam

Helga Bemmann »Erich Mühsam – war einmal ein Revoluzzer – Bänkellieder und Gedichte« (Berlin [Ost] 1968).

»Mühsam zählte zur alten Garde der literarischen ›Revoluzzer‹. Für seinen anarchistischen Idealismus verwendet er zunächst expansive Stilelemente der Neuromantik und des Jugendstils. Seine Balladen präsentieren mit didaktischer Absicht einfache Schicksale aufgrund sozialer und konventioneller Mißstände ... Erst sehr spät wird seine Vorstellungswelt aus den harten Erfahrungsbildern des revolutionären Straßenkampfs, der politischen Haft und der leidenschaftlichen Parteidiskussion aufgebaut.«

Walter Huder, Deutsche Akademie der Künste, Ost-Berlin.

Hanns Christian Müller

* 14. 4. 1949 München

Kabarettist, Kabarettautor, Musiker und Regisseur

Studierte Psychologie, Philosophie und Geschichte sowie an der Otto-Falckenberg-Schule Regie. Spielte von 1966 bis 1971 in diversen Bands als Musiker und schrieb gleichzeitig Musiken für zahlreiche Fernsehfilme. Machte von 1968 bis 1971 Kabarett am Münchner → *Rationaltheater* (Darstellung, Texte und Musiken). Von 1973 bis 1974 musikalischer Leiter des Landestheaters Schwaben in Memmingen und 1975 des Landestheaters Tübingen. 1975 produzierte und inszenierte er an der → *Kleinen Freiheit* eine »Nachtrevue«, für die er auch die Texte und Musiken schrieb.

1978 Komponist, dramaturgischer Mitarbeiter und Regieassistent am »Schiller-Theater«, West-Berlin. Inszenierte dort mit Gisela Schneeberger und → *Gerhard Polt* 1978 einen kabarettistischen Theaterabend, »Da schau her«, mit eigenen Texten und Musiken. Schrieb, komponierte und inszenierte 1979 das Kabarettstück »Kehraus« (mit Gerhard Polt, Gisela Schneeberger und Münchner Volksschauspielern) an den »Münchner Kammerspielen«. Seit 1979 schreibt, komponiert und inszeniert Müller die kabarettistische Sketsch-Serie »Fast wia im richtigen Leben« für das Fernsehen (BR) mit Gerhard Polt und Gisela Schneeberger in den Hauptrollen und schreibt Textbeiträge zu dem Fernsehkabarett *Scheibenwischer* (→ *Medienkabarett*). 1983 inszenierte er seinen »Kehraus« als Kinofilm. 1983 brachten die »Münchner Kammerspiele« sein »szenisches Kabarett« »München leuchtet« (mit Textbeiträgen von → *Dieter Hildebrandt* und Gerhard Polt, die, neben Gisela Schneeberger, auch mitwirkten) in seiner Regie heraus. Hanns Christian Müller veröffentlichte seine Texte und Musiken in Büchern und auf Langspielplatten. 1982 erhielt er den Adolf-Grimme-Preis als Mitverfasser der *Scheibenwischer*-Fernsehsendung »Unser RMD-Kanal« vom 14. 1. 1982. Seit 1974 ist er mit Gisela Schneeberger verheiratet.

Wolfgang Müller
* 26. 4. 1922 Berlin; † (Flugzeugabsturz) 14. 12. 1960 bei Lostallo (Ostschweiz)
Komiker, Kabarettist, Kabarettautor
Wollte Chemiker werden. In Salzburg entdeckte ihn → *Willi Schaeffers* in einem Tourneeprogramm mit → *Werner Finck* und engagierte ihn an sein wiedereröffnetes → *Kabarett der Komiker*. 1949 ging Müller nach Westdeutschland und traf hier bei → *Mutter Ey* zum erstenmal mit → *Wolfgang Neuss* zusammen. 1950 spielte er in Fincks → *Mausefalle* (Stuttgart).
1953 trat er im »Rauchfang« (Berlin) zum erstenmal mit Neuss auf (in dem Programm »Zwischen Tür und Angel«). 1955 wurde das Paar in der Inszenierung des Musicals »Kiss me Kate« in der »Komödie«, Berlin, zu den heimlichen Hauptdarstellern. Nicht minder Erfolg hatten sie nach den Vorstellungen mit ihrer Parodie darauf, »Schieß mich, Tell!«. Von da an traten Müller und Neuss fast nur noch gemeinsam auf, so in den Duokabarettprogrammen »Erste Geige gesucht« (1953) und »Macht bloß keen Theater!« (1954), in den Komödien »Keine Angst, sie kriegen sich!« (1956), »Drei Mann auf einem Pferd« (1957) und »Kennen Sie die Milchstraße?« (1958) und in den Filmen »Das Wirtshaus im Spessart« (1957), »Wir Wunderkinder« (1958), »Der Maulkorb« (1958) und »Rosen für den Staatsanwalt« (1959) sowie in dem Fernsehfilm »Wer nicht hören will, muß fernsehen« (1960).
Sein Partner Wolfgang Neuss über Wolfgang Müllers Tod: »Zuerst hab' ich mich einfach geweigert, das zu glauben. Und dann hab' ich mir gesagt: Jetzt mußt du eben alleine weitermachen. Das, was wir zusammen vorhatten. So kam ich zu meinem ersten Soloprogramm. Ich hab' den Müller irgendwie selbst mitgespielt.« (In: Kühn, Volker: *Das Wolfgang-Neuss-Buch*. Köln 1981.)

Münchner Lach- und Schießgesellschaft
Literarisch-politisches Kabarett, gegründet im Herbst 1956 von → *Sammy Drechsel* in Fred Kassens Schwabinger Lokal »Das Stachelschwein«, Ursula-, Ecke Haimhauser Straße, ihrem Domizil bis heute. Nach dem Auszug der → *Namenlosen* waren lediglich → *Dieter Hildebrandt* und als Regisseur Sammy Drechsel bei Kassen geblieben. Drechsel gelang es, → *Ursula Herking*, → *Hans Jürgen Diedrich* und Klaus Havenstein für sein neues Unternehmen zu gewinnen.

Die frühere Besetzung der Münchner Lach- und Schießgesellschaft in dem Programm »Halt die Presse« (1963), v. l.: Jürgen Scheller, Hans Jürgen Diedrich, Ursula Noak, Dieter Hildebrandt.

Am 12. 12. 1956 eröffnete die *Münchner Lach- und Schießgesellschaft* (den Namen hatte sie von → *Oliver Hassencamp*) mit dem Programm »Denn sie müssen nicht, was sie tun«. Es folgten u. a.: »Im gleichen Schrott und Trott« (1957), »Warten auf Niveau« (1959), »Der Widerspenstigen Lähmung« (1959), »Tour de Trance« (1960), »Wähl den, der lügt« (1961), »Überleben Sie mal« (1962), »Halt die Presse!« (1963), »Krisenslalom« (1964), »Schuld abladen verboten« (1965), »Die Pharisäer proben den Notstand« (1966), »Kleiner machen, Leute« (1967), »Der Moor ist uns noch was schuldig« (1968), »Wir werden uns schon schaffen« (1970), »Der Abfall Bayerns« (1972). Sämtliche Programme wurden in wechselnd großem Abstand zur Premiere vom Deutschen Fernsehen und verschiedenen Hörfunkstationen ausgestrahlt. Von 1960 bis 1967 bestritt das Ensemble zusammen mit den Berliner → *Stachelschweinen* die Auftaktsendung der Fernsehlotterie für Berliner Ferienkinder, »Ein Platz an der Sonne«. Seit 1962 ziehen sie jährlich auf etwa sechswöchigen Herbsttourneen durch alle westdeutschen Großstädte. Damit wurde die *Münchner Lach- und Schießgesellschaft* zum meistgesehenen und meistgehörten Kabarett im deutschen Sprachraum.
Nach dem zweiten Programm trat für die ausgeschiedene Ursula Herking Ursula Noack dem Ensemble bei, 1961 ersetzte Jürgen Scheller den ausscheidenden Klaus Havenstein, 1969 kam Horst Jüssen dazu, 1970 trat Achim Strietzel an die Stelle von Hans Jürgen Diedrich. Die Texte stammten zum überwiegenden Teil von Dieter Hildebrandt und → *Klaus Peter Schreiner,* ferner von Oliver Hassencamp, → *Martin Morlock,* → *Joachim Hackethal,* → *Max Colpet,* → *Wolfgang Neuss,* Horst Jüssen, Hans Jürgen Diedrich u. a. – Nach der Tournee mit ihrem neunzehnten Programm (»Der Abfall Bayerns«, Oktober/November 1972) löste sich das Ensemble auf.

Nach der Fernsehübertragung dieses Programms 1973 inszenierte Sammy Drechsel zu Silvester 1974 und 1975 je ein kabarettistisches Fernsehprogramm unter dem Titel »Schimpf vor zwölf!«. Im Schwabinger Stammhaus traten nunmehr Gäste auf wie: → *Die Hammersänger*, → *Helen Vita*, → *Gert Fröbe*, → *Georg Kreisler*, → *Werner Schneyder*, Dieter Hildebrandt u. a. – Am 25. 11. 1976 trat unter dem Namen *Münchner Lach- und Schießgesellschaft* am angestammten Ort ein völlig neues Ensemble an die Öffentlichkeit mit dem Programm »Rosa Pleiten«, geschrieben von Klaus Peter Schreiner und Dieter Hildebrandt, gespielt von Rainer Basedow, Veronika Faber, Bernd Stephan und Kurt Weinzierl. Es folgten – in derselben Besetzung – 1977 »Im Namen der Direktion« und 1978 »Im Jahre 9«, ferner 1979 »Deutsch für Anfänger« (mit Astrid Jacob als Neuzugang), 1980 »High-Land«, 1981 »Umzingelt« (nunmehr mit Astrid Jacob, Rainer Basedow, Jochen Busse und → *Bruno Jonas*), 1982 »Wir werden weniger« (mit Susanne Tremper anstelle von Astrid Jacob), 1983 »Pinks an die Macht« (mit Sibylle Nicolai anstelle von Susanne Tremper) und 1984 »Auf Nummer Sicher« in der gleichen Besetzung. Die Texte schrieben neben Schreiner und Hildebrandt: Wolfgang Ebert, Hellmuth Matiasek, Maurus Pacher, Werner Schneyder, Kajo Frings, Max Colpet, → *Hannelore Kaub* u. a. Für Kompositionen und musikalische Leitung sorgte Walter Kabel; Regie führte – bis auf das Programm »Im Jahre 9« (Inszenierung: → *Joachim Roering*) – Sammy Drechsel. Alle diese Programme wurden vom Deutschen Fernsehen ausgestrahlt.

Die *Müncher Lach- und Schießgesellschaft* verstand sich von Anfang an gegenüber dem eher literarischen → *Kom(m)ödchen*, dem »Theater-Kabarett« *Die Kleine Freiheit* und den überwiegend mit Berliner Themen befaßten, folkloristischen *Stachelschweinen* als »journalistisch«, d.h. mit den Worten Sammy Drechsels von 1961: »Ich will weiter nichts, als Dinge, die angriffswürdig sind, entdecken, aufdecken, beim Namen nennen, aber die Nutzanwendung dem Publikum überlassen.« Tatsächlich hat die *Münchner Lach- und Schießgesellschaft* ihrer Chronistenpflicht im großen ganzen genügt, wenn auch eher in fröhlicher Rundumschlagmanier auf Erscheinungen des politischen Lebens, anstatt mit der analytischen Sonde an die Wurzel der angeprangerten Symptome zu gehen. Durch so brillante Komödianten wie Klaus Havenstein, Hans Jürgen Diedrich und das Doppeltalent Dieter Hildebrandts als Autor und volkstümlicher Selbstinterpret einerseits und die gebotene Einstellung auf das Massenpublikum des Fernsehens andrerseits eher gehemmt als gefördert, traten die Texte mehr und mehr hinter ihrer effektvollen Darbietung zurück. Angesichts der begeisterten Zustimmung aus den Parkettreihen der eingeladenen Politiker aller Couleur mußte die Tendenz jeder wirklichen Satire, den Betroffenen weh zu tun, erlahmen.

Zaghafte Zensurversuche des Bayerischen Fernsehens in der Frühzeit dieses Kabaretts (1960) konnten abgewehrt werden. Nachdem der CSU-geleitete BR 1966 keine Live-Übertragungen mehr zuließ, fand die Truppe beim CDU-geleiteten Süddeutschen Rundfunk bedingungslos Aufnahme. Tatsächlich hat die *Münchner Lach- und Schießgesellschaft* ihre Programme von vornherein auf die politische Toleranzgrenze der öffentlich-rechtlichen Medien einzustellen gewußt und dadurch bei ihnen nur gelegentlich, nie aber grundsätzlich Anstoß erregt. Ihre allgemeine Beliebtheit beim Publikum und allen Bundestagsparteien schlug sich im April 1964 in einem mehr als einstündigen Tee-Empfang bei dem damaligen Bundeskanzler Ludwig Erhard (CDU) nieder. Kurz davor hatte das Ensemble bei einer Fernsehdiskussion des ZDF mit führenden Parteipolitikern widerspruchslos das zweifelhafte Kompliment des damaligen Bundestagspräsi-

Die neue Besetzung der Münchner Lach- und Schießgesellschaft in dem Programm »Pinks an die Macht!« (1983), v. l.: Rainer Basedow, Jochen Busse, Sibylle Nicolai, Bruno Jonas.

denten Eugen Gerstenmaier (CDU) angehört: »Wenn es die *Münchner Lach- und Schießgesellschaft* nicht gäbe, müßte ich als Parlamentspräsident sie erfinden. Sie sind, meine Herren, eine nützliche Opposition.« Obwohl die Truppe das Zulassen solcher Vereinnahmung im nachhinein bedauerte, wurde sie den Ruch des Hofnarrentums nie mehr los.
Als nach dem Aufkommen der scharf analysierenden, radikal satirischen Kabaretts der sechziger Jahre die an der Oberfläche bleibenden Späße der etablierten Kabaretts die jüngere Generation nicht mehr befriedigten, ging auch der *Münchner Lach- und Schießgesellschaft* allmählich der übriggebliebene satirische Atem aus, woraus sie 1972 die Konsequenz zog, sich »als Ensemble« aufzulösen. Das seit 1976 unter dem alten Namen agierende, personell bis auf Rainer Basedow ständig wechselnde Quartett hat das Original bisher qualitativ und komödiantisch nicht erreichen können – trotz der zeitweiligen Beteiligung von Bruno Jonas als Interpret und scharfzüngiger Autor.

Lit.: Schreiner, Klaus Peter: *Die Zeit spielt mit – Die Geschichte der Lach- und Schießgesellschaft*. München 1976.

»Im siebten Programm sind ein paar Nummern von solcher Gescheitheit, hinterhältigem Witz und feinmechanischer Form, wie man ähnliches auf unserem derzeitigen Bundeskabarett vergebens suchen wird. Bestechend ist die intellektuelle Ehrlichkeit und technische Sauberkeit der Konstruktion. Da gibt es kein rasches Drüberweghudeln über dünne Stellen, kein Mogeln, keinen Holzhammer und keine halbseidene Effekthascherei ... Selbst die Kalauer, kabarettistische Hobelspäne, sind noch zierlich gedrechselt.«

Fred Hepp über das Programm »Tour de Trance« in der »Süddeutschen Zeitung«, München, 27. 6. 1960.

»Wo ist nur der unbestechliche Spott geblieben, der anno dazumal unter Lächeln die Wahrheit

sagte. Heute kommt der Text oft nur bis zum Lächeln. Die Pointen hauen häufig in Kerben, die mittlerweile zur lichten Weite des Ärmelkanals angewachsen sind ... Streichelnde Selbstironie hat die beißende Säure im Tagwerk abgelöst. Dieses Kabarett ist sich selbst zum Problem geworden ... Jedoch ... die Lach- und Schießgesellschaft von einst, die fanden wir nicht wieder. Statt dessen Publikumslieblinge, Bundesbuffos.«

Thomas Koebner über das Programm »Die Pharisäer proben den Notstand« in der »Abendzeitung«, München, 26. 5. 1966.

»Die neue Truppe ist nicht schlechter und nicht weniger schmerbäuchig als die alte ... Das neue ›Lach- und Schieß‹-Programm holt leider allzu viele Themen aus der immerwährenden kabarettistischen Hausratsschatulle ... lauter brave Dauerthemen, eher schlackrig als vollendet serviert ... Aber wer da meint, die Münchner seien heute tatsächlich kürzer, prägnanter, aktueller als dereinst vor vier Jahren, der leistet sich bloß wieder mal eine Projektion; statt der Vergangenheitsverklärung die Verklärung der Gegenwart.«

Ruprecht Skasa-Weiß über das Programm »Rosa Pleiten« in der »Stuttgarter Zeitung«, 30. 11. 1976.

Münchner Rationaltheater → *(Münchner) Rationaltheater*

Mutter Ey

Ein nach Johanna Ey (* 1865; † 1947) benanntes Lokal in der Düsseldorfer Altstadt, das nach dem Zweiten Weltkrieg Spielstätte verschiedener Kabaretts war. Aus dem Bäckerladen der Johanna Ey in der Nähe der Kunstakademie hatte sich um 1912 eine Art Kunstsalon für moderne Maler entwickelt, für deren Werke die Bäckerin außer Verständnis auch Geld aufbrachte. 1933 wegen dieser ihrer Neigung zur »entarteten Kunst« verfemt, ging sie siebzigjährig nach Hamburg, kehrte aber nach 1945 hochgeehrt nach Düsseldorf zurück und machte ihren Laden als Kaffeestube der »Mutter Ey GmbH.« wieder auf. Am 27. 8. 1947 starb sie im Alter von 82 Jahren.

Mutter Ey wurde zu einem beliebten Gastspielbrettl. Dort gastierten u.a. Günther Jerschke, → *Wolfgang Neuss*, → *Wolfgang Müller*, Mady Rahl und Ralf Wolter. Bevor das → *Kom(m)ödchen* in Erscheinung trat, versuchte sich dort 1947 kurzfristig das Kabarett *Staffelei*.

Die Nachrichter

Literarisch-parodistisches Studentenkabarett, entstanden im Februar 1930 aus Anlaß eines Faschingsfests des Theaterwissenschaftlichen Seminars Prof. Arthur Kutschers in München. Zu diesem Zweck führten die Philologiestudenten Kurd E. Heyne (3. 10. 1906–7. 5. 1961), → *Helmut Käutner* (25. 3. 1908–20. 4. 1980) zusammen mit dem Zahnmediziner Bobby Todd eine selbstverfaßte Parodie auf Ferdinand Bruckners Drama »Die Verbrecher« unter dem Titel »Die Erbrecher« auf, die Werner Kleine am Klavier begleitete.

Der weit über den akademischen Rahmen hinausreichende Erfolg der Gruppe bewog → *Joachim Ringelnatz*, sie für ein vierzehntägiges Gastspiel in der zweiten Januarhälfte 1930 an den → *Simplicissimus* (München) zu engagieren. Nach weiteren Gastspielen 1931 in München (»Annast«) und Stuttgart (»Excelsior«) und bei Radio München schrieb die Gruppe für das Faschingsfest 1932 des Kutscher-Kreises ein satirisches Stück auf den Rummel zum 100. Todestag Goethes, »Hier irrt Goethe«. Aus der für den 31. 1. 1932 geplanten einmaligen Aufführung im Münchner Studentenhaus wurden rund 350 Vorstellungen, u.a. an den »Münchner Kammerspielen« und am »Münchner Volkstheater«. Aus einem für zehn Tage geplanten Gastspiel am Berliner »Renaissance-Theater« (Premiere: 8. 4. 1932) wurden mehrere Wochen mit einer daran anschließenden

Die Nachrichter in ihrem Stück »Der Esel ist los« (1932), v. l.: Kurd E. Heyne, Helmut Käutner, Bobby Todd.

Tournee durch Deutschland. Nach der 300. Vorstellung machte sich die Gruppe unter dem Namen *Die Nachrichter* selbständig und gastierte fortan in eigener Regie.
Seit »Hier irrt Goethe« führten *Die Nachrichter* einen Doppelbetrieb: das reine Nummernkabarett, bestehend aus Heyne, Käutner und Todd als Autoren und Darsteller sowie dem jeweiligen Pianisten und Komponisten (außer Käutner) – nacheinander Bernhard Eichhorn, Werner Kleine, Norbert Schultze, Romanus Maria Hubertus, Rolf Hänsler, Otto Treffzger, Willy Sommerfeld, die unter dem Sammelnamen »Frank Norbert« fungierten; das Theaterunternehmen *Die Nachrichter,* bestehend aus Heyne, Käutner, Todd als Direktoren, Autoren, Komponisten (außer Käutner), Regisseuren und Bühnenbildnern sowie aus einem Ensemble aus 10 bis 15 Darstellern (einmal sogar 23) je nach Stück und technischem Personalaufwand. Zu den Darstellern gehörten u. a. Gundel Thormann, Hermann Frieß, Herbert Decker, Ilse Gotthelf und Willy Duvoisin. Es folgten die kabarettistischen Stücke »Der Esel ist los« (1932), »Die Nervensäge« (1934) und »Der Apfel ist ab« (1935), das wenige Tage nach der Uraufführung wie auch *Die Nachrichter* überhaupt verboten wurde (1. 10. 1935). Käutner, der dann Filmregisseur wurde, hat den »Apfel« 1948 verfilmt.
»Ein himmlischer Abend! Wann hat man so gelacht? Warum aber lacht hier der Mensch in so schrecklichem Grad? Manchmal darum, weil sie es schlechter machen als Beruflinge. Manchmal, weil sie es noch besser machen als komische Berufllinge. Jede Komik ruht auf einem Gegensatz: hier auf dem Unterschied zwischen dem oberen Ernst und dem unteren Ulk. Auf dem Unterschied zwischen dem Können der Gestempelten und dem überlegenen Können der Privat-

leute ... Sommernachtstraum, aber mit Bewußtsein. Studierte Rüpel, willentliche und könnerische Rüpel. Da steckt der Kern.«

Alfred Kerr über »Hier irrt Goethe« im »Berliner Tageblatt«, 9. 4. 1932.

Nachtlicht → *Cabaret Nachtlicht*

Die Namenlosen

Literarisch-politisches Studentenkabarett in München, entstanden als Faschingsbrettl der Studiobühne der Universität im Januar 1955.

Hans Guido Weber und Gerd Potyka von der Studiobühne taten sich mit ihren Kommilitonen → *Dieter Hildebrandt* und → *Klaus Peter Schreiner,* die die Texte schrieben, zusammen und brachten am 17. 2. 1955 in dem Lokal »Alte Laterne« an der Leopoldstraße bei einem Studentenball ihr erstes Kabarettprogramm heraus mit Susanne Weber als fünfter im Bunde. Ihr Erfolg bewog die Wirtin, die Gruppe fortan zweimal in der Woche auftreten zu lassen. Das positive Presseecho erlaubte bald einen dritten Spieltag pro Woche. Im Juli/August 1955 gastierten *Die Namenlosen* mit ihrem zweiten Programm (»Es ist so schön, privat zu sein«) im »Café Freilinger«, Leopoldstraße. Nach ein paar Abstechern nach Salzburg und Bern und einem kurzen Gastspiel in der → *Kleinen Freiheit* wurden sie in dem Lokal »Das Stachelschwein«, Ursula-, Ecke Haimhauser Staße, seßhaft, jetzt mit Cordy Ritter als Partnerin. Den enormen Erfolg ihres dort gespielten Programms »Die Nullen sind unter uns« (3. 11. 1955) konnte das folgende, »Sünder des Olymp« (21. 3. 1956), nicht halten; sie spielten es bis zum 30. 5. und gastierten anschließend bei den → *Stachelschweinen* in West-Berlin. Danach Wiederaufnahme in München.

Im November 1956 spaltete sich die Gruppe: Während Hildebrandt im »Stachelschwein« blieb und mit → *Sammy Drechsel* die → *Münchner Lach- und Schießgesellschaft* gründete, versuchte Schreiner, *Die Namenlosen* in einem Hotel der Münchner Innenstadt weiterzuführen, scheiterte aber. Nach wenigen Wochen löste sich die Gruppe auf.

»Texte, die fast alle scharf formuliert sind und vor keinem Mißstand in Ost und West zurückschrecken. Mit Schwung stürzen sie sich auf das Podium, furios rasen sie Vers und Prosa herunter. Das Kabarett der Namenlosen *ist echt münchnerisch, echt schwabingerisch.«*

Wolfgang Drews in der »Frankfurter Allgemeinen«, März 1955.

Herbert Nelson

* 31. 10. 1910 Berlin

Autor, Komponist, Pianist, Conférencier eigener Kabarettprogramme

Sohn von → *Rudolf Nelson* und → *Käte Erlholz.* Begann als Volontär und Reporter für die »Vossische Zeitung« und die »BZ am Mittag« in Berlin. Emigrierte 1935 zu seinen Eltern nach Amsterdam und schrieb vom Herbst 1935 bis 1939 die Texte zu annähernd sechzig Kabarettrevuen für Rudolf Nelsons *La Gaité* in Amsterdam (→ *Exilkabarett*).

Nach dem Einmarsch der Nazis 1940 gründete er mit seinem Vater und der holländischen Kabarettistin Henriette Davids das »Jüdische Theater« (»Joodsche Schowburg«) in Amsterdam und schrieb für die dort (neben anderen Theater- und musikalischen Ensembles) spielende *Nelson-Revue* Texte und Rahmenhandlungen. Nach Umwandlung des »Jüdischen Theaters« in ein Deportationszentrum für die Transporte der Juden in die östlichen KZs eröffnete Herbert Nelson unter dem Schutz der holländischen Widerstandsbewegung (der er angehörte) in einer Amsterdamer Privatwohnung ein illegales Kabarett für geladene

Gäste. Mitte 1946 schrieb Herbert Nelson die deutschsprachige Revue »Tanz über die Grenzen« und gastierte mit ihr und einem Ensemble aus holländischen und deportierten Künstlern in der Schweiz.
Im August 1947 übersiedelte er nach New York. 1948 Eheschließung mit seiner jetzigen Frau und Partnerin, der Chansonniere Eva Nelson. Seit Ende der fünfziger Jahre Zweipersonenshows (untermischt mit Tonbändern, Dias und Film) in New Yorker Clubs, Colleges und Universitäten in den USA und Kanada. 1977 erste Off-off-Broadwy-Show in New York (im »La Mama E.T.C.«), 1980 im »Three Muses Theater« die Off-Broadway-Show ». . . and the pursuit of happiness«, 1981 zum hundertsten Geburtstag des Kabaretts das Programm »Welcome to Cabaretism« in der Galerie der »Art Students' League«, New York. 1982 Ausbau der Show unter dem Titel »From Renoir to Reagan«, Tournee mit ihr 1983. Im Juni 1982 Gastspiel mit Nummern der alten Amsterdamer »Nelson-Revue« mit einem holländischen Ensemble beim »Internationalen Holland Festival« und mit alten Berliner Nummern beim Projekt »Amsterdam–Berlin/Berlin–Amsterdam – kulturelle Wechselwirkungen« (Titel: »Alles kommt einmal wieder«). 1983 Tournee damit durch die BRD und nach West-Berlin. Zweipersonenprogramm »Was wäre, wenn . . .?« in Genf. Seit 1972 halten Herbert und Eva Nelson am Middlebury College in Vermont (USA) in Sommerkursen Vorlesungen und Workshops über Kabarett und leisten mit den Studenten für Deutsch praktische Kabarettarbeit.

»Herbert Nelson . . ., der Nelson-Sohn und Nelson-Mitarbeiter also, spricht zwischendurch kleine, überaus berlinische Conférencen. Das tut er meisterlich, Ernst mit Ulk und Jux mischend. Seine Frau, Eva Nelson, singt große und kleine Lieder mit souveräner Gefälligkeit . . . Großer Beifall für diese fidele, kluge, herzliche und elegante Gabe von der Amstel an die Spree.«

Friedrich Luft in der »Berliner Morgenpost« (1983) über das Gastspiel der Nelson-Revue »Alles kommt einmal wieder« in der Akademie der Künste, Berlin.

Rudolf Nelson
* 18. 4. 1878 Berlin – † 5. 2. 1960 Berlin
Kabarett- und Operettenkomponist, Pianist und Kabarettleiter
Debütierte fünfjährig als »musikalisches Wunderkind« mit Werken von Liszt und Chopin. Besuch der Königlichen Musikhochschule und des Stern'schen Konservatoriums in Berlin. Pianist in der *Silbernen Punschterrine*, im *Poetenbänkel zum Siebenten Himmel* (→ *Berliner Kneipenbrettl*) und im *Charivari* (→ *Überbrettlbewegung*). Über das Kleinkunsttheater »Zum Faun« des Barons Ensberg stieß er 1903 als musikalischer Leiter zu der Kleinkunstbühne des Prinzen Joachim Albert von Preußen im »Kleinen Haus« der Kroll-Oper. Aufgrund seiner Beliebtheit bei den dort verkehrenden Hofkreisen konnte sich Nelson 1904 selbständig machen und gründete zusammen mit dem Schauspieler → *Paul Schneider-Duncker* 1904 sein erstes Kabarett, den → *Roland von Berlin*. Nach drei Jahren trennte er sich von seinem Partner und eröffnete 1907 den → *Chat noir* (Berlin) und 1910 das *Metropol-Kabarett,* die er beide 1914 aufgab, um am Kurfürstendamm zwischen Joachimsthaler und Uhlandstraße *Nelsons Künstlerspiele* zu eröffnen.
Zwischen 1910 und 1918 komponierte Nelson ein halbes Dutzend Operettenrevuen (u. a. »Miss Dudelsack«, »Chauffeur, ins Metropol!«) und schuf nach diesem Vorbild 1919 in seinen *Künstlerspielen* am Kurfürstendamm, Ecke Fasanenstraße, die seit 1920 *Nelson-Theater* hießen, die → *Kabarettrevue*. 1925 vermietete er das Haus für ein Gastspiel der Pariser Tänzerin Josephine Baker und gastierte derweil nebenan im »Theater am Kurfürstendamm«. Seitdem gab er

Rudolf Nelson in Berlin nach der Rückkehr zu seiner Revue »Berlin W-Weh« (1949).

weitere Gastspiele, u. a. im Palmensaal des Hotels Cumberland am Kurfürstendamm und im Blauen Saal des Eden-Hotels am Bahnhof Zoo.
1933 auf Tournee, kehrte er nicht mehr nach Deutschland zurück, sondern ging über Wien und Zürich 1934 mit seiner Truppe in die Niederlande und gründete 1934 in Amsterdam das Kabarettheater *La Gaité* (→ *Exilkabarett*). Im Sommer gastierte er regelmäßig im Kurhauskabarett des Seebades Scheveningen. Die Texte schrieb ihm sein Sohn → *Herbert Nelson.* Zwischen 1934 und 1940 brachte er etwa hundert Kleinrevuen heraus. Vorübergehend interniert, überlebte er die deutsche Besatzung im Untergrund, kehrte 1949 nach Berlin zurück und kreierte hier im »Theater am Kurfürstendamm« mit → *Günter Neumann* die Revue »Berlin W-Weh«, die er mit Neumann und später mit Heinrich Riethmüller auch selbst begleitete. Im November 1949 gastierte er mit Dora Paulsen in einer Galamatinee im »Theater am Nollendorfplatz«, die er mit Ursula Harnisch an zwei Flügeln begleitete.
Unter Nelsons 18 Kabarettrevuen zwischen 1919 und 1933 sind hervorzuheben: »Total Manoli« (1919/20), »Bitte zahlen!« (1921), »Der Harem auf Reisen« (1924), »Die Nacht der Nächte!« (1926), »Der rote Faden« (1930), »Quick« (1930), »Glück muß man haben« (1931), »Es hat geklingelt« (1932). Seine bekanntesten Chansons und Schlagerchansons aus dieser Zeit: »Wenn du meine Tante siehst« sowie »Das Nachtgespenst« und »Peter, Peter« (Texte: → *Fried-*

rich Hollaender), »Fang nie was mit Verwandtschaft an!« und »Mir ist heut so nach Tamerlan« (Texte: → *Kurt Tucholsky*), »Die Dame von der alten Schule« und »Der Vamp« (Texte: Hans Hannes). Sein berühmtestes Chanson: »Das Ladenmädel« von 1904 (Text: Willi Wolff).
Rudolf Nelson schuf nach dem Ende der Überbrettlbewegung das moderne, elegante Großstadtkabarett, das in Texten und Musiken durchaus literarisch, wenn auch inhaltlich kaum zeitkritisch oder gar politisch war. Erst nach dem Ersten Weltkrieg nahm er in jedes Programm mindestens eine politische Nummer, vielfach in Form eines Chansons, hinein (die ihm meist Kurt Tucholsky schrieb). Mit seinem künstlerischen Geschmack, seinem an Offenbach erinnernden musikalischen Esprit und seiner weichen Melodik, vorgetragen mit einem stählernen Anschlag, schuf Nelson ein ebenso lukullisches wie geistreiches Kabarett, das logischerweise in die Kabarettrevue mündete.

Lit.: Jameson Egon: »Am Flügel: Rudolf Nelson«, biographische Zeitungsserie in »Der Kurier«, Berlin 1958.
Nelson, Rudolf: »Nacht der Nächte – Revue meines Lebens«. Berlin o. J.

»Am Klavier: Rudolf Nelson. Die wippenden, gleitenden, koketten Refrains dieser Lieder ›perlen‹ über die Tasten, kaum bewegen sich seine Finger, aber da, wo der Kehrreim einzusetzen hat (Ritardando . . . im Druck steht eine Fermate), fühlt man seine Freude an dem Schlager, an seinem gefälligen, leichten Rhythmus. Er sitzt am Klavier, und man begreift die Bedeutung und die Wichtigkeit eines Chanson-Refrains.«

Kurt Tucholsky, »Berliner Cabarets«, in »Die Schaubühne«, Berlin, 6. 3. 1913.

»Der genius loci aber heißt Rudolf Nelson. Charakteristisch die Art, wie er am Flügel seine Piècen begleitet. Das Spiel ist von großer Prägnanz der Rhythmik, ein kleiner Offenbach seiner Art.«

Fred Hildenbrand in einer Rezension im »Berliner Tageblatt«, 23. 10. 1920.

Neopathetisches Cabaret
Literaturzirkel im Nollendorf-Casino, Berlin, 1910–1912, mit gelegentlichen kabarettistischen Zügen. Entstanden aus dem »Neuen Club« der Frühexpressionisten Jacob van Hoddis, Ernst Blass, Erwin Loewenson u. a. im Juni 1910, als der »Neue Club« seine Lesungen öffentlich machte unter der Leitung des Publizisten Kurt Hiller.
Diese Abende fanden in verschiedenen Berliner Lokalitäten statt, so im Papierhaus in der Dessauer Straße, im Architektenhaus (Wilhelmstraße) und im oberen Saal des »Café Kutschera« am Kurfürstendamm. Bald stießen neue Autoren zu dem Kreis, so die Dichter Alfred Lichtenstein. Heinrich Eduard Jacob, Rudolf Kurtz, Ferdinand Hardekopf und Georg Heym. Das *Neopathetische Cabaret* verstand sich als Gegenbewegung gegen die »l'art-pour-l'art-Kunst« der Rilke, Hofmannsthal und Stefan George in nietzscheschem Geiste, so, wie Hiller es formuliert hatte: »Pathos nicht als gemessener Gebärdengang leidender Prophetensöhne, sondern als universale Heiterkeit, als panisches Lachen. So versteht es sich auch, daß wir keineswegs für unwürdig und unvornehm halten, seriöseste Philosopheme zwischen Chansons und (zerebrale) Ulkigkeiten zu streuen; im Gegenteil: gerade weil für uns Philosophie nicht fachliche, sondern vitale Bedeutung hat, nicht Lehrsache, Geschäft, Moralität oder Schweißausbruch ist, sondern: Erlebnis, scheint sie uns viel eher in ein Cabaret zu passen als auf ein Katheder oder in eine Vierteljahrsschrift.« Damit knüpfte Hiller an die theoretischen Überlegungen → *Bierbaums* von 1900 an, bereitete aber andererseits dem → *Cabaret Voltaire* geistig den Weg. So stand das *Neopathetische Cabaret* auch mit den avantgardistischen Kunst- und Literaturzeitschriften

»Der Sturm« von Herwarth Walden und »Die Aktion« von Franz Pfemfert in Verbindung.
Anfang 1911 trennte sich Hiller von dem Kreis und gründete im November 1911 im »Café Austria« in der Potsdamer Straße das *GNU* (»Zur Entkafferung, Entbarbarisierung der Menschheit«). Nachdem einer seiner Protagonisten, Georg Heym, im Januar 1912 beim Eislaufen ertrunken war, gab das *Neopathetische Cabaret* am 3. 4. 1912 seine Abschiedsvorstellung.

Neues Theater am Kärntnertor
Ein 374-Plätze-Saal in einem ehemaligen Opernhaus in der Walfischgasse in Wien, den → *Gerhard Bronner* im Oktober 1959 als Kabarettheater mit dem Programm »Dachl überm Kopf« (Laufzeit: sieben Monate) eröffnete. (Darin das → *Mittelstück* »Geisterbahn der Freiheit« von → *Carl Merz* und → *Helmut Qualtinger,* die »Schmattesoper« von und mit Gerhard Bronner und → *Peter Wehle* und »Die Demelinerinnen« von Bronner mit Bronner und Qualtinger).
Es folgte im Oktober 1960 das Programm »Hackl vorm Kreuz« (Regie: Erich Neuberger) mit Louise Martini, Eva Pilz, Kurt Sobotka, Kurt Sklenka, Gerhard Bronner und Helmut Qualtinger (darin Bronners »Die Ottomanen«, Qualtingers »Der Menschheit Würde ist in eure Hand gegeben« u.a.). Nach diesem Programm verließen Merz und Qualtinger das Ensemble. Bronner engagierte das Grazer Kabarett → *Der Würfel* mit dessen Programm »Weh dem, der rügt«. In dem folgenden »Wedl sei der Mensch« (Herbst 1961) reicherte er das *Würfel*-Ensemble mit sich selbst, Eva Pilz und Peter Wehle an. Im Herbst 1962 servierten Bronner und Wehle im Alleingang das eher unpolitische kabarettistische Resultat ihrer Weltreise unter dem Titel »Die unruhige Kugel«. Im Februar 1963 folgte »Das heiße Eisen« von → *Fritz Eckhardt* mit Chansons von Bronner und Wehle: eine Satire auf eine heimische Schieberaffäre. Auch in dem im Herbst 1963 folgenden Programm »Arche Nowak« von Erich Frank und Peter Orthofer (vom *Würfel*) mit Musiknummern von Bronner und Wehle rangierten österreichische Themen vorn. Im Frühjahr 1964 kamen »Nie wieder Kabarett!« und im Oktober »Wiener Testwochen« (darin: »Wer regiert Österreich?«), beide von Bronner.
Aus dem üblichen Rahmen fiel seit Februar 1965 ein von Kurt Sobotka inszeniertes Ein-Personen-Stück, die »Große Häfenelegie«, erzählt und gespielt von dem Schauspieler Herwig Seeböck. Danach folgte »Companiere Olé!« von Reinhard Federmann, eine Satire auf den Finanzierungskandal um den damaligen österreichischen Innenminister Franz Olah. Nach dem Mißerfolg mit einem amerikanischen, von Bronner bearbeiteten Musical, »Die Romanticker« (»The Fantasticks«), gab Bronner das *Neue Theater am Kärntnertor* auf. Es schloß am 20. 2. 1966 als Wiener Kabarettspielstätte.

Günter Neumann
* 19. 3. 1913 Berlin; † 17. 10. 1972 München
Kabarettautor, -leiter und -komponist, Drehbuchautor
Studierte privat Musik bei Prof. Heinz Tiessen. Debütierte 1929 als sechzehnjähriger Schüler, entdeckt von → *Willi Schaeffers,* im Nachwuchsstudio des → *Kabaretts der Komiker.* Begleitete als Primaner 1931 in der → *Katakombe* und 1932/33 im → *Kohlkopp,* für die beide er auch komponierte. 1933 erneut in der *Katakombe.*
Ging 1932 mit eigenem Kabarett auf eine Tournee nach Westdeutschland und lernte bei einem Gastspiel in Frankfurt (Main) seine nachmalige Partnerin und

Frau → *Tatjana Sais* kennen. Spielte und komponierte 1933 in → *Trude Hesterbergs Musenschaukel,* 1935 im → *Tingeltangel-Theater,* das aufgrund seiner Revue »Liebe, Lenz und Tingeltangel« am 10. 5. 1935 verboten wurde. Versuchte im September 1935 mit Tatjana Sais und Bruno Fritz, den *Tatzelwurm* neu zu beleben. Er verfaßte 1937 für das *Kabarett der Komiker* die Sportrevue »Gib ihm!« (mit → *Werner Finck,* Tati, Loni Heuser, Rudolf Platte und Tatjana Sais). Schrieb 1938 das Drehbuch zu »Paradies der Junggesellen«. Die Premiere seiner Revue »Nacht muß es sein« am 1. 9. 1939 fiel dem Kriegsbeginn zum Opfer. Einberufen, wurde er zur »Truppenbetreuung« herangezogen und ging mit Tatjana Sais und Werner Oehlschläger auf »Wehrmachttournee«. 1944 wieder Soldat, geriet er im April 1945 in Leipzig in US-Kriegsgefangenschaft. Machte Lagerkabarett bei Chartres. Im Herbst 1946 entlassen, ging er zu Tatjana Sais nach Frankfurt (Main). Aus beider Gastspielreise nach Berlin wurde eine Rückkehr für immer. 1947 begleitete Neumann (mit Heinrich Riethmüller an zwei Klavieren) → *Hellmuth Krügers* Revue »Wir sind noch einmal sitzengeblieben«. Brachte am 13. 2. 1947 seine Kabarettrevue »Alles Theater« und im Winter 1947/48 seine Revue »Schwarzer Jahrmarkt« (beide im → *Cabaret Ulenspiegel*) heraus, die er auch am Klavier begleitete.
Verfaßte 1948 Drehbuch und Musik zu dem satirischen Film »Berliner Ballade«. Entwickelte aus einer RIAS-Hörfunksendung am 25. 12. 1948 das Rundfunkkabarett → *Die Insulaner.* Schrieb 1947 Texte für die *Dachluke,* 1949 für die → *Mausefalle* (Stuttgart und Hamburg), 1953 für den → *Nürnberger Trichter,* 1954 für die → *Stachelschweine* und 1965 für die → *Wühlmäuse* (auch Musiken). Verfaßte zusammen mit → *Rudolf Nelson* 1948 die Kabarettrevue »Berlin Weh Weh«. Mitarbeit an den Drehbüchern zu verschiedenen zeitkritischen Musikfilmen (wie »Wir Wunderkinder«, 1958, »Das Wirtshaus im Spessart« [1957] und »Das Spukschloß im Spessart«, [1960]). Versuchte 1963 und 1968 eine Wiederaufnahme seiner 1958 eingestellten *Insulaner*-Programme, fand aber bei den Jüngeren keinen Widerhall.
Ausgezeichnet mit dem Silberlorbeer der Berliner Filmfestspiele 1951, dem Kunstpreis der Stadt Berlin 1960 und dem Paul-Lincke-Ring. Günter Neumann hatte, als Autor-Komponist eigentlich auf → *Friedrich Hollaender* verwiesen, das Kompositorische der Musik → *Rudolf Nelson* und des Wortes → *Otto Reutter* abgelauscht. Seinem Berliner Mutterwitz, verbunden mit lockerer Musikalität, fehlten die Leidenschaft und die Stoßkraft des Satirikers. So blieb er auch in seiner politischen Polemik undifferenziert im Urteil – mehr gutmütig frotzelnd, mitunter auch plump zuschlagend als scharf analysierend und den Nerv treffend. Dennoch hebt ihn die formale Leichtigkeit im Umgang mit Wort und Ton hoch über das Gros der Unterhaltungskabarettisten hinaus.

Wolfgang Neuss
* 3. 12. 1923 Breslau
Schauspieler, Kabarettist, Kabarettautor, Schriftsteller
Nach Metzgerlehre und fünfjährigem Kriegsdienst (einschließlich »Truppenbetreuung« als »Frontkomiker«) tingelte Neuss, aus der Kriegsgefangenschaft entlassen, bis 1949 als Arrangeur und Ansager bunter Abende durch Nordwestdeutschland.
Nach einem Gastspiel mit seinem damaligen Partner Abi von Haase 1949 bei → *Mutter Ey* in Düsseldorf erste Begegnung mit seinem nachmaligen Dauerpartner → *Wolfgang Müller* in Hannover. 1950 wurde Neuss während eines Gastspiels mit Haase im Hamburger »Hansa-Theater« von dem Komponisten Lotar

Wolfgang Neuss in »Das jüngste Gerücht«(1963).

Olias für die von ihm künstlerisch geleitete → *Bonbonniere* (Hamburg) entdeckt, wo er von den Autoren → *Eckart Hachfeld* und → *Dieter Thierry* mit Texten versorgt wurde. Er trat dort gemeinsam mit Thierry und → *Ursula Herking* auf. Bei einem erfolggekrönten Gastspiel in West-Berlin 1951 beschloß das Ensemble der *Bonbonniere,* das sich jetzt »Die Haferstengels« nannte, dort zu bleiben. Mit der ihm von Hachfeld geschriebenen Nummer »Der Mann an der Pauke« wurde Neuss auf einen Schlag überregional berühmt. Es folgte ein neues »Haferstengel«-Programm mit Ursula Herking und Dieter Thierry. Danach Mitwirkung in verschiedenen Kabarettprogrammen im → *Nürnberger Trichter* sowie bei Unterhaltungsgroßveranstaltungen (mit antifaschistisch-antikommunistischer Tendenz) in der Berliner »Waldbühne«. Machte zusammen mit → *Jo Herbst* im RIAS Rundfunkkabarett. Inszenierte 1952 bei den → *Stachelschweinen* das Programm »Festland Berlin« (September) und »Zwischen Nylon und Chemnitz« (Dezember). Spielte seit 1953 Komikerrollen in klassischen und modernen Lustspielen (zuweilen auch Regie).

1953 erstes gemeinsames Auftreten mit Wolfgang Müller (»Zwischen Tür und Angel«, 1953, »Hängt die Wäsche weg!«, 1955, beide im »Rauchfang«, »Macht bloß keen Theater!«, 1954, in der »Komödie«). 1955 wurden beide als Komikerpaar in dem Musical »Kiss me Kate« (in der »Komödie«) zu den heimlichen Hauptdarstellern. Nicht minder Erfolg hatten sie nach den Vorstellungen mit der Musicalparodie »Schieß mich, Tell«, in die sie aktuelle Bezüge einarbeiteten. Es folgten Tourneen durch die BRD und zahllose Filmangebote. Seit 1955 wirkte Neuss in über fünfzig Filmen mit, darunter in den Filmsatiren »Das Wirtshaus im Spessart« (1957), »Wir Wunderkinder« (1958), »Das Mädchen Rosemarie« (1958) und »Rosen für den Staatsanwalt« (1959), außerdem in satirischen Fernsehfilmen wie »Wer nicht hören will, muß fernsehen« (1960, mit W. Müller) und den Bühnenkomödien »Drei Mann auf einem Pferd« (1957) und »Kennen Sie die Milchstraße?« (1958, in beiden mit Wolfgang Müller). Zwischendurch schrieb er die Komödien »Tu's nicht ohne Liebe« (aufgeführt 1958 am Residenztheater München) und »Zwei Berliner in Paris« (1959 in der »Komödie«, Berlin, beide in seiner Regie).

Nach Wolfgang Müllers tödlichem Flugzeugabsturz 1960 (»Müller war Neuss' größtes Talent«, Neuss) sah sich Neuss »gezwungen, statt eine Person zu ersetzen, dieselbe mitzuspielen« (Neuss über Neuss in »Knaurs Prominentenlexikon 1980«). Er schrieb und produzierte mit sich selbst in den Hauptrollen die satirischen Filme »Wir Kellerkinder« (1960) und »Genosse Münchhausen« (1962, auch Regie). Für beide erhielt er den Berliner Kunstpreis 1964. 1963 brachte er mit »Das jüngste Gerücht« im »Domizil« am Lützowplatz sein erstes engagiert politisches Soloprogramm (Untertitel: »Satire über Trivialpolitik«) heraus, mit dem er 1963 auch die BRD bereiste. Es folgte 1965 im »Theater am Kurfürstendamm« die Villon-Show »Neuss Testament« (Untertitel: »Eine satirische Zeitbombe«) mit Beiträgen von Dieter Thierry, Horst Tomayer, Jens Gerlach und Gerd Delaveaux (1965/66 auf BRD-Tournee) und 1967, wieder im »Domizil«, das Programm »Asyl im Domizil« mit Beiträgen von Dieter Thierry und Hans Magnus Enzensberger (BRD-Tournee 1967/68). Mit ständig ausverkauften Vorstellungen und Höchstauflagen der entsprechenden LPs und Textbücher erreichte Neuss in diesen Programmen den Kulminationspunkt seiner kabarettistischen Aktivität. Für die LP »Das jüngste Gerücht« erhielt er 1964 den »Preis der deutschen Schallplattenkritik«. In diesen Soloprogrammen, vorgetragen teils in Prosa, teils in rhythmisiertem Sprechgesang, schleuderte Neuss mit spitzem Spott und zausendem Zynismus seine Attacken auf die sich aus seiner Sicht im Bonn der Großen Koalition ausbreitende Kungelei und die in West-Berlin wuchernde Frontstadthysterie. Damit und mit sich mehrenden außerkabarettistischen Aktionen wurde Neuss zum Politikum und zum »Systemkritiker«, den freilich keine Fraktion im linken Spektrum ganz für sich beanspruchen konnte. Schon 1955 hatte er einen Skandal ausgelöst, als er bei einem Berliner Abend im Bierpalast »Prälaten«, der vom Fernsehen live übertragen wurde, vor 460 dort privat versammelten Bundestagsabgeordneten als »Mann an der Pauke«, sich den Zensurwünschen des federführenden Südwestfunks verweigernd, loslegte, woraufhin ihm das Fernsehen bei der inkriminierten Stelle unter dem Vorwand »Technische Störung« den Ton abschaltete.

Im Dezember 1964 brachte Neuss zum erstenmal seine satirische Zeitschrift »Neuss Deutschland« heraus. 1965 trat er in Frankfurt beim Ostermarsch zusammen mit → *Wolf Biermann* auf, was ihm ein Einreiseverbot in die DDR eintrug. Neuss engagierte sich im Wahlkampf für die SPD, forderte aber zur Abgabe der Zweitstimme für die »Deutsche Friedensunion« auf, was ihm 1966 einen Ausschluß aus der SPD einbrachte. Auf einen Protest von Neuss in einem Extrablatt von »Neuss Deutschland« zur Jahreswende 1965/66 gegen den Aufruf West-Berliner Zeitungen, Geld für US-Soldaten in Vietnam zu spenden, belegte ihn die West-Berliner Presse mit einem Anzeigenboykott. Nun bekannte sich Neuss offen zur »Außerparlamentarischen Opposition« (APO). Gleichzeitig bekam er Schwierigkeiten bei seiner Mitwirkung in der satirischen Sendung

des Hessischen Rundfunks, »Bis zur letzten Frequenz«. Nun spielte er wieder öfter Bühnenrollen in Berlin, Hamburg und München, 1968 weigerte er sich, in dem von Peter Stein an den »Münchner Kammerspielen« inszenierten »Viet Nam Diskurs« von Peter Weiss aufzutreten, weil ihm die Theaterleitung eine öffentliche Sammlung für den Vietcong untersagt hatte.
1967 bildete er mit → *Hanns Dieter Hüsch*, → *Franz Josef Degenhardt* und → *Dieter Süverkrüp* das »Quartett 67«. 1969 spielte er in Peter Zadeks Fernsehfilm »Rotmord« den → *Erich Mühsam*. 1969 besuchte er Chile. Tablettensucht und Haschischgenuß brachten ihm 1979 acht Monate Haft auf Bewährung ein. Seit 1976 lebt er von Sozialhilfe. Ein kurzes Comeback mit einem »Pauken«-Gastspiel bei den *Stachelschweinen* 1973 blieb ohne Folgen. Neuerdings hat ihn die alternative »Szene« entdeckt. Seit längerem druckt die alternative »Tageszeitung« (TAZ) Kolumnen von ihm. Seine witzigen Monologe, die er vor Freunden in seiner Wohnung hält, vertreibt der »Stechapfel Verlag«, Berlin-Kreuzberg, auf Tonkassetten, während der »Syndikat Verlag«, Frankfurt, das Drehbuch von »Wir Kellerkinder« herausbrachte. Im März 1984 lief der Film »Is was, Kanzler?« an, in dem Neuss die Bundestagspräsidentin Annemarie Renger darstellt. 1981 brachte sein Freund und Kabarettkollege → *Volker Kühn* das *Wolfgang Neuss Buch* heraus. 1983 erhielt er den *Deutschen Kleinkunstpreis*.

»Ein kleiner, eifernder Mensch . . . ein verhärmter Possenreißer . . . besudelt die lebenden Ziele seiner Gesinnungswut.«

Mathias Walden in »Quick«, 1966

»Seine Testamentseröffnung ist vorsätzlich unerfreulich. Aber sie ist von fröhlicher Verzweiflung«.

Friedrich Luft in DIE WELT, September 1965, über »Neuss Testament«.

»Worauf es ankommt, ist Treffsicherheit, Spürsinn, Geschmack – aber nicht zuviel, das stört auch oft. Zweifel sind hinderlich. Naivität ist gut. Nur wer sicher ist, kann zum Schlag ausholen. Darauf kommt es an. Auf Mut überhaupt nicht.«

Wolfgang Neuss über Satire in »Das Wolfgang Neuss Buch«, Köln 1981 (S. 124).

»Ich hab' das nie nachgeprüft, ob das stimmt, was ich gesagt habe. Wenn es mir einfiel, und es klang nach einer Pointe, dann hab' ich's gesagt.«

Wolfgang Neuss, a.a.O., S. 354.

»Als Neuss einsehen mußte, daß sich die Welt vom Kleinkunstkeller aus nicht verbessern, geschweige denn verändern läßt, gab er auf. Er fand weder Sinn noch Gefallen daran, weiterhin anderen Leuten zu deren Vergnügen in den Hintern zu treten. Nachdem gesagt war, was zu sagen war, wollte er nicht mehr – nicht mal mehr vors Schienbein.«

Volker Kühn über Wolfgang Neuss, a.a.O., S. 18.

Paul Nikolaus
(eigentlich: Paul Nikolaus Steiner)
* 30. 3. 1894 Mannheim; † 31. 3. 1933 (Selbstmord) Zürich
Conférencier
Begann 1921 in der → *Wilden Bühne*. Wurde dann Hausconférencier der → *Gondel*. Seit 1925 ständiger Conférencier am → *Kabarett der Komiker*. Conferierte 1925 im Varieté »Scala«, 1931 im Varieté »Wintergarten«, 1930 im → *Tingeltangeltheater*, 1932 bei den → *Wespen*. Emigrierte im März 1933 in die Schweiz und nahm sich wenig später dort das Leben. In Abschiedsbriefen an seine Freunde schrieb er: »In Berlin kann ich künftig nicht leben, ohne Berlin kann ich auch nicht leben – also gehe ich.«
Nikolaus war der spirituell schärfste, politisch kompromißloseste Conférencier der Weimarer Republik. Seine schnelle Reaktion auf Aktuelles bewies er Abend

für Abend im *Kabarett der Komiker,* wenn er sich die Andrucke der Zeitungen vom nächsten Morgen in die Garderobe bringen ließ und auf die Neuigkeiten, die sein Publikum erst am nächsten Tage erfahren sollte, sofort seine brillant formulierten Glossen machte.

»Paul Nikolaus . . . frotzelt nicht, er biedert sich nicht an, er macht keine Konzessionen, aber er ist in lebendiger Verbindung mit dem aktuellen Geschehen, das er aggressiv glossiert, doch so ruhevoll überlegen, mit geistig-künstlerischer Pointe, daß das strikte Gegenteil von jeder Fühlungnahme herauskommt, die sich so oder so mit einer Parteigängerschaft gemein macht. Dieser Glossierer des Programms, zugleich Glossierer seiner Zeit, bleibt in seiner Rolle so schön selbstbewußt einsam, drückt keinem die Hand, ohrfeigt keinen, durchschaut alle und negiert noch mit dem höflichsten, scheinbar liebenswürdig servierten Bonmot die Gedanken- und Gefühlswelt heutiger Publikumsmehrheit.«

Max Herrmann-Neiße

Die NIveauHILISTEN
»Meloflitterarisches Kabarett« (Selbstbenennung), gegründet als Studentenkabarett 1964 von dem Pädagogikstudenten Wolfgang Pusch in Kettwig (Ruhr). 1965 gab der Pädagogikdozent → *Jürgen Henningsen* als Autor und Regisseur der Gruppe Stil und Linie. Die Texte schrieben er und Pusch. Das Ensemble bestand aus den inzwischen zu Junglehrern gewordenen Wolfgang Pusch, Dieter Urban und Barb Sewien (= Barbara Wiesenack), die auch komponierte und begleitete. Nach einem »Beobachterbesuch« bei den → *Essener Kabarett-Tagen* 1966 gastierten die *NIveauHILISTEN* bei diesem Festival mit ihrem sechsten Programm »Alle flüstern einen Namen« und wurden dadurch überregional bekannt. Auch 1968 gastierten sie in Essen sowie 1969 zur »Woche des politischen Kabaretts« im Münchner → *Rationaltheater.* Mit dem Weggang von Barb Sewien 1971 löste sich das Ensemble auf. (→ *Kabarett FORTSCHROTT*)

Notizen aus der Provinz → *Medienkabarett*

Nürnberger Trichter
Literarisch-politisches Kabarett in West-Berlin, eröffnet von Kurt Tuntsch in den Räumen des vormaligen → *Ulenspiegel* in der Nürnberger Straße.
Nach zwei Gastspielen der »Haferstengels« 1951 inszenierte → *Rudolf Schündler* 1951 das Programm »Wir sitzen wie auf Kohlen« mit Texten von → *Eckart Hachfeld,* → *Günter Neumann,* → *Dieter Thierry* und Musik von Olaf Bienert, Mitwirkende: Walter Gross, → *Ursula Herking,* → *Wolfgang Neuss,* Dieter Thierry, Ingeborg Wellmann u. a.; und 1952 »Mal sehn, was uns blüht« mit Texten von Curt Flatow, Eckart Hachfeld, → *Jo Herbst,* Wolfgang Neuss, Dieter Thierry und Herbert Witt (Musik: Olaf Bienert), Mitwirkende: Bruno Fritz, Ursula Herking, Wolfgang Neuss, Rita Paul, Dieter Thierry, Ingeborg Wellmann. Die nächsten beiden Programme – »Marsch mit Grundeis« (1952) und »Hurra, die Russen kommen . . . und gehen« (von Günter Neumann [Text] und → *Rudolf Nelson* [Musik], beide auch an zwei Flügeln) inszenierte Tuntsch selber. Danach gastierten im *Nürnberger Trichter* 1953 die → *Stachelschweine* mit ihrem Programm »Sind Se schon bedient?«, dessen Einnahmen Tuntsch unterschlug, bevor er flüchtete. Damit war das Schicksal des *Nürnberger Trichters* besiegelt.

Erik Ode
(eigentlich: Erik Odemar)
* 6. 11. 1910 Berlin; † 19. 7. 1983 Weißach (Obb.)
Schauspieler, Kabarettist, Kabarettgründer.
Der Sohn des Schauspielers Fritz Odemar debütierte als Zehnjähriger im Chor des »Deutschen Opernhauses«, Berlin, in der Oper »Carmen«. Mit dreizehn Jahren spielte er in dem Stummfilm »INRI« neben Henny Porten und Asta Nielsen den zwölfjährigen Jesusknaben. Wollte dann Kameramann werden. 1928 gründete er zusammen mit → *Max Colpet* das → *Anti* und wirkte dort bis zu dessen Ende 1929 als Kabarettist mit. Spielte danach Theater, Operette und Kabarett in Berlin. Spielte 1929 die Hauptrolle in dem Sozialdrama »Schlafstelle« im »Novemberstudio« von Alexander Granach unter der Regie von Leopold Lindtberg. 1931 im Ensemble der → *Katakombe*. Sang dort u.a. das »Lied von den drei Frauen« (März 1931).
Heiratete 1942 die Schauspielerin Hilde Volk. Nach dem Zweiten Weltkrieg Hörspielregisseur beim RIAS Berlin. Inszenierte 1950 den satirischen Film »Herrliche Zeiten« von → *Günter Neumann* und im RIAS-Hörfunk dessen »Schwarzen Jahrmarkt«.
Spielte danach nur noch in Film- und Theaterinszenierungen (hauptsächlich in Boulevardstücken) sowie in Berliner Volksstücken im Fernsehen. Wurde seit 1968 populär als Hauptdarsteller der TV-Kriminalserie »Der Kommissar«.

Parodie
(griechisch = »Nebengesang«)
Literarische Gattung, die ein als bekannt vorausgesetztes literarisches Werk in ironischer oder satirischer Absicht unter Beibehaltung charakteristischer Formmittel, aber mit gegenteiliger Intention nachahmt. Umgekehrt verfährt die → *Travestie*. Parodie wie Travestie sind seit Anbeginn beliebte dramaturgische Mittel des Kabaretts.

Parteienkabarett
Kabarettgruppen, die zur Propagierung von Parteiprogrammen oder sporadisch zur Wahlwerbung eingesetzt werden.
Vor allem die Kommunistische Partei Deutschlands hat sich in den zwanziger Jahren des Kabaretts als eines darstellerischen Kampfmittels bedient (→ *Agitprop*). Zu den permanent spielenden, festen Gruppen einer sozialdemokratischen Partei gehörte das *Politische Kabarett der Sozialdemokratischen Partei Österreichs,* das 1926 unter der Leitung von Victor Grünbaum im Keller des Hauses Riemergasse 11, Wien, gegründet wurde. Für dieses parteiintern agierende Kabarett schrieben u.a.: Victor Grünbaum (der sich in der Emigration dann Victor Gruen nannte), Robert Ehrenzweig (in der Emigration → *Robert Lucas*), → *Jura Soyfer* u.a. (Darsteller: Victor Grünbaum, Ludwig Wagner, Paul Malles, Robert Lammer).
In der BRD agierten in den Wahlkämpfen von 1958 bis 1963 *Die Zeitzünder* unter der Leitung und mit Texten von → *Therese Angeloff* für die SPD. Mittlerweile arbeiten auch andere Parteien in Wahlkämpfen mit kabarettistischen Mitteln, ohne doch diese Spielgruppen institutionalisiert zu haben. Ohne unbedingt Mitglieder einer von ihnen favorisierten Partei zu sein, werben auch prominente Kabarettisten mit ihren Mitteln für deren Ziele, so → *Dieter Hildebrandt,* → *Jörg Hube,* → *Helmut Ruge* u.a. für die SPD, → *Dieter Hallervorden* für die FDP.

Passau

Stadt in Niederbayern, seit 739 Bischofssitz, 50400 Einwohner, davon ca. 90% katholisch, CSU-Mehrheit im Stadtrat ca. 66%. Seit März 1977 Sitz des »Theaters im Scharfrichterhaus«, einer Gastspielstätte und Brutstätte niederbayerischer Lokalkabarettisten mit inzwischem überregionalem Rang wie → *Bruno Jonas,* → *Rudolf Klaffenböck* und → *Siegfried Zimmerschied.*
Auf die Aufführung eines antiklerikalen Theaterstücks (»Die Konferenz«) der beiden vormaligen Ministranten Jonas und Zimmerschied (beide damals 22) 1975 reagierten die Passauer Öffentlichkeit, Presse und Justiz der Bischofsstadt allergisch. Ein von der Staatsanwaltschaft eingeleitetes Verfahren wegen Gotteslästerung mußte zwar eingestellt werden, doch die Fronten zwischen Offiziellen und Satirikern verhärteten sich zunehmend. Während Jonas nach München zum → *Rationaltheater* ging, begann Zimmerschied, in Passau Kabarett zu machen. Nach seinen Auftritten im »Scharfrichterhaus«, das sich ansonsten den Liedermachern, dem Film und der bildenden Kunst widmet, stellte die einzige Zeitung der Stadt, die »Passauer Neue Presse«, am 5. 10. 1979 jegliche Berichterstattung über dieses Kulturzentrum ein. Erst nachdem dort seit 1980 die »Deutschen Kabarett-Tage« mit allen namhaften Kabarettisten der BRD veranstaltet wurden, hob das Blatt im Januar 1982 den Boykott auf. Inzwischen waren Jonas und Zimmerschied mit ihrer aus dem »Passauer Sumpf« (Süddeutsche Zeitung) erblühten Satire gegen Kleinstadtmuff und bigotten Provinzialismus bundesweit bekannt geworden, hatte Zimmerschied den → *Deutschen Kleinkunstpreis* (1979) zuerkannt bekommen, und auch Rudolf Klaffenböck machte außerhalb Passaus von sich reden, so mit seinem Gastspiel »Passauer Pfarrfamilienabend« in München (1981). Aus Passau hat die bayerische Regionalsatire wesentliche Zuströme erfahren.

»Wenn man die Leute nachspielt, ist es schon Satire.«
Siegfried Zimmerschied im SPIEGEL, 15. 9. 1980.

»Der Leib Christi / made in Passau, / schmeckt nach Katendeckeln und Scheiterhaufen«.
Aus einem »Hirtenbrief (An alle schwarzen Schafe)« von Siegfried Zimmerschied.

»Bissiger, böser und treffender kann man seinen Heimatsumpf gar nicht ausleuchten ... Keine erfundenen Geschichten, bewahre! Alles Wirklichkeit, Realsatire, dem Wollen und Wirken der Großkopferten in und um Passau abgelauscht.«
Achim Zons in der »Süddeutschen Zeitung«, 5. 11. 1981, über Rudolf Klaffenböcks »Pfarrfamilienabend«.

Persiflage

(von französisch »siffler« = (aus)pfeifen«
Bezeichnung für eine literarisch-polemische Haltung oder Form, die – vielfach durch übertreibende Nachahmung bestimmter Stilmanieren – ihren Gegenstand oder die ins Visier genommene Person auf geistreiche Art lächerlich zu machen sucht.

Die Pfeffermühle

Politisch-satirisches Kabarett in München und Zürich. Gegründet von → *Erika Mann* in München, eröffnet am 1. 1. 1933 in der → *Bonbonniere* (München) mit Texten von Erika und Klaus Mann. Mit: Erika Mann, Albert Fischel, Karl Theodor Glock, Sibylle Schloß → *Therese Giehse,* Peter Eysold und dem Tanzpaar Cläre Eckstein und Edwin Denby (am Klavier: Magnus Henning). Mit ihrem zweiten Programm zog die *Pfeffermühle* im Februar 1933 in die Gaststätte »Serenissimus« am Siegestor um. Am 12. 3. 1933 flüchtete ein Teil des Ensem-

Erika Mann als conferierende Märchenerzählerin in der Pfeffermühle.

bles nach Zürich und eröffnete dort – im Hotel »Hirschen« – die *Pfeffermühle* am 1. 10. 1933 neu, mit Texten von Erika und Klaus Mann, Hans Sahl und → *Walter Mehring*. Darsteller: Erika Mann, Therese Giehse, Sibylle Schloß, → *Robert Trösch* und das Tanzpaar Lotte Goslar und Igor Pahlen. In diesem ersten Programm sang Erika Mann ihr Chanson »Der Prinz von Lügenland« und Therese Giehse »Frau X.« und »Das Märchen vom Fischer und syner Fru«, beide von Erika Mann.
Am 1. 1. 1934 ging das Ensemble aufgrund seines großen Erfolgs in Zürich auf eine Tournee durch die Schweiz. Bei einem Gastspiel im Herbst 1934 im Kursaal von Zürich warfen Angehörige der schweizerischen Nazipartei, die »Frontisten«, Stinkbomben und wurden handgreiflich, was zu Auseinandersetzungen im Zürcher Kantonalrat und zu Auftrittsverboten in verschiedenen Kantonen führte wie auch zu Protesten von seiten der Deutschen Botschaft in Bern. Eine 1935 vom Kanton Zürich erlassene »Lex Pfeffermühle« verbot Ausländern, mit politischen Texten aufzutreten. *Die Pfeffermühle* konzentrierte ihre Tätigkeit deshalb auf andere Kantone der Schweiz, soweit nicht auch dort ähnliche Beschränkungen in Kraft getreten waren. Von 1935 bis 1936 ging sie auf eine Tournee durch die Niederlande, Belgien, Luxemburg und die Tschechoslowakei und versuchte, im Januar 1937 in den USA Fuß zu fassen als *Peppermill* mit auf englisch gespielten Programmen, konnte sich jedoch nicht durchsetzen und hörte

im Februar 1937 auf. Insgesamt ist die *Pfeffermühle* in sieben Ländern auf 1034 Vorstellungen gekommen. –
Teils aus politischen, teils auch aus künstlerischen Gründen kleidete die *Pfeffermühle* ihre Attacken auf das Dritte Reich in der Schweiz in Fabeln und Allegorien. Im unpolitischen Sektor war sie von der neusachlichen Romantik von → *Katakombe* und → *Nachrichtern* geprägt. Ihr Auftreten in Zürich gab den letzten Anstoß zur Bildung eines eigenständigen schweizerischen Kabaretts (→ *Cabaret Cornichon*).

Lit.: Mann, Thomas: *Gesammelte Werke,* Bd XI. Frankfurt (Main) 1981. Mann, Klaus: *Der Wendepunkt* (S. 252, 305). München 1952. Mann, Katja: *Meine ungeschriebenen Memoiren* (S. 109–120). Frankfurt (Main) 1983. Sperr, Monika: *Therese Giehse – Ich hab nix zum Sagen.* München 1973.

»Dies ist Zeitkabarett, politisches Kabarett, Menschenkabarett. Zotenfrei, kalauerfrei ... Der Abend flog hin, und als man vor Mitternacht ging, hatte man keinen Seifengeschmack auf der Zunge. Wie sonst ... Es gibt gelegentlich literarische Kabaretts, die, wenn sie ihre politischen Kröpfe leeren, Galle speien, dies aber ist traurig-schönes, singendes, geistwarmes Überbrettl«.
Edwin Arnet in der »Neuen Zürcher Zeitung«, 2. 10. 1933, über die Eröffnungsvorstellung der Pfeffermühle.

»Die Pfeffermühle war ... ein literarisches Kabarettprogramm mit stark politischem Einschlag; ein anmutig spielerischer, dabei aber bitterernster, leidenschaftlicher Protest gegen die braune Schmach ... Erika war Conférencier, Direktor, Organisator; Erika sang, agierte, engagierte, inspirierte, kurz, war die Seele des Ganzen.«
Klaus Mann in »Der Wendepunkt« (deutsch 1952).

»Sinn und Zweck unserer kabarettistischen Existenz war der antifaschistische Kampf, der Kampf überdies gegen die moralische Stumpfheit der Welt, die Trägheit des Herzens, dem wir eine sehr große Anzahl neuer Streiter gewonnen haben.«
Erika Mann in einer Rundfunksendung, 1967.

Rudolf Platte
* 12. 2. 1904 in Dortmund-Hörde; † 17. 12. 1984 West-Berlin
Schauspieler, Kabarettist, Kabarettleiter
Ging sechzehnjährig zum Theater und spielte sechs Jahre in der Provinz Charakterrollen. Seit 1927 in Berlin, Übergang ins komische Fach. Engagments bei → *Max Reinhardt* und Victor Barnowsky. Seit April 1930 im Ensemble der → *Katakombe,* wurde er im Dezember 1930 neben → *Werner Finck* als künstlerischem Leiter ihr geschäftlicher Direktor. Spielte zur gleichen Zeit Komikerrollen in Unterhaltungsfilmen (»So ein Flegel«, 1931), auch später (»Gasparone«, 1937, »Die lustigen Vagabunden«, 1940 u.a.) Hatte in den sechziger Jahren große Erfolge als Volksschauspieler, so im »Hauptmann von Köpenick«, »Das Fenster zum Flur«, »Das Geld liegt auf der Bank« u.a. Wirkte auch in einer Folge des Fernsehkrimis »Der Kommissar« mit und in anderen Fernsehrollen.

Playback
(englisch = »zurückspielen«)
Aufnahmeverfahren mit Mehrkanaltonbandgeräten, das es erlaubt, Orchester, Chor, Solisten oder einzelne Instrumente nacheinander, jedoch synchron aufzunehmen. Im Kabarett wird das Playback häufig als Ersatz für eine Originalbegleitung eingespielt, meistens als Halbplayback, d.h. als instrumentale Begleitung zum Originalgesang des Vortragenden.

Poetenbänkel zum Siebenten Himmel → *Berliner Kneipenbrettl*

Pointe
(französisch = »Spitze«)
Höhepunkt und zugleich überraschender Abschluß eines → *Witzes,* einer → *Anekdote,* einer Kurzgeschichte und aller Kabarettexte. Die Pointe – mitunter auch die Pointenlosigkeit als Pointe – ist Sinn und Zweck der angeführten Erzählgattungen. Sie erhellt blitzartig Eigenschaften, Denk- und Verhaltensweisen eines Menschen, die sie auf diese Weise aggressiv bloßstellt.

Alfred Polgar
* 17. 10. 1873 Wien; † 24. 4. 1955 Zürich
Publizist, Kritiker, Feuilletonist, Kabarettautor
Der Sohn eines Musikers studierte selbst Musik. Schrieb von 1906 bis 1908 zusammen mit → *Egon Friedell* für die Kabaretts → *Nachtlicht* und → *Fledermaus* satirische Einakter (»Goethe im Examen«, »Soldatenleben im Frieden« u. a.). Übersiedelte 1925 nach Berlin und schrieb dort Theaterkritiken und Feuilletons für die Zeitschriften »Weltbühne«, »Tagebuch« und das »Berliner Tageblatt«. 1933 Rückkehr nach Wien, 1938 Emigration nach Paris, 1940 Flucht über Spanien in die USA (Hollywood, später New York). Kehrte 1949 nach Europa zurück, wo er abwechselnd in der BRD, Österreich und der Schweiz lebte. Galt als unübertroffener Meister der kleinen Prosa, die er laut Franz Blei zu »Filigranit« härtete. Erwies sich als gesellschaftskritischer Moralist nicht nur in seinen Beiträgen zum Kabarett, sondern auch in seinen Theaterkritiken.

Gerhard Polt
* 7. 5. 1942 München
Dolmetscher, Kabarettist, Kabarettautor
Studierte an der Universität München Politische Wissenschaften, Geschichte und Kunstgeschichte, in Göteborg nordische Sprachen und arbeitete von 1962 bis 1966 in der BRD als Dolmetscher und Übersetzer.
1975 begann seine künstlerische Zusammenarbeit mit → *Hanns Christan Müller* und Gisela Schneeberger. 1975 erstes Auftreten in Müllers »Nachtrevue« in der Münchner → *Kleinen Freiheit,* 1978 innerhalb der »Woche des Kabaretts« an den »Münchner Kammerspielen« und in Müllers »Da schau her« am »Schiller-Theater«, Berlin, 1979 in Müllers »Kehraus« an den »Münchner Kammerspielen«. Seit 1977 wiederholt in der Fernsehserie *Notizen aus der Provinz* (→ *Medienkabarett*), seit 1979 in seiner mit Müller verfaßten eigenen TV-Serie »Fast wia im richtigen Leben«. In weiteren Fernsehsendungen: 1980: »Satire ist, wenn . . .«, »Einwürfe aus der Kulisse«; 1981: »Second Help Show«; 1982: »Ein Schmarrn halt«. Von 1981 bis 1983 zahlreiche Auftritte in der ganzen BRD zusammen mit der → *Biermösl-Blos'n.* Sein erster Kinofilm: »Kehraus« (Darstellung und Mitarbeit am Drehbuch). An Auszeichnungen erhielt Polt: den »Förderpreis der Stadt München« (1978), den »Ernst-Hoferichter-Preis« (1980), den → *Deutschen Kleinkunstpreis«* (1980), den »Adolf-Grimme-Preis« (1983), den »Ernst-Lubitsch-Preis« des Berliner Clubs der Filmjournalisten (1984).
Gerhard Polt gehört zu einer neuen Generation bayerischer Dialektsatiriker, die unter dem Anschein der konservativen Bestätigung heimatlichen Fühlens und Denkens dieses durch Überzeichnung entlarven, was ihnen, da sie keine hinderliche Intellektualität zur Schau tragen, eine Einwirkung auch auf ein satirescheues Publikum sichert. (→ *Jörg Hube,* → *Siegfried Zimmerschied,* → *Sarah Camp*)
»Kabarettist, Satiriker, Volksschauspieler, Gaudibursch, Bänkelsänger, Stimm-Chamäleon,

Gerhard Polt

Linksdenker, Fleischwerdung von Kleinbürgertücke, böses Ebenbild des Menschen, intellektueller Sozialkritiker? Alles in einem.«

DER SPIEGEL

»Polt spielt mit dem Entsetzen. Jeder verschluckt sich an seinem Lachen, würgt an diesem scharfkantigen Brocken kalter, grausiger Komik.«

DER STERN

Theo Prosel
* 4. 5. 1889 Wien; † 12. 1. 1955 München
Kabarettautor, Kabarettleiter, Conférencier
Wurde als junger Mann Buchhalter in einer Papierfabrik. Wanderte 1907 nach Amerika aus, kehrte jedoch schon 1908 nach Wien zurück. Geriet im Ersten Weltkrieg in russische Gefangenschaft. Erste literarische Versuche im Kriegsgefangenenlager. Kam nach Kriegsschluß nach Wien zurück. Erstes Kabarettengagement 1920 im *Charivari* von → *Karl Valentin*. Im Mai 1920 engagierte ihn Kathi Kobus an den → *Simplicismus* (München), wo er insgesamt 130 Kabarettprogramme zusammenstellte. Schrieb zahlreiche Texte, auch für → *Adolf Gondrells Bonbonniere* (München).
Nach dem Tode der Kobus 1929 wurde er künstlerischer Leiter des *Simpl.* Nach dem Kauf des *Simpl* durch Gondrell seit 1. 8. 1935 geschäftsführender Wirt. Wurde Teilhaber an der *Bonbonniere,* tauschte aber seine Anteile gegen das Eigentumsrecht am *Simpl.* Nach der Zerstörung des Lokals durch Flieger-

bomben etablierte Prosel den *Simpl* im August 1945 am »Platzl« gegenüber dem Hofbräuhaus. Dort trat kurz vor seinem Tode noch Karl Valentin auf, 1948 auch → *Gert Fröbe* mit den »Galgenliedern« von Christian Morgenstern.

Protestsong → *Liedermacher*

Helmut Qualtinger
* 8. 10. 1928 Wien
Schriftsteller, Schauspieler, Kabarettist, Kabarettautor
Studierte Medizin, wurde Journalist (Lokalreporter und Filmkritiker) und Autor (sein Theaterstück »Jugend vor den Schranken«, 1949, wurde von der Zensur verboten). Wirkte während seines Studiums am »Studio der Hochschulen« in Wien an dem Hochschulkabarett »Die Grimasse« mit, das der Philosophiestudent → *Michael Kehlmann* auf die Beine gestellt hatte. Schrieb und spielte mit Michael Kehlmann und → *Carl Merz* 1950 im »Kleinen Theater im Konzerthaus« das Programm »Blitzlichter«, das kaum Beachtung fand. Schrieb dann zusammen mit Kehlmann und Merz eine moderne Parodie auf Schnitzlers »Der Reigen« unter dem Titel »Reigen 51 – 10 Variationen auf ein Thema von Schnitzler«, zu dem → *Gerhard Bronner* eine Conférence verfaßte, sie komponierte und vortrug.
Nach großen Erfolgen im »Kleinen Theater im Konzerthaus« und auf Auslandstourneen taten sich die vier zu einem festen Team ohne Namen zusammen und brachten vom Herbst 1952 bis zum Frühjahr 1961 in wechselnden

Helmut Qualtinger als »Der Herr Karl« (1961).

Theatern und mit einer Unterbrechung von drei Jahren sechs Programme heraus, die das Wiener Kabarett auf eine vorher und nachher nicht gekannte Ebene hoben (*Gerhard Bronner*, → *Neues Theater am Kärntnertor*). In diesen Programmen wurde Qualtinger vor allem berühmt mit Chansons von Bronner (»Der Halbwilde«, »Weil ma so fad is«, »Der Papa wird's schon richten« u. a.) sowie mit eigenen – szenischen – Stücken (»Der Menschheit Würde ist in eure Hand gegeben«), oft in Zusammenarbeit mit Carl Merz (»Fahrt ins Rote«, »Travniček«-Dialoge). Mit Merz zusammen hatte er 1961 das Ein-Personen-Stück »Der Herr Karl« geschrieben, das durch seine auch darstellerische Ausdeutung des allzeit anpasserischen Wieners zu einer kabarettistischen Einmaligkeit wurde (»Kleines Theater im Konzerthaus«). Weniger Erfolg hatte das Team Merz-Qualtinger mit »Die Hinrichtung« (1965 im Wiener »Volkstheater«).
Breitere Beachtung fand Qualtinger 1963 mit seinem Fernsehspiel »Alles gerettet« (nach Protokollen über den Wiener Ringtheaterbrandprozeß von 1882). Außerdem spielte und spielt Qualtinger Bühnenrollen (Nestroy, Horvath, Frisch, Kleist, Ustinov) sowie Film- und Fernsehrollen, schreibt weiterhin Stücke und führt Regie. Seit Mitte der sechziger Jahre rezitiert er auf Tourneen aus → *Karl Kraus'* »Die letzten Tage der Menschheit« und Adolf Hitlers »Mein Kampf« sowie eigene Texte (gesammelt in den Bänden »Schwarze Wiener Messe«, 1973; »Das letzte Lokal«, 1978; »Die rot-weiß-rote Rasse«, 1979; »Drei Viertel ohne Takt«, 1980; »Der nächste Beste, bitte«, 1982; »Heimat bist du großer Zwerge«, 1984). Ferner bringt Qualtinger jedes Jahr ein unbekanntes Stück von Johann Nestroy heraus. 1977 erhielt er den Johann-Nestroy-Ring. Bei den Wiener Festwochen 1981 inszenierte er sein Stück »Das kleine Wiener Halbwelttheater« im »Schauspielhaus«, seit April 1984 spielt er in der ursprünglichen Bühnenfassung von Hofmannsthals »Der Rosenkavalier« den Ochs von Lerchenau.

»Inkarnation des Karl Kraus in Gestalt des Lieben Augustin.«

Hans Weigel

»In seinem Namen verbinden sich Qual und Gewalt. Er ist weniger ein Original als ein Originalgenie, zusammengefügt aus vielen scheinbar widersprüchlichen Elementen: Landsknecht und Bußprediger, Dichter und Journalist, Eulenspiegel und Bramarbas, Enfant terrible und Literat, Karl Kraus und Egon Friedell, Alexander Girardi und Charles Laughton . . . Helmut Qualtinger, was immer er sonst noch sein mag, ist ein legitimer Satiriker.«

Hans Weigel

Quodlibet

(lateinisch = »Was beliebt«)

Im Kabarett beliebte Form der → *Parodie* durch Aneinanderreihung bekannter und beliebter Melodien meist ein und desselben Genres (Volkslied, Oper, Operette, Musical, Schlager) unter Beibehaltung wesentlicher Teile des Originaltextes, allerdings unter Verklammerung durch einen übergreifenden neuen Text heiter-satirischen Inhalts. Die komische Wirkung ergibt sich aus der Gegensätzlichkeit zwischen vertrauter Melodie und Textierung einerseits und dem alten überraschend ins Polemische umwandelnden aktuellen Text andererseits. Eines der ersten nachweisbaren Quodlibets in diesem Sinne stammt von dem Berliner Volksstückeschreiber Hans Brennert und dem Komponisten Bogumil Zepler, die für das »Neue Schauspielhaus« in Berlin als Einlage in den fünften Akt des Lustspiels »Hofrats Erben« 1907 eine »Salome«-Parodie schrieben, in der die Musik von Richard Strauss und der Text von Oscar Wilde mit Volksweisen und Schlagern montiert waren.

Die Rakete
Literarisch-politisches Kabarett in Berlin, eröffnet am 16. 4. 1920 in der Kant-, Ecke Joachimsthaler Straße unter der künstlerischen Leitung von Eugen Robert.
Im ersten Prgramm traten auf: Max Adalbert, Käthe Dorsch, Robert Liebmann, → *Paul Morgan,* → *Rosa Valetti* u. a. Im Dezemberprogramm sprang für Paul Morgan → *Fritz Grünbaum* ein. Im März 1922 trat Rosa Valetti in die Direktion ein. Im selben Jahre kreierte sie hier → *Kurt Tucholskys* »Rote Melodie« und spielte in Egon Erwin Kischs »Himmelfahrt der Galgentoni«. Ferner traten in der *Rakete* auf: Ralph Benatzky und Josma Selim, → *Wilhelm Bendow,* → *Kurt Gerron,* Leopoldine Konstantin, → *Hellmuth Krüger,* Margarete Kupfer, Dora Paulsen, → *Joachim Ringelnatz,* Else Ward, u. a. Am 1. 12. 1924 eröffnete → *Kurt Robitschek* das → *Kabarett der Komiker in der Rakete.* In den Räumen der *Rakete* spielte das *Kabarett der Komiker* bis zum Herbst 1925, als der Hauseigentümer Bankrott machte. 1926 gliederte → *Paul Schneider-Duncker* die *Rakete* seinem *Roland von Berlin – Künstlerbühne Admiralspalast* am Bahnhof Friedrichstraße als *Roland des Westens* an. Hier trat sogar → *Otto Reutter* auf, der sonst nur in Varietés auftrat.

Die Rampe (Berlin)
Literarisch-politisches Kabarett, eröffnet am 19. 11. 1922 in Berlin, Kurfürstendamm 32, von → *Rosa Valetti* (Direktion: → *Peter Sachse*), die hier die Tradition ihres kurz zuvor aufgegebenen → *Cabaret Größenwahn* fortsetzen wollte.
Hier entdeckte sie → *Kate Kühl,* die dann die für sie von → *Kurt Tucholsky* geschriebene und → *Werner R. Heymann* komponierte »Dorfschöne« kreierte. Für die *Rampe* komponierten ferner → *Mischa Spoliansky* (ihr Hauskomponist), Allan Gray und Ralph Benatzky. Texte schrieben → *Wilhelm Bendow, Leo Heller,* → *Klabund,* → *Walter Mehring,* → *Marcellus Schiffer,* → *Karl Schnog,* Kurt Tucholsky und → *Erich Weinert.* Mitwirkende: Wilhelm Bendow, Curt Bois, Erwin Eckersberg, Else Ehser, Kate Kühl, Resi Langer, → *Margo Lion,* Karl Schnog, Rosa Valetti, Hermann Vallentin, Else Ward u. a. Im Januar 1925 übernahm der Conférencier → *Harry Lamberts-Paulsen* die *Rampe* für eine Gastspielreihe unter dem Titel »Die Pistole« und sprach hier u. a. den »Roten Feuerwehrmann« von Erich Weinert, der auch selber seine Gedichte sprach. Ende 1925 schloß die *Rampe.*

Die Rampe (Leipzig)
Literarisch-politisches Kabarett in Leipzig, gegründet von Joachim Werzlau und Ferdinand May (dem Vater von → *Gisela May*), eröffnet am 17. 11. 1945 mit dem Programm »Bitte recht freundlich«. Autoren: Ferdinand May, Peter Sillje (eigentl.: Hans Seifert), Kurt Bortfeld, E. R. Greulich, Heinz Quermann u. a. Die Programme enthielten ferner Texte von → *Bertolt Brecht* und → *Erich Weinert* sowie zahlreiche Einakter (von Curt Goetz, Heinrich Spoerl, Anton Tschechow u. a.) Mitwirkende: Edith Berger, Ursula Noack, Ursula Schmitter, Johannes Curth (auch Regie), Egon Herwig (auch Regie), Lothar Blumhagen, Harald Kurz u. a.
Die Rampe, das bedeutendste Nachkriegskabarett der damaligen sowjetischen Besatzungszone, stellte 1950 nach sechs Programmen ihren Spielbetrieb ein.

Hans Rascher
(eigentlich: Helmut Schneller)
* 27. 8. 1922 Schwarzenberg bei Chemnitz
Kabarettautor
Ursprünglich Ingenieur, seit 1953 freiberuflicher Autor. Schrieb zahlreiche Kabarettexte, vor allem für die → *Distel* und für seine Frau, die *Distel*-Kabarettistin Ellen Tiedtke, außerdem für die → *Herkuleskeule* (Dresden) und die → *Leipziger Pfeffermühle.* Arbeitete ferner für Funk und Fernsehen. Rascher ist einer der produktivsten und brillantesten Autoren des DDR-Kabaretts. Erhielt 1961 den Nationalpreis der DDR.

Alfred Rasser
* 29. 5. 1907 Basel; † 18. 8. 1977 Basel
Schweizerischer Schauspieler, Komiker, Kabarettist, Kabarettautor und -leiter, Politiker
Machte 1923 bis 1925 eine Lehre als Spediteur durch, war bis 1927 angestellter Spediteur. Von 1927 bis 1930 Schauspielunterricht bei Oscar Wälterlin am Konservatorium in Basel. Gründete 1930 in Dornach eigene Theatergruppe. Betrieb von 1930 bis 1935 ein Malergeschäft. 1934 Schauspielerprüfung, im gleichen Jahr erster Bühnenerfolg in der von → *C. F. Vaucher* gegründeten »Truppe der Gegenwart« im Küchlin-Theater, Basel.
Erster Auftritt als Kabarettist am 16. 9. 1935 im *Resslirytti* im »Gambrinus«, Basel. Engagement ans → *Cabaret Cornichon.* Erster Auftritt dort in dem Programm »Hupa Haua« (8. 11. 1935). Blieb beim *Cornichon* (bis auf September/Oktober 1936, wo er mit eigenen Nummern in der *Bärentatze,* Bern, auftrat) bis Frühjahr 1942. Brachte ins *Cornichon* das baslerische Element, schrieb seit April 1938 auch eigene Texte dafür. Spielte danach Schwänke und Volkskomödien. Ging 1942 und 1943 mit einer eigenen »Pygmalion«-Fassung auf Sommertourneen durch die Schweiz. Eröffnete am 19. 10. 1943 im »Gambrinus«, Basel, ein eigenes Kabarett: den → *Kaktus.* Textautor und Regisseur war C. F. Vaucher. Erstes Programm: »Wenn die Blätter fallen«. Mit einer Bearbeitung von Hašeks »Bravem Soldaten Schweijk« durch Rasser und Vaucher wandelte sich der *Kaktus* zum politischen Volkstheater. Der aus dem Schweijk-Vorbild entstandene »HD-Soldat Läppli« (Premiere: 31. 12. 1945) wurde durch Rasser zu einer den Militarismus verspottenden Volksfigur, die so populär wurde, daß der *Kaktus* in das tausend Plätze fassende Küchlin-Theater umziehen mußte. Am 13. 9. 1947 wandelte sich der »Soldat Läppli« zum »Demokraten Läppli«, am 29. 9. 1949 zum »Weltbürger Läppli« und am 26. 12. 1958 gar zum »Millionär Läppli« (im »Casino-Theater«, Basel). Letzte Wandlung: 1970 zum »Zivilverteidiger Läppli«.
Zwischendurch trat Rasser immer wieder mit – meist gemischten – Soloprogrammen, zuweilen auch in Komödien und Volksstücken auf und bot erneut die militärische »Läppli«-Version, auch auf Tourneen u. a. in die BRD. In dem von seinem Sohn Roland Rasser 1957 gegründeten → *Théâtre Fauteuil* in Basel fand Rasser eine neue Spielstätte für seine Ein-Mann-Programme (seit 1952), von »Wisse Sie's Neyscht?« 1958 bis zu seinem letzten Jubiläumsprogramm »40 Johr Rasser-Humor« 1975. Seinen letzten großen Auftritt hatte er in der *Fauteuil*-Revue »Offenbach am Spalenberg« vom 24. 8. bis 24. 10. 1976.
Alfred Rasser verstand sich zeitlebens als politischer Satiriker. Sein Engagement gegen Faschismus, Fremdenhaß, blindwütigen Antikommunismus und gegen den Krieg in Vietnam sowie seine Chinareise 1954 brachten ihm manchen Boy-

Alfred Rasser als HD-Soldat Läppli (1945).

kott und persönliche Verunglimpfungen ein. Im Oktober 1967 ließ er sich (mit einem zum Teil ökologischen Programm) in den Nationalrat wählen, dem er nach seiner Wiederwahl 1971 bis 1975 angehörte. Während seiner Parlamentarierzeit spielte Rasser sein Ein-Mann-Programm »National oder Rot« (4. 3. 1968 in der »Rampe«, Bern), sein Jubliäumsprogramm »25 Jahre HD-Soldat Läppli« (31. 12. 1970 in der »Komödie«, Basel) und eine Neuinszenierung seines »Demokraten Läppli« im *Théâtre Fauteuil* (22. 8. 1974).

»Der moderne Politiker versucht ja immer mehr, seine Politik mit kabarettistischen Mitteln publikumswirksam zu machen und an den Mann zu bringen. Er ist es, der aus der Bundesversammlung ein Kabarett macht. Der politische Kabarettist macht aber Kabarett um der Politik willen. Wäre es daher nicht an ihm, aus der zum Kabarett gewordenen Institution wieder eine Bundesversammlung zu machen?«

Alfred Rasser zum Nationalratskandidaten Mario Cortesi.

(Münchner) Rationaltheater

Politisch-satirisches Kabarett in München. Eröffnet von den Studenten → *Reiner Uthoff* (Volkswirtschaft) und → *Ekkehard Kühn* (Germanistik) am 28. 1. 1965 im »Theater 44«, Hohenzollernstr. 20, mit dem Programm »Henkerswahlzeit«. Texte: Uthoff, Kühn, u. a. Mitwirkende neben den Genannten: Axel Muck, Bri-

gitte Koesters, Wolf Euba, Horst A. Reichel. (Musik und Begleitung: Ekkehard Kühn.)
Das *Rationaltheater* führte systematisch die optische und akustische Dokumentation (Tonband, Dia, Film) in das zeitkritische Kabarett ein, um Informationslücken aufzufüllen, die das Publikum am Verständnis der satirischen Attacken hätten hindern können. Mit seinem zweiten Programm »Vom Segen in die Traufe« bezog das *Rationaltheater* Ende November 1965 nach der Bundestagswahl ein eigenes Haus am Kurfürstenplatz. Es folgten »Was Recht ist, muß rechts bleiben« (Juli 1966), »Heute Schlachtschüssel« (Mai 1967), »So legt man euch, ihr Brüder« (März 1968) – mit Textbeiträgen von Wolfgang Graetz, Heinar Kipphardt und Martin Walser und mit Alf Brustellin und Ute Kilian neu im Ensemble. Alle Programme in der herkömmlichen, wenn auch dokumentarisch angereicherten Form des Nummernkabaretts.
Mit dem Programm »KNAST – 1. deutsches Sing-Sing-Spiel« (mit Textbeiträgen von Henry Jaeger und Günter Wallraff) – beschritt das *Rationaltheater* den Weg zum Ein-Thema-Programm. »KNAST« (uraufgeführt Juli 1969 im Landesgefängnis Heilbronn vor 120 Insassen) befaßte sich, begleitet von Rockmusik, allgemein mit Strafvollzug und Resozialisierung und im besonderen mit den Problemen Inhaftierter und Haftentlassener. Analog dazu veranstaltete Uthoff Diskussionen zum Thema und half, Hilfe für Haftentlassene zu organisieren. Thematisch einheitlich waren auch die folgenden Programme: »Bonn Hur« (September 1970, uraufgeführt im Bonn-Center vor dem Rechtsausschuß des Bundestages) behandelte die »Ungerechtigkeiten des sozialen Rechtsstaates«, »Wer beschiß Salvatore G.?« (Juni 1971) die Probleme der Gastarbeiter, »Vom Säugling zum Bückling« (Juni 1972) Erziehungsfragen, »Tagesshow mit Kommentar und Meckerkarte« (März 1974) die Arbeitsmethoden der Massenmedien.
Mit dem Umzug des – nunmehr nur noch *Rationaltheater* heißenden – Unternehmens 1975 in die Hesseloher Str. 18 in Schwabing kehrte Reiner Uthoff zum Nummernkabarett zurück, so mit der »1. Deutschen Bon(n)zenschau« (1976), »Fahr sicher mit dem Bundeswahn« (1977), »Wahlium 80« (1980) mit Beiträgen von Helmut Heissenbüttel und Rolf Hochhuth und Erwin Nowak und Reiner Uthoff als Darsteller. Schließlich gab er das Ensemblekabarett auf und führt seit 1982 mit jeweils eingestreuten Aktualisierungen »Uthoffs Tagesshow« vor. Die Etablierung eines »Frauenkabaretts« 1979 verlief im Sande. Mehr und mehr nimmt das *Rationaltheater* seither Gastspiele herein (August 1968 → *Floh de Cologne,* seit Ende der siebziger Jahre → *Georg Kreisler,* → *Evelyn Künneke* und andere Solokabarettisten).
Bundesweites Aufsehen erregte Uthoff 1968 mit der Enthüllung von Bauplänen für ein Ausländer-KZ bei Neu-Staßfurt 1944, die der nachmalige Bundespräsident Heinrich Lübke abgezeichnet hatte. Ein von der Staatsanwaltschaft angestrengtes Strafverfahren mußte wegen der Richtigkeit der Behauptungen eingestellt werden.
Nach dem Ausscheiden Ekkehard Kühns als Mitgesellschafter 1968 wechselte der nunmehrige Alleinbesitzer Uthoff Textautoren und Darsteller häufig aus. Außer den bereits Erwähnten spielten bei ihm: Rainer Buck, Jochen Busse, Helga Hayne, Gunnar Herchenröder, Christa Dyckerhoff, Eberhard Peiker, → *Hanns Christian Müller,* Peter Ritz, Bernhard Sinkel, → *Hannes Stütz* u.a. Zum 50. Jahrestag von Hitlers Machtantritt Januar/Februar 1983 brachte das *Rationaltheater* als Sonderprogramm »Wenn wir wüßten, was der Adolf mit uns vorhat« heraus, 1984 spielte er u.a. Einakter von Woody Allen.

»Das agitatorische Kabarett, jener neuentstandene ›satirische‹ Theaterspieltypus, dem heute in der Bundesrepublik neben dem Münchner Rationaltheater *vor allem der ›vorbildhaft‹ wirkende* Floh de Cologne *zuzurechnen wäre, möchte nun einmal, leider, mit seinen Effekten ›unter die Haut gehn‹ – statt ins Hirn.«*

Ruprecht Skasa-Weiss in der »Stuttgarter Zeitung«, 21. 9. 1970, über »Bonn Hur«.

Reichskabarett

Politisch-satirisches Kabarett in West-Berlin. Entstanden im Juni 1965 aus einer politisch motivierten Abspaltung der Kabarettisten Doris Bierett, Siegrid Hakkenberg, Dieter Kursawe, Alexander Welbat und des Autors → *Volker Ludwig* vom Ensemble der → *Wühlmäuse.*

Eröffnet am 24. 10. 1965 im »Theater Tangente«, Hardenbergstr. 20, mit dem Programm »Kein schöner Land«. Texte: → *Eckhart Hachfeld,* Volker Ludwig, Marcus Scholz und → *Dieter Thierry.* Regie: Marcus Scholz. Kompositionen und am Klavier: Horst A. Hass. Mit: Peter Herzog und den Gründern. Knapp ein Jahr später brachte man im eigenen Haus (Ludwigkirchstr. 6) als zweites Programm »Bombenstimmung« heraus (11. 9. 1966), das erste mit übergreifender Thematik, wie sie für das *Reichskabarett* charakteristisch werden sollte (hier: der Vietnamkrieg mit 12 von 27 Nummern), angereichert mit Bild- und Tondokumenten. Zu den Autoren des ersten Programms kamen nun E. A. Rauter und → *Detlef Michel* hinzu (Regie: Frank-Patrick Steckel). Das dritte Programm (März 1967) befaßte sich unter dem Titel »Wir kennen keine Parteien mehr« thematisch mit der Allparteienzustimmung zu den Notstandgeset-

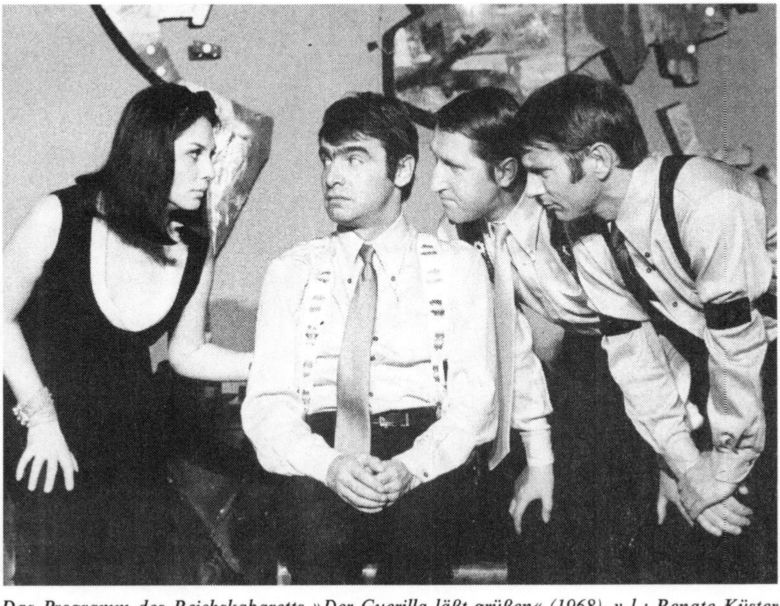

Das Programm des Reichskabaretts »Der Guerilla läßt grüßen« (1968), v.l.: Renate Küster, Joachim Kemmer, Dieter Kursawe, Wolfgang Wiehe.

zen (mit Marielouise Schiemer, Otto Charski, Jochem Kemmer und Dieter Kursawe).
Nachdem alle diese Programme in der West-Berliner Presse Entrüstungsstürme ausgelöst hatten, gelobten die Kabarettisten mit ihrem nächsten Programm, »Hab Bildung im Herzen« (September 1967), »Umkehr« und Abkehr von der ihnen bescheinigten »Rotblindheit«. Nach Texten von Hachfeld, Volker Ludwig. → *Volker Kühn* (auch Regie), und → *Wolfgang Neuss* spielten Renate Küster, Joachim Kemmer, Dieter Kursawe und Wolfgang Wiehe parodistisch die Vorgänge beim Schahbesuch in Berlin durch, die in der Erschießung des Studenten Benno Ohnesorg durch einen Polizisten gipfelten. Mit seinem bis dahin schonungslosesten Programm, »Der Guerilla läßt grüßen« (Mai 1968), mit dem die Putsch-, Mord- und Korruptionsmethoden des CIA allegorisch als Machenschaften eines Verbrechersyndikats abgehandelt wurden, erntete das *Reichskabarett* in Presse und Öffentlichkeit West-Berlins überraschend Lob und Anerkennung. Solche Wertung aus sonst feindlich gesinntem Munde brachte die Kabarettisten in dem Programm »Alles hat seine Grenzen« (März 1969) zum Nachdenken über seine »linksliberale« Klientel und die Effizienz politischen Theaters und Kabaretts.
Als nächstes Programm behandelte »Ex und hopp« die Phänomene der Wegwerfgesellschaft am Beispiel eines Betriebsfestes. Mit seinem letzten Programm, »Rettet Berlin!« (Dezember 1970), reagierte das *Reichskabarett* ironisch auf den Anwurf des konservativen Autors und Journalisten Hans Habe: »Sie wollen Berlin ruinieren! Darauf gibt es nur eine Antwort: Rettet Berlin!«, und konzentrierte sich einzig auf Berliner Themen. Aus der Erkenntnis, politisch kaum mehr bewirken zu können als Denkanstöße, stellte das *Reichskabarett* 1971 seinen Spielbetrieb ein. Fortan konzentrierte sich Volker Ludwig auf sein 1966 gegründetes »Theater für Kinder«, das er, nachdem seine Versuche, 1971 und 1972 mit sozialkritischen Stücken weiterzumachen, gescheitert waren, im März 1972 in »GRIPS-Theater« umtaufte. – Am 1. 5. 1983 eröffnete er im Proberaum des »GRIPS« unter dem Stadtbahnbogen am U-Bahnhof Hansaplatz ein neues Kabarett: das → *Institut für Lebensmut.*

»Wer das jüngste Programm des Reichskabaretts ... *besucht, sollte mit dem Regenschirm seinen kritischen Verstand und sein politisches Bewußtsein an der Garderobe abgeben. Nur so könnte er Anteil an dem Vergnügen eines stramm linken Publikums haben, das dem exakt eingedrillten Agitprop-Spiel ›Der Guerilla läßt grüßen‹ entzückt entgegenjubelt.«*

»Berliner Morgenpost«

»Opposition? Opposition waren Tucholsky und Mehring und Kästner. Was sich hier auf der Bühne abspielt, ist Apparatschik-Theater, linientreu bis zur totalen Öde.«

Hans Habe über »Der Guerilla läßt grüßen«, 1968.

»Das ist Kabarett, wie es sein soll«.

Erich Kästner über das Programm »Der Guerilla läßt grüßen«, Mai 1968.

Hans Reimann

* 18. 11. 1889 Leipzig; † 13. 6. 1969 Großhansdorf (Landkreis Stormarn)
Schriftsteller, Literaturkritiker, Kabarettist, Kabarettleiter, Vortragskünstler
Gab nach dem Ersten Weltkrieg die satirischen Zeitschriften »Der Drache« und (von 1924 bis 1929) »Das Stachelschwein« heraus. Schrieb humoristische Romane, Feuilletons sowie Grotesken und satirische Gedichte, die er selber in Kabaretts vortrug, so in der → *Rakete,* im *Karussell* und in seinem 1921 in Leipzig gegründeten eigenen Kabarett, der → *Retorte,* aber auch im übrigen Deutsch-

land (im → *Alt Bayern,* im → *Kabarett der Komiker* u. a.). Schrieb Texte für Charell-Revuen und dramatisierte zusammen mit Max Brod Hašeks »Der brave Soldat Schweijk« zu einem Theaterstück für Erwin Piscator und Max Pallenberg. Schrieb 1936 mit Heinrich Spoerl »Die Feuerzangenbowle«; auch Drehbuchautor. Gab seit 1952 jährlich einen literaturkritischen Almanach, »Literazzia«, heraus.

Lit.: Reimann, Hans: *Mein blaues Wunder – Lebenserinnerungen eines Humoristen.* München 1959.

Max Reinhardt
(eigentlich: Max Goldmann)
* 9. 9. 1873 Baden bei Wien; † 30. 10. 1943 New York
Schauspieler, Regisseur, Kabarettist, Kabarettautor, Theaterleiter
Wurde 1894 als Schauspieler an das »Deutsche Theater«, Berlin, engagiert. Gründete zusammen mit dem Schauspieler Friedrich Kayßler und dem Regisseur Martin Zickel und anderen Mitgliedern des Künstlerstammtischs »Die Brille« das literarische Kabarett → *Schall und Rauch* (I), zu dem er auch selber literaturparodistische Sketsche schrieb.
Die Gruppe, die seit dem 23. 1. 1901 unregelmäßig im »Künstlerhaus« in der Bellevuestraße vor einer geschlossenen Gesellschaft Eingeladener und einmal nachmittags im »Deutschen Theater« spielte, bezog danach die Festsäle des »Hotels Arnim«, Unter den Linden 44, und spielte seit dem 9. 10. 1901 allabendlich. Schon bald wandelte Reinhardt das Kabarett nach und nach in eine Spielbühne um, indem er die nur einem Insiderkreis zugänglichen Literaturparodien mehr und mehr hinter Einaktern zurücktreten ließ und seinem »Kleinen Theater«, wie er es seit 1903 nannte, in der Spielzeit 1902/03 den Charakter einer Kammerbühne mit ausschließlich dramatischem Spielplan gab. Mit den Inszenierungen von Oscar Wildes »Salome«, Hofmannsthals »Elektra« und Gorkis »Nachtasyl« begründete er hier seinen Ruhm als Regisseur. 1906 übernahm er die Direktion des »Deutschen Theaters«.
Nach dem Ersten Weltkrieg eröffnete Reinhardt am 28. 11. 1919 sein »Großes Schauspielhaus« im umgebauten »Zirkus Schumann« an der Weidendammer Brücke mit der »Orestie« des Aischylos. Um der Tragödie des Satyrspiel folgen zu lassen, ermunterte er eine Gruppe von bildenden Künstlern, Literaten und Theaterleuten, unter seinem Dramaturgen, dem Schriftsteller Rudolf Kurtz, im Keller des »Großen Schauspielhauses« sein einstiges *Schall und Rauch* (I) neu erstehen zu lassen, und stellte dafür Mitglieder seines Ensembles zur Verfügung. So entstand das → *Schall und Rauch* (II), das am 8. 12. 1919 Premiere hatte. Im Mai 1920 übernahm → *Hans von Wolzogen,* der Sohn → *Ernst von Wolzogens,* die Leitung, behielt aber die wesentlichen Mitarbeiter bei.
Als 1921 Reinhardt sein Experiment »Großes Schauspielhaus« als mißlungen aufgab und sich aus Berlin nach Wien zurückzog, verlor das *Schall und Rauch* (II) an künstlerischer Bedeutung und sank unter der neuen Direktorin Erna Offeney, die es Mitte Februar von Wolzogen übernommen hatte, zum Amüsierkabarett ab.
Seine Neigung zur zeitkritischen Kabarettform hat Reinhardt jedoch wiederholt in seine Inszenierungen eingebracht, so in → *Egon Friedells* Neufassung von Offenbachs »Orpheus in der Unterwelt« (Dezember 1921 im »Großen Schauspielhaus«) und »Hoffmanns Erzählungen« (November 1931 im »Großen Schauspielhaus«).

Conrad Reinhold
* 25. 12. 1930 Dresden; † 1. 10. 1974 Frankfurt (Main)
Kabarettist, Kabarettautor, -gründer und -leiter
Spielte nach dem Besuch der Schauspielschule in Leipzig klassische und Operettenrollen in Dresden. Gründete 1954 in Quedlinburg das Reisekabarett *Der Wecker*. Wurde 1955 Intendant der → *Leipziger Pfeffermühle,* 1957 stellvertretender Intendant der → *Distel* in Ost-Berlin.
Nach Berufsverbot – er wurde 1957 in seinem »Zeitungs-Couplet« seines Programms »Rührt euch!« von bestellten SED-Funktionären von der Bühne gejagt – ging Reinhold über West-Berlin in die BRD. Gastierte hier 1958 ein Jahr lang bei der → *Münchner Lach- und Schießgesellschaft,* 1959 beim → *Kom(m)ödchen,* Düsseldorf. Gründete 1960 mit seiner Frau, Christel Burgert, in Frankfurt (Main) → *Die Maininger – Das kleine Frankfurter Resistenztheater,* die er bis zu seinem Tode leitete und deren Programme er schrieb, inszenierte und spielte. (Erstes Programm: »Dividende gut – alles gut«, 8. 1. 1960.)

Conrad Reinhold

Reinhold machte auch in der BRD Kabarett aus marxistischer Sicht, doch nicht Agitationskabarett, sondern Nummernkabarett mit stark komödiantischem Einschlag. Am bekanntesten wurde sein »Kasperle«-Solo, mit dem er in jedem Programm Aktuelles verarbeitete. Seit 1969 war Reinhold auch Leiter der Frankfurter »Volksbühne«.

»Dieser Mann glüht von politischer Leidenschaft. Aber er ist kein verbitterter Utopist. Er zielt auf Erreichbares.«

Günter Tillinger in der »Frankfurter Neuen Presse« über das Programm ». . . und Spaß machen muß es auch«, 11. 1. 1970

»Das Kabarett im Osten soll die Gesellschaft verändern, aber es darf nichts sagen. Im Westen darf das Kabarett alles sagen, aber es darf nichts verändern.«

Conrad Reinhold, 1957.

rendez-vous
Literarisch-politisches Kabarett in Hamburg. Gegründet im Februar 1948 von Peter Ahrweiler. Nach Anfängen im »Bronzekeller« löste sich Ahrweiler von einem Kreis Literaten, die dann unter dem Namen »Die Wendeltreppe« unter der Leitung von Dirks Paulun regelmäßig zusammenkamen. Ahrweiler richtete sein Kabarett zunächst in einer Baracke am Georgsplatz ein, zog 1955 in sein heutiges Quartier in einem Keller am Neuen Wall um, wo er seit 1953 das darüberliegende Boulevardtheater »Kleine Komödie« betreibt.
Dem Geschmack der Hamburger entsprechend, bringt er herkömmliches, nicht allzu scharfes Nummernkabarett. Das *rendez-vous* arbeitete und arbeitet häufig mit Gästen, unter ihnen Ingrid van Bergen, Reinhold Brandes, Iska Geri, → *Ursula Herking,* Ann Höling, Ursula Noack, Lia Pahl, Jürgen Scheller, Sonja Wilken und Joachim Wolff. Aus Originalitäts- oder Ersparnisgründen läßt Ahrweiler seine Darsteller gern am selben Abend umschichtig im *rendez-vous* und in der »Kleinen Komödie« auftreten. Literarisch-politisch im strengen Sinne war das *rendez-vous* nur bis 1950, als → *Eckart Hachfeld,* der offiziell Texte für die → *Bonbonniere* (Hamburg) schrieb, ihm unter Pseudonym das Programm »Demaskierung« und vier weitere lieferte. Nach 1950 verloren die Programme an literarischer Qualität und politischer Schärfe. 1974 brannte das *rendez-vous* aus, ist aber samt der »Kleinen Komödie« wiederhergestellt worden. Außer eigenen Programmen präsentiert es regelmäßig auswärtige Kabarettensembles und Solokabarettisten.

(Kleines) Renitenztheater
Polititisch-literarisches Kabarett in Stuttgart, entstanden aus der Kerntruppe des Reisekabaretts → *Die Amnestierten,* als diese sich Anfang 1961 nach einem vierzehntägigen Gastspiel im → *Théâtre Fauteuil* und einem Gastspiel in der → *Mausefalle* (Stuttgart) in Stuttgart niederlassen wollten. *Amnestierten*-Komponist und -Pianist → *Gerhard Woyda* gründete in der Königstr. 17 daraufhin das *(Kleine) Renitenztheater.*
Erstes Programm (April 1961): »Goethe, Girls und Gartenzwerge« mit → *Joachim Hackethal,* Gerhard Woyda, Christa Peukert und Harald Müller von den *Amnestierten,* ferner Jutta Eckert, Pit Krüger und Heiner Rissmann. Es folgten die Programme »Volk, ans Dessert!« und »Humor ist, wenn es trotzdem kracht« (mit Sonja Wilken und Reinhold Brandes als neuhinzugekommenen Darstellern). Bald schon schied Hackethal aus dem Unternehmen aus, weil es ihm zu unpolitisch war. Texte schrieben außer Joachim Hackethal und Gerhard Woyda u.a. Thaddäus Troll, Rolf Ulrich, → *Therese Angeloff* (die auch in einigen Programmen Regie führte), Alf Tamin und Ekkes Frank.
1969 versuchte das *Renitenztheater* ein reines Frauenkabarett.
Aufgrund magerer Subventionen geriet das Unternehmen in finanzielle Schwierigkeiten. Als 1972 die Landeszuschüsse gestrichen werden sollten, drohte Woyda mit dem Auszug seines Kabaretts aus Baden-Württemberg, woraufhin die Streichung rückgängig gemacht wurde. Jährlich vom Oktober bis Januar/Februar spielt das *(Kleine) Renitenztheater* ein neues Programm, mit dem es anschließend auf Tournee geht, während im Stuttgarter Stammhaus Gastspiele von namhaften Solokabarettisten stattfinden, von → *Gert Fröbe* bis → *Wolfgang Neuss,* von → *Helen Vita* bis → *Gisela May* und → *Jürgen von Manger.* Angesichts seines konservativen Publikums hat Woyda seit eh und je dem satirischen Pfeffer mildgewürzt das Lukullische vorgezogen, das er von zum Teil brillanten Kabarettisten (wie Ute Gerlach) servieren ließ.

»Ihre Waffen der Kritik: Wattebäuschchen, vergoldete Giftpfeile und Wind aus rosa Wolken und Körperfalten. Mit wechselndem Erfolg allerdings: die (lokalen) Patrioten sind ja nicht so rasch aus ihrem Gefrierschlaf aufzutauen.«

Jürgen Holwein in den »Stuttgarter Nachrichten«, 24. 4. 1979

»Es wäre sinnlos, ein politisch engagiertes Programm zu machen. Das Publikum in Stuttgart ist nur bereit, ein Programm zu akzeptieren, das sehr ins Komödiantische geht.«

Gerhard Woyda

Die Retorte

Literarisch-politisches Kabarett in Leipzig, einziges nennenswertes der zwanziger Jahre außerhalb Berlins. Gegründet von dem Schriftsteller → *Hans Reimann* und Walter Franke, Hans Peter Schmiedel und Hans Zeise-Gött, eröffnet am 1. 2. 1921 in einem ehemaligen Tanzlokal in der Pfaffendorfer Str. 4 nahe dem »Alten Theater«, Leipzig.

In der *Retorte* rezitierten Ensemblemitglieder der Städtischen Bühnen (darunter Lina Carstens, Margarete Kupfer, Fritz Reiff) Dichtungen von → *Klabund*, Ferdinand Hardekopf, Oskar Panizza, → *Frank Wedekind* u. a. Außerdem gab es Sketsche und Gesangsdarbietungen. Am Klavier begleitete Hanns Ludwig Kornmann. Kernstück war jeweils das Auftreten eines namhaften Gastes, so von → *Walter Mehring* bei der Eröffnung, ferner von → *Max Herrmann-Neisse*, → *Joachim Ringelnatz*, Kurt Schwitters u. a. Hausdichter wurde → *Erich Weinert* (seit Mai 1921), der hier erstmals seine satirischen Gedichte sprach. Von Oktober 1921 an gab die *Retorte* eine Kabarettzeitschrift (»Spectaculum«) heraus mit Versen von → *Peter Hille*, Detlev von Liliencron, Rimbaud und Verlaine u. a. Im Frühjahr 1923 wurde die *Retorte* ein Opfer der Inflation.

Otto Reutter

(eigentlich: Otto Pfützenreuter)
* 24. 4. 1870 Gardelegen; † 3. 3. 1931 Düsseldorf.
→ *Couplet*-Dichter und humoristischer Vortragskünstler

Gelernter Kaufmann. Zog seit 1890 mit einer von ihm geleiteten Volkssängertruppe durch Baden, die Schweiz und Österreich. Arbeitete dann als Bühnenarbeiter und Statist an kleinen Bühnen, schrieb Couplets und humoristische Einakter. Trat 1895 an einem Varieté in Bern auf, dann an einer Possenbühne des Berliner Ostens und begann im selben Jahr seine Karriere am »Apollo-Theater«, Berlin. Anschließend gastierte er an allen großen deutschen Varietés mit seinen eigenen (über tausend) selbstvertonten Couplets (»Der Überzieher«, »Der gewissenhafte Maurer«, »In fünfzig Jahren ist alles vorbei«, »Ick wunder' mir über jarnischt mehr« u.v.a.m.).

Otto Reutter war ein Volkssänger der »kleinen Leute«, konservativ, patriotisch, aber von einem Witz und einem Sprachgefühl, die andere »Humoristen« haushoch überragten. Von der Machart seiner Couplets haben Kabarettautoren wie → *Kurt Tucholsky* und → *Günter Neumann* eingestandenermaßen viel für ihre Chansons gelernt.

»Er hatte gegen eine Sprache zu kämpfen, die schwerfällig ist, die man erst biegen und kneten muß, mit der man Jahre und Jahre zu üben hat, bis sie tanzt; bei ihm hopste sie ... Wie das sitzt! Wie das klappt! Wie das abläuft, wie Wasser einen Berg herunter, es kann gar nicht anders heißen, und das ist immer das Kennzeichen eines gut sitzenden Verses ... Diese Refrains, die er zum Schluß gar nicht mehr vortrug, er bewegte nur noch die Lippen und ließ das Publikum die Pointe erraten – er verstand sein Handwerk ... Otto Reutter aber und seine Leute: es

sind Künstler der unteren Stockwerke. Doch sollen die von oben nicht hochmütig tun. Ohne die da unten wären sie nicht.«

Kurt Tucholsky in der »Weltbühne«, 16. 2. 1932.

»Mein Hauptgenre ist: Zeitereignisse und Strömungen in möglichst drastischer Form, soweit es die Zensur zuläßt, zu glossieren.«

Otto Reutter im »Internationalen Artisten-Almanach«, 1906–1907.

Rezitation
Künstlerischer Vortrag von literarischen Werken, hauptsächlich in den Anfängen des deutschsprachigen Kabaretts gepflegt. Hauptvertreter: Marcel Salzer, Josef Plaut, Erwin Eckersberg.

Joachim Ringelnatz
(eigentlich: Hanns Bötticher)
* 7. 8. 1883 Wurzen (Sachsen); † 17. 11. 1934 Berlin
Schriftsteller, Lyriker, Maler, Kabarettist
Der Sohn des Schriftstellers Georg Bötticher fuhr als Schiffsjunge zur See und machte danach eine kaufmännische Lehre in Hamburg durch. Vagabundierte als Schaubudengehilfe, Kommis in einer Dachpappenfabrik und Schaufensterdekorateur durch Europa, bis er 1909 in den → *Simplicissimus* (München) geriet und dort als Hausdichter eigene Verse vortrug. Machte in der Schellingstr. 24 einen Zigarrenladen auf. Im Ersten Weltkrieg Kommandant eines Minensuchbootes. Nach dem Erscheinen seiner »Turngedichte« (1919), die er zum erstenmal mit seinem Pseudonym »Joachim Ringelnatz« versah, kam er, von → *Walter Mehring* in München entdeckt, an das → *Schall und Rauch* (II) nach Berlin, wo er wie später in der → *Wilden Bühne* und in der → *Rakete* seine Gedichte vortrug (und zum Teil vorturnte).
In den zwanziger Jahren hauptsächlich wieder in München, schrieb er Bücher (»Reisebriefe eines Artisten«, »Mein Leben bis zum Kriege«, »Als Mariner im Krieg«, ». . . liner Roma . . .«, 1924), die Seemannsballade »Die Flasche« und gab seine Gedichte in Sammelbändchen heraus (»Kuttel Daddeldu«, 1920 und 1923, »Kinderverwirrbuch«, 1931, »Gedichte dreier Jahre«, 1932). In München trat er wieder im *Simplicissimus* und auch in der → *Bonbonniere* (München) auf. Im Februar 1930 übersiedelte er endgültig nach Berlin. Trat hier im *Kabarett für alle,* in der *Femina* und im *Korso-Kabarett* auf und ging zwischendurch auf Vortragsreisen (so gastierte er 1931 in Wien und Prag und machte 1932 eine Deutschlandtournee), bis 1933 die Nazis Auftrittsverbot über ihn verhängten und seine Werke für »unerwünscht« erklärten.
Nach einem Schweizer Gastspiel krank heimgekehrt, kam er in ein Tbc-Krankenhaus. Am 17. 11. 1934 starb er in den Armen seiner Frau, die er »Muschelkalk« genannt hatte. Ringelnatzens Lyrik bewegt sich zwischen Nonsenslyrik und zeitkritischer Satire. Er gehört zu den ganz wenigen Dichtern, die das Kabarett hervorgebracht hat.

Lit: Bemmann, Helga; *Kuddeldaddeldu, ahoi! Leben und Wirken des Dichters, Malers und Artisten Joachim Ringelnatz.* Berlin (Ost) 1980. Günther, Herbert; *Joachim Ringelnatz in Selbstzeugnissen und Bilddokumenten,* rororo-Monographie Nr. 96. Reinbek 1964.

Joachim Ringelnatz

»Dieser unvergleichliche Ringelnatz hat den Stein der Narren entdeckt (welcher, wie wunderbar, dem der Weisen zum Verwechseln ähnlich sieht).«

Alfred Polgar

»Viel eher war er selber eine Art Don Quichote, ein adliger Schwärmer edler Art mit einem Dichterherzen und einem kleinen Vogel im dichterischen Kopf, ein Mann mit Knabenidealen, humoristischer Rhapsode, der einem satten und vergnügungsgierigen Publikum zwar Spaß machen, aber auch bittere Pillen zum Schlucken geben wollte. Ich habe ihn im Alltag und nüchtern nicht gekannt, ich kannte ihn nur im Zustand halber Trunkenheit, etwas starr blickend wie ein Seiltänzer auf hohem Turnseil, der todesernst im bunten Kostüm über der bezauberten Menge seinen einsamen und lebensgefährlichen Weg schreitet.«

Hermann Hesse

Kurt Robitschek
* 23. 8. 1890 Prag; † 28. 12. 1950 New York
Schauspieler, Kabarettist, Kabarettautor und -leiter, Librettist, Schlager- und Chansonautor
Trat anfangs am → *Simplicissimus* (Wien) auf und schrieb Libretti und Schlagertexte (so für Robert Stolz »Im Prater blühn wieder die Bäume«). Wurde 1924 nach Berlin ans *Charlott-Kasino* als Conférencier engagiert und zog bald die

Komiker → *Paul Morgan* und Max Adalbert nach. Mit ihnen spielte er witzige Sketsche, mit Morgan verpflanzte er die Doppelconférence (→ *Conférence*) nach Berlin.
Der Erfolg ermutigte Robitschek, im Herbst 1924 mit Morgan die heruntergewirtschaftete → *Rakete* zu übernehmen. Am 1. 12. 1924 eröffneten sie zusammen mit dem Komiker Max Hansen das *Kabarett der Komiker in der Rakete.* 1925 zog er mit dem jetzt → *Kabarett der Komiker* (abgekürzt: *Kadeko*) heißenden Unternehmen ins »Palmenhaus« am Kurfürstendamm und 1928 an den Lehniner Platz um. Gab gleichzeitig die Kabarettzeitschrift *Die Frechheit* heraus. 1932 inszenierte er im *Kadeko* die Kabarettrevue »Rufen Sie Herrn Plim!« von → *Marcellus Schiffer* und → *Mischa Spoliansky.*
Im September 1933 mußte er das *Kadeko* an Dr. Hanns Schindler abgeben und emigrierte nach Wien, wo er die »Kammerspiele« übernahm und dort mit Geza Herczeg die Kabarettrevue »Wiener Illustrierte« herausbrachte (mit Lia Dahms, Oscar Karlweis, Hans Moser, Hansi Keller, Adelheid Seeck. Texte: Kurt Robitschek und Arthur Rebner) sowie eine Wiener Version von »Rufen Sie Herrn Plim!« (mit Paul Morgan, Curt Bois, Irene Eisinger, Fritz Wiesenthal und Willy Trenk-Trebitsch). 1938 floh Robitschek in die USA und versuchte, am Broadway in New York das *Kadeko* neu zu gründen. Trotz so namhafter Kabarettisten wie Curt und Ilse Bois konnte er es nicht lange halten und arbeitete schließlich unter dem Namen Ken Robey als Agent im amerikanischen Showgeschäft.

Roda Roda
(eigentlich: Alexander Rosenfeld)
* 13. 4. 1872 Puszta Zdenci (Slawonien); † 20. 8. 1945 New York
Schriftsteller und Kabarettist, Humorist der kleinen Form
Der Sohn eines Gutsbesitzers wurde k.u.k. Offizier. Schrieb dann Schwänke, Anekdoten und Humoresken, meist aus dem Militärleben, die er in Kabaretts selber vortrug, so 1901 im *Poetenbänkel zum Siebenten Himmel* (→ *Berliner Kneipenbrettl*), seit 1906 im → *Cabaret Nachtlicht,* 1907 im → *Cabaret Fledermaus,* Wien, und seit 1912 im → *Simplicissimus* (Wien), ferner in den zwanziger Jahren in den Berliner Kabaretts → *Karussell,* → *Cabaret Größenwahn* und bei den → *Wespen.* Sein größter Bucherfolg war »Der Feldherrnhügel«, das auch verfilmt wurde. 1938 emigrierte er über die Schweiz in die USA.

Joachim Roering
* 28. 6. 1934 Eberswalde
Kabarettautor und -regisseur, freier Schriftsteller
Kam sechzehnjährig aus der DDR in die BRD, studierte hier Bergbau und wurde Diplomingenieur. Begann 1959 mit Textbeiträgen für die → *Stachelschweine* (»Denn sie wissen, was sie tun«, Februar 1959). Arbeitete für Zeitungen, Funk und Fernsehen, seit 1963 freier Autor und Regisseur.
Schuf und schrieb die Mitternachtsplauderei »Adrian & Alexander« im NDR (von 1962 bis 1976), aus der er 1963 das NDR-Fernsehkabarett »Hallo Nachbarn!« entwickelte, für das er auch bis zu 80 Prozent der Texte (unter den Pseudonymen »Detlev Brewster« und »F. K. Kelling«) schrieb (30. 10. 1963 bis 28. 6. 1966). Schrieb für → *Jürgen von Manger,* von 1961 bis 1963 für Hörfunk und Fernsehen »Der Herr von der Justiz«, ferner die Fernsehserien »Tegtmeiers Reisen« (von 1970 bis 1978) und »Tegtmeier klärt auf« (seit 1980). Für die → *Wühlmäuse* schrieb er die Programme »Der brave Demokrat Schmidt« (Februar 1968) und »Lebenshilfe« (Dezember 1968), bei der er auch Regie führte.

Inszenierte 1978 für die → *Münchner Lach- und Schießgesellschaft* das Programm »Im Jahre 9« (zu dem er auch Texte beisteuerte) und besorgte die Fernsehinszenierungen der → *Hildebrandt*-→ *Schneyder*-Duoprogramme »Talk täglich« (November 1974), »Lametta & Co.« (März 1976) und »Wie abgerissen« (August 1977) sämtlich für das ZDF. Schrieb Texte für das → *Kom(m)ödchen*-Programm »Von der Besten aller Welten« (Februar 1971).
Roering bekam mit seinen Sendungen, nicht nur den satirischen, wiederholt politische Schwierigkeiten, so mit »Hallo Nachbarn!« (→ *Medienkabarett*), mit einem Brokdorf-Beitrag für »Panorama«, mit einer EG-Agraranalyse für die TV-Reihe »Bilanz«, mit der Familienserie »Gestern bei Müllers«, mit einem Beitrag des → *Bügelbrett* (»Stolz auf Deutschland«) u. a. Die Kontroversen um »Hallo Nachbarn!« sind in Buchform erschienen (»Hallo Nachbarn!«, Hamburg 1966). Gegenwärtig schreibt Roering Fernsehspiele, meist zeitkritischer Natur, Unterhaltungsreihen und gelegentlich wirtschaftspolitische Glossen. Außerdem ist er weiterhin als Regisseur tätig.

Roland von Berlin
Literarisches Kabarett in Berlin, gegründet 1904 von → *Rudolf Nelson* und → *Paul Schneider-Duncker* im ersten Stock eines Hauses in der Potsdamer Straße.
Der *Roland von Berlin* war nach der Butzenscheibenromantik des → *Überbrettl* und der bohemeseligen Improvisation der → *Berliner Kneipenbrettl* das erste mondäne Großstadtkabarett Deutschlands, nicht zuletzt wegen Nelsons besonderer Musikalität in Komposition und Spiel. Den Hauptteil der Programme bildeten Chansons und → *Couplets,* vorgetragen hauptsächlich von Schneider-Duncker (»Das Ladenmädel« von Willi Wolff, »Jacques Manasse« von Willi Hagen u. a.), aber auch von Lucie König, Mirjam Horwitz; ferner Prosa und Lyrik von Theodor Fontane, Richard Dehmel, → *Ludwig Thoma* und → *Frank Wedekind,* vorgetragen von dem Rezitator Max Laurence. Die → *Conférence* hielt der Wiener Dr. Arthur Pserhofer. 1907 schied Nelson aus dem *Roland von Berlin* aus und gründete den → *Chat noir* (Berlin), während Schneider-Duncker den *Roland* weiterführte, mit Walter Kollo als Komponisten und Pianisten und → *Claire Waldoff* für das Kabarett entdeckte.

Rudolf Rolfs
* 4. 8. 1920 Stettin
Kabarettist, Kabarettautor und -leiter, Schriftsteller
Der Sohn eines Ingenieurs und Chemikers nahm nach Abschluß des Gymnasiums Schauspielunterricht. Nach Kriegsdienst (1940–1945) und Heimkehr aus der Gefangenschaft arbeitete er als Landarbeiter, Holzfäller, Maurer u. a. und reiste als Schauspieler mit einer Wanderbühne 1946 bis 1949 durch die sowjetische Besatzungszone. Ging 1950 nach West-Berlin, um evtl. bei den → *Stachelschweinen* mitzuwirken. Mit anderen Vorstellungen von Kabarett ging er nach Frankfurt (Main) und gründete hier 1950 → *Die Schmiere – Das schlechteste Theater der Welt.* Seitdem ist er ihr Leiter, alleiniger Autor und Protagonist.
Inzwischen hat er 50 Programme herausgebracht. Rolfs versteht sich als Moralist, als radikaler Demokrat im Sinne einer gründlichen Ausschöpfung des Grundgesetzes, als Sozialist ohne marxistische Festlegung. Seit den fünfziger Jahren ist er in den verschiedensten Bürgerinitiativen tätig: in der Aktion »Kampf dem Atomtod«, der Ostermarschbewegung, den Initiativen gegen die Notstandsgesetzgebung und den Vietnamkrieg sowie in der Friedensbewegung der achtziger Jahre. Außerdem schreibt er satirische Bücher, die er im Selbstver-

lag vertreibt, so den Roman *Die Hand des Josef König* (1960), »Pamphlete – Illegale Handzettel gegen eine zu erwartende Diktatur« (1965), »Nackt – Radikale Prosa« (1972), *Ich mal ich* (Roman, 1980) sowie Sammlungen seiner Aphorismen und Kabarettprogramme (»Schlag nach bei Rolfs«, 1969; »Fragen Sie August Pi« (1980), *Einer hört zu* (Roman 1984), ferner »Schmiere«-Taschenbücher (mit Programmen) 1–9, 1956–1962 u.v.a.m. Rudolf Rolfs lehnt jedwede Subvention ab. Im Fernsehen tritt er nicht auf – weil er nicht mag und weil man ihn ohnedies nicht läßt.

»Ich mache kein Kabarett, ich agitiere. Ich bin Agitator und will die bestehenden gesellschaftlichen Verhältnisse zersetzen, im Sinne des Neueren, Besseren . . . Ich agitiere für das Grundgesetz, und um dafür zu agitieren, muß man heute extrem sein.«

Rudolf Rolfs auf einer Tagung der Evangelischen Akademie Bad Boll, März 1966.

»Aufgabe des politischen Kabaretts ist es, entweder überflüssig oder verboten zu werden.«

Rudolf Rolfs, ebenda.

Rüeblisaft → *Cabaret Rüeblisaft*

Helmut Ruge
* 7. 2. 1940 Stuttgart
Satiriker, Kabarettist, Kabarettautor und -leiter, Dramatiker
Studierte Soziologie, Psychologie und Publizistik in München und West-Berlin (1966 Diplomsoziologe). 1963 Mitgründer des Studentenkabaretts → *Die Hammersänger* in West-Berlin. Nach Auflösung der *Hammersänger* 1975 in München trägt Ruge seine Programme im Alleingang vor, so: »Ein Mann sieht schwarz« (1975), »Die Schnüffel- und die Büffelzeit« (1976), ». . . bis die Blu-

Helmut Ruge in seinem Soloprogramm »Ich trau uns alles zu« (1980).

men viereckig sind« (1977), »Leben Sie ruhig weiter« (1978), »Ich trau' uns alles zu« (1979), »Zwischen Wut und Sehnsucht« (1981), die Trilogie »20 Jahre im öffentlich-rechtlichen Dienst«: 1. »Zwischen Lohnpause und Denkpause« (Januar 1983), 2. »Der Monolog mit der Jugend« (März 1983), 3. »Das glückliche Programm« (März 1984). Seit Oktober 1984 spielt er mit Dick Städtler als musikalischem Partner das Programm »Vorsicht, Volk beißt!«.
Mit allen seinen Programmen geht Ruge regelmäßig auf Tourneen durch die BRD und z.T. ins Ausland. Seit 1976 Mitautor und Dialogpartner von → *Hanns Dieter Hüsch* in der monatlichen satirischen Hörfunksendung »Hammer und Stichel« (WDR). Mitarbeit an der satirischen Fernsehserie *Notizen aus der Provinz* (→ *Medienkabarett*), von 1978 bis 1981 Autor und Mitwirkender an der satirischen Monatssendung »Dreizack« im WDR-Regionalfernsehen. 1981 erstellte Ruge die deutsche Fassung von Jérôme Savarys politischem Revuestück »Weihnachten an der Front« für das »Deutsche Schauspielhaus«, Hamburg. Schrieb für die Ruhrfestspiele in Recklinghausen die satirischen Stücke »Noch sind wir nicht tot« (1982) und »Wer bezahlt die Zeche?« (1984). 1974 erhielt Ruge den → *Deutschen Kleinkunstpreis*, 1983 die Bronzemedaille des New Yorker Festival-Preises für Fernsehkurzfilme für die WDR-Fernsehserie »Die Scheinfamilie« (1982).
Helmut Ruge versteht sich von jeher als Aufklärer. Als solcher analysiert er die Wirklichkeit mehr, als daß er ihr – sie als bekannt voraussetzend – satirisch zu Leibe rückt. Aus ihrer mit ökonomischem und soziologischem Rüstzeug bewerkstelligten Entlarvung keltert er den satirischen Effekt. Formal trägt er unter Verzicht auf Bühneneffekte und Komödiantik, zuweilen unterstützt durch Begleitung vom Tonband, seine Erkenntnisse mit liebenswürdiger Diskretion vor, die die erbarmungslose Sezierung des Faulen, Unmenschlichen, Zivilisationsbedrohenden konsumierbar macht. Die Angst vor Wahnwitz und Apokalypse sucht Ruge im Zuhörer mit sanft vorgetragenen Gedankenspielen in die Bereitschaft zu politischen Aktionen umzusetzen, denen er sich oft und gern mit kabarettistischen Beiträgen anschließt.

»Ruge präsentiert sich nicht als Pointen-Feuerwerker, sondern als ironischer Geschichtenerzähler, der sich behutsam, aber zielstrebig in die Köpfe der Zuhörer schmeichelt – auf der Suche nach solidarischen Freunden, die, wie er, auch nur leben wollen . . . Ein nachdenkliches Plädoyer für die Vernunft.«

Sigrid Hardt in der »Abendzeitung«, München, 3. 4. 1984, über »Das glückliche Programm«.

Peter Sachse
(eigentlich: Dr. jur. Curt Weiße-Pabst)
* 8. 3. 1888 bei Dresden; † 26. 8. 1953 West-Berlin
Kabarett-Leiter
Ursprünglich Journalist, gründete und leitete er allein in Berlin dreizehn Kabaretts, darunter das *Korso-Kabarett*, die *Weiße Maus* und die *Rote Nachtigall* in der Jägerstraße, das → *Karussell* und die → *Rampe*. Sachse bemühte sich um eine Kombination von Literatur und Kleinkunst. Er entdeckte u. a. den Conférencier → *Harry Lamberts-Paulsen*. Im Januar 1939 wurde er wegen seiner Conférence in dem Programm »Rückblick Spätlese« des → *Kabaretts der Komiker* zusammen mit → *Werner Finck* und den → *Drei Rulands* aus der »Reichskulturkammer« ausgeschlossen.

Tatjana Sais
* 28. 1. 1910 Frankfurt (Main); † 26. 2. 1981 West-Berlin
Schauspielerin, Kabarettistin, Chansonniere
Bereits als Kind im Ballett der Frankfurter Oper tätig, nahm sie Gesangs- und Schauspielunterricht und wurde an das »Neue Theater« in Frankfurt engagiert. 1931 ging sie nach Berlin. 1934 holte → *Werner Finck* sie an die → *Katakombe.* Nach deren Verbot eröffnete sie mit Bruno Fritz und → *Günter Neumann* als Komponisten und musikalischem Begleiter den → *Tatzelwurm.*
Mit Neumann, den sie 1938 heiratete, trat sie in dessen Kabarettrevuen auf, so 1937 in der Sportrevue »Gib ihm!« im → *Kabarett der Komiker,* 1947/48 in »Alles Theater« und dem »Schwarzen Jahrmarkt«, von 1948 bis 1967 bei den → *Insulanern.* 1972 trug sie zur Wiederbelebung des »Schwarzen Jahrmarkts« und seiner Neuinszenierung durch Karl Vibach bei. Besonders bekannt wurde sie durch Neumanns Chansonzyklus »Die Dame von heute«. Nach der Scheidung von Neumann heiratete sie den Generaldirektor der BBC, London, Hugh Carlton Green, und lebte mit ihm bis zu ihrem Tode in London. Tatjana Sais verkörperte den Typ der damenhaften → *Diseuse* mit dem parodistischen Augenzwinkern.

Rodolphe Salis
* 29. 5. 1851 Châtellerault (Touraine); † 17. 3. 1897 Naintré
Kabarettgründer und -leiter, Conférencier
Der Sohn eines Likörfabrikanten aus der franzsösichen Provinz schlug sich in Paris als Maler und Illustrator durch, gründete im Quartier Latin eine Künstlergemeinschaft aus Malern und Bildhauern und nahm 1881 Kontakt zu Mitgliedern des benachbarten literarischen *Clubs der Hydropathen* auf. Beide Gruppen brachte er als Stammkundschaft in seine Künstlerkneipe (→ *Cabaret artistique*) ein, die er am 18. 11. 1881 unter dem Namen → *Chat noir* (Paris) eröffnete. Damit wurde Salis zum Gründer des ersten literarischen Kabaretts.
1885 übersiedelte er mit dem *Chat noir* in eine dreigeschossige Künstlervilla und baute sein Brettl zum Treffpunkt der literarischen und eleganten Welt aus, mit einem Ausstellungsraum, einem Vortragssaal und einem Schattenspieltheater. Salis war ein extravertierter, redegewandter → *Conférencier* mit skurrilen Einfällen und einem gesunden Sinn fürs Geschäft und für Publikumswirksamkeit.

Karikatur Rodolphe Salis von Alfred le Petit.

Nach sechzehnjähriger Tätigkeit äls Kabarettleiter, Gastronom und Kunstsammler starb er als reicher, aber gebrochener Mann kurz nach dem Auslaufen seines Pachtvertrags. Nach dem Vorbild des *Chat noir* waren unterdessen Dutzende von Cabarets artistiques aus dem Pariser Boden gewachsen.

Sarkasmus
(von griechisch »sarkázein« = zerfleischen)
Beißender → *Spott,* ins Extrem gesteigerte Form der → *Ironie.* Ein hervorragender Vertreter des Sarkasmus in der Literatur und im literarischen Kabarett war → *Karl Kraus,* in neuerer Zeit der ihm geistesverwandte → *Helmut Qualtinger.*

Satire
(von lateinisch »satura« = Gemengsel)
In Literatur, Publizistik, bildender und darstellender Kunst eine Form, mit Mitteln des Komischen als negativ empfundene gesellschaftliche und politische Zustände und Konventionen sowie individuelle Handlungen und Vorstellungen aggressiv-ironisch zu übertreiben, um ihre Unzulänglichkeit, Verwerflichkeit und/oder Strafwürdigkeit zu verdeutlichen.
Im Gegensatz zum → *Humor,* der die »Übel der Welt« in resignierender Heiterkeit als gegeben hinnimmt und sie allenfalls als individuell bedingte Auswüchse mißbilligt, trachtet die Satire aus einem moralischen Anspruch heraus nach der Beseitigung des als gesellschaft schädlichen Erkannten, indem sie es der Lächerlichkeit preisgibt in der Hoffnung, daß diese moralisch töte (anders also als der Humorist, der, wie → *Werner Finck* es formulierte, »Bewährung gibt«). Um dieses Ziel zu erreichen – genauer: um die Angesprochenen zur Erreichung dieses Ziels zu aktivieren –, bedient sich die Satire seit eh und je vielfältiger literarischer und künstlerischer Formen, so des Epigramms, des Dialogs, der Szene, der Fabel und Parabel, der Epik usw. sowie der Karikatur. Die Satire ist die Grundvoraussetzung des zeitkritischen Kabaretts.
Ähnlich wie das französische Wort »cabaret« ursprünglich eine bunte Platte mit vielerlei Leckerbissen darauf bezeichnete, bedeutet »satura« im Lateinischen Gemengsel oder Mischmasch; eine »satura lanx« war dementsprechend eine Schüssel mit verschiedenen Früchten, die allerdings nicht dem Verzehr durch Gäste, sondern durch Götter, nämlich durch Ceres und Bacchus, zugedacht waren. »Saturae« nannte der erste römische Satiriker, Gajus Lucilius (180–102 v.d.Z.) folglich seine Verse, mit denen er scharf und freimütig alle Mißstände des politischen, wirtschaftlichen und literarischen Lebens seiner Zeit – sozusagen quer durch den Obstgarten – geißelte.
Die Satire, obwohl vereinzelt schon im antiken Griechenland (Aristophanes, Menippos) als Kunstform verwendet, ist in ihren wesentlichen Ausformungen ein Produkt der römischen Antike (Petronius, Horaz, Lukian, Juvenal). Nach der Christianisierung Europas traten satirische Formen erst wieder seit dem 12. Jahrhundert hervor (Ständesatire). Eine Erneuerung der Satire aus antikem Geiste fand in Renaissance und Humanismus statt (Rabelais, Cervantes).
In Deutschland wurde die Verssatire, vornehmlich in Sebastian Brants »Narrenschiff« (1494), zu einer wichtigen literarischen Waffe im Kampf um die Reformation. Im Barock wandten sich vor allem Andreas Gryphius und Friedrich von Logau in Spiel und Epigramm gegen kulturelle und sprachliche Überfremdung, verwandte Grimmelshausen die satirische Erzählform für sein Zeitgemälde aus dem Dreißigjährigen Krieg. Die Aufklärung erfuhr in Deutschland in Wieland, Lessing und Lichtenberg satirische Kritik. Klassik und Romantik bedienten sich

der epigrammatischen, dialogischen und dramatischen Literatursatire (Goethe, Schiller, Tieck). Literarische und politische Satire vereinigten Grabbe und Heine.
Als Gegenschlag gegen Naturalismus, Neuromantik und Jugendstil im Wilhelminischen Deutschland begann die Satire, außer dem Theater auch das Kabarett und kaberettistische Stilmittel zu benutzen (→ *Frank Wedekind*, → *Bertolt Brecht*, → *Walter Mehring*, Carl Sternheim, Georg Kaiser). Die satirische Kleinform in der Publizistik fand ihre höchste Ausprägung vornehmlich in den Versen und Essays von → *Kurt Tucholsky*, → *Erich Kästner*, → *Karl Kraus*, die alle auch für das literarisch-zeitkritische Kabarett schrieben (u.a. Chansons und Szenisches).
Zur Satire in Literatur, Dramatik, Presse, darstellender Kunst und Kabarett kam im 20. Jahrhundert die Satire im Film (Charles Chaplin, Jacques Tati, »Dreigroschenoper«, »Berliner Ballade«, »Wir Wunderkinder« u.a.) und im Fernsehen (»Hallo, Nachbarn!«, »Notizen aus der Provinz«, »Scheibenwischer« u.a.). Zur Kabarettsatire → *Kabarett, literarisches*; → *Kabarett, politisch-literarisches*; → *Kabarett, politisch-satirisches*; → *Medienkabarett*.

»Die Kinder und die Narren reden die Wahrheit, sagt man. Ich wünsche, daß jeder gute Kopf, der Neigung zur Satire bei sich verspürt, bedenken möchte, daß der beste Satiriker immer etwas von beiden enthält.«

Georg Christoph Lichtenberg, 1778

»Satyrisch ist der Dichter, wenn er die Entfernung von der Natur und den Widerspruch der Wirklichkeit mit dem Ideale ... zu seinem Gegenstande macht.«

Friedrich Schiller, 1795.

»Denn die Satire wählt, nimmt und kennt keine Objekte. Sie entsteht so, daß sie vor ihnen flieht und sie sich aufdrängen. Die Würdigkeit der Objekte mag den Wert der Polemik bestimmen; aber Name oder Andeutung eines Kleinen, oder was irgend von ihm in einer Satire steht, ist Kunstelement ... So ist die Satire fern aller Feindseligkeit und bedeutet ein Wohlwollen für eine ideale Gesamtheit, zu der sie nicht gegen, aber durch die realen Einzelheiten durchdringt. ... Satiren, die der Zensor versteht, werden mit Recht verboten ... Im besten Falle ist die Satire: Dynamik in Watte ... Der Satiriker ergreift das Wort; der Künster wird vom Wort ergriffen.«

Karl Kraus, 1911.

»Übertreibt die Satire? Die Satire muß übertreiben, und sie ist ihrem tiefsten Wesen nach ungerecht. Sie bläst die Wahrheit auf, damit sie deutlicher wird, und sie kann gar nicht anders arbeiten als nach dem Bibelwort: Es leiden die Gerechten mit den Ungerechten ... Die echte Satire ist blutreinigend, und wer gesundes Blut hat, der hat auch einen reinen Teint. Was darf die Satire? Alles ...
Und wenn einer mit Engelszungen predigt und hätte des Hasses nicht –: er wäre kein Satiriker ... Jedes Ding hat zwei Seiten – der Satiriker sieht nur eine und will nur eine sehen. Er beschützt die Edlen mit Keulenschlägen und mit dem Pfeil, dem Bogen. Er ist der Landsknecht des Geistes. Seine Stellung ist vorgeschrieben; er kann nicht anders, Gott helfe ihm, Amen. Er und wir, die nie Zufriedenen, stehen da, wo die Männer stehen, die die Waffen gegen die Waffen erheben, stehen da, wo der Staat ein Moloch geheißen wird und die Priesterreligion ein Reif um die Stirnen. Und sind doch ordnungsliebender und frömmer als unsere Feinde, wollen aber, daß die Menschen glücklich sind – um ihrer selbst willen.«

Kurt Tucholsky, 1919.

»Die Satire ist nie Wirklichkeit, sondern reproduziert sie mit einem negativen Vorzeichen ... Das ›negative‹ Vorzeichen der Satire – das ist das Wesentliche – wird klar und unmittelbar vom sozialen Gesichtspunkt bestimmt.«

Erich Mühsam, 1932.

»Der rechte Satiriker zieht, was er ins Lächerliche zieht, mit dem gleichen Griff auch ins Ernstere.«

Alfred Polgar, 1938.

»Niemals wird die Satire ihr Examen bestehen. In der Jury sitzen ihre Objekte.«

Stanislaw Jerczy Lec, 1964.

»Die Satire ist durchaus kein formaler Gattungsbegriff; in stets sich wandelnder Erscheinung lockt sie den Genarrten wie ein Irrlicht in die falsche Richtung, um ihn dann aus dem Hinterhalt zu treffen. Unbedenklich schleicht sie sich in alle literarischen Gattungen ein und benutzt sie für ihre Zwecke. Sie ist das Werk eines Moralisten im kruden Gewande eines Puritaners, der sich als Frau verkleidet.«

Matthew Hodgart, 1969 (in »Die Satire«, München 1969).

»Wo Humor versöhnt – den Menschen mit seiner eigenen Unzulänglichkeit –, führt die Satire den Angriff; den Angriff gegen die von Menschen verschuldete und geduldete Unzulänglichkeit gesellschaftlicher Verhältnisse. Humor ist sozusagen Privatsache, Satire öffentliches Anliegen.«

Klaus Budzinski, 1973.

»Satire ist, wenn die Leute beim Lachen auf die Zähne beißen.«

Emil (Steinberger), 1973.

»Satire ist die persönliche Auseinandersetzung mit realen Mißständen. Sie klagt an, verurteilt. Am liebsten ist dem Satiriker die Todesstrafe. Der Humorist klagt ebenfalls an, verurteilt gleichfalls, gibt aber Bewährung.«

Werner Finck, 1973.

»Humor ist die erlaubte Form der Satire in unseren Massenmedien.«

Joachim Hackethal, 1973.

»Satire? Aus Selbsterhaltung entstanden. Es ist die Unfähigkeit zur körperlichen Aggression und die teilweise Überwindung dieser Unfähigkeit durch hinterhältige, logische und lustvolle Gegenwehr. Kopffechter, aus Verzweiflung geboren.«

Helmut Ruge, 1973.

»Satire sieht ihren Gegenstand unter dem scharfen Vergrößerungsglas ›Kritik‹ und gibt festgestellte Schwächen allgemeinem Gelächter preis.«

Rudolf Weys, 1973.

Willi Schaeffers

* 4. 9. 1884 Landsberg (Warthe); † 10. 8. 1962 München

Schauspieler, Conférencier, Kabarettist, Kabarettleiter

Der Sohn eines Buchhändlers fing als Schauspieler an und kam nach einigen Provinzengagements 1902 nach Berlin, wo er in einem Militärschwank auftrat. 1910 entdeckte ihn in Hamburg → *Rudolf Nelson* und engagierte ihn an seinen → *Chat noir* (Berlin) als Conférencier. Blieb – mit Unterbrechung von 1914 bis 1918 (Kriegsdienst) – bis 1927 bei Nelson, nach dem Kriege in dessen *Künstlerspielen* und *Nelson-Theater*. Spielte zwischendurch immer wieder Chargenrollen in Theater und Film, trat im Rundfunk auf, conferierte im → *Kabarett der Komiker*, im → *Karussell*, im *Korso-Kabarett* (wo er auch in der Revue »So wird's gemacht« auftrat). Spielte ferner mit in den Kabarettrevuen »Es kommt jeder dran« (1928) und »Bei uns um die Gedächtniskirche rum« (1928) von → *Friedrich Hollaender*, in Charells Inszenierung der »Lustigen Witwe« (1928) und dessen »Weißen Rößl« (1931) am »Deutschen Theater«, München.

1938 erhielt Schaeffers nach dem Tode Dr. Hanns Schindlers vom »Reichspropagandaministerium« die Lizenz zur Weiterführung des *Kabaretts der Komiker*, das er bis zu dessen Ausbombung am 15. 2. 1944 und nach dem Kriege bis 1950 leitete. Machte von 1950 bis 1957 Kabarettourneen durch die BRD, Österreich und die Schweiz. Eröffnete 1958 in einem Lokal an der Wielandstraße nahe dem Kurfürstendamm sein Kabarett *TingelTangel*. Dort traten u. a. auf: Eddi Constantine, Angèle Durand, → *Werner Finck*, → *Trude Hesterberg*, Peter Kreuder, Evelyn Künneke, Irène de Noiret, Vico Torriani und Zarah Leander.

Willi Schaeffers verkörperte fünf Jahrzehnte lang den gebildeten bürgerlichen Plauderer des deutschen Kleinkunstpublikums. Im eigentlichen Sinne politisch war er seinem Naturell nach nicht, weshalb er auch von 1938 an das *Kabarett der Komiker* durch alle Fährnisse der Zeit - bis auf ein Programm 1939 unbeanstandet - lavieren konnte. Sein Hauptverdienst liegt in der Entdeckung zahlreicher Nachwuchstalente der Kleinkunst, wie Lale Andersen, Dolly Haas, Peter Frankenfeld, Brigitte Mira, → *Günter Neumann,* Georg Thomalla, Grethe Weiser u. a.

Lit: Schaeffers, Willi: *TingelTangel.* Hamburg 1959.

Gerd E. Schäfer
* 14. 7. 1923 Berlin
Kabarettist, Kabarettautor, Schauspieler, Regisseur
Begann als Komiker am Stadttheater Bautzen. Kam über Wittenberg, Köln und Flensburg 1956 nach Ost-Berlin ans »Deutsche Theater« und war von 1956 bis 1968 Mitglied des Ensembles der → *Distel.* Gehört seit 1969 als Komiker dem Schauspielensemble des DDR-Fernsehens an. Trat seit 1969 auch in Programmen des »Friedrichstadt-Palastes« auf. Steuerte zu den *Distel*-Programmen auch Texte bei und inszenierte das Jubiläumsprogramm »Wir stoßen an« (1963). 1964 Nationalpreis der DDR.

Schall und Rauch (I)
Literarisch-parodistisches Kabarett in Berlin, entstanden aus Zusammenkünften junger Schauspieler des »Deutschen Theaters« - darunter Friedrich Kayßler und → *Max Reinhardt* sowie der Regisseur Dr. Martin Zickel und der Dichter Christian Morgenstern - im »Café Monopol«, die dort unter dem Namen »Die Brille« seit 1898/99 einmal pro Woche Spielabende mit satirischen Szenen und Einaktern improvisierten. Aus Anlaß einer Benefizvorstellung für den an Tbc erkrankten Morgenstern trat die Gruppe, die sich nun *Schall und Rauch* nannte, am 23. 1. 1901 im »Künstlerhaus«, Bellevuestr. 3, vor geladenen Gästen erstmals öffentlich auf.
Nächst musikalischen Parodien und szenischen Insiderscherzen aus dem Theaterleben sicherten ihr den Erfolg ihre Parodien auf die zeitgenössische Dramenliteratur. So spielten sie Schillers »Don Carlos« einmal im Stil einer Wanderschmiere, dann als »Karle - Diebskomödie« im naturalistischen Hauptmann-Stil, als »Carleas und Elisande« in der symbolistischen Manier Maurice Maeterlincks und schließlich als Überbrettlsketsch mit einer coupletsingenden Königin Elisabeth. Der enorme Anklang beim Publikum bewog die Gruppe, am 6. 2. und 3. 3. 1901 das Programm an gleichem Ort zu wiederholen. In einer Nachmittagvorstellung am 22. 5. 1901 im »Deutschen Theater« ließ man (ebenfalls in geschlossener Veranstaltung) Victor Arnold und Gustav Beaurepaire als »Serenissimus und Kindermann« (eine damals beliebte Karikatur auf das Duodezfürstentum) die aktuellen Ereignisse glossieren und damit satirische Pfeile auf das Kunstbanausentum Wilhelms II. abschießen.
Mit dem Ziel, sich vom »Deutschen Theater« unter dessen Leiter Otto Brahm zu lösen und eigene künstlerische Vorstellungen zu verwirklichen, gründete die Gruppe unter der inoffiziellen Federführung Reinhardts eine »Schall und Rauch G.m.b.H.« und mietete in »Arnims Festsälen« Unter den Linden 44 eine geeignete Spielstätte an, die sie von Peter Behrens nach Ideen von Reinhardt und Kayßler ausstatten ließ. Da Reinhardt noch vertraglich an Brahm gebun-

Die Gründer des Schall und Rauch (I), v. l.: Martin Zickel, Friedrich Kayßler, Max Reinhardt.

den war, fungierten als Direktoren Dr. Hans Oberländer und Berthold Held. Am 9. 10. 1901 eröffnete das »Kleine Theater (Schall und Rauch)« mit einem bunten Brettlprogramm aus Gesangsvorträgen und parodistischen Szenen. Nach und nach ließ Reinhardt die kabarettistischen Parodien hinter Einaktern zurücktreten und führte das Unternehmen von der Spielzeit 1902/03 an unter dem zusatzlosen Namen »Kleines Theater« mit einem der internationalen zeitgenössischen Dramatik gewidmeten Spielplan weiter, damit seine Karriere als Regisseur und Theaterleiter beginnend. In seinem »Großen Schauspielhaus« initiierte er 1919 eine Neuauflage des *Schall und Rauch* (→ *Schall und Rauch* II).

»Ein toller Ulk nach dem anderen, ein vergnügtes, parodistisches Quodlibet, eine Orgie des Unsinns, der doch Methode hat.«

T. E. im »Berliner Tageblatt«, 24. 1. 1901, über das Eröffnungsprogramm.

»Sie inszenierten einen ungeheuren Ulk ... Was Max Reinhardt, Martin Zickel, Friedrich Kayßler und ihre Complicen hier geschaffen, ersonnen, gedichtet und gespielt haben, bleibt ein unvergeßliches Gut für den, der es genoß. Man kann nicht mehr ganz traurig werden, wenn man das erlebt hat.«

»Neue Deutsche Rundschau«, 12. Jhg. 1901, S. 335.

»... Am Anfang der Wiedergeburt des Theaters aus dem Geiste des Theaters stand die Parodie. Wir jungen Leute in München, Mitglieder eines akademisch-dramatischen Vereins, denen die Reinhardt-Leute ihre Don-Carlos-Parodie vorspielten, lachten Tränen.«

Thomas Mann in seiner Gedenkrede auf Max Reinhardt, in: »Gesammelte Werke«, Bd. 11, Berlin 1955, S. 481.

Schall und Rauch (II)
Literarisch-politisches Kabarett in Berlin, gegründet auf Initiative von → *Max Reinhardt* am 26. 9. 1919, eröffnet am 8. 12. 1919 in den ehemaligen Stallungen im Keller des »Zirkus Schumann«, Weidendammer Brücke, den Reinhardt zum »Großen Schauspielhaus« hatte umbauen lassen. Die Leitung hatte der Schriftsteller Rudolf Kurtz, der sich Reinhardts Dramaturgen Heinz Herald und seinen Ausstatter Ernst Stern als künstlerische Beiräte beiordnete. Aus seinem Ensemble stellte Reinhardt die Schauspieler → *Blandine Ebinger,* Gertrud Eysoldt, → *Paul Graetz,* Lala Herdmenger, Hans Henryk, Hans Junkermann, Lotte Stein, Hans Heinrich von Twardowski, Gustav von Wangenheim u.a. zur Verfügung. Musikalische Leitung: → *Friedrich Hollaender.*
Nachdem am 28. 11. 1919 im »Großen Schauspielhaus« die »Orestie« des Aischylos unter der Regie Reinhardts in Szene gegangen war, kam das *Schall und Rauch* (II) am 8. 12. 1919 im Keller darunter mit einer Parodie darauf, dem Puppenspiel »Einfach klassisch! (Eine Orestie mit glücklichem Ausgang)«, im zweiten Teil eines bunten Nummernprogramms heraus. Außerdem wurde ein von Walter Trier gezeichneter Karikaturfilm »Ein Tag im Leben des Reichspräsidenten« aufgeführt. Ferner sangen Wangenheim »Pierrot-Lieder«, Graetz »Der alte Motor« von → *Kurt Tucholsky,* Blandine Ebinger »In der Bar« von Hollaender. → *Klabund* sprach »eigene groteske Dichtungen«, Junkermann und Henryk glossierten als »Serenissimus und Kindermann« die Zeitläufte. Die »Orestie«-Parodie hatte → *Walter Mehring* verfaßt, die mannshohen Figurinen dazu hatte Waldemar Hecker nach Entwürfen von George Grosz gefertigt. Die Premiere ging in einem von den Dadaisten (zu denen Grosz und Mehring sich zählten) provozierten Theaterskandal unter.

SCHALL UND RAUCH
IM GROSSEN SCHAUSPIELHAUS
Direktion: RUDOLF KURTZ — Künstlerischer Beirat: HEINZ HERALD und ERNST STERN

DEZEMBER-PROGRAMM:

Der Conferancier (der bald verschwindet) . . . . Eberhard Wrede
Der Zirkusdirektor . . . . Paul Graetz
Serenissimus . . . . . Hans Junkermann
Kindermann . . . . . . Hans Henryk
Der Kammerdiener . . . . Edgar Kanisch

Gustav von Wangenheim: Pierrot-Lieder
Text: Gustav v. Wangenheim — Musik: Werner R. Heymann
Lala Herdmenger: Tänze
Musik: Robert Forster-Larrinaga
Klabund: Eigene groteske Dichtungen

Ein Tag des Reichspräsidenten
Karikaturenfilm, gezeichnet von Walter Trier
Musik von Friedrich Hollaender

PAUSE

Gertrud Eysoldt
Hans Heinrich von Twardowski: Parodien } alterierend

Paul Graetz: Der alte Motor
Text: Theobald Tiger — Musik: Friedrich Hollaender
Blandine Ebinger: In der Bar
Text und Musik von Friedrich Hollaender

„EINFACH KLASSISCH!"
Eine Orestie mit glücklichem Ausgang (ein Puppenspiel)
von Walter Mehring
1. Agamemnon im Bade — 2. Die Morgenröte der Demokratie
3. Die klassische Steuerflucht

Personen:
Der Wächter (Invalide von anno 1870)
Agamemnon (Königl. Hoheit — kommand. General in den besten Jahren)
Klytemnestra (seine Gattin, vollbusig, gefährliches Alter)
Aegisth (deren G'spusi: Literat und Berufsethiker, später demokr. Präsident)
Kass Andra (rassig, mit Spitzenhöschen)
Electra von der Heilsarmee
Orest (Offizier eines attischen Freikorps, Königl. Hoheit)
Henny Pythia (genannt die Duse des nordischen Kinos)
Woodrow Apollon (lebt in höheren Sphären)
Der Chor der Presse (später Steuereumeniden)

Mitwirkende: Blandine Ebinger, Fränze Roloff, Lotte Stein, Edgar Kanisch, Gustav von Wangenheim, Eberhard Wrede
Musik von Friedrich Hollaender
Figurinen und Dekorationsentwürfe von George Grosz
Leitung: Bildhauer Waldemar Hecker

Musikal. Leitung: FRIEDRICH HOLLÆNDER — Techn. Leitung: PAUL ERCKENS — Am Flügel: FRIEDRICH HOLLÆNDER
Eröffnung ½8 Uhr — **Abänderungen des Programms vorbehalten!** — Beginn ½9 Uhr

Text und Musik der Vorträge des Marionettenspiels sind am Büchertisch in „Schall und Rauch" zu haben.

Programmzettel des Schall und Rauch II.

Zu den eigenständigen Kabarettisten des *Schall und Rauch* (II) gehörten u.a.: → *Wilhelm Bendow,* Änn Häusinger, → *Annemarie Hase,* Hubert von Meyerinck, Gregorij Ratoff, → *Joachim Ringelnatz,* Duinar van Twist. Als Komponisten und Begleiter wirkten neben Hollaender → *Werner Richard Heymann* und → *Mischa Spoliansky.* Am 1. 6. 1920 übernahm → *Hans von Wolzogen* die künstlerische Leitung. Als Reinhardt das »Große Schauspielhaus« aufgegeben hatte, zog sich Mitte Februar 1921 auch Wolzogen zurück. Im März erwarb eine »Sahara-Gesellschaft« das Kabarett mit Raum und Namen, das unter der Direktion von Erna Offeney zum Amüsierkabarett absank und 1924 als »Bierkabarett« endete. –

Das *Schall und Rauch* (II) wurde entgegen Reinhardts ursprünglicher Wiedererweckungsabsicht zum Forum einer literarisch und künstlerisch expermimentierfreudigen Kriegsgeneration. Dabei bildeten die scharf zeitsatirischen Nummern stets nur einen geringen Teil der Programme. Schon die 1100 Plätze des Kellerraums geboten einen breitgefächerten Anteil reinen Unterhaltungskabaretts. Dennoch bildete *Schall und Rauch* (II) die Keimzelle der neuen kabarettistischen Zeitsatire.

»Ja, bei Schall und Rauch *arbeite ich, es macht manchmal Spaß, besonders, wenn's für Gussy Holl ist. Es ist nur alles so traurig: auch hier die Rücksicht auf die Konsumenten, id est Zuhörer, die meist übel sind. Ein richtiges literarisches Cabaret würde ja auch gar nicht gehen. Es ist sehr, sehr schade.«*

Kurt Tucholsky in »Ausgewählte Briefe 1913–1935«, Reinbek 1962, S. 76.

Die Schaubude

Literarisch-politisches Kabarett in München, entstanden aus einem im Sommer 1945 von Otto Osthoff, Eberhardt R. Schmidt und → *Rudolf Schündler* zusammengestellten Kabarettprogramm, das als »Der erste Schritt« am 15. 8. 1945 in den Räumen der »Münchner Kammerspiele« uraufgeführt worden war. Die Texte stammten aus dem Fundus von Mathias Claudius, → *Werner Finck,* → *Erich Kästner,* → *Joachim Ringelnatz.* Die Conférencen sprach Osthoff, die Choreographie besorgte Michael Kröcher. Darsteller: Willy Berling, Eva Maria Duhan, Karl John, Bum Krüger, Barbara Pleyer und Schündler.

Am 21. 4. 1946 eröffnete Schündler im eigenen Hause im Theatersaal des Katholischen Gesellenvereins-Hauses in der Reitmorstraße *Die Schaubude* mit einem ad hoc von Axel von Ambesser, Erich Kästner, → *Hellmuth Krüger* und → *Herbert Witt* geschriebenen Programm (»Bilderbogen für Erwachsene«). Musik und Begleitung: Edmund Nick. Darsteller: Inge Bartsch, → *Ursula Herking,* Eva Immermann, Karl John, Bum Krüger, Hellmuth Krüger (Conférencen) und Sepp Nigg. Hierin sang Ursula Herking Kästners »Marschlied 1945«. Im Oktoberprogramm (»Für Erwachsene verboten«) wirkten erstmals mit: die Schauspieler Karl Schönböck und Siegfried Lowitz, die Tanzparodistin Hanna Seyfferth und der conferierende und agierende Schriftsteller Walther Kiaulehn. Im Märzprogramm 1947 (»Vorwiegend heiter – leichte Niederschläge«) sang Ursula Herking Kästners »Lied vom Warten«, außerdem war darin enthalten Kästners »Deutsches Ringelspiel 1947«. Des weiteren wirkten in den Programmen mit: Siegfried Brandl, Gisela Fackeldey, Ernst Fritz Fürbringer, Jane Furch, Monika Greving, → *Oliver Hassencamp,* Bruno Hübner, Walter Janssen, Ruth Kappelsberger, Henry Lorenzen, Charles Regnier, Herta Saal, Werner Thun, Petra Unkel, Fritz Walter u.a.

Einen Theaterskandal entfesselte im September 1947 eine Parodie Herbert Witts auf Carl Orffs »Die Bernauerin«, gegen die Angehörige der »Bayernpartei« auf

Die Schaubude in dem Sketsch »Der Ausverkaufsdeutsche« (1945) von Axel von Ambesser, v. l.: Karl Schönböck, Werner Thun, June Chiltern, Siegfried Lowitz.

dem Rang mit Trillerpfeifen, Kuhglocken und Stinkbomben protestierten. 1947 gliederte sich die *Schaubude* ein »Theaterstudio 1947« an, in dem sie ohne rechten Erfolg Dramen und Komödien spielte. Als spätes Opfer der Währungsreform vom Juni 1948 stellte die *Schaubude* ihren Spielbetrieb im Januar 1949 ein. –

Rudolf Schündler, der ebenso wie Inge Bartsch und Ursula Herking der → *Katakombe* angehört hatte, versuchte mit der *Schaubude* den alten Stil in eine neue Zeit hinüberzuretten. Mit ihren hervorragenden Autoren und Darstellern wurde die *Schaubude* zum bekanntesten deutschen Nachkriegskabarett der ersten Stunde. Thematisch konzentrierte sie sich naturgemäß auf die Bewältigung der jüngsten Vergangenheit (Entnazifizierung, Wohnungsnot, Schwarzer Markt, Kriegsgefangene, Besatzungsmacht u. a.).

»Die Programme der »Schaubude rücken an Wichtigkeit neben die Erstaufführungen der großen Theater – und gelegentlich sogar vor diese. Sein oder Nichtsein dieses auf besonderem Platz stehenden Kabaretts scheint uns wegen seiner Zeitverbundenheit fast einen Gradmesser abzugeben für die zukunftsträchtige Lebendigkeit Münchens. Ja, vielleicht geht es dabei nicht nur um München.«

Bruno E. Werner in DIE WELT, 14. 3. 1947.

Scheibenwischer → *Medienkabarett*

Hans Scheibner
* 27. 8. 1936 Hamburg
Politischer Liedermacher
Lernte Verlagskaufmann, 1958 Hilfsredakteur bei der WELT. Danach kaufmännischer Korrespondent in einer Lackfabrik. Schrieb in seiner Freizeit Dramen, Komödien und Gedichte. Las 1967 im literarischen Kleinkunstkreis »Die Wendeltreppe« (Hamburg). Seit 1968 ständig Auftritte in Hamburger Clubs, Kneipen und auf Brettln. Schrieb 1971 für eine Hamburger Dixilandband zeitkritische Songs, sang selber »Ich möcht' so gern am Fließband stehn« und »Schmidtchen Schleicher«.
Veröffentlichte 1973 unter dem Titel »Lästerlyrik« satirische Gedichte. Es folgten »Wenn die Nachtigall zuschlägt« und »Spott zum Gruße«. Den Titelsong seiner dritten LP, »Was in Achterndiek in der Nacht geschieht«, sangen Kernkraftwerksgegner in Brokdorf als Protestballade. Seit 1974 arbeitet Scheibner mit Berry Sarluis als seinem musikalischen Begleiter und Komponisten zusammen. Mit »Heiliger Marx« (1977) wandelte er sich vom liberalen Kritiker der linken Liedermacherszene zum enragierten Antilinken. Hauptberuflich arbeitet Scheibner als Werbeleiter einer Maschinenbaufirma und als Kolumnist für das »Hamburger Abendblatt« des Springer-Verlags.

Marcellus Schiffer
* 20. 6. 1882 Berlin; † (Selbstmord) 24. 8. 1932 Berlin
Kabarettautor und Librettist.
Studierte Graphik bei Emil Orlik und wurde Maler. Schrieb erste Chansons 1921 für die → *Wilde Bühne,* die seine Frau, → *Margo Lion,* exzentrisch-mondän-parodistisch vortrug (»Die Linie der Mode«). Schrieb 1924 Texte für die → *Gondel.* Als erste zeitkritische Kabarettrevue schrieb und inszenierte er 1926 »Die fleißige Leserin« im »Renaissance-Theater« (Musik: Paul Strasser) mit Margo Lion, Leonhard Steckel, H. H. v. Twardowski, Mary Wigman u. a. sowie im selben Jahr am selben Ort »Hetärengespräche« (Musik: → *Friedrich Hollaender*).
Die ideale Entsprechung seines Stils fand er erst in → *Mischa Spoliansky,* mit dem er die Kabarettrevuen »Es liegt in der Luft« (1928) mit Margo Lion, → *Marlene Dietrich,* Oscar Karlweis, Hubert von Meyerinck, Willy Prager, Otto Wallburg u. a. und »Alles Schwindel« (1931) mit Margo Lion, → *Gustaf Gründgens* u. a. sowie den kabarettistischen Operneinakter »Rufen Sie Herrn Plim!« (1932 im → *Kabarett der Komiker*) schuf. Schiffer schrieb außerdem die Kabarettrevue »Ich tanze um die Welt mit dir« (1930, Musik: Friedrich Hollaender) sowie mit Hollaender und → *Rudolf Nelson* die Kabarettrevuen »Der rote Faden« und »Quick« (beide 1930). Für Paul Hindemith verfaßte er die Libretti zu dessen Kurzopern »Hin und zurück« (1927, Baden-Baden, nach den »Hetärengesprächen«) und »Neues vom Tage« (1928, Berlin).
Marcellus Schiffer besaß die leichte Hand für die literarische und doch eingängige Kabarettrevue mit vage zeitkritischer Tendenz, wie sie sonst nur Friedrich Hollaender aufzuweisen hatte.

Die Schmetterlinge
Politische Songgruppe aus Wien. Gegründet 1969, spielten sie bis 1974 hauptsächlich Folklore und Rock. Seitdem ihnen seit 1975 der Lyriker Heinz R. Unger engagierte Texte schreibt, sind sie zur gegenwärtig bedeutendsten Politband im deutschsprachigen Raum geworden. Nach ihrer ersten politischen LP, »Lie-

Marcellus Schiffer

der fürs Leben« (1975), erzielten sie mit ihrem zweiten Programm, »Proletenpassion«, über die Geschichte der »kleinen Leute« von den Bauernkriegen bis zur Gegenwart (uraufgeführt 1976 bei den Wiener Festwochen) einen enormen Publikums- und Presseerfolg.
Eine kurze Tournee durch die BRD machte sie auch bei der deutschen Jugend- und Studentenszene bekannt und beliebt. Es folgen die Programme »Herbstreise – Lieder zur Lage der Nation« (1979), »Verdrängte Jahre« (1981, eine Collage von Texten → *Jura Soyfers*) und »Die letzte Welt« (1982, eine Produktion im Auftrag des »Jungen Forums« der Ruhrfestspiele über die Ursachen des Hungers in der Dritten Welt), die sämtlich auch auf LPs erschienen sind. Politisch Anstoß erregten sie mit ihren engagierten Liedern bei einer Maiveranstaltung des Berliner DGB 1977 und kurz darauf als Vertreter Österreichs beim »Grand Prix Eurovision de la Chanson« in London sowie allgemein bei der deutschen Schallplattenindustrie, so daß sie ihre LPs unter einem eigenen Label, »Antagon«, mit hohen Auflagen verkaufen. Der Gruppe gehören an: Beatrix Neundlinger (Gesang, Quer- und Blockflöte), Erich Meixner (Baß, Akkordeon, Saxophon, Klavier, Gesang), Georg Herrnstadt (Klavier, Orgel, Gesang), Willi Resetarits (Schlagzeug, Percussion, Mundharmonika, Gesang) und Her-

bert Trampier (akustische und E-Gitarre, Mandoline, Baß, Gesang). 1981: Preis der Deutschen Schallplattenkritik; 1983: *Deutscher Kleinkunstpreis.*

»In ihrer Rock-Theaterrevue ›Die letzte Welt‹ zeigten die Wiener Schmetterlinge *mit inspirierter Verve wieder einmal, daß ›Kunst‹, in diesem Falle die Musik, auch für Verbreitung von historischen, politischen und sozialen Fakten in Pflicht genommen werden kann . . . Die besten Blackouts des Programms haben etwas von der grellen Überdeutlichkeit eines bösen Strips; und die Musik nutzt mit Hohn und plakativer Sinnfälligkeit, was Pink Floyd und Kurt Weill, das Kabarettchanson der zwanziger Jahre und Hanns Eisler ihr an agitatorischen Wirkungsmitteln zugespielt haben.«*

Hellmut Kotschenreuther in Der Tagesspiegel, 11. 5. 1982.

Die Schmiere (Das schlechteste Theater der Welt)
Politisch-satirisches Kabarett in Frankfurt (Main). Eröffnet am 9. 9. 1950 von → *Rudolf Rolfs* mit dem Programm »Für Menschen und Rindvieh« im Kurhaussaal von Bad Vilbel. Bezog kurz darauf ein festes Quartier in einem Keller des »Steinernen Hauses«, Braubachstraße, Frankfurt (Main). 1954 Umzug in einen anderen Keller dieses Hauses. Seit 1959 im Keller des Karmeliterklosters nahe dem Theaterplatz ansässig.
Mit ihrem seit jener Zeit fast unveränderten Mobiliar – hundert von Besuchern gestifteten verschiedenen Sitzgelegenheiten sowie Gipsbüsten und anderem Trödel an Wänden und Decken – und der nie geänderten »radikaldemokratischen« Einstellung ihres Leiters, Protagonisten, Regisseurs und einzigen Autors Rolfs ist *Die Schmiere* das älteste politisch-satirische Gesinnungskabarett der Nachkriegszeit. Weder in ihrer Form noch in ihren Programmtiteln ähnelt sie dem herkömmlichen Kabarett. Die (bisher fünfzig) Programme bieten einen zügigen Wechsel von Kurzszenen, Kurzdialogen und Songs, jeweils zusammengehalten von einem übergreifenden Thema. Aktuelle Einsprengsel, die oft täglich ausgewechselt werden, ermöglichen eine lange Spieldauer der Programme. Als einziges deutschsprachiges Repertoirekabarett kann *Die Schmiere* das jeweils neueste Programm alternierend mit älteren spielen (bis zu sechs verschiedene Programme wöchentlich). Zu ihren bekanntesten Programmen gehören: »Windbeutel mit Senf« (1950), »Das müßte verboten werden« (1951), »Dornröschen im Mistbeet« (1952), »Teufel in rosa Hemdchen« (1955), »Erwachsene sind auch Menschen« (1956), »Lila Käfer im Bart« (1957), »Die tote Ratte in der Limonadeflasche oder Jede Leiche 'nen Groschen« (1958, läuft noch heute), »Herr Kortikum ißt seine Suppe nur mit einem rostfreien Messer« (1960), »Die Eierkisten-Revue« (1962), »Forsicht, Druckveler« (1965), »Sie sind ein Ferkel, Exzellenz!« (1965), »Die Katze tritt die Treppe krumm« (1966), »Menschen in Aspik« (1968), »Pfui!« (1974), »Pst! Gummibärchen beißen« (1976), »Haben Sie auch einen kleinen Pi im Ohr?« (1979), »Wer pinkelt durchs Schlüsselloch?« (1980), »Mal ein wirklich netter Abend« (1981), »Achtung, Oma beklaut Baby!« (seit Oktober 1984). Den Stamm des *Schmiere*-Ensembles bilden Rudolf Rolfs und (seit Mai 1951) der Frankfurter Dialektkomiker Regnauld Nonsens; den Rest stellen häufig wechselnde, meist junge Schauspieler. Von 1952 bis 1962 war Hedi Reich fest im Ensemble, später gehörte einige Jahre Renate Riebandt dazu. Von den inzwischen arrivierten Mitgliedern sind zu nennen: Jochen Busse und Hans Gerd Kübel.
Rudolf Rolfs versteht sich als Moralist und radikaler Demokrat im Sinne einer gründlichen Ausschöpfung des Grundgesetzes, als Sozialist ohne marxistische Festlegung. Demzufolge war und ist er seit den fünfziger Jahren in verschiedenen Bürgerinitiativen aktiv, so in der Aktion »Kampf dem Atomtod!«, in der Ostermarschbewegung, den Initiativen gegen die Notstandsgesetze und den

Vietnamkrieg sowie der Friedensbewegung der achtziger Jahre. Neben seiner Tätigkeit als Kabarettist und »Agitator« schreibt er satirische Bücher, die nur direkt von der *Schmiere* zu beziehen sind, so: »Die Hand des Josef König« (Roman, 1960, Neufassung 1977), »Rot« (Roman, 1962), »Voller Bauch auf Barrikaden – Texte, Satiren, Reden, Aufsätze« (1964), »Pamphlete – Illegale Handzettel gegen eine zu erwartende Diktatur« (1965), »Schlag nach bei Rolfs – Aphorismen, Definitionen, Fragmente« (1967), »Inventur eines Hirns« (1976), »Fragen Sie August Pi« (1980), »Feuer – Stories der Leidenschaft« (1983), »Fahndungsbuch – Stories, Pamphlete, Texte« (1982).

Das Ensemble der Schmiere. Rolf Rolfs auf der Leiter.

Lit.: *Satire als zeitkritische Aktion – Untersuchungen zum Frankfurter Kabarett »Die Schmiere«* (Wissenschaftl. Arbeit von Frank Dienst). Bonn 1983.

»Hier hat sich einer abreagiert und im Grunde immer nur vor sich hin gebrabbelt, daß diese Welt zum Kotzen sei ... Wären wenigstens die Texte gut formuliert, die einzelnen Nummern durchdacht ...«

Hans Schwab-Felisch in der »Frankfurter Allgemeinen Zeitung« vom 5. 5. 1958 über die Uraufführung des Programms »Die tote Ratte in der Limonadenflasche«.

»Die Wirklichkeit selbst gibt ihm, dem ständig humorlose Schwarzseherei angekreidet wird, nachträglich recht ... Er nimmt das Schreckliche ernst. Die Bildhaftigkeit hebt die Information auf eine bei Kabaretts sonst nicht durchgehaltene Ebene.«

Johannes Grossmann in der »Frankfurter Allgemeinen Zeitung« (Mai 1967, neun Jahre nach der Uraufführung) über das gleiche Programm.

»Neben kleinen Dosen von ›schmierischem Ernst‹ steht viel kluge, tapfere, immer treffsichere, niemals taktlose Satire, mit jener heilsamen Selbstironie erdacht, die mit zum ›deutschen Wunder‹ dieser Jahre gehört.«

Hans Weigel über ein Schmiere-*Gastspiel im »Theater der Courage«, Wien, 1958 im »Bild-Telegraf«, Wien.*

Paul Schneider-Duncker

* 2. 11. 1883 Krefeld; † 1956 Hamburg

Schauspieler, Conférencier, Chansonnier, Kabarettgründer und -leiter

Wuchs in Berlin auf. Über Engagements an norddeutschen Provinztheatern, danach in Sankt Gallen und Breslau ging er zur Operette. Zurück in Berlin, spielte er Bonvivantrollen in französischen Lustspielen am »Thalia-Theater« und am »Trianon-Theater«. 1904 gründete er zusammen mit → *Rudolf Nelson* den → *Roland von Berlin* und führte ihn nach der Trennung von Nelson 1907 mit Walter Kollo als Komponisten und Begleiter und → *Claire Waldoff* als Chansonniere eine Zeitlang weiter. Betrieb von 1915 bis 1924 im »Hotel Cumberland« im »Palmenhaus« am Kurfürstendamm seine *Bonbonniere*. Eröffnete 1924 einen *Roland von Berlin – Künstlerbühne Admiralspalast,* dem er 1926 die pleite gegangene → *Rakete* als *Roland des Westens* angliederte. Von 1934 bis 1936 betrieb er am Uhlandeck seine *Künstlerspiele* und engagierte Iska Geri und → *Ursula Herking* (deren erstes Kabarettengagement). Nach dem Zweiten Weltkrieg ließ sich Schneider-Duncker in Hamburg nieder, wo er 1945 auch in der → *Bonbonniere* (Hamburg) auftrat.

Schneider-Duncker brachte auf seine Weise die weltstädtische Note in das Berliner Kabarett nach Ende des Überbrettls. Er war – kongenial der eleganten, perlenden Musik Rudolf Nelsons – ein eleganter Conférencier und Chansonnier. Bekannt wurde er vor allem durch seine Interpretation des »Ladenmädels«.

Werner Schneyder

* 25. 1. 1937 Graz

Schriftsteller, Drehbuchautor, Sportmoderator, Kabarettist, Kabarettautor und -regisseur

Studierte Zeitungswissenschaft und Kunstgeschichte (1965 Dr. phil.). War Barmusiker, Werbetexter, Journalist, später Theaterdramaturg und ist seit 1965 freier Autor. Arbeitet im Fernsehen als Autor, Entertainer, Chansonnier, Moderator und Sportreporter. 1975/76 Gastmoderator im »Aktuellen Sportstudio« des ZDF.

Lernte im Sommer 1973 → *Dieter Hildebrandt* kennen. Schrieb und spielte mit ihm seit 1974 kabarettistische Duoprogramme: »Talk täglich« (Mai 1974), »Lametta & Co.« (November 1975), »Wie abgerissen« (Oktober 1977), »Keine Fragen mehr« (April 1979), »Ende der Spielzeit« (Oktober 1981). Spielt seit 1981 Soloprogramme: »Solo mit Trio« (Januar 1981), »Solo mit Quartett« (Januar 1983), »Satz für Satz« (1984). Brachte 1976 beim »Steirischen Herbst« in Graz sein Soloprogramm »Haltung & Unterhaltung«, gastierte mit seinem Soloprogramm »Zwischentöne« 1982 u.a. in der → *Leipziger Pfeffermühle.* Ferner schrieb (und schreibt) Schneyder Texte für die Programme der → *Münchner Lach- und Schießgesellschaft,* ferner Fernsehunterhaltungssendungen zwischen Show und Satire, die er auch selber moderiert, und singt eigene Lieder live und auf Schallplatte. Seine Aphorismen, Epigramme und Gedichte sind in Buchform erschienen, darunter »Gelächter aus dem Aus – Aphorismen und Epigramme« (München 1980) und »Schlafen Sie gut, Herr Tucholsky – Liedertexte« (München 1983), »Satz für Satz« (1984). 1984 erschienen die LPs »Schlafen Sie gut, Herr Tucholsky« und »Werner Schneyder – Lore Lorentz singen Erich Kästner«.

Werner Schneyder ist einer der vielseitigsten Kabarettisten der Gegenwart: ein

Werner Schneyder

Ironiker von hohem Niveau, dazu hochmusikalisch, komödiantisch, aber kontrolliert, intellektuell unbestechlich und dennoch populär.

»Er steht abseits und lacht sich ins große, durchtrainierte Fäustchen ... Scheinbar integriert, tastet er das System nach Sabotagemöglichkeiten ab ... Es gibt Abende, da schreit er sich leise, und kurz vor der Resignation federt er ab, von einem inneren Trampolin, um wieder von vorn zu beginnen. Mit der Sehnsucht, zu hasardieren, seinen Auftrag zu erfüllen: der Dummheit das Messer aus der Hand zu schlagen.«

André Heller

»... Die Zwischentöne sind zu suchen, und es gilt, sich freizumachen von den simplen ›Alternativen‹ für die dritte der Möglichkeiten – das ist Schneyders Anspruch ... Die Zwischentöne zwischen Spott und Beten, zwischen Erkenntnis und leiser Umnachtung, die beherrscht Schneyder, wie das erhellende Parodieren, und er vergißt darüber nicht die Wut, auch den Haß nicht ... Werner Schneyder erweist sich als Meister des klaren Worts gegen all den Phrasenqualm.«

Thomas Thieringer in der »Süddeutschen Zeitung«, 9. 1. 1983 über das Programm »Solo mit Quartett«

»... profilierte sich wieder einmal als Heino für Arme.«

Reginald Rudorf in BILD, 15. 4. 1983

Karl Schnog
* 14. 6. 1897 Köln; † 23. 8. 1964 Ost-Berlin
Schriftsteller, Kabarettist, Kabarettautor
Der Sohn eines Handwerkers begann als Schauspieler. Lebte in den zwanziger Jahren als Kabarettist und Kabarettautor in Berlin, conferierte und trug eigene Gedichte in der → *Wilden Bühne,* dem → *Cabaret Größenwahn,* dem → *Küka,* dem → *Kabarett der Komiker* und bei den → *Wespen* vor, deren Gründung er 1926 mit inspirierte. Verfaßte mit → *Hellmuth Krüger* 1930 die Kabarettrevue »So wird's gemacht« für das *Korso-Kabarett.* Schrieb Satiren für die Zeitschriften: »Simplicissimus« und »Stachelschwein«, »Arbeiter-Illustrierte Zeitung« (AIZ), und »Weltbühne«. Emigrierte 1933 in die Schweiz, wo er u.a. für das → *Cabaret Cornichon* Texte schrieb, und weiter nach Frankreich und Luxemburg, wo ihn 1940 die Deutschen verhafteten. Schnog wurde nacheinander in die Konzentrationslager Dachau, Sachsenhausen und Buchenwald gebracht. Nach dem Krieg kehrte er nach Luxemburg zurück, Ende 1945 nach Berlin und wurde 1946 Leiter der Abteilung »Scherz, Satire« beim Berliner Rundfunk und 1950 Chefredakteur der satirischen Zeitschrift »Ulenspiegel«. Seine satirischen Gedichte wurden in vielen Kabaretts der DDR vorgetragen. Erhielt den Heinrich-Heine-Preis der DDR.

Klaus Peter Schreiner
* 7. 4. 1930 Zweibrücken (Pfalz)
Kabarettist, Kabarettautor
Studierte 1949/50 an der Universität Mainz Chemie, dann Germanistik, Kunstgeschichte und Theaterwissenschaft. Seit dem Sommersemester 1951 Weiterstudium in München. Gründete 1952 mit Hans Hermann Gorgas, Dieter Murmann, Klaus Schulz u.a. das Studentenkabarett *Die Seminarren* in München, das bis 1953 bestand. Von 1955 bis Herbst 1956 Autor und Darsteller der von ihm mitgegründeten → *Namenlosen.* Nach deren Spaltung versuchte er, ohne → *Dieter Hildebrandt,* der inzwischen mit → *Sammy Drechsel* die → *Münchner Lach- und Schießgesellschaft* gründete, *Die Namenlosen* im November 1956 in einem Hotel der Münchner Innenstadt weiterzuführen, scheiterte jedoch und schloß sich bis August 1957 als Autor und Darsteller den → *Amnestierten* an. Schrieb von 1958 an für die *Münchner Lach- und Schießgesellschaft* und von Herbst 1957 bis Herbst 1959 für die → *Zwiebel* (Hauptautor von »Der Jubel rollt«, Mai 1959), bei der er im Herbst 1957 auch auftrat. Seit 1960 schreibt er ausschließlich für die *Lach- und Schießgesellschaft,* abgesehen von Textbeiträgen für die TV-Unterhaltungsserie »Klimbim« und die TV-Kabarettserien *Notizen aus der Provinz* und *Scheibenwischer* (→ *Medienkabarett*). Seit Januar 1984 läuft im SWF III seine TV-Unterhaltungsserie »Drehpause«.

Rudolf Schündler
* 17. 4. 1906 Leipzig
Schauspieler, Regisseur, Kabarettist, Kabarettleiter
Debütierte als Schauspieler 1926 in Beuthen. Kam über Zürich, Frankfurt (Main), Dortmund und Nürnberg nach Berlin, wo er an verschiedenen Bühnen auftrat. 1930 stieß er als Kabarettist zur → *Katakombe.* Inszenierte 1938 im → *Kabarett der Komiker* die Kabarettrevue »Rückblick Spätlese«. Wirkte 1932 in dem Film »Das Testament des Dr. Mabuse« mit, spielte in der Folgezeit zahlreiche Filmrollen (so 1940 in »Kleider machen Leute« u.a.). Erhielt im Sommer

Klaus Peter Schreiner

1945 die Lizenz zur Eröffnung der → *Schaubude* in München, die er bis zu ihrem Ende (Januar 1949) leitete und in der er Regie führte.
Inszenierte, um seine Schulden abzutragen, rund zwei Dutzend Filme der leichtesten Art. Inszenierte für den → *Nürnberger Trichter* die Kabarettprogramme »Wir sitzen wie auf Kohlen« (1951) und »Mal sehn, was uns blüht« (1952). Für die → *Stachelschweine* inszenierte er die Programme »Nein oder nicht Nein« (1953), »Die Wucht am Rhein« (1956), ». . . und vor 20 Jahren war alles vorbei« (1965), »Das elfte Gebot« (1966) und »Kein Märchen aus uralten Zeiten« (1976). Ferner spielte er in Berlin Theater sowie Rollen in über sechzig Fernsehfilmen. Auch inszenierte er Operetten.

Schweizerisches Cabaret-, Chanson- und Pantomimen-Archiv
Gegründet 1973 von dem schweizerischen Bundesbahnbeamten Hans-Ulrich von Allmen (* 1946) in Gwatt bei Thun (Kanton Bern), nachdem er seit 1970 Programmhefte, Plakate, Fotos, Schallplatten und Bücher aus dem Bereich des Kabaretts, des Chansons und der Pantomime der Schweiz gesammelt hatte.
Offizielle Zuwendungen erhielt das Archiv von der Stiftung »Pro Helvetia«, dem Fonds für Kulturelle Aktivitäten der bernischen Erziehungsdirektion und vom Migros-Genossenschaftsbund. Das Archiv umfaßt über 400 Bücher, über 500 Schallplatten und rund 250 Ordner mit Zeitungsausschnitten, Fotos, Plakaten, Briefen, Noten, Texten, Programmheften und anderen Dokumenten, ferner

den gesamten Nachlaß des → *Cabaret Cornichon* und des *Krater*. Die ältesten Archivdokumente stammen vom → *Cabaret Voltaire*.
Das Archiv ist allen Interessenten nach vorheriger telefonischer Anmeldung frei zugänglich. Adresse: »Schweizer Cabaret-, Chanson- und Pantomimen-Archiv«, Hans-Ulrich von Allmen, Mösliweg 4, CH-3645 Gwatt, Telefon: 03336/6055.

Per Schwenzen
* 3. 2. 1899 Moss (Norwegen); † 4. 11. 1984 Pullach bei München
Theater-, Film-, Fernseh- und Kabarettautor.
Aufgewachsen in Kassel, eröffnete er im November 1931 in den Räumen des Kabaretts → *Alt Bayern* in der Freidrichstraße 94, Berlin, das literarische Nachtkabarett *Schwarz-weiß,* in dem er auch zusammen mit Friedrich Gnass conferierte. (Weitere Darsteller: Karl-Heinz Carell, Bea Molen [= Beate von Molo], Ilse und Walter Trautschold. Musik: Olaf Bienert.) 1933 Uraufführung von Schwenzens pazifistischem Stück »Am Himmel Europas« am Berliner »Lustspielhaus« (Hauptrolle: Adolf Wohlbrück). Verbot durch die Nazis, Wiederaufführung nach Intervention durch den französischen Botschafter. 1936 Uraufführung von »Jan und die Schwindlerin« als Auftragsarbeit des »Staatlichen Schauspielhauses«, Berlin.
Am 5. 7. 1946 startete Schwenzen das Reisekabarett *Die Sternschnuppen* mit Fee von Reichlin, Herta Worell u. a. Von 1951 bis 1955 gehörte Schwenzen zum Autorenkollektiv der → *Kleinen Freiheit;* seit 1959 schrieb er für die → *Zwiebel,* beide München. Verfaßte 1963 mit → *Robert Gilbert* und → *Friedrich Hollaender* die musikalische Komödie »Das Blaue vom Himmel«. Schrieb rund vierzig Drehbücher für Filmkomödien (u. a. für »13 Stühle«, »Die schwedische Nachtigall«, »Ich denke oft an Piroschka«, »Käpt'n Bye-bye«). Autor der Fernsehserien »Gewagtes Spiel« und »Alle Hunde lieben Theobald«. Übersetzte zahlreiche dramatische Werke aus dem Norwegischen.

Gerd Semmer
* 21. 12. 1919 Paderborn; † 12. 11. 1967 Ratingen
Schriftsteller, Chansonautor
Machte von 1937 bis 1940 eine Schneiderlehre (1943 Meisterprüfung). Studierte 1943/44 in Wien Theaterwissenschaft, Kunstgeschichte und Germanistik, 1946 in Marburg zusätzlich Romanistik und Sprachen. Arbeitete 1952 an zwei Büchner-Inszenierungen Erwin Piscators in Marburg und Gießen als Regieassistent und wissenschaftlicher Berater mit. Schrieb 1956 für die Piscator-Inszenierung von »Dantons Tod« am »Schillertheater«, Berlin, Chansons, aus denen seine Übersetzungen von Chansons der Französischen Revolution entstanden. War 1953/54 Redakteur an der satirischen Zeitschrift »Deutscher Michel« und 1954/56 an der »Deutschen Volkszeitung«. 1959 Privatsekretär von Piscator, danach freier Autor.
Lernte 1956 den Liedermacher → *Dieter Süverkrüp* kennen. Zuerst vertonte und sang Süverkrüp Semmers Übersetzungen der Lieder aus der Französischen Revolution (auch auf der Single »Ça ira!«), dann vertonte und sang er zahlreiche von Semmer übersetzte englische und Semmers eigene deutsche Lieder gegen Krieg und Atomrüstung (»Strontium 90«, »Der kalte Krieg«, »Das Lied von der Chance« u. a.), hauptsächlich bei den Ostermärschen der sechziger Jahre. Für »Die Engel sind müde – Lyrik und kleine Prosa« erhielt Semmer 1960 den »Heinrich-Heine-Preis« der DDR. 1961 erschienen seine Übersetzungen von

Liedern aus dem Spanischen Bürgerkrieg und von Chansons von Georges Brassens, 1965 seine »Widerworte – Gedichte und Chansons« und seine Übersetzungen europäischer Widerstandslieder gegen den Faschismus. Seine politischen Balladen sind enthalten in der Sammlung »Lieder aus dem Schlaraffenland«, 1976. Gerd Semmer gilt als der Vater des neuen deutschen politischen Chansons, mit dem er in Form und Inhalt an die Chanson- und Songtradition der beiden Vorweltkriegszeiten anknüpfte.

Die Sieben Schaben
Politisch-satirisches Kabarett, entstanden 1958 als Brettlgruppe der Evangelischen Studentengemeinde an der Freien Universität Berlin. Leitung: Eberhard Kuhrau (1958), Klaus Rosenthal (1959–1964). Texte schrieben u.a. → *Therese Angeloff,* Dieter Kursawe (auch Regie und Darstellung). Als Komponist wirkte u.a. Horst A. Haß. Erstes Programm (1958): »Weh dem, der siecht«, mit Christoph Bertram, Hans-Albrecht Centner, Käthe Hoebner, Günter Holtz, E. Kuhrau, Sabine Wegeleben, Susanne Wignesan.
Bei einem Gastspiel an der Universität Heidelberg (Januar 1961) erregten sie mit einer Antiatomraketen- und einer Berlin-Nummer ungewollt einen Skandal, als der Rektor, Prof. Dr. Wilhelm Hahn (nachmals baden-württembergischer Kultusminister) türenschlagend den Saal verließ. Nach neun Programmen löste sich 1964 das Ensemble auf. Kursawe und Haß gingen 1965 zum → *Reichskabarett.*

Silberne Punschterrine → *Berliner Kneipenbrettl*

Simplicissimus (München)
(auch *Simpl* genannt)
Als Künstlerlokal am 1. 5. 1903 in der Türkenstraße 57 in München (Schwabing) eröffnet und geführt von der ehemaligen Kellnerin der »Dichtelei« in der Adalbertstraße, Kathi Kobus, die es »Neue Dichtelei« nannte, bald darauf aber in *Simplicissimus* (nach der gleichnamigen satirischen Zeitschrift) umtaufte.
Hier verkehrten, wie schon in der »Dichtelei«, Maler, Dichter und Schriftsteller und sprachen bzw. sangen sich gegenseitig Selbstverfaßtes vor, unter ihnen die Schriftsteller Max Dauthendey, → *Hanns von Gumppenberg,* Max Halbe, → *Roda Roda,* → *Frank Wedekind* sowie die Maler Max Unold und Albert Weisgerber. Nachdem sie anfangs die bei ihr spontan auftretenden Künstler mit Speisen und Getränken honoriert (und den Malern billig Bilder abgekauft) hatte, ging Kathi Kobus zu festen Engagements über, die sie teils mit Naturalien, teils mit Geld abgalt. Regelmäßig trat hier auf der Dichter Ludwig Scharf, unregelmäßig der Dichter → *Erich Mühsam.* 1909 avancierte → *Joachim Ringelnatz* (damals noch als Hans Bötticher) zum »Hausdichter« und blieb es bis 1911. (Danach trat er sporadisch im *Simpl* auf, bis ihm die Nazis ein für Mai 1933 vorgesehenes Gastspiel verboten.) Unter den zahllosen kabarettistisch aktiven Gästen des *Simpl* bis 1944 seien genannt: → *Hugo Ball,* Isadora Duncan, → *Fred Endrikat,* Leonhard Frank, → *Adolf Gondrell,* → *Emmy Hennings,* Walter Hillbring, Korfiz Holm, Mary Irber, → *Klabund,* Ernst Klotz, Carl Georg von Maasen, → *Walter Mehring,* → *Die Nachrichter* (die hier 1931 debütierten), Peter von der Osten, → *Theo Prosel,* Georg Queri, → *Karl Valentin* sowie Lale Andersen, die hier 1935 zum erstenmal das Lied von der »Lili Marlen« von Hans Leip vortrug, allerdings mit der ursprünglichen Musik von Rudolf Zink. –

Programmheft – Titel des »Simplicissimus« (München)

1912 zog sich Kathi Kobus mit einem Reingewinn von 800000 Goldmark in ihre Villa nach Wolfratshausen zurück, übernahm aber, durch Fehlspekulationen verarmt, nach dem Ersten Weltkrieg als Angestellte der neuen Besitzer das Lokal erneut und leitete mit dem Engagement von Theo Prosel als künstlerischem Leiter (1920) und Fred Endrikat als »Hausdichter« eine neue *Simpl*-Ära ein. Nach Kathi Kobus' Tode (1929) führten zwei ihrer Kellnerinnen das Lokal weiter. 1935 kaufte den *Simpl* Adolf Gondrell und setzte Prosel als Pächter ein. Der führte das Lokal als Wirt und Autor vieler Programme bis zur Ausbombung der Räume in der Türkenstraße und vom 8. 8. 1946 an im Lokal »Platzl« am Kosttor gegenüber dem Hofbräuhaus weiter, während der Ur-*Simpl*, unter dem Namen *Kathi Kobus* neu eröffnet, unter der künstlerischen Leitung von Ernst Klotz parallel weiterexistierte. 1957 übernahm der Maler und Graphiker Eduard Marwitz das Lokal und führte es als *Bunter Hund* weiter. Seit 1960 leitet es Toni Netzle, nunmehr unter dem fast originären Namen *Alter Simpl*. 1968 ersetzte sie das Vortragspodium mangels Brettlinteressenten durch eine Bar. Zu den bekannten Kabarettisten, die nach 1946 im *Simpl* aufgetreten sind, gehören → *Gert Fröbe*, Evelyn Künnecke, → *Helen Vita* und Karl Valentin.

Simplicissimus (Wien)
(auch *Simpl* genannt)
Eröffnet am 25. 10. 1912 als »Bierkabarett Simplicissimus« in Wien, Wollzeile 36, von dem in Lübeck gebürtigen Wiener Schauspieler Egon Dorn. Der Wiener *Simpl* bot und bietet noch heute in erster Linie unpolitische Unterhaltung, entbehrte aber bisweilen nicht der satirisch-literarischen Note. So, als 1914 → *Fritz Grünbaum* hier conferierte und → *Egon Friedell* hier Anekdoten von → *Peter Altenberg* sprach.
In der Hauptsache wurden die Programme bestritten von den Komponisten-Interpretinnen-Duos Ralph Benatzky–Josma Selim, Bela Laszky–Mella Mars und Robert Stolz–Franzi Ressl mit ihren Wiener Schlagerchansons. Seine spezifische Note erhielt der *Simpl* durch den Eintritt von → *Karl Farkas* als Conférencier. Nach dem Ausscheiden Dorns 1924 ging der *Simpl* nacheinander in verschiedene Hände über. Als bisher letzter Besitzer übernahm 1974 Martin Flossmann das Lokal; Farkas blieb – mit nazi- und kriegsbedingter Unterbrechung von 1938 bis 1946 – bis zu seinem Tode 1971 künstlerischer Leiter, Hauptautor und Hauptattraktion. Seine 1924 mit Fritz Grünbaum entwickelten Doppelconférencen (→ *Conférence*) setzte er nach seiner Rückkehr nach Wien 1946 fort mit Maxi Böhm, → *Gerhard Bronner,* Heinz Conrads, Fritz Muliar und Ernst Waldbrunn. –
Aus dem *Simplicissimus* (Wien) sind zahlreiche nachmals bekannte Kabarettisten und Chansonsänger hervorgegangen, so Peter Alexander, Rudolf Carl, Fritz Imhoff, Hans Moser, → *Ernst Stankovski* u. a. Zu den eigentlichen *Simpl*-Stars zählten von den dreißiger Jahren an: Cissy Kraner und → *Hugo Wiener.* Unter den ungezählten, teils schreibenden und komponierenden, teils vortragenden Mitwirkenden des *Simpl* waren: Raoul Aslan, Armin Berg, Mizzi Dressl, Peter Hey, Fritz Heller, Peter Herz, → *Stella Kadmon,* Ossy Kolman, Lotte Lang, Hermann Leopoldi, Hans Liebstöckl, → *Peter Lodynski,* Fritz Löhner-Beda, → *Paul Morgan,* Elly Naschold, Kurt Nachmann, Gunther Philipp, → *Roda Roda,* Fritz Rotter, Marcel Salzer, Szöke Szakall, Kurt Sobotka, Otto Schenk, Trude Vogt, → *Peter Wehle,* Gisela Werbezirk, Oskar Wegrostek.
»Wiener Mimus, Begabung zum Kasperltheater und Lust am Spiel tobten sich dort seit 25 Jahren aus. Nach dem Was wurde wenig gefragt, nach dem Wie sehr viel. Daß man im Simpl *nicht missionär sein wollte, weder künstlerisch noch politisch, wurde offen zugegeben . . . Nur im Witz, vor allem in den Conférencen, erhob Ironie den Anspruch auf tiefere Bedeutung. Es blieb markant für den roten Bulli, daß er raunzend bellte, aber niemandem ins Wadl biß.«*
Rudolf Weys in »Cabaret und Kabarett in Wien«, *Wien 1970.*

Sketsch
(von engl. »Sketch« = Skizze)
Dramatische Kurzszene, meist ironisch-satirischen Inhalts, auch Einakter mit mehreren Szenen und durchgängiger Handlung, meist mit Haupt- und Nebenfiguren. Im Kabarett beliebte Kunstform. Überregional bekannt wurde der Sketsch »Das Streichquartett« von Szöke Szakall, uraufgeführt 1930 im → *Kabarett der Komiker* (1969 von der → *Münchner Lach- und Schießgesellschaft* u. a. nachgespielt), sowie ein Sketsch aus → *Marcellus Schiffers* Kabarettrevue »Hetärengespräche«, (1926), den Paul Hindemith später als Kurzoper unter dem Titel »Hin und zurück« vertonte.

Song
(englisch = »Lied«)
Im englischen Sprachgebrauch Sammelbezeichnung für jede Art von Lied, vom Kirchengesang (Gospel Song) über die Schlager, die Songs im Musical bis hin zu den Folk Songs und den artifiziellen Liedern der Leonard Cohen, Bob Dylan u.a. (→ *Liedermacher*). Im deutschen Sprachgebrauch bezeichnet Song ein schlagerartiges, mit Elementen des Jazz und des → *Bänkelsangs* rhythmisch akzentuiertes Lied zeitkritischen oder allgemein satirischen Inhalts, formal weniger streng als das → *Chanson.*
Ins deutsche Kabarett eingeführt von → *Walter Mehring,* ins zeitkritische Sprechtheater eingeführt von → *Bertolt Brecht* und → *Kurt Weill* (»Dreigroschenoper«, »Mahagonny« u.a.) Weitere Vertreter des Songs waren Paul Dessau, → *Hanns Eisler,* → *Mischa Spoliansky* als Komponisten und Georg Kaiser als Dramatiker. Der Form des Songs bedienten sich in den zwanziger Jahren das agitatorische Arbeiterlied (→ *Agitprop,* bedeutendster Interpret: → *Ernst Busch*), in den sechziger Jahren die Liedermacher (Protestsong).

Jura Soyfer
* 8. 12. 1912 Charkow (Ukraine); † 16. 2. 1939 KZ Buchenwald
Schriftsteller, Dramatiker, Kabarettautor
Kam als Sohn eines russisch-jüdischen Großindustriellen auf der Flucht über die Türkei 1921 nach Wien. Wurde dort als Gymnasiast Sozialist. Schrieb Gedichte für die »Arbeiterzeitung«, machte 1929 in einem Ferienlager bei einer politischen Lagerrevue mit. Schloß sich 1934 der – seit Mai 1933 illegalen – Kommunistischen Partei Österreichs an. Beim Versuch, nach dem Einmarsch der Deutschen im März 1938 auf Skiern die Schweizer Grenze zu überschreiten, verhaftet, wurde er ins KZ Dachau gebracht. Nach seiner Überstellung in das KZ Buchenwald starb er dort am 16. 2. 1939 an Typhus.
Jura Soyfer, an Nestroy geschult und im Geiste Ödön von Horvaths dichtend, gehört zu den bedeutendsten, die Grenze zum Dichterischen überschreitenden Autoren des deutschsprachigen Kabaretts. Nach Einführung der Theaterzensur durch die austrofaschistische Dollfuß-Regierung im Februar 1934 bescherten die kabarettistischen → *Mittelstücke* Soyfers den Wiener Kleinkunstbühnen eine neue Dimension: Sie vertieften die Problematik der Tagesaktualität und stellten mit den Mitteln des Wiener Volksstücks die aktuelle Krise als Krise der Menschheit dar. Von Soyfers gegen Gleichgültigkeit, Unmenschlichkeit und Krieg kämpfenden Mittelstücken führte als erstes das → *ABC* am 6. 5. 1936 »Weltuntergang oder Die Welt steht auf kein' Fall mehr lang« auf, dessen Hausautor Soyfer von nun an wurde. Am 6. 10. 1936 brachte die → *Literatur am Naschmarkt* »Der Lechner Edi schaut ins Paradies« heraus. Das *ABC* inszenierte im März 1937 »Die Botschaft von Astoria«, im September 1937 »Vineta, die versunkene Stadt« und im Dezember 1937 »Kolumbus oder Broadway-Melodie 1492«, eine Bearbeitung von Tucholsky-Hasenclevers »Kolumbus« von 1932. Beide Kleinkunstbühnen brachten auch kleinere Szenen von ihm, zuweilen unter seinen Pseudonymen »Walter West«, »Norbert Noll«, »Fritz Feder«. Lange Zeit als »bloße Kleinkunst« unterbewertet, werden Soyfers Stücke neuerdings mehr und mehr an deutschsprachigen Bühnen aufgeführt. Sämtliche erhalten gebliebenen Arbeiten Soyfers liegen gesammelt vor in »Jura Soyfer – Das Gesamtwerk«, hrsg. von Horst Jarka, Wien–München–Zürich 1980.
»In Soyfers Stücken, ihrem Wesen nach ›Hetz und Witz mit tieferer Bedeutung‹, wird Brecht – der Brecht der dreißiger Jahre – von Raimund und Nestroy überspielt. Andererseits beweisen

Jura Soyfer

gerade Soyfers Stücke, in denen sich Anklänge an Nestroy und Raimund neben solchen an Brecht finden, die Verwandtschaft von Alt-Wiener Volkstheater und Brechts Dramatik.«
Horst Jarka in »Politik und Zauberei: Die Stücke Jura Soyfers«, 1972.

Spaßmacher
Der Spaßmacher auf dem Theater ist so alt wie das Theater selbst. Als der Schöpfer der attischen Tragödie, Thespis, zum erstenmal dem Chor den individuellen Schauspieler gegenüberstellte, ließ er ihn mit Spottliedern und Grotesktänzen das Publikum belustigen. Ohne die derbe Komik seiner teils drastischen, teils wortspielerischen »Spaßmacher« waren die Komödien des Aristophanes nicht zu denken. Die Linie zieht sich über die altrömischen Atellanen und die Mimen über Harlekin, Hanswurst, Kasperle, Pickelhering und die → *Hofnarren* über Shakespeares Narren bis zum Zirkusclown und, im Kabarett, zum Conférencier (→ *Conférence*) und Solokabarettisten. In den Spaßmachern artikuliert sich seit eh und je der Volkswitz in seiner Opposition zur Macht. Des-

halb eignet ihren Späßen, selbst wenn sie lediglich belustigen wollen, auch in der äußersten Verdünnung eo ipso ein Element der Sozialkritik.

Rudolf Spitz
* 27. 5. 1907 in Brünn
Schriftsteller, Journalist, Kabarettautor und -gründer
Studierte Jura an der Universität Wien (Dr. jur.). Als Mitglied des »Bundes junger Autoren Österreichs« im Sommer 1933 Mitgründer, Autor und Conférencier der → *Stachelbeere,* die er bis 1935 leitete. 1935/36 auch Gastautor bei der → *Literatur am Naschmarkt.* Mitarbeiter am »Tag«, Hörspielautor.
Emigrierte im März 1938 nach Prag, im Januar 1939 weiter nach London. Gründete dort 1939 das *Laterndl* (→ *Exilkabarett*) und schrieb dafür. Von 1940 bis 1945 Mitarbeiter bei der BBC London und der »American Broadcasting Station in Europe«, London. Von 1948 bis 1950 in Wien Leiter der Nachrichtenabteilung des »Senders Rot-weiß-rot«, schrieb von 1950 bis 1955 in London für die BBC Sendungen für Österreich und von 1955 bis 1968 Sendungen für die DDR.

Lit.: Weigel, Hans: *Gerichtstag vor 49 Leuten.* Wien 1981.
Weys, Rudolf: *Literatur am Naschmarkt.* Wien 1947.

Mischa Spoliansky
* 28. 12. 1899 Bialystok
Komponist, Orchesterleiter
Der Sohn eines Opernbaritons gab zehnjährig in Dresden sein erstes öffentliches Klavierkonzert. Kam kurz vor dem Ersten Weltkrieg nach Berlin und studierte dort am Stern'schen Konservatorium. Um sich sein Studium zu verdienen, spielte er in einem Trio »Salonmusik« im »Café Schön« Unter den Linden. 1920 zogen → *Werner R. Heymann* und → *Friedrich Hollaender* ihn als dritten Klavierspieler für das → *Schall und Rauch* (II) heran. Max Reinhardt gab ihm die erste Chance als Bühnenkomponist. Mit der Musik zu dem Stück »Victoria« von W. Somerset Maugham (1925) hatte er seinen ersten großen Bühnenerfolg. 1921 ging Spoliansky als Komponist und Begleiter an die → *Wilde Bühne,* 1924 ans → *tütü.* 1926 war er musikalischer Leiter der → *Bonbonniere* (München). Den Durchbruch als Kabarettkomponist schaffte er in Zusammenarbeit mit → *Marcellus Schiffer* mit den Kabarettrevuen »Es liegt in der Luft« (1928), »Alles Schwindel« (1931) und dem kabarettistischen Operneinakter »Rufen Sie Herrn Plim!« (1932). Mit Felix Joachimson als Textautor verfaßte er die Revue »Wie werde ich reich und glücklich« (1930); für das Revuestück »Zwei Krawatten« von Georg Kaiser (1929) komponierte er die Musik. 1933 nach London emigriert, schrieb er die Musik für über 100 englische und amerikanische Filme, darunter »Heute nacht oder nie«. Bei den Berliner Festwochen 1977 begleitete er → *Margo Lion* am Flügel zu ihren gemeinsamen alten Chansons. Mit seinen Kabarettrevuen schuf Spoliansky Frühformen des modernen deutschsprachigen Musicals.

Spott
Im Gegensatz zur → *Ironie,* die ihre Objekte durch Verkehrung ins Gegenteil auf komische Weise zu entlarven trachtet, geht der Spott Erscheinungen und Verhaltensweisen direkt an, indem er sie geradeheraus als solche lächerlich macht, verhöhnt und als verachtenswert darstellt. Spott ist eine Form sozialer Kritik der Ohnmächtigen an den Mächtigen und damit seit jeher Selbstverständigung und

Mischa Spoliansky am Klavier (1930).

Selbstbehauptung Unterdrückter durch Herabsetzung der Unterdrückenden. (→ *Spaßmacher*)

Die Stachelbeere

Literarisch-politisches Kabarett in Wien, gegründet im Frühjahr 1933 von einer Gruppe des »Bundes junger Autoren Österreichs« unter Führung von → *Dr. Rudolf Spitz,* die die Gründung eines gemeinsamen Kabaretts nicht abwarten wollte (→ *Literatur am Naschmarkt*). Eröffnet im Sommer 1933 im Garten des »Café Döblingerhof«, Billrothstr. 49, Wien XIX. (Im Herbst und im Winter spielte man im Keller des Cafés.) Erstes Programm: »Frisch vom Baum« mit Texten von Spitz, Josef Pechacek, Hans Horwitz und Heinrich Krips. Musiker und Begleitung: Horwitz, Krips, Pechacek, Spitz, Grete Spohn und der Tänzerin Hilde Sykora.

Mit dem zweiten Programm kam → *Hans Weigel* als Autor hinzu, später als Darsteller: Gerti Sitte und Walter von Varndal u. a. Nach neun Programmen im Herbst 1934 Übersiedelung in den Theatersaal des »Café Colonnaden«, Rathausplatz 4, Wien I., wo am 23. 10. 1934 das zehnte Programm, »Kunterbunte Wunderschau«, anlief. Vom elften Programm an (»Panem et circenses«, 4. 12. 1934) half die von der anderen Gruppe des »Bundes junger Autoren Österreichs« inzwischen gegründete *Literatur am Naschmarkt* der *Stachelbeere* finanziell, personell und organisatorisch aus deren Tief und stellte ihr auch Hausautoren, Komponisten, Regisseure und Darsteller (Elisabeth Neumann, Traute

Witt, Otto Wegrostek u.a.) zur Verfügung. Regie führten nun Hermann Kner und Peter Ihle. Hatten die ersten neun Programme stark improvisatorischen Charakter getragen und ausnahmslos aus Kurzszenen bestanden, so brachte man im »Café Colonnaden« auch → *Mittelstücke* und Einakter (u.a. »Julius Cäsar« von Spitz und »Der Mann im Durchschnitt« von Weigel), ohne jedoch wie die *Literatur am Naschmarkt* zum Theaterkabarett zu werden. Politisch war die *Stachelbeere* aggressiver und scharfzüngiger als diese. Ihre Besonderheit: die Conférencierbegabung von Spitz, das parodistische Talent von Horwitz in Texten und in Musik, das politische Engagement von Pechacek, eines gelernten Buchdruckers, der seine Songs und Arbeiterlieder selbst vortrug, sowie das Vielfachtalent Gertie Sittels als Tänzerin, Darstellerin und Chansonniere.
Wegen Überforderung der Autoren, die nun für zwei Kabaretts schreiben mußten, stellte die *Stachelbeere* nach dem sechzehnten Programm (»Achtung, Achtung!«) am 19. 11. 1935 den Spielbetrieb ein.

»Es ist die besondere Kunst der Leute von der Stachelbeere, *ihre zeitkritischen Persiflagen und ironischen Randbemerkungen so hart an die Grenze des Gerade-noch-Möglichen zu treiben, daß niemand daran,* was *sie sagen und* wie *sie es sagen, ernstlich Anstoß nehmen könnte.«*
»Neues Wiener Tagblatt«, 10. 5. 1935.

Die Stachelschweine
Politisch-satirisches Kabarett in West-Berlin, hervorgegangen aus einer Gruppe junger Schauspieler von der »Tribüne« (Klaus Becker, Joachim Teege, → *Rolf Ulrich* und Alexander Welbat), die Ende Oktober 1949 in dem Jazzkeller »Badewanne« in der Nürnberger Straße dreimal wöchentlich kabarettistische Einlagen gaben. Texte: Rolf Ulrich und → *Dieter Thierry*. Erstes Programm: »Alles irrsinnig komisch« (3. 10. 1949) mit Horst Gabriel, Dorle Hintze, Ilse Markgraf, Günter Pfitzmann, Joachim Teege. Regie: Alexander Welbat, Musik: Klaus Bekker. Nach dem zweiten Programm (»Per speck tiefen«, 1. 1. 1950) mit Inge Wolffberg als neuem Mitglied zog die Gruppe am 20. 1. 1950 in den »Burgkeller« am Kurfürstendamm um. Der abendliche Eintritt kostete »pro Kopf een Knopf«, der den Gästen vom Jackett geschnitten wurde. Seit ihrem dritten Programm (»Alles neu macht der ...«, 31. 3. 1950) nannte sie sich auf Vorschlag von Thierry *Die Stachelschweine*. Im April 1950 stieß → *Jo Herbst* zum Ensemble.
Nach sechswöchigem Programmwechsel schafften sie mit ihrem sechsten Programm (»Es war so schön, privat zu sein«) am 29. 9. 1950 den Durchbruch in der Gunst von Publikum und Presse. Kurz danach brach das Ensemble auseinander: Während Klaus Becker, Jo Herbst, Joachim Teege und Inge Wolffberg bei Ulrich im »Burgkeller« blieben, zog Welbat (der bis dahin sämtliche Programme inszeniert hatte) unter demselben Namen mit dem restlichen Ensemble zurück in die »Badewanne«, mußte aber bald darauf aufgeben. Das Stammensemble im »Burgkeller« wurde ergänzt durch → *Wolfgang Gruner*, Horst Nowack und Manja Wodowoz. Mit ihnen startete Ulrich am 7. 4. 1951 das Programm »Brettl hoch!«. Wegen Baufälligkeit der Decke im »Burgkeller« zogen die *Stachelschweine* nun in ein ebenerdiges Lokal, die »Ewige Lampe«, Rankestr. 9, um und eröffneten dort mit ihren neunten Programm »Biennalitäten« (12. 6. 1951). Im Jahre 1951 stieß Achim Strietzel zum Ensemble, Günter Pfitzmann kehrte zu ihm zurück. 1952 inszenierte → *Wolfgang Neuss* die Programme »Festland Berlin« (September) und »Zwischen Nylon und Chemnitz« (Dezember) u.a. mit den Neulingen Ann Höling und Edith Hanke und machte aus »einem literarischen Sketsch-Kabarett ein aggressives Revue-Kabarett« (Ulrich). –

Szene aus dem Programm der Stachelschweine »... und vor 20 Jahren war alles vorbei ...« (1965), v.l.: Wolfgang Gruner, Beate Hasenau, Jochen Schröder, Inge Wolffberg, Günter Pfitzmann, Achim Strietzel.

Auf Neuss' Rat zogen die *Stachelschweine* in den größeren → *Nürnberger Trichter* um und brachten dort das Programm »Sind Sie schon bedient?« heraus. Nachdem der Besitzer mit den Einnahmen geflüchtet war, ging das Ensemble auf eine Tournee durch die BRD. Ulrich pachtete nun die »Ewige Lampe« und spielte vom 28. 8. 1953 an das Programm »Ach, du liebe Freiheit«. Fortan fand alle vier Monate eine Premiere statt. Wolfgang Gruner, der selber auch Texte schrieb, wurde mit seinem Solo, in dem er in jedem Programm als andere Berliner Type über die Zeitläufte räsonnierte, über den Rahmen des Kabaretts hinaus bekannt, zumal da die *Stachelschweine* seit Mitte der fünfziger Jahre auch im Fernsehen auftraten.
Von 1960 bis 1967 bestritten sie zusammen mit der → *Münchner Lach- und Schießgesellschaft* alljährlich die Auftaktsendung der Fernsehlotterie für Berliner Ferienkinder, »Ein Platz an der Sonne«. Am 17. 4. 1964 übersiedelten sie in ihr jetziges Domizil, das »Europa Center« an der Gedächtniskirche. Von ihren insgesamt bisher 45 Programmen sind besonders erwähnenswert: »Festland Berlin« (7. 9. 1952), »Zwischen Nylon und Chemnitz« (18. 12. 1952), »1001 Macht« (16. 12. 1955), »Die Wucht am Rhein« (19. 12. 1956), »Der Fette aus Dingsda« (9. 12. 1957), »Teil dir den Siegerkranz« (9. 12. 1959), »Schwarzweiß-tot«(1. 11. 1961), »Und vor 20 Jahren war alles vorbei« (9. 6. 1965). Seit Mai 1984 läuft das Programm »Krieg Heil!« mit Andrea Brix, Cornelia Meinhardt, Wolfgang Gruner, Axel Lutter, Uwe Paulsen, Joachim Röcker, Jochen Schröder, Rolf Ulrich und Silvester Berger. Texte: Ulrich, Gruner, Horst Dahlmeyer und Andreas Zimmermann. Bei den *Stachelschweinen* wirkten u.a. mit: Als Autoren → *Therese Angeloff*, Klaus Becker, Dieter Finnern, Curt Flatow,

→ *Wolfgang Franke,* → *Robert Gilbert,* → *Eckart Hachfeld,* Jo Herbst, → *Erich Kästner,* → *Kay Lorentz,* → *Volker Ludwig,* → *Martin Morlock,* → *Günter Neumann,* Wolfgang Neuss, Horst Pillau, E. A. Rauter, → *Joachim Roering,* → *Klaus Peter Schreiner,* Dieter Thierry; als Regisseure: Dietmar Behnke, Horst Braun, Wolfgang Gruner, Ilo von Janko, Egon Monk, Wolfgang Neuss, Werner Oehlschlager, → *Rudolf Schündler,* Wolfgang Spier, Rolf von Sydow, Joachim Teege, Rolf Ulrich, Alexander Welbat; als Darsteller: Klaus Becker, Ingrid van Bergen, Edith Elsholtz, Walter Gross, Wolfgang Gruner, Siegrid Hackenberg, Edith Hancke, Beate Hasenau, Jo Herbst, Ann Höling, Horst Niendorf, Günter Pfitzmann, Joachim Röcker, Jochen Schröder, Maria Sebaldt, Achim Strietzel, Joachim Teege, Rolf Ulrich, Wolfgang Völz, Ingeborg Wellmann, Sonja Wilken. 1957 erhielten sie den Kunstpreis der Stadt Berlin für Darstellende Kunst.
Die Stachelschweine, nächst dem → *Kom(m)ödchen* das älteste noch spielende deutsche Nachkriegskabarett, verdankten ihre Kabarettwirkung, anders als jenes literarische Künstlerbrettl im gesicherten Westen, dem Berliner Volkswitz ihrer Akteure in einer besonderen politischen Situation, wie dieser Volkswitz sie seit jeher als Reibungsfläche brauchte, um daraus seine Funken zu schlagen. Anders auch als die → *Insulaner* haben sie sich zu Anfang nicht einseitig im Ost-West-Konflikt festlegen lassen. Mit zunehmender Verkrustung der politischen Verhältnisse in West-Berlin nach dem Mauerbau zu Anfang der sechziger Jahre und ihrer eigenen, durch Fernsehbreitenwirkung noch verstärkten Institutionalisierung wurden ihre Programme politisch immer unverbindlicher und sanken künstlerisch wie literarisch mehr und mehr auf das Niveau eines derbkomischen Unterhaltungskabaretts mit üppiger Ausstattung und dünnem Witz ab. Regenerationsversuche wie beim *Kom(m)ödchen* oder der *Münchner Lach- und Schießgesellschaft* sind bei den *Stachelschweinen* bisher nicht zu beobachten.

»Die Stachelschweine mit ihrem neuen Programm beweisen in neuer Umgebung aktiv, daß, richtig genutzt, das Kabarett in eine aktuelle Funktion des Zeittheaters eintreten kann, die unsere Theater sonst nur selten richtig verwalten. Der Abend ist sehr spaßig. Aber er ist auch ganz ernst und besorgt und wahrhaft erwachsen in seiner Parteilichkeit zu Vernunft und Vernünftigkeit.«

Friedrich Luft im RIAS, Berlin über das Programm ». . . und vor 20 Jahren war alles vorbei« im Europa Center, 18. 7. 1965.

»Ihre Revue beginnt mit einer Collage aus Bruchstücken alter Märchen und ganz nach Art des Hauses als eine Kostüm- und Perückenshow, deren optische Opulenz den Mangel an Witz und Ziel nicht zu kaschieren vermag . . . Wie denn überhaupt in diesem Programm der Fäkal- und Herrenwitz . . . sich unziemlich breitmachen.«

Hellmut Kotschenreuther über das Programm »Kein Märchen aus uralten Zeiten« im »Mannheimer Morgen«, 23. 12. 1976.

Ernst Stankovski
* 16. 6. 1928 Wien
Schauspieler, Kabarettist, Kabarettautor, Regisseur
1945 Schauspielausbildung am Reinhardt-Seminar, Wien. Von 1946 bis 1950 am »Theater in der Josefstadt«, Wien, 1952 am »Residenztheater«, München, 1953 an den »Münchner Kammerspielen«. 1952 Kabarettdebüt an der → *Kleinen Freiheit* im Programm »Bier unter Palmen«. Nach Theaterengagements in Düsseldorf, West-Berlin und Frankfurt (Main) und Mitwirkung in zahlreichen Fernsehspielen 1961 erste eigene Fernsehunterhaltungsshow: »Spaß mit Ernst«.
1964 erster Soloabend mit eigenen Liedern im *Alten Simpl* (→ *Simplicissimus,* München). 1974 Soloprogramm »Wie wirst du aussehen, wenn du tot bist?« bei den → *Wühlmäusen,* anschließend Gastspiele im → *unterhaus* und im → *(Kleinen) Renitenztheater.* 1977 Soloprogramm »Der Antiprophet«, 1980 Solopro-

gramm »Geh zu den Gauklern« (beide im *unterhaus*), 1982 »Das große Testament des François Villon« in eigener Nachdichtung (Stadttheater Moers, 1983 »Kammerspiele«, Düsseldorf), die gleichzeitig in Buchform erscheint. Daneben und dazwischen Auftritte in Theaterstücken, Musicals und Fernsehinszenierungen. In seinen Chansons und Soloprogrammen verbindet Stankovski Wiener Charme mit zeitkritischer Unbestechlichkeit und formaler Geschliffenheit. Er erhielt 1975 den → *Deutschen Kleinkunstpreis.*

Otto Stark
* 2. 4. 1922 Wien
Kabarettist, Kabarettleiter, Schauspieler, Regisseur
War 1942 Darsteller im »Laterndl«, London (→ *Exilkabarett*). Legte, aus der Emigration nach Wien zurückgekehrt, die Schauspielprüfung ab. Ging 1949 in die DDR. Gründete nach Engagements in Ost-Berlin und Dresden dort 1955 die → *Herkuleskeule* und wechselte 1960 zur → *Distel,* deren Direktor er seit 1968 ist. Inszenierte viele *Distel*-Programme und wirkte auch als Darsteller in ihnen mit. Arbeitet auch in Film (u.a. »Geschwader Fledermaus«) und Fernsehen (u.a. »Der Mann aus Kanada«, »Die Spur führt in den ›Siebenten Himmel‹ «).

Jochen Steffen
* 19. 9. 1922 Kiel
Politiker, Kabarettist, Kabarettautor
Von 1941 bis 1945 Soldat. Studierte nach dem Kriege Philosophie, Psychologie und Soziologie, wurde wissenschaftlicher Assistent von Prof. Michael Freund an der Universität Kiel. Danach Journalist in Flensburg, Leitartikler des SPD-Blattes »Kieler Volkszeitung«. Von 1965 bis 1975 Landesvorsitzender der SPD Schleswig-Holstein, von 1966 bis 1973 Fraktionsvorsitzender der SPD-Opposition im Landtag, von 1968 bis 1977 Mitglied des Bundesvorstands der SPD, von 1973 bis 1977 der SPD-Grundwerte-Kommission.
Seit 1977 freier Publizist und Kabarettist. Erster Auftritt im → *unterhaus,* Mainz, 1977. Steffen veröffentlichte seine kabarettistischen Texte unter dem Titel »Kuddl Schööfs achtersinnige Gedankens und Meinungens« (1972 und 1975). Erhielt 1978 den → *Deutschen Kleinkunstpreis.*

R. A. (= Robert Adolf) Stemmle
* 10. 6. 1903 Magdeburg; † 24. 2. 1974 Baden-Baden
Kabarettist, Conférencier, Regisseur, Drehbuchautor
Ursprünglich Volksschullehrer, studierte er seit 1927 an der Universität Berlin Literatur- und Theatergeschichte. 1929 Mitinitiator der → *Katakombe* und dort von Anfang an Conférencier. Von 1936 bis 1942 Chefdramaturg der Filmfirma »Tobis Cinema«. Schrieb Drehbücher zu Filmen wie »Traumulus« (1936), »Der Mann, der Sherlock Holmes war« (1937), »Quax, der Bruchpilot« (1941), »Affäre Blum« (1949). Für die Inszenierung des kabarettistischen Films »Berliner Ballade« (1948) erhielt er 1949 den Preis der Biennale in Venedig. Für das Fernsehen bearbeitete und inszenierte er berühmte Fälle von Justizirrtümern. Nach einem Buch von Klaus Budzinski inszenierte er 1962 die Lebensgeschichte → *Werner Fincks* unter dem Titel »Witz als Schicksal – Schicksal als Witz« im BR.

Hannes Stütz
*4. 4. 1936 Schwäbisch Gmünd
Kabarettist, Kabarettautor, Liedermacher
Studierte von 1955 bis 1960 Germanistik und Geschichte in Tübingen und München. Gründete 1960 zusammen mit Ekkehard Kühn und Hans Kolo die → *Knallfrösche,* bei denen er als Autor und Darsteller auch mitwirkte. 1961/62 war er Autor und Darsteller bei der → *Zwiebel,* ging dann 1962 mit den *Knallfröschen* auf Tournee und kehrte im Herbst 1962 für das Programm »Sing-Sing mit mir« zur *Zwiebel* zurück. Schrieb seit 1963 auch für das → *(Kleine) Renitenztheater,* von 1965 bis 1968 für das *(Münchner) Rationaltheater* und recherchierte für dieses 1968 die Beteiligung des damaligen Bundespräsidenten Lübke am Bau von Konzentrationslagern.
Seit 1960/61 schrieb Stütz Lieder für die Ostermarschbewegung (»Unser Marsch ist eine gute Sache« u. a.). Gestaltete seit 1966 zusammen mit → *Therese Angeloff* den »Jugendmonat der IG Metall«, für den er auch schrieb und spielte. Außerdem spielte er Theater (von 1962 bis 1965 am »Münchner Volkstheater«) sowie unpolitische Fernsehrollen und drehte 1964 und 1965 zwei Kurzfilme in eigener Regie nach eigenen Drehbüchern. – 1965 gründete er zusammen mit Manfred Vosz die Kulturzeitschrift »Kürbiskern«, deren Mitherausgeber er bis heute geblieben ist. Wirkte an vielen linken Veranstaltungen gegen Vietnamkrieg, Notstandsgesetze, Wiedererwachen des Nazismus u. a. mit. Stütz ist Referent für Bildungs- und Kulturpolitik beim Parteivorstand der DKP.

Dieter Süverkrüp
* 30. 5. 1934 Düsseldorf
Politischer Liedermacher
Von 1951 bis 1954 Ausbildung als Graphiker, Studium an der Werkkunstschule. 1948 Gitarrenunterricht, danach Autodidakt. Von 1955 bis 1973 angestellter Werbegraphiker. Spielte 1956 als Gitarrist bei den »Feetwarmers«, wurde beim Deutschen Amateur-Festival 1957 zum »besten Jazzgitarristen« erklärt. Begegnete 1958 dem Dichter und Übersetzer → *Gerd Semmer,* dessen Chansons und Übersetzungen von Liedern der Französischen Revolution er vertonte. 1959 erste Schallplatte: »Ça ira«.
Schreibt seit 1960 eigene politische Lieder, von denen viele zum Repertoire der Ostermarschbewegung gehören (»Das Lied von der Schnulze«, »Kleine Anfragen« u. a.). 1962 Mitgründer des »pläne«-Verlags, brachte er bis 1967 4 LPs heraus. 1967: »Quartett '67« mit → *Franz Josef Degenhardt,* → *Hanns Dieter Hüsch* und → *Wolfgang Neuss.* Von 1968 bis 1971 Fernsehserie »Süverkrüps Laube« (WDR III). 1971/72 gemeinsame Tournee mit H. D. Hüsch. Seit 1973 freier Graphiker und Illustrator. Verfaßte 1975 für die ARD-Jugendsendung »Elfeinhalb« den Song »Die Wegwerfgesellschaft«. 1977 Heinrich-Heine-Preis der DDR. Drehte 1979 einen Fernsehfilm über die Revolution von 1848. 1980 LP »So weit alles klar«. Graphikmappe »Typen«. Mitwirkung an zahlreichen Hörfunk- und Fernsehsendungen. Konzerttourneen durch Deutschland, Belgien und die Schweiz.
Süverkrüp ist wohl der »kabarettistischste« unter den politischen Liedermachern. Von Anfang an aktiv dem Kommunismus Moskauer Prägung anhängend, verfolgt er mit seinen Liedern offen agitatorische Zwecke, freilich mit Witz und intellektualistischer Lust an Wortspiel und Zitatmontagen. Sein wohl bekanntestes Lied, »Die erschröckliche Moritat vom Kryptokommunisten«, trifft scharf den hysterischen Antikommunismus, wenngleich seine Lieder zur Verteidigung

des in seinen Augen »real existierenden Sozialismus« bei aller furiosen Wortvirtuosität einer realen Analyse selten standhalten. Ein großer Wurf gelang ihm 1968 mit seinem (zusammen mit dem → *Floh de Cologne* auf LP aufgenommenen) Oratorium »Vietnam«. Für Kinder fand er neue Töne, z. B. in seinem Song vom »Baggerführer Willibald«.

»Ein ... Text sollte so rationalistisch sein wie möglich. Er soll auch Emotionen wecken, aber gleichzeitig dazu auffordern, diese Emotionen auf ihre historische Wahrhaftigkeit zu überprüfen; die Sinnlichkeit sollte sich mit der Vernunft verbünden. Antirationale Suggestivität halte ich für das Gegenteil von alledem ...
Von Botschaften halte ich nicht viel, sehr viel von kritischer Wissenschaft. Man sollte die Leute anstiften, sich zunächst damit *zu beschäftigen, um alsdann – na, sagen wir: bei der Veränderung der Gesellschaft mitzuhelfen.«*

Dieter Süverkrüp in einem Interview in »Das Song-Buch« von Rolf-Ulrich Kaiser, Ahrensburg 1967.

Der Tatzelwurm
Literarisches Kabarett in Berlin, gegründet von → *Tatjana Sais* und Bruno Fritz, eröffnet am 3. 9. 1935 in den ehemaligen Räumen der → *Katakombe,* Lutherstr. 22, unter der künstlerischen Leitung der Genannten. Texte: → *Günter Neumann,* Aldo von Pinelli, Herbert Witt. Komponisten: Günter Neumann und Edmund Nick. Darsteller: Christl Ebeling, Franz Fiedler, Bruno Fritz, Heinz Heimsoth (Conférencen), → *Ursula Herking,* Tatjana Sais, Ivo Veit, Isa Vermehren. *Der Tatzelwurm* ging bereits nach einem Programm im Gründungsjahre ein.

Théâtre Fauteuil
Kellertheater in Basel, Spalenberg 12, gegründet 1957 von Roland Rasser, dem Sohn von → *Alfred Rasser* und seinerzeit Leiter des → *Gigampfi,* eröffnet am 27. 11. 1957 mit dem *Gigampfi*-Programm »Pscht - wytersage«. Hauptautoren: Bernhard Baumgartner, Walter Probst, Sabine Rasser, Hanspi Rittmann. Regisseur: Rolf Lansky. Komponist und Begleiter: Arth Paul.
Bis 1963 brachte das *Théâtre Fauteuil* jährlich ein bis zwei *Gigampfi*-Programme. Seitdem dient es hauptsächlich als Bühne für Kleinkunstgastspiele mit ab und zu eingeschobenen Eigenproduktionen wie dem Soloprogramm »Wisse Sie's Neyscht?« von Alfred Rasser (1958), der »Basler Revue« (1974/75), der »Fauteuil-Operette Offenbach am Spalebärg« (1976), der »Neuen Basler Revue« (1976/77), den Fasnachtsprogrammen »Fauteuil-Pfyfferli« (seit 1976), »Kai Zyt - Staizyt« (1982), »Dr Komet kunnt« (1983/84). Im *Théâtre Fauteuil* haben seit 1964 (und seit 1971 in dem im ersten Stock untergebrachten kleineren »Tabourettli«) fast alle namhaften Kabaretts und Kabarettisten aus vielen europäischen Ländern gastiert, auch von Anfang an und immer wieder → *Hanns Dieter Hüsch.*

Dieter Thierry
(eigentlich: Dieter Koch)
* 1. 6. 1921 Berlin
Kabarettist, Kabarettautor, Conférencier
1947 Besuch der Schauspielschule in Berlin. Schrieb 1947/48 satirische Texte für die Zeitschrift und das Kabarett → *Ulenspiegel,* Berlin, 1949 für die *Wendeltreppe,* und das → *rendezvous,* Hamburg, sowie 1949/50 für die → *Bonbonniere* (Hamburg), in der er auch auftrat.
Ging 1950 zusammen mit deren Ensemble und → *Wolfgang Neuss* als »Die Haferstengels« nach West-Berlin. Beteiligte sich an der Gründung der → *Stachelschweine,* die ihm auch ihren Namen verdanken. Schrieb 1951 für den → *Nürn-*

berger Trichter und 1953/54 für den *Rauchfang* und trat in beiden auch auf. Schrieb Texte für die *Stachelschweine* (bis 1965), *Die Bedienten* (1961–1963), das → *Reichskabarett* (seit 1966) sowie für die Soloprogramme von Wolfgang Neuss: »Neuss Testament« (1965) und »Asyl im Domizil« (1967). Außerdem lieferte er Beiträge zu der kabarettistischen HR-Hörfunkserie »Bis zur letzten Frequenz« (→ *Medienkabarett*) und zur »Rückblende« (RIAS).

Tingeltangel
Nach 1870 in Berlin aufgekommene, lautmalerische Bezeichnung einer Singspielhalle minderen Ranges. Möglicherweise eine Verballhornung des französischen → *Café chantant* oder der Schlagfolge von Schellenbaum (»ting«) und Becken (»tang«).
Allgemeine Bezeichnung für ein Varieté mit kleinbürgerlichem oder proletarischem Publikum, wo den Coupletsängerinnen für ihre zweideutigen Gesangsvorträge Bier spendiert wurde. Anschaulich rekonstruiert in dem Film »Der blaue Engel« von 1930. Davon abgeleitet: tingeln = in einem Varieté – später auch in einem Kabarett – auftreten. Im weiteren Sinne: Mit einem solchen Unternehmen auf Tournee gehen.

Tingeltangel Theater (TTT)
Literarisch-politisches Kabarett in Berlin, eröffnet von → *Friedrich Hollaender* am 7. 1. 1931 im Keller des »Theaters des Westens«, Kantstr. 12. In diesem seinem ersten eigenen Kabarett führte Hollaender als Autor, Komponist, Regisseur und Begleiter seine letzten Kabarettrevuen vor seiner Emigration auf. Nach dem ersten, einem reinen Nummernprogramm folgten die Revuen »Spuk in der Villa Stern« (September 1931), »Allez-hopp!« (Dezember 1931), »Es war einmal« (September 1932) und »Höchste Eisenbahn« (Dezember 1932). Im ersten Programm wirkten u. a. mit: → *Kurt Gerron,* → *Annemarie Hase,* Genia Nikolajewa, Hans Hermann Schaufuß sowie Hedi und Trudi Schoop; in »Allez-hopp!«: A. Hase, → *Erik Ode,* Alexa von Porembski, Hans Hermann Schaufuß, Hedi Schoop, Ellen Schwanneke u. a.; in »Höchste Eisenbahn«: → *Blandine Ebinger,* → *Kate Kühl,* Hubert von Meyerinck u. a.
Nach Hollaenders Flucht führte seine Frau Blandine Ebinger das Unternehmen eine Zeitlang weiter. Mitte Februar 1935 eröffnete → *Trude Kolman* das *Tingeltangel Theater* mit dem Programm »Ein bißchen glücklich sein« neu (Texte: Günter Neumann und Herbert Witt, Musiken: Neumann) und brachte Mitte April 1935 die Revue »Liebe, Lenz und Tingeltangel« heraus. Regie führte sie selbst (offiziell Günter Lüders), die Texte steuerten bei: G. Neumann, Aldo von Pinelli und H. Witt. Musiken: G. Neumann und Otto Berco, der auch begleitete. Darsteller: Eckehard Arendt, Walter Gross, Herti Kirchner, Elisabeth Lennartz, Walter Lieck und Günter Lüders. Dieses Programm wurde von den Nazis verboten und das *TTT* am 10. 5. 1935 geschlossen, gleichzeitig mit der → *Katakombe.* Neumann wurde von der Gestapo verhört, Gross, Lieck und Lüders am 23. 5. 1935 für sechs Wochen in das KZ Esterwegen überführt. Bei einem nachfolgenden Prozeß wurden alle Beteiligten freigesprochen.
»Hier ist Leichtigkeit, hier ist Musik, hier ist Witz: nicht nur guter Witz, sondern Witz mit einer Herkunft und mit einem Ziel; er kommt aus unserer Trauer und geht gegen unseren Feind und weiß, daß wir keinen Sauerkrautmagen haben . . . Wir können hier lachen aus jenem schwermütigen Wissen um unsere Kreatürlichkeit, aus jener Todesnähe, die uns Minorität von den Barbaren, welche uns knechten, auf ewig trennt.«

Ludwig Marcuse über »Allez-hopp!« im »Tagebuch«, Januar 1932.

Travestie
(lateinisch-italienisch-französisch-englisch soviel wie »Umkleidung«)
Literarische Gattung, die einen bekannten Stoff in ironischer oder satirischer Absicht derart behandelt, daß der Inhalt beibehalten, die Form aber ins Komische hin verändert wird. Umgekehrt verfährt die → *Parodie.* Travestie wie Parodie sind seit Anbeginn beliebte dramaturgische Mittel des Kabaretts.

Robert Trösch
* 25. 11. 1911 Zürich
Schauspieler, Kabarettist, Regisseur
Kam über ein Marionettentheater in Zürich zu einer Wanderbühne. 1931 Kontakt mit der → *Agitprop-Gruppe* »Truppe 31« von Gustav von Wangenheim, mit der er nach Berlin ging. Trat 1932 der KPD bei. Kehrte 1933 nach Zürich zurück. 1933/34 spielte er bei der → *Pfeffermühle.* 1934 mit der kommunistischen deutschen Theatertruppe »Kolonne links« (→ *Exilkabarett*) auf Tournee durch die Sowjetunion, wo er auch in dem Film »Kämpfer« (Regie: v. Wangenheim) mitwirkte. 1935 im Ensemble des → *Cabaret Cornichon.* Von 1936 bis 1938 freier Schauspieler am Zürcher Schauspielhaus und am »Corso-Theater«, Zürich.
Er drehte Filme und half bei der Gründung von Arbeitertheatern. Von 1938 bis 1942 am Stadttheater Bern, von 1942 bis 1944 Oberspielleiter am Stadttheater Basel. Von 1944 bis 1946 im Ensemble des Zürcher Schauspielhauses. Trösch spielte 1946/47 am »Deutschen Theater«, Berlin, von 1948 bis 1950 am → *Frischen Wind* und der *Kleinen Bühne,* deren Mitgründer er 1949 war und die 1953 in der → *Distel* aufging. 1950 Leiter der »Neuen Bühne« im Haus der Kultur der Sowjetunion. Von 1953 an mehrfach Gast der *Distel* als Darsteller und Regisseur (»Hurra – Humor ist eingeplant«, »Bette sich, wer kann«, »Spielstraße«). Danach umfangreiche Vortragstätigkeit mit Versen, Songs und Prosa linker Dichter und Schriftsteller (vor allem Majakowski). Seit 1952 freischaffend als Regisseur, Schauspieler und Sprecher an Theatern, Kabaretts und beim DDR-Fernsehen.

Fridolin Tschudi
* 11. 6. 1912 Zürich; † 5. 1. 1966 Klosters (Graubünden)
Schriftsteller, Journalist, Kabarettautor
Studierte Rechtswissenschaften, machte sich mit zeitkritischen Versen, die fünfzehn Jahre lang regelmäßig in der »Weltwoche« erschienen, einen Namen als liebenswürdiger Satiriker. Schrieb Texte für verschiedene Schweizer Kabaretts (*Resslirytti,* Basel, *Nebelhorn,* Zürich, → *Cabaret Federal,* Zürich) sowie deutsche Kabaretts (→ *Kom[m]ödchen,* → *Zwiebel*), ferner für die Kabarettduos → *Voli Geiler/Walter Morath* und → *César Keiser/Margrit Läubli.* Autor der Hörfunkserie »Fridolitäten«. Bearbeitete mit Paul Burkhard die französische Komödie »Die Pariserin« von Henri Becque, die 1958 Leonhard Steckel im »Theater am Kurfürstendamm«, West-Berlin, mit Boy Gobert und den Kabarettisten Bruno Fritz, Carla Hagen und Loni Heuser inszenierte.

Kurt Tucholsky
* 9. 1. 1890 Berlin; † 21. 12. 1935 (Selbstmord) Hindås (Schweden)
Publizist, Schriftsteller, Chansonautor
Studierte Jura in Berlin und Genf (von 1909 bis 1912, 1915 Dr. jur.). Wurde bekannt durch seinen Roman »Rheinsberg« (1912). War von 1913 bis 1933 – mit Unterbrechung von 1915 bis 1918 wegen Kriegsdienstes – Mitarbeiter der Zeit-

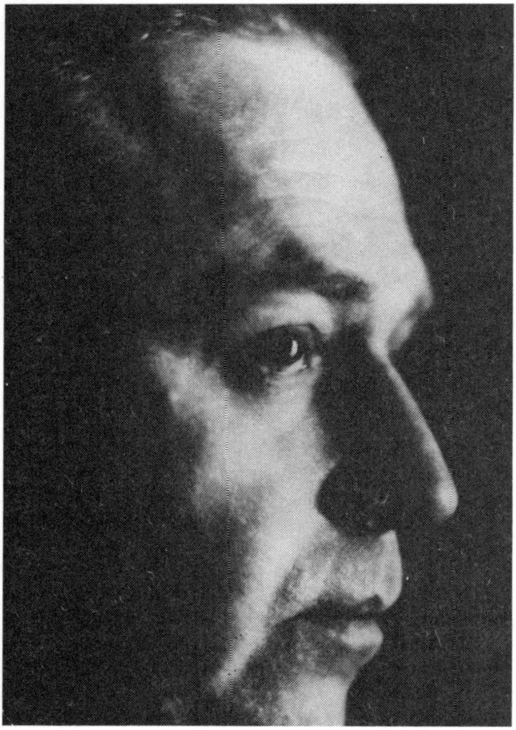

Kurt Tucholsky

schrift »Die Schaubühne« (1918 umbenannt in »Die Weltbühne«), deren Herausgeber er 1926 kurzzeitig war. Von 1918 bis 1920 Chefredakteur des »Ulk«, der satirischen Beilage des »Berliner Tageblatts«. 1923 Volontär im Bankhaus von Bett, Simon & Co. Ging im April 1924 als Korrespondent der »Weltbühne« und der »Vossischen Zeitung« nach Paris, von wo er fortan nur noch besuchsweise nach Deutschland kam. 1929 übersiedelte er nach Schweden und wohnte bis zu seinem Tode in Hindås bei Göteborg.
1933 wurden seine Bücher verboten und am 10. 5. 1933 öffentlich verbrannt, er selbst am 23. 8. 1933 von den Nazis »ausgebürgert«.
Kurt Tucholsky – von 1920 bis 1922 Mitglied der USPD, dann der SPD – war ein linksbürgerlicher Intellektueller mit zeitweiligen Sympathien für die äußerste Linke, bis er sich um 1930 entschieden gegen den Kommunismus Stalinscher Prägung wandte. Er verteidigte die Weimarer Republik, indem er in Essays, satirischen Zeitungsartikeln und Gedichten sowie in politischen Chansons, die er unter dem Pseudonym »Theobald Tiger« schrieb, radikal die Verfassungswirklichkeit angriff und namentlich Nationalismus, Militarismus, Spießertum, die Demokratiefeindlichkeit des Berufsbeamtentums, die Blindheit der Justiz nach rechts sowie die Halbherzigkeit der liberalen Presse und den Opportunismus der Sozialdemokratie angesichts des heraufziehenden Nationalsozialismus geißelte (gesammelt in »Mit 5 PS«, 1928; »Das Lächeln der Mona Lisa«, 1929;

»Deutschland, Deutschland über alles«, 1929; »Lerne lachen, ohne zu weinen«, 1931, u.a.).
Daneben schrieb er heitere Erzählwerke (»Rheinsberg. Ein Bilderbuch für Verliebte«, 1912; »Schloß Gripsholm«, 1931) und eine Fülle von Chansons für das literarisch-politische Kabarett der zwanziger Jahre in Berlin (→ *Schall und Rauch* [II], → *Wilde Bühne,* → *Cabaret Größenwahn,* → *Nelson-Theater,* → *Die Rampe,* → *Die Gondel,* → *Die Katakombe* u.a.), die nach dem Zweiten Weltkrieg zum Grundstock des zeitkritischen Kabaretts wurden. Zu seinen bekanntesten Kabarettchansons gehören: »Anna-Luise«, »Danach«, »Feldfrüchte«, »Der Graben«, »Ideal und Wirklichkeit«, »Das Leibregiment«, »Das Lied vom Kompromiß«, »Mutterns Hände«, »Rote Melodie«, »Sommerlied« u.v.a.m. Die meisten wurden komponiert von Olaf Bienert, Bernhard Eichhorn, → *Hanns Eisler,* → *Werner Richard Heymann,* → *Friedrich Hollaender* und → *Rudolf Nelson.* Tucholsky beste Chansoninterpreten waren bzw. sind: → *Ernst Busch,* → *Käte Erlholz,* → *Paul Graetz,* Martin Held, → *Trude Hesterberg,* → *Gussy Holl,* → *Kate Kühl,* Günter Pfitzmann, → *Rosa Valetti,* → *Helen Vita,* → *Hanne Wieder.*
Tucholskys Chansons bildeten anfangs der zwanziger Jahre, auch wenn sie nicht direkt »politisch« waren, in den Nelson-Revuen meist das einzige politische Element. Seine kämpferischen Prosastücke und Chansons (»An eine Arbeiterfrau«, »Bürgerliche Wohltätigkeit«, »Der Graben«, »Rote Melodie«, »Sommerlied« u.a.) wurden – vor allem von Ernst Busch und → *Annemarie Hase* – auf Veranstaltungen der Arbeiterbewegung vorgetragen. Seiner mit Walter Hasenclever verfaßten satirischen Komödie »Christoph Columbus oder Die Entdekkung Amerikas« (1932) war kein Erfolg beschieden.
Tucholsky gilt nächst Heinrich Heine als bedeutendster deutscher Satiriker und neben → *Karl Kraus* als bedeutendster deutschsprachiger Satiriker des 20. Jahrhunderts. Seine »Gesammelten Werke« erschienen erstmals 1960/61 in Reinbek bei Hamburg. Sein literarischer Nachlaß und seine Korrespondenz liegen als »Kurt-Tucholsky-Archiv« im »Deutschen Literaturarchiv der Deutschen Schillergesellschaft e.V.« in Marbach.

Lit.: Raddatz, Fritz J.: *Kurt Tucholsky. Eine Bildbiographie.* München 1961. Schulz, Klaus-Peter: *Kurt Tucholsky in Selbstzeugnissen und Bilddokumenten dargestellt.* Hamburg 1959. Zwerenz, Gerhard: *Kurt Tucholsky – Biographie eines guten Deutschen.* München 1979.

»Entsetzlich ... dieser Mensch hatte alle Chancen, der Heine des XX. Jahrhunderts zu werden.«

Alexej Tolstoj zu Alexander Dymschitz 1936 auf die Nachricht von Tucholskys Selbstmord.

»Ein Erbe Glaßbrenners und des vormärzlichen Humors.«

George Grosz in »Ein kleines Ja und ein großes Nein« (1955).

»Kurt Tucholsky ist nach Gesinnung und Wirkung ein französischer Agent. Der Sinn seiner literarischen Arbeit ist: Deutschland von innen zu zerstören, um den Sieg Frankreichs für ewig zu sichern.«

Wilhelm Stapel in »Forschungen zur Judenfrage«, 1937.

»Und wenn einer mit Engelszungen predigte und hätte des Hasses nicht – er wäre kein Satiriker.«

Kurt Tucholsky in »Politische Satire«, »Weltbühne«, 9. 10. 1919

Tütü

Literarisches Kabarett in Berlin, eröffnet von → *Wilhelm Bendow* am 15. 2. 1924 in den Räumen der vormaligen → *Wilden Bühne.* Hier spielte Bendow seine von daher bekannten Monologe und Sketsche. Außer ihm traten auf: Käthe Haack, der Rezitator Erwin Eckersberg und die Chansonnieren → *Annemarie Hase,* → *Margo Lion* und Else Ward. Kompositionen und am Flügel: → *Mischa Spoliansky.* Das *Tütü* ging nach wenigen Monaten ein.

Tristan Tzara
* 16. 4. 1896 Moinesti (Rumänien); † 25. 12. 1963 Paris
Schriftsteller und Dichter
Mitgründer der Dada-Bewegung und Mitwirkender am → *Cabaret Voltaire,* Zürich 1916/17, wo er zusammen mit → *Richard Huelsenbeck* und Marcel Janco in deutsch, englisch und französisch »Simultangedichte« sprach. Gab von 1917 bis 1920 die Zeitschrift »Dada« heraus. Beteiligte sich 1919 an der Gründung der »Dada-Bewegung« in Paris. Seit 1929 schloß er sich den Surrealisten an.

Überbrettl
Von → *Ernst von Wolzogen* erfundener Begriff für das, was ihm als deutsche Variante des literarisch-künstlerischen Cabarets Pariser Prägung vorschwebte. Das Wort leitete er von Nietzsches Begriffsprägung »Übermensch« ab. So wie Nietzsche (in »Also sprach Zarathustra«) 1883 verkündet hatte: »Der Mensch ist etwas, das überwunden werden soll«, proklamierte 1897 → *Otto Julius Bierbaum* in seinem Roman »Stilpe« die »Renaissance aller Künste und des ganzen Lebens vom Tingeltangel her« mit dem Ruf: »Wir werden den Übermenschen auf dem Brettl gebären!« Darunter verstand er die Anhebung der Darbietungen der Singspielhallen, Varietés und sonstigen rein unterhaltenden Vergnügungsetablissements – im Süddeutschen kurz → *Brettl* genannt – auf ein literarisch-künstlerisches Niveau unter Beibehaltung der Form. Diese Idee einer Überwindung des Brettls gab Wolzogen den Terminus »Überbrettl« ein. Um sich von der »Art des französischen Cabarets« abzusetzen, vermied Wolzogen die Eindeutschung des Begriffs, wie sie dann in den zwanziger Jahren → *Kurt Tucholsky* vornahm, und sprach lieber von »Kleinkunst«.
Die wichtigsten Überbrettl-Gründungen:
Das erste literarische Kabarett in Deutschland, das *Bunte Theater (Überbrettl),* eröffnete Wolzogen (nach einer mitternächtlichen Voraufführung am 17. 1. 1901 in einem Saal der Berliner Philharmonie) am 18. 1. 1901 offiziell im Haus der 650 Plätze fassenden »Secessionsbühne«, Alexanderstr. 40, nahe dem Alexanderplatz in Berlin. Nach seinem Vorsatz, »kleine Kunst in liebenswürdiger und feiner Form für verwöhnte Geschmäcker« zu bringen, bot er in seinem ersten Programm neben humoristischen Rezitationen (u.a. »Der Mistkäfer« von → *Hanns Heinz Ewers*) und erotischen Chansons (u.a. Wolzogens »Lied von den lieben, süßen Mädeln«) ein zeitkritisches Couplet von → *Ludwig Thoma* (»Zur Dichtkunst abkommandiert«), eine Literaturparodie (»Das Mittagmahl [Il pranzo]« von Christian Morgenstern auf Gabriele d'Annunzio), einen Einakter aus Arthur Schnitzlers »Anatol«-Zyklus, eine Pantomime (»Pierrots Tücke, Traum und Tod« von Rudolph Schanzer, Musik: Oscar Straus), ein Schattenspiel nach Detlev von Liliencrons Ballade »König Ragnar Lodbrog«, ein Chanson (das erste deutsche Kabarettchanson) von Wolzogen (»Madame Adèle«, Musik: James Rothstein) und als Clou des Abends Bierbaums Duett mit anschließendem Rundtanz »Der lustige Ehemann« (Musik: Oscar Straus). Es wirkten mit: Wolzogen als locker plaudernder Conférencier, die Schauspielerinnen und Sängerinnen Bozena Bradsky, Olga d'Estrée, Elsa Laura Seemann und Olga Wohlbrück; der Sänger Robert Koppel, der Schriftsteller Hanns Heinz Ewers, die Schauspieler Leopold Iwald und Franz Ressner und der Tänzer

Eröffnungsfeier des Überbrettls in der Köpenicker Straße in Berlin, in der Mitte Ernst von Wolzogen und seine Frau (um 1900).

Luigi Spontelli. Kompositionen: Victor Hollaender, James Rothstein, Oscar Straus (auch Begleitung) und Bogumil Zepler. Weitere Texte steuerten bei: Robert Eysler und Hugo Salus.
Beflügelt vom Erfolg des *Bunten Theaters (Überbrettl)* ließ Wolzogen, während er mit dem Ensemble auf eine Sommertournee durch Deutschland ging, von den Jugendstilarchitekten August Endell und Ernst Rossins von Rhyn in der Köpenicker Str. 67/68 ein eigenes Theater, diesmal mit 800 Plätzen, ausbauen, in dem das *Bunte Theater* (nunmehr ohne den Zusatz »Überbrettl«) vom 28. 11. 1901 an ein neues Programm spielte. Auf Anraten geschäftstüchtiger Unternehmer hatte Wolzogen das Theater in eine Aktiengesellschaft umgewandelt. Als deren Aufsichtsrat eine Anpassung an den breiten Publikumsgeschmack auf Kosten der literarischen und künstlerischen Qualität durchsetzen konnte, wurde Wolzogen zuerst »beurlaubt« und schied zu Beginn der Spielzeit 1902 ganz aus.
Unterdessen hatte in der »Secessionsbühne« nach Wolzogens Auszug ein Direktor Victor Bausenwein ein *Buntes Brettl* etabliert und dem Vortragskünstler Marcel Salzer die künstlerische Leitung übertragen. Wie Salzer wechselten vom *Bunten Theater* nach und nach Hanns Heinz Ewers, Bozena Bradsky, Robert Koppel, Oscar Straus und der Conférencier Dr. Arthur Pserhofer zum *Bunten Brettl*. Um die Kopie perfekt zu machen, engagierte Bausenwein einen dichtenden Baron in Gestalt des Lyrikers und Erzählers Detlev von Liliencron als »literarischen Oberleiter« und zum Vortrag seiner eigenen Gedichte und Balladen. Liliencron scheiterte ebenso wie sein Nachfolger Carl Freiherr von Levetzow; immerhin gab er die »Überbrettl«-Texte heraus. Nachdem auch im *Bunten Brettl* Schwank und Posse ein literarisch anspruchsvolleres Repertoire verdrängt

Bozena Bradsky und Robert Koppel während einer Probe ihres Rundtanzes »Der lustige Ehemann«. Am Flügel Oscar Straus.

hatten, übernahm mit Beginn der Spielzeit 1902 Pserhofer das Haus als »Lustiges Theater«.
Von den über 43 Unternehmungen im »Überbrettl«-Stil, die die neue Kleinkunstgattung allein in Berlin bereits in den Jahren 1901 und 1902 hervorbrachte, verdienen als reguläre Theater nur drei Bühnen Erwähnung: Das *Trianon-Theater,* eröffnet von Otto Julius Bierbaum am 29. 12. 1901, mit seiner Spezialität »Lebende Lieder« (also gespielte Chansons), das mit einer Unterbrechung von vierzehn Tagen bis Ende Februar 1902 spielte; das *Theater Charivari (Secessionsbrettl)* in der Alten Jacobstraße, das im Sommer und Herbst 1901 im »Theater des Westens« gastierte, und das *Original Münchner Überbrettl,* das am 1. 9. 1901 im »Belle-Alliance-Theater« zu spielen begann. Alle diese Unternehmungen haben das Jahr 1902 nicht überlebt. (→ *Berliner Kneipenbrettl*). Anstelle eindeutiger politischer Satire oder doch zumindest tiefgreifender Gesellschaftskritik – die, auch wenn sie unter der wilhelminischen Zensur möglich gewesen wären, dem monarchistisch gesinnten Reichsfreiherrn von Wolzogen und den meisten seiner Mitstreiter nicht lagen – brachte das Genre »Überbrettl« vornehmlich Chansons mit erotischer Pikanterie, Couplets mit zaghafter Kritik an Menschlich-Allzumenschlichem, Plaudereien mit Anspielungen auf Aktuelles, Parodien auf Drama und Literatur der Zeit, humoristische Rezitationen, Tanzeinlagen, Einakter, Schatten- und Puppenspiele. Ein-

zig Ludwig Thoma übte mit seinen Liedern (»Wiegenlied« u.a.) und Einaktern (u.a. »Die Protestversammlung«) unverhohlen Kritik an Feigheit, Opportunismus und Untertanengeist des Kaiserreichs, während → *Frank Wedekind* sich den »Überbrettl«-Gründungen nach der Jahrhundertwende von vornherein versagte (bis auf Gastspiele beim → *Jung-Wiener Theater zum Lieben Augustin* am 16. 11. 1901 und mit seinem »Rabbi Esra« in Wolzogens zweiter Gründung des *Bunten Theaters*).

»Wie Nietzsches Traum vom Übermenschen auf mein Schlagwort vom Überbrettl abgefärbt hatte, so auch die Nietzscheschen Lieblingsideen vom dionysischen Menschen, vom Tänzer, von der fröhlichen Wissenschaft, von der Bändigung der blonden Bestie durch eine Kultur der Anmut, der vornehmen Haltung.«

Ernst von Wolzogen: »Das Überbrettl« in »Ansichten und Aussichten«, Berlin 1908.

»Die grausame, unerbittliche Note des Sozialen, die Aristide Bruant neben manchem anderen in das Kabarett hineintrug, zeichnete die Bunte Bühne *nicht aus. Man sagt, daß diese Note von der Zensur nicht zugelassen werden würde, zumal, wenn sie wirklich geißeln wollte. Aber das ist ein Unsinn; es war noch immer die dankbarste Aufgabe aller agitatorischen Kunst, wenn sie eine Zensur umgehen und dadurch doppelt wirksam werden konnte. In Wirklichkeit fehlte uns eben die geißelnde Kraft des Wortes, und weil man sich schämt, das einzugestehen, bemäntelt man die Schwäche mit äußeren Entschuldigungen.«*

Johannes Gaulke in Das Überbrettl, *Aufsatz im »Magazin für Literatur«, Leipzig, 19. 1. 1901.*

Ulenspiegel

Literarisch-politisches Kabarett in West-Berlin, Nürnberger Str. 50/52, eröffnet von dem Konzertagenten Friedrich Pasche am 15. 6. 1946 mit einem Gastspiel der → *Hinterbliebenen.* Vom September 1946 an brachte Pasche eigene Kabarettprogramme heraus: »Bitte wählen!« (3. 9. 1946; Texte: → *Werner Finck,* → *Günter Neumann,* Werner Oehlschläger. Musik und am Klavier: Neumann und Oehlschläger. Darsteller: Werner Finck, → *Tatjana Sais,* Lili Towska, Ivo Veit, Ewald Wenck u.a. Es folgte der Chansonzyklus »Die Dame von heute« von Günter Neumann mit Tatjana Sais (September) und das Programm »Wir sind noch einmal sitzen geblieben« (Texte: → *Hellmuth Krüger,* Günter Neumann [auch Musik und Begleitung], → *Herbert Witt;* Darsteller: Hellmuth Krüger, Günter Neumann, Loni Heuser).

Danach brachte hier Neumann zwei große Kabarettrevuen heraus: »Alles Theater« (3. 2. 1947; Regie: → *Gustaf Gründgens;* Darsteller: Hans Deppe, → *Erik Ode,* W. Oehlschläger, Ethel Reschke, Tatjana Sais, Edith Schollwer, Ewald Wenck u.a.) und »Schwarzer Jahrmarkt« (15. 12. 1947; Regie: Carl Heinz Schroth; Darsteller: Hans Deppe, Ann Höling, Georgia Lind, Bruni Löbel, Hubert von Meyerinck, Hans Nielsen, Werner Oehlschläger, Tatjana Sais, Herbert Weißbach). Außerdem gastierten im *Ulenspiegel* die Kabarettgruppen *Die Dachluke* (August 1947), → *Die Amnestierten* (Oktober 1948) und *Die Kabarettiche* (November–Dezember 1948). 1951 übernahm Kurt Tuntsch die Räume für seinen → *Nürnberger Trichter.*

Rolf Ulrich

* 23. 6. 1921 Berlin

Kabarettist, Kabarettautor und -leiter

Besuchte von 1940 bis 1946 die Schauspielschule des »Deutschen Theaters«, Berlin. Regieassistenz bei → *Gustaf Gründgens,* Erich Engel, Hans Lietzau, Ernst Schröder u.a. Als Regieassistent an der »Tribüne« gründete er mit den dort spielenden Kollegen Klaus Becker, Joachim Teege und Alexander Welbat 1949 eine Kabarettgruppe, aus der wenig später die → *Stachelschweine* hervorgingen. Seitdem ist er ihr Leiter, Geschäftsführer und hauptsächlicher Autor, der etwa 80 Prozent der Texte beisteuert. 1949 schrieb Ulrich Textbeiträge zu → *Günter Neumanns* satirischer Zeitschrift »Der Insulaner«.

Die Unmöglichen
Literarisch-politisches Kabarett in Berlin, eröffnet am 13. 4. 1928 von Rolf Gero, seiner Schwester Dinah Nelken und dem Journalisten Paul Markus (Pem) im »Topp-Keller«, dem Vereinslokal eines »Ringvereins«, Schwerinstraße. Regie führte Axel Arheus. Darsteller: Mowgli Sussmann, Ernst Morgan, die Gründer und – später – Georgia Lind und → *Werner Finck,* der einzige Schauspieler des Ensembles. Nach ihrer behördlichen Exmittierung aus dem »Topp-Keller« übersiedelten sie in einen Theatersaal in der Lutherstr. 31, wo ihnen im November 1928 mit noch schärferen Programmen das → *Anti* folgte. – *Die Unmöglichen* waren scharf, witzig, unkonventionell, spielten ohne Gagen und gehörten (wie das *Anti* und das → *Larifari*) zu den Vorreitern der Brettlrenaissance, die 1929 in der Gründung der → *Katakombe* gipfelte.

unterhaus (Mainzer Forum-Theater)
Kleinkunst-Theater in Mainz, Münsterstr. 5. Bedeutendste kabarettistische Gastspielstätte der BRD. Inhaber und Geschäftsführer der »Mainzer Forum-Theater G.m.b.H.« sind Arthur Bergk, Renate Fritz-Schillo und Carl-Friedrich (»Ceeff«) Krüger. Entstanden ist das *unterhaus* aus der Fusion der beiden Mainzer Kabaretts *Die R(h)einre(e)der* und *Die Poli(t)zisten* im Oktober 1966 und ihrem Einzug in einen Keller am Gutenbergplatz 4, den sie *unterhaus* nannten. Hier spielten die unter dem Namen *Die Poli(t)zisten,* fusionierten mit dem »Kleinen Theater«, Gonsenheim, unter einem Dach Kabarett bzw. Theater. Eröffnungsprogramm der *Poli(t)zisten* im *unterhaus:* »Platonische Hiebe« (Oktober 1966).
Mitte September 1971 zog das *unterhaus* in sein heutiges Domizil und eröffnete es am 5. 9. 1971 mit dem Programm »Über die Kunst – ein Theater zu eröffnen« von und mit → *Hanns-Dieter Hüsch* und (als Gast) Manolo Lohnes. Es folgten Gastspiele von Solokabarettisten wie → *Georg Kreisler,* Robert T. Odeman und → *Helen Vita* und von Gruppen, → *Die Machtwächter,* Wiederaufführung → *arche nova.* Zwischendurch wurden moderne Stücke aufgeführt (von Edward Albee, Fernando Arrabal, Samuel Beckett und Joe Orton). Seitdem fungiert das *unterhaus* als Gastspielstätte für Chanson und Kabarett (meist musikalisches), auf der alles gastierte und gastiert, was im deutschsprachigen (und nicht nur in diesem) Kabarett Rang und Namen hat bzw. sich dort erspielt hat, von Rick Abao bis zu → *Siegfried Zimmerschied.* Ein neuerer, unter der bisherigen Spielstätte gelegener, größerer Raum wurde am 10. 9. 1978 als neues *unterhaus* mit einem gemischten Programm eröffnet, während die bisherige Spielstätte jetzt den Namen *unterhaus im unterhaus* führt; hier findet außer Gastspielen auch Kinder- und Jugendtheater statt. – Das erste größere Gastspiel im neuen *unterhaus* gaben vom 27. 9. bis 2. 10. 1978 → *Dieter Hildebrandt* und → *Werner Schneyder* mit ihrem Duoprogramm »Wie abgerissen«. –
Das *unterhaus* lebt von Zuschüssen des Landes Rheinland-Pfalz (60 000 DM pro Jahr) und der Stadt Mainz sowie von den Beiträgen eines seit 1982 bestehenden, 300 Förderer umfassenden »Fördervereins für das *unterhaus* e.V.«. Im Jahre 1972 stiftete das *unterhaus* den → *Deutschen Kleinkunstpreis,* den es jährlich auf-

grund der Entscheidung einer bunt zusammengesetzten Jury in den Sparten Kabarett, Chanson und Kleinkunst vergibt.

Reiner Uthoff
*19. 9. 1937
Kabarettist, Kabarettautor und -leiter
War nach Abitur und Wehrdienst Baggerführer, Journalist und freier Autor. Studierte Volkswirtschaft und Soziologie an den Universitäten Freiburg und München. Schrieb 1962 seine Diplomarbeit über »Das Kabarett als Mittel der öffentlichen Meinungsbildung«. Assistierte 1960/61 an der → *Münchner Lach- und Schießgesellschaft.* 1965 Mitgründer des Münchner → *Rationaltheaters,* das er seit der Trennung von seinem Mitgesellschafter → *Ekkehard Kühn* im November 1968 allein leitet.
Mit der Verwendung von Film-, Dia- und Tonbanddokumentationen führte Uthoff neue Elemente in das politisch-satirische Kabarett ein. Im Januar 1979 eröffnete er ein zweites Kabarettheater, das »Scala-Theater« am Wedekindplatz, für Gastspiele und Shows, gab es aber 1983 auf. Hier brachte er u.a. das Programm »Ein feste Burg ist unser Schrott«, ein Frauenkabarett, heraus (Januar 1981). Seit 1980 spielt er im Haupthaus seine Programme ohne festes Ensemble: »Wahlium 80« nur noch mit Erwin Nowak, »Uthoffs Tagesshow« seit 1982 allein.

Karl Valentin
(eigentlich: Valentin Ludwig Fey)
* 4. 6. 1882 München; † 9. 2. 1948 Planegg bei München
Kabarettist, Kabarettautor, Komiker
Machte von 1897 bis 1899 eine Schreinerlehre und arbeitete fünf Jahre lang als Sargschreiner. Ging 1907 mit einem selbstgebastelten Orchestrion erfolglos auf Gastspielreisen nach Norddeutschland. Debütierte als Volkssänger in München, wurde aufgrund seines Stegreifsolos »Aquarium« an die Singspielhalle im »Frankfurter Hof« engagiert, wo er seine nachmalige Partnerin Liesl Karlstadt (eigentl. Elisabeth Wellano, * 12. 12. 1892 München; † 27. 7. 1961 München) kennenlernte. Trat mit ihr zum erstenmal 1911 im → *Simplicissimus* (München) auf sowie bis 1922 in vielen anderen Münchner Brettl-Lokalen (»Serenissimus«, »Monachia«, »Germania« u.a.). Trat 1922 in einer Nachtvorstellung zum erstenmal – mit dem »Christbaumbrettl« und den »Raubrittern von München« – an den »Münchner Kammerspielen« auf.
Den großen Erfolg brachte ihm 1924 ein Engagement an das → *Kabarett der Komiker* ein, danach Gastspiele auch in Zürich und Wien. In Berlin gastierte er auch 1928, 1930, 1935 und 1938. 1934 eröffnete er im Keller des »Hotel Wagner« in München »Valentins einmaliges Jux-Panoptikum«, ging aber bankrott. Am Färbergraben 33 eröffnete er 1939 ein eigenes Lokal, die »Ritterspelunke«, wo er auch auftrat, ebenso wie bei → *Papa Benz.* Von den Nazis boykottiert, zog er sich 1942 in sein Häuschen in Planegg zurück, wo er wieder als Schreiner arbeitete und für die Bauern der Umgebung Nudelwalker herstellte und Messer und Scheren schliff. Vom 11. bis 15. 12. 1947 gastierte er mit Liesl Karlstadt im Münchner *Bunten Würfel* und danach bis 15. 1. 1948 im *Simplicissimus* (München). Am 9. 2. 1948 starb er an den Folgen einer Erkältung und an Unterernährung.
Karl Valentin hat mehr als 400 Texte – Einakter, Sketsche, Monologe, Gereimtes und Filme – hinterlassen. Seit 1910 gehörte er zu den ersten Filmproduzenten

Karl Valentin

und -darstellern Deutschlands (»Der neue Schreibtisch«, »Der Sonderling« u. a.). 1919 führte er seinen Sketsch »Auf dem Oktoberfest« mit → *Bertolt Brecht* als Klarinettenspieler, Liesl Karlstadt und anderen in München auf. Große Erfolge erzielte er mit den Einaktern »Die verhexten Notenständer«, »Das Brillantfeuerwerk«, »Das Christbaumbrettl«, »Im Senderaum«, »Das Photoatelier«, »Im Schallplattenladen«, »Der Theaterbesuch«, »Die Orchesterprobe«, »Der Firmling« u.v.a.m., von denen die meisten auch verfilmt wurden. Auch in Spielfilmen trat er auf (so in Ophüls' »Die verkaufte Braut«, 1932, und in »Kirschen in Nachbars Garten«, 1935).
Karl Valentin ist ein kabarettistischer Grenzfall, der über die ohnehin unscharfe Markierung des Gebiets hinausreicht in die Areale der Volkskomödie und des philosophischen Nonsens, ähnlich wie → *Erich Carow,* nur mit tieferen Wurzeln und mit höher siedelnder Skurrilität. Was Valentin eigentlich ausmachte, war weder das formal Kabarettistische noch das bodenständig Münchnerische; sie waren nur orts-, zeit- und stilbedingte Prämissen seiner kategoriensprengenden Singularität.

Lit.: Hausenstein, Wilhelm: *Die Masken des Komikers Karl Valentin.* München 1948. Pemsel, Klaus: *Karl Valentin im Umfeld der Münchner Volkssängerbühnen und Varietés.* München 1981. *Karl Valentins Gesammelte Werke.* München 1969.

»Dieser Mensch ist ein durchaus komplizierter, blutiger Witz. Er ist von einer ganz trockenen, innerlichen Komik, bei der man rauchen und trinken kann und unaufhörlich von einem inneren Gelächter geschüttelt wird, das nichts besonders Gutartiges hat. Denn es handelt sich um die Trägheit der Materie und die feinsten Genüsse, die durchaus zu holen sind. Hier wird gezeigt die Unzulänglichkeit der Dinge, einschließlich uns selber.«

Bertolt Brecht, Oktober 1922.

»Dieser Komiker hat die geschickte Ungeschicklichkeit des dummen August, eine Schulbubenlust an üblen Streiehen, ein kostbares Phlegma der Narretei. Und dem Schalk sitzt die Melan-

cholie im Nacken ... Er ist ein Phänomen und spottet der Analyse. Er ist ein Gespenst und doch ein Münchner.«

Alfred Polgar

»Alle lachen. Manche schreien. Woraus besteht er? Aus drei Dingen: aus Körperspaß. Aus geistigem Spaß. Und aus gewollter Geistlosigkeit. Der geistige Spaß. In der Antwort eine sozusagen bayerische Talmudik. Ein Wortzerklauben ... Der Humorist Pallenberg wird (nötigenfalls) zu einem Raimund. Der Komiker Valentin ist ein Nestroy.«

Alfred Kerr

»Es wird der Tag kommen, wo ein Dutzend dieser Zehnminutendramen, zu einem aparten Band vereinigt, im Bücherregal des orientierten Mannes stehen wird. Mit einer essayistischen Einleitung von ..., einem Nachwort von ... nebst Randnoten von ..., unter ausführlicher Beschreibung der deutschen Volkskomödie von Hans Sachs bis ... Der Historiker wird an Hanswurst und Staberl anknüpfen dürfen, aus deren Stoff diese Dialoge geformt sind. Doch wird man sagen müssen, daß Shakespeares Rüpel-Sonne über ihnen liegt. Es sind umgekehrte Schattenspiele; der Schatten agierte, aber sein Wort wurde körperlich. Und sie wären – auch wenn sie nichts als den Satz enthielten: ›Fräulein ... immer gradaus, dort, wo der Schmetterling fliegt ...‹ – Dichtkunst.«

Anton Kuh

Rosa Valetti
(eigentlich: Rosa Vallentin)
* 25. 1. 1876 Berlin; † 10. 12. 1937 Wien
Schauspielerin, Kabarettistin, Chansonniere
Nahm als Mädchen heimlich Schauspielunterricht und trat heimlich in Nachmittagsvorstellungen auf Vorstadtbühnen auf, wo sie, die aus reichem Hause stammte, zum erstenmal mit einem Proletarierpublikum konfrontiert wurde. Mit ihrem ersten Mann, einem Pianisten, ging sie nach Paris und lernte dort von »La Pétroleuse«, einer Freundin von → *Artistide Bruant,* wie man ein Chanson vorträgt. Nach kurzer Ehe ging sie nach Wien und trat dort am Theater auf. Kehrte 1896 nach Berlin zurück, spielte ab 1898 an verschiedenen Berliner Bühnen Charakterrollen.

Sie leitete während des Ersten Weltkriegs für den eingerückten Eugen Robert dessen »Residenz-Theater«. Führte auch Regie. Trat im Frühjahr 1920 in der → *Rakete* auf, deren Leitung sie im März 1922 für einige Monate übernahm. Gründete Ende 1920 das → *Cabaret Größenwahn* und Ende 1922, nachdem sie das *Größenwahn* verlassen hatte, die → *Rampe.* Im *Größenwahn* sang sie Chansons von Bruant, die sie sich von Ferdinand Hardekopf hatte übersetzen lassen, und von → *Walter Mehring* (»Berlin simultan«) und machte es zusammen mit ihrem Bruder, dem Schauspieler Hermann Vallentin, zu einem der bemerkenswertesten literarisch-politischen Kabaretts der Zeit. In der *Rampe* stellte sie die von ihr entdeckte → *Kate Kühl* heraus und sang 1924 hier das ihr von → *Kurt Tucholsky* geschriebene Chanson »Mal singen, Leute – !«. In der *Rakete* hatte sie 1922 Tucholskys »Rote Melodie« kreiert und im gleichen Jahr die Hauptrolle in Egon Erwin Kischs »Himmelfahrt der Galgentoni« gespielt. Danach trat sie an verschiedenen Berliner Bühnen auf. 1924 eröffnete sie mit Hermann Vallentin in der Bülowstraße die »Comedia Valetti«, in der sie mit ihm dramatische Einakter spielte, mußte sie aber im selben Jahre schließen.

In der Uraufführung von → *Bertolt Brechts* »Dreigroschenoper« am 31. 8. 1928 verkörperte sie die Mrs. Peachum. 1928 gründete sie noch einmal ein literarisch-politisches Kabarett, das → *Larifari,* wo sie auch auftrat und auch eigene Texte vortrug. Im Sommer 1930 wirkte sie in der Schiffer-Hollaender-Revue »Ich tanze um die Welt mit dir« im »Deutschen Künstlertheater« mit. 1933 ver-

Rosa Valetti

ließ sie Deutschland und ging nach Wien, wo sie bis zu ihrem Tode 1937 Theater spielte. In den zwanziger und ersten dreißiger Jahren spielte sie eine Reihe von Filmrollen (so in »M«, »Das Ekel«, »Zwei Herzen und ein Schlag« u.a.), von denen ihre Darstellung der Varietédirektorsgattin im »Blauen Engel« (1930) die bekannteste wurde.

Rosa Valetti war die ausdrucksstärkste und politisch kompromißloseste Chansoninterpretin des literarisch-politischen Kabaretts der zwanziger Jahre.

»Einst, wenn sie vor die Rampe trat,
Da sprang ein Kopf aus dem Plakat:
Rosa Valetti!
Brandroter Schopf – hohnscharfer Mund
Sang Kampf den Menschheitswürgern,
Und tat er seinen Willen kund,
Dann gruselt' es den Bürgern.

Das duldete kein Ungewiß,
Kein Zaudern und kein Packeln,
Die Fackel oder Finsternis!
Bekenntnis ohne fackeln!
Das durfte nur ein Nein – ein
Ja sein,
Doch kein Zugeständnis
Und kein Kompromiß
mit diesem Dasein!«

Walter Mehring (1937).

»Häßlich wie die schwarze Nacht und platzend von lichtstarker Persönlichkeit.«
Trude Hesterberg über Rosa Valetti in »Was ich noch sagen wollte«, Ost-Berlin 1971.

Charles Frédéric (C. F.) Vaucher
* 19. 1. 1902 Basel; † 28. 2. 1972 Herrliberg
Schauspieler, Schriftsteller, Kabarettautor
Der Sohn reicher Schweizer Eltern wuchs im Elsaß auf. Studierte in Genf Jura, besuchte daneben das Konservatorium und machte seine Prüfung an der Genfer Schauspielschule. 1927 ging er als Aufseher eines Gutes von Verwandten nach Algerien. Ging in den dreißiger Jahren mit einer französischen Wanderbühne auf Tournee und war zeitweise Regieassistent von Louis Jouvet in Paris. Schloß sich im Spanischen Bürgerkrieg den Internationalen Brigaden an und wirkte in einer republikanischen Schriftstellervereinigung mit.
1940 engagierte ihn → *Otto Weissert* als Autor und Regisseur an das → *Cabaret Cornichon*. 1943 gründete er mit → *Alfred Rasser* den → *Kaktus* und bearbeitete mit ihm den »Braven Soldaten Schweijk« zum »HD-Soldat Läppli«. Schrieb nach dem Ende des *Cornichon* für das → *Cabaret Federal* und von 1949 an hauptsächlich für das Duo → *Voli Geiler/Walter Morath*. Vaucher arbeitete dann an Zeitungen und Zeitschriften, beim Schweizer Radio und schließlich beim Fernsehen mit. Er war Gründer der Schweizer Hobbykochbewegung und erlangte als Radiokoch breitere Popularität.

Helen Vita
(eigentlich: Helène Reichel)
* 7. 8. 1928 Hohenschwangau
Schauspielerin, Kabarettistin, Chansonniere
Aufgewachsen in Genf als Tochter eines Musikerpaares, besuchte sie dort das Konservatorium. Ging nach Paris und nahm Schauspielunterricht bei Françoise Rosay. Spielte am »Théâtre du Vieux Colombier« mit der »Compagnie des Masques« in Paris in modernen Stücken. Spielte in der Uraufführung von → *Bertolt Brechts* »Herr Puntila und sein Knecht Matti« am Zürcher Schauspielhaus (5. 6. 1948). Auf Brechts Rat hin, zum Kabarett zu gehen, ging sie 1949 zum → *Cabaret Federal* und 1952 an die → *Kleine Freiheit,* München. Hier spielte und sang sie von 1952 bis 1955 in fünf Programmen. Danach trat sie in modernen Stücken und Boulevardkomödien auf (»Frau Warrens Gewerbe« u. a.).
Seit Mitte der sechziger Jahre gastiert sie mit Soloprogrammen – teils mit Songs und Chansons von → *Friedrich Hollaender,* → *Erich Kästner,* → *Kurt Tucholsky,* Bertolt Brecht und → *Kurt Weill,* teils mit altfranzösischen erotischen Chansons (»Galante und freche Chansons aus dem alten Frankreich«, übersetzt von Walter Brandin, erste LP 1963) oder auch mit aus beiden gemischten Programmen. 1967 zog die Staatsanwaltschaft Köln drei Schallplatten mit ihren altfranzösi-

Helen Vita in der »Kleinen Freiheit« in dem Chanson »Das Wirtschaftswunderkind« von Werner Wollenberger.

schen Chansons wegen »Gefährdung des Abendlandes« ein, während zu gleicher Zeit das Landgericht Hamburg das entsprechende Urteil eines Amtsgerichts aufhob. 1968 setzte die »Bundesprüfstelle für jugendgefährdende Schriften« die LP »Dolce Helen Vita« auf ihren Index. – Filme mit Helen Vita: »08/15« (1954), »Das Mädchen Rosemarie« (1958), »Ganovenehre« (1966) u.a. – Ihre hohe Musikalität und ihr delikater Vortrag, gemischt aus Ironie und Schnodderigkeit, sichert Helen Vita einen Platz unter den ganz wenigen → *Diseusen* der Gegenwart.

Voltaire → *Cabaret Voltaire*

Vorläufiges Frankfurter Fronttheater
Politisch-satirisches Kabarett in Frankfurt (Main), Germaniaplatz 31, gegründet von den ehemaligen Mitgliedern von → *Karl Napps Chaos Theater,* Dieter Thomas (käufmännische Leitung), Hendrike von Sydow und Mathias Beltz (beide künstlerische Leitung). Eröffnet im Dezember 1982 mit dem Programm »Freak und Frieden«. Zweites Programm (seit September 1983): »Chicago.« Mitwirkende: die Gründer. Das *Vorläufige Frankfurter Fronttheater* spielt vornehmlich in Schauspielhäusern (Bochum u.a.) und in Jugendzentren. Ferner in Hörfunk und Fernsehen.

Hannes Wader
* 23. 6. 1942 bei Bielefeld
Politischer Liedermacher
Nach Volksschulabschluß 1956 Lehre und Tätigkeit als Dekorateur. 1962 wegen »Unfähigkeit, Streitsucht und Musizierens während der Arbeitszeit« entlassen. Spielte dann in Jazzensembles Klarinette und Saxophon. Autodidakt auf der Gitarre. Studierte 1963 Graphik an der Werkkunstschule Bielefeld und von 1964 bis 1968 an der »Akademie für Grafik, Druck und Werbung«, West-Berlin. Machte unter dem Einfluß von George Brassens in dieser Zeit erste eigene Lieder.
Nach Auftritten in Berliner Kneipen und nachts im → *Reichskabarett* begegnete er 1967 beim »Festival Chansons Folklore International« auf Burg Waldeck zum erstenmal → *Franz Josef Degenhardt,* → *Hanns Dieter Hüsch* und → *Dieter Süverkrüp.* 1968 erste LP (»Hannes Wader singt eigene Lieder«). Teilnahme an Anti-Springer-Demonstrationen. Danach erste Auftritte in Konzertsälen und auf Tourneen. Im Zusammenhang mit der Fahndung nach der Bader-Meinhof-Gruppe vorübergehend verhaftet, wurde er von einigen Rundfunkanstalten und Konzertmanagern boykottiert. Ging 1972 gemeinsam mit Schobert & Black und Hanns Dieter Hüsch auf Tournee. Verließ 1973 Berlin und ließ sich in Nordfriesland in einer umgebauten Mühle nieder. Wohnt seit 1980 in Hamburg. Erhielt mehrmals den »Deutschen Schallplattenpreis der Phonoakademie« und 1974 den → *Deutschen Kleinkunstpreis.*
Waders Lieder zeigen seinen Weg vom anpassungswilligen Bohemien und Individualisten mit anarchistischem Grundton zum engagierten Politsänger auf DKP-Linie. Bei alledem bleibt er ein poetischer Fabulierer (LP »Der Rattenfänger«) und Experimentierer: Wader schreibt und singt »Plattdeutsche Lieder« und erweckt überhaupt deutsche Folklore (und internationale: irische und amerikanische, deren Melodien er mit plattdeutschen Texten vereint) zu neuem Leben.

Der wahre Anton
Kölner Politkabarett, hervorgegangen aus dem im Februar 1971 gegründeten »Volkstheater Köln« (vormals »Industrietheater Rhein-Ruhr«), bestehend aus Heinrich Pachl (gleichzeitig Autor) und Robert Rogner. Die von ihnen auf Straßen, in stillgelegten Fabriken, Sälen, Kneipen und Theatern aufgeführten Stücke behandeln Lohnkampf, Lehrlingserfahrungen im Betrieb, Streik, Rechtsverdrehung, Häuserspekulation, die Unterdrückung, Chile und ähnliche Themen in einer an → *Brecht* erinnernden Mischung von Volkstheater, Lokalposse, Kabarett und Kneipentheater.
Mit den Mitteln des Slapsticks und der parodistischen Clownerie machen Pachl und Rogner ihre Themen dem Publikum in scheinbarer Improvisation zugäng-

lich und durchschaubar. Ihr bisher stärkster Erfolg war das Programm »Absa(h)nierung«, das sie mit Unterstützung und personeller Auffüllung durch die Städtischen Bühnen Köln 1980 auf dem Gelände der ehemaligen Schokoladenfabrik Stollwerck uraufführten und das die Praktiken der Häusersanierung als Millionenprofit zeigte. Mit den Problemen der Dritten Welt befaßte sich das Programm »Los Verdammtos«, 1981, mit der Vermarktung des Menschen das Programm »Homo Blech«, 1982. Neuerdings spielt Pachl mit wechselnden Partnern.

»Schaut euch die zwei Wahnwitzigen vom Kölner Wahren Anton *an, wie die dem Kabarett Beine machen, bis kein Stein mehr auf dem andern bleibt; als wären Jerry Lewis und Willy Millowitsch dem Agitprop beigetreten. Man meint ja fast, man hört und sieht nicht recht, so schaffen die sich durch ihre Berge von Beweisen und Witzen; Logik machen sie zum räuberischen Irrsinn . . . Das ist Theater aus dem hohlen Hut, Jahrmarktstheater.«*

Michael Skasa in der »Süddeutschen Zeitung«, München, über »Homo Blech«.

Claire Waldoff
(eigentlich: Clara Wortmann)
* 21. 10. 1884 Gelsenkirchen; † 22. 1. 1957 Bad Reichenhall
Schauspielerin, Chansonniere

Die Tochter eines ehemaligen Steigers besuchte in Hannover ein Mädchengymnasium bis zum Abitur, um Ärztin zu werden. Brannte 1903 zum Theater durch und spielte bis 1906 an einer Kattowitzer Wanderbühne Naive und jugendliche Liebhaberinnen. Ging 1906 nach Berlin, wo sie am »Figaro-Theater« der Schriftstellerin Olga Wohlbrück (→ *Überbrettl*) in Einaktern von Paul Scheerbart und im »Neuen Schauspielhaus« am Nollendorfplatz in der Posse »Hopfenrats Erben« auftrat.

Als sich 1907 → *Rudolf Nelson* von → *Paul Schneider-Duncker* trennte, engagierte der sie an den nun von ihm allein weitergeführten → *Roland von Berlin*, wo sie Volkslieder sowie Scheerbarts Monologe vortragen wollte, die ihr aber die Zensur wegen antimilitaristischer Tendenzen verbot (wie auch das Auftreten im Etonboyanzug). Dafür sang sie zwei Chansons von → *Rudolf Bernauer* (»Man ist nur einmal jung«) und Hermann Frey (»Mein geliebtes Schmackedutzchen«) in der Vertonung von Walter Kollo, der sie auch begleitete. Der Erfolg begründete ihren Ruhm als kabarettistische Volkssängerin. 1910 Engagement an das → *Linden-Cabaret.* Ihr Hauptschlager hier: »Nach meine Beene is ja janz Berlin verrückt«, Text und Musik: Walter Kollo. Nach einem Zweimonatsgastspiel am Londoner »Empire« 1913 bekam sie 1914 von Ludwig Mendelssohn ihr bekanntestes → *Couplet* auf den Leib geschrieben: »Hermann heeßt er!«, das sie zuerst im *Linden-Cabaret* vortrug. Seit 1917 auch auf der Operetten- und Revuebühne; sang 1917 als Köchin Auguste in »Drei alte Schachteln« von Walter Kollo »Ach Jott, wat sind de Männer dumm!« und in der Charell-Revue »An alle« (1924/25 im »Großen Schauspielhaus«) »Warum soll er nich mit ihr . . .?«, 1925 Mitwirkung in dem Singspiel »Hofball bei Zille oder Mein Milljöh«. Freundschaft mit dem Maler Heinrich Zille. Von 1927 an Soloauftritte in »Scala«, »Wintergarten«, → *Kabarett der Komiker* u. a. mit ihrem alten Repertoire, seit 1928 Erneuerung in Zusammenarbeit mit namhaften Kabarett- und Schlagerkomponisten wie Erich Einegg, Willi Kollo, Otto Stransky, Paul Strasser.

Sie sang Schlager, Couplets, Operettenlieder und Chansons (von → *Kurt Tucholsky,* → *Friedrich Hollaender* u. a.). Hauptschlager: »Wer schmeißt denn da mit Lehm?«, »Deinetwejen hab ick meine scheene Stellung bei Tietz uffjeje-

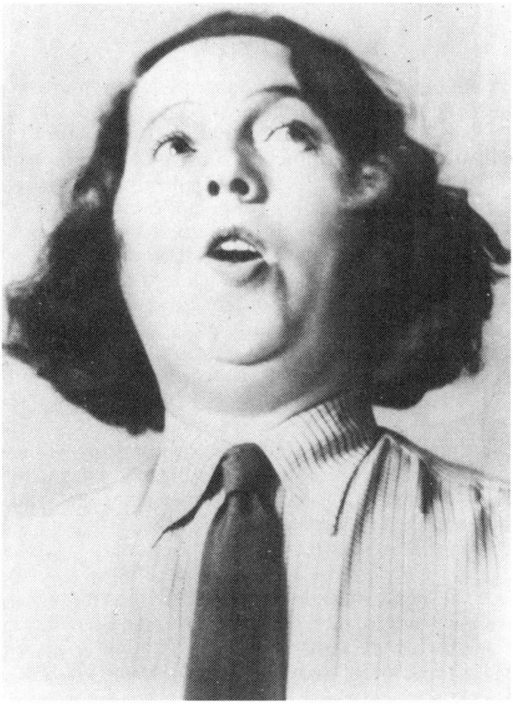

Claire Waldoff

ben«, »Familie Jänseklein«, »Die Radpartie«, »Ach, wie praktisch ist die Berlinerin« u.a. Mai 1932 Gastspiel in London auf englisch. Nach 1933 »unerwünscht«, trat sie dennoch, vor allem im *Kadeko* auf, zog sich aber bei Kriegsausbruch 1939 in ihr Haus in Bayrisch-Gmain zurück. Seit 1946 vereinzelte Auftritte in Süddeutschland (*Bunter Würfel,* München) und Berlin. Kurz vor ihrem Tode erhielt sie vom West-Berliner Senat einen bescheidenen »Ehrensold«. Claire Waldoff, literarisch belesen und hochgebildet, war eine echte Volkssängerin, gestisch, mimisch und stimmlich die Verkörperung der Berliner »Jöhre mit Herz und Schnauze«, literarischer als → *Otto Reutter* und volkstümlicher als → *Karl Valentin,* mit denen sie eine spezielle Art des gehobenen Volkskabaretts verband.

Lit.: Waldoff, Claire: ›*Weeste noch . . .?*‹. Düsseldorf–München 1953.

»Sie singet, wie der Berliner Spatz singt, unbekümmert, frech – und dann (Stimme, von innen verhallend): ›Hermann heest a . . .‹«

Kurt Tucholsky in »Die Schaubühne«, 23. 10. 1913.

»Die Waldoff hat mit der Guilbert das gemeinsam: wenn sie loslegt, ist man von ihr gefangen. Sie drückt das typisch Berlinische so waschecht, saftvoll aus wie die Guilbert das Pariserische, Französische.«

Max Herrmann-Neisse im »Berliner Tageblatt«, 18. 3. 1926.

Konstantin Wecker
* 1. 6. 1947 München
Politischer Liedermacher
Der Sohn eines Opernsängers erhielt schon mit sechs Jahren Klavierunterricht. Studierte seit 1967 an der Münchner Musikhochschule Komposition und Gesang und war zur gleichen Zeit an verschiedenen Theatern als Korrepetitor tätig. Erste Auftrittserfahrungen sammelte er in Münchner Jazz- und Popgruppen. Studierte von 1968 bis 1971 an der Universität München Philosophie und Psychologie, komponierte erste Bühnenmusiken und brachte 1972 seine erste LP (»Sadopoetische Gesänge«) heraus. Stellte 1974 ein eigenes Ensemble zusammen. Gründete 1976 die »subkulturelle« GmbH Team Musikon und bezog ein eigenes Tonstudio in Eching. Produzierte Filmmusik. Erreichte 1977 den Durchbruch mit einer neuen musikalischen Formation und dem Song »Willy«. 1977 erhielt er den → *Deutschen Kleinkunstpreis*, 1978 wurde er »Künstler des Jahres«. Für seine LP »Genug ist nicht genug« erhielt er den Deutschen Schallplattenpreis der Phonoakademie. 1980 Stiftung des »Berliner Wecker«, Fernsehauftritte. Erste Buchveröffentlichung: »Eine ganze Menge Leben«, Prosa und Lyrik, 1978. Neuer Gedichtband »Man muß den Flüssen trauen«, 1980.
Konstantin Wecker gehört sowohl mit seinen Texten als auch mit seinen Musiken und dem Vortrag seiner Lieder zu den größten Liedermacherbegabungen der Nachkriegsgeneration, die sich – mehr als in den Liedermachern der Kriegs- und Vorkriegsgeneration – in ihm und seinen Themen wiedererkennt: in der Beschwörung ihrer Ängste, ihrer Hoffnungslosigkeit, ihrer Resignation. Wecker auch artikulierte in ihrer Sprache die Furcht vor einem Wiederaufleben des Nazismus, als er 1977 mundartlich die Geschichte von jenem »Willy« erzählte, der, weil er in einer Kneipe das Horst-Wessel-Lied nicht hören wollte, von neonazistischen Jugendlichen erschlagen wird. In seiner Ballade »Vaterland« ist der Held negativ: ein junger Neonazi distanziert sich von seinem sozialdemokratischen Vater.
»Ich halte es für pervers, daß der Engagierte nicht in der Lage zu sein scheint zu lachen . . . Ich bin der Überzeugung, daß im politischen Kampf die Emotionen, die Lust, das Lachen notwendige Dinge sind. Natürlich gibt es auch falsche Emotionen, solche, die der Reaktion nützen. Die gilt es freizulegen. Das heißt nicht, auf Emotionen gänzlich zu verzichten. Sonst bekommen wir einen Intellektuellenstaat, und das wäre entsetzlich.«
Konstantin Wecker in einem Interview mit Thomas Rothschild.

Frank Wedekind
* 24. 7. 1864 Hannover; † 9. 3. 1918 München.-
Dramatiker, Lyriker, Erzähler, Chansonnier, Chansonautor, Schauspieler.
Lebte seit seinem achten Lebensjahr mit den Eltern in der Schweiz. Wurde Journalist, Mitarbeiter der »Neuen Zürcher Zeitung«, dann Reklamechef bei der Firma »Maggi«. Reiste 1888 ein halbes Jahr mit einem Zirkus als Sekretär. 1889 erster Aufenthalt in Paris. 1890 Übersiedelung nach München, wo er sein erstes Stück, »Frühlings Erwachen«, schrieb. 1891 erneut in Paris, wo er das → *Cabaret artistique* kennenlernte. 1894 Aufenthalt in London. 1895 entstand die Tragödie »Erdgeist«. 1896 Beginn der drei Jahre dauernden Mitarbeit an der satirischen Zeitschrift »Simplicissimus« in München.
Für ein dort veröffentlichtes satirisches Gedicht auf die Palästinafahrt Wilhelms II., »Im Heiligen Land«, erhielt er eine halbjährige Haftstrafe wegen Majestätsbeleidigung, die er 1899/1900 auf der Festung Königstein verbüßte. 1900 schrieb er den »Marquis von Keith«. 1901 trat Wedekind mit seinen selbst-

Frank Wedekind, der Bänkelsänger, mit seiner Laute.

komponierten Chansons zur eigenen Lautenbegleitung bei den → *Elf Scharfrichtern* auf und ging auf Vortragsreisen, u.a. nach Wien, wo er 1901 beim → *Jung Wiener Theater zum Lieben Augustin* auftrat. Sang seine Chansons 1903 im Kabarett *Die Sieben Tantenmörder* (München), und 1903/04 im → *Simplicissimus* (München). Damit war seine Zeit als Chansonnier vorbei. Nachdem er »König Nicolo« und »Die Büchse der Pandora« geschrieben hatte, ging er 1906 mit seiner Frau, der Schauspielerin Tilly Newes, die er im gleichen Jahr geheiratet hatte, nach Berlin, wo → *Max Reinhardt* und Victor Barnowsky seine Stücke aufführten, in denen er nun selber auftrat. 1908 Rückkehr nach München, 1911 entstand sein Drama »Franziska«, 1914 sein Drama »Simson oder Scham und Eifersucht«.
Frank Wedekind stellte als erster »Liedermacher« des deutschen Kabaretts in seiner Person die Einheit von Dichter und Interpret her. Wenn er mit unbewegter Miene und scharf akzentuierender Stimme seine Chansons vortrug, schlug gerade seine ungeschulte Vortragsart das Publikum in Bann. Seine Balladen brachten einen sozusagen blutig-satirischen Ton in das junge deutsche Kabarett.

Lit.: Kutscher, Artur: *Frank Wedekind*. München 1922 (Neuausgabe München 1964).

»Wedekind hat die nacktärschigsten Gedichte in Deutschland verfaßt«.

Alfred Kerr

»Wenn er auftrat, ein erster Clown, ein schneidend-spöttischer, aber auch wieder schwermütig-schöner Satyr, dem lautesten Gelächter unbeweglich standhaltend und die Verachtung des Publikums so weit treibend, daß er sich auch beim wütendsten Applaus nur mit einer Neigung nach rückwärts verbeugte, so ging bannende Macht einer wahren Dämonie von ihm aus.«

Hans Brandenburg in »München leuchtete«, München 1953.

»Er sang zur Gitarre seine Lieder mit spröder Stimme, etwas monoton und sehr ungeschult: Nie hat mich ein Sänger so begeistert und erschüttert. Es war die enorme Lebendigkeit dieses Menschen, die Energie, die ihn befähigte, von Gelächter und Hohn überschüttet, sein ehernes

Hoheslied auf die Menschlichkeit zu schaffen, die ihm auch diesen persönlichen Zauber verlieh.«

Bertolt Brecht in seinem Nachruf auf Wedekind in den »Augsburger Neuesten Nachrichten«, 12. 3. 1918.

Peter Wehle
* 9. 5. 1914 Wien
Kabarettist, Kabarettautor, Komponist
Der Sohn eines Rechtsanwalts studierte Jura, wurde Dr. jur. Ging als Autor und Interpret 1935/36 zum *Regenbogen,* wurde aber erst bekannt durch seine Zusammenarbeit mit → *Gerhard Bronner,* → *Georg Kreisler* und → *Helmut Qualtinger* seit 1956 in den Kabarettprogrammen im »Intimen Theater« und im → *Neuen Theater am Kärntnertor.* Spielte mit Bronner und anderen ferner im »Intimen Theater« kabarettistische Stücke (u.a. »Ich und der Teufel«, das er mit Bronner geschrieben hatte), spielte und schrieb für die Nachfolgekabaretts im *Neuen Theater am Kärntnertor.* Von 1950 bis 1957 musikalischer Leiter des Reisekabaretts *Die kleinen Vier* (gegründet von Gunther Philipp). Tritt seit 1959 mit Bronner in Duoprogrammen auf. Schrieb und schreibt außer Chansons und Wiener Liedern, die er mitunter selber vorträgt, Musikstücke für Film und Fernsehen. Promovierte 1975 über die »Wiener Gaunersprache« zum Dr. phil.

Hans Weigel
* 29. 5. 1908 Wien
Schriftsteller, Dramatiker, Kritiker, Kabarettautor
1927/28 lernte Weigel in Berlin die Kabarettrevuen der → *Friedrich Hollaender,* → *Marcellus Schiffer* und → *Mischa Spoliansky* kennen. Schrieb 1932 seinen ersten Sketsch (aufgeführt im → *Lieben Augustin* November 1932). 1933 Mitglied im »Bund junger Autoren Österreichs«, schrieb er vom zweiten Programm an für die → *Stachelbeere* (in Zusammenarbeit mit deren Komponisten und Pianisten Hans Horwitz) und vom vierten Programm (1934) an für die → *Literatur am Naschmarkt* bis zu deren Ende März 1938. Ferner Mitarbeit am *Regenbogen* (1934) und am → *ABC* (1935).
Verfaßte zusammen mit → *Rudolf Spitz* zwei Spielzeiten hindurch für jedes Programm der *Stachelbeere* ein mehrbildriges → *Mittelstück.* Für die *Literatur am Naschmarkt* schrieb er u.a. die Mittelstücke »Trubel im Parnaß«, »Marie oder Der Traum ein Film« und – zusammen mit → *Rudolf Weys* – »Per aspera ad acta«. 1938 floh Weigel in die Schweiz und schrieb dort seit 1943 Texte für den → *Kaktus,* u.a. (Ende 1944) ein »Requiem auf das Dritte Reich« (sämtlich unter dem Pseudonym »Hermann Kind«, weil ohne Arbeitsgenehmigung). Lebte von Herbst 1938 bis 1945 in Basel. Heimkehr Oktober 1945. Schrieb Theaterkritiken und Feuilletons für Wiener Zeitungen und Zeitschriften. Steuerte mit Alexander Steinbrecher Texte zu der Kabarettrevue »Seitensprünge« bei (1947/48 im »Kleinen Haus des Theaters in der Josefstadt«). Seit 1965 stellt er für seine Frau, die Chansonniere Elfriede Ott, Soloprogramme zusammen und schreibt ihr auch eigene Texte.

Lit.: Weigel, Hans *In memoriam.* Wien 1979. Lit.: Weigel, Hans: *Gerichtstag vor 49 Leuten.* Wien 1981.

Kurt Weill
* 2. 3. 1900 Dessau; † 3. 4. 1950 New York
Komponist
Der Sohn eines jüdischen Kantors studierte bei Humperdinck und Busoni Komposition und wandte sich 1926 dem zeitkritischen Musiktheater zu. Obwohl er nie fürs Kabarett schrieb, sichert ihm die Einführung des originären deutschen Songs in das »epische Theater« → *Bertolt Brechts* einen bedeutsamen Platz in der Geschichte der gesungenen Zeitsatire.
Weills Songs in Brechts »Dreigroschenoper« (1928), »Happy End« (1929), »Mahagonny« (1930) u.a. mischten Elemente der zeitgenössischen Tanz- und Unterhaltungsmusik (Jazz) mit den Musikformen der Moritat, des Chansons und des Chorals mit neusachlicher Materialbehandlung zum das Bühnengeschehen kommentierenden Song. Für Georg Kaiser komponierte Weill 1933 die Musik zu dessen »Silbersee«. Nach seiner Emigration 1933 schuf er mit Brecht in Paris »Die sieben Todsünden der Kleinbürger«, ein Ballett mit Gesang, und die 2. Sinfonie. Seit 1935 schrieb er, in die USA weiter emigriert, die Musik zu Broadway-Musicals (u.a. »Lady in the Dark«, 1940) und die Schuloper »Down in the Valley«. Seine kongeniale Interpretin war seine Frau Lotte Lenya.

Erich Weinert
* 4. 8. 1890 Magdeburg; † 20. 4. 1953 Ost-Berlin
Schriftsteller, Kabarettautor, Kabarettist
Der Sohn eines Ingenieurs lernte Maschinenbau, besuchte von 1908 bis 1912 die Kunstgewerbeschule in Magdeburg und die Königliche Kunstschule in Berlin und machte sein Staatsexamen als akademischer Zeichenlehrer. 1912/13 Buchillustrator. Nach Kriegsdienst von 1914 bis 1918 von 1919 bis 1921 Lehrer an einer Kunstgewerbeschule. Schrieb satirische Gedichte und trug sie 1921 an der Leipziger → *Retorte* vor, die ihn daraufhin »in Permanenz« engagierte. Für sie schrieb er Gedichte, Szenen und Chansons. Unter dem Motto »Der verbogene Zeitspiegel« glossierte er in vielen Programmen satirisch das Zeitgeschehen.
1923 verließ er die *Retorte,* weil sie ihm zu »pseudoradikal« geworden war, und ging nach Berlin, wo er seine Satiren am → *Küka* vortrug, bis ihm dessen Besitzer, ein ehemaliger Major, wegen des Vortrags seines Gedichts »Der Kriegerverein feiert Denkmalsweihe« Hausverbot erteilte. Weinert hatte inzwischen seine satirischen Gedichte in Buchform veröffentlicht (»Der verbogene Zeitspiegel«, 1923; »Der Gottesgnadenhecht und andere Abfälle«, 1923; »Affentheater. Politische Gedichte«, 1925, u.a.) und trat nur noch selten in Kabaretts auf, so 1925 in der → *Rampe* und 1929 bei den → *Wespen,* wogegen seine Gedichte in vielen Kabaretts gesprochen und gesungen wurden, bei den *Optimisten* und bei verschiedenen → *Agitprop*-Gruppen. 1929 verfaßte er mit → *Hanns Eisler* für den *Roten Wedding* »Das Lied vom roten Wedding«. Von 1924 bis 1933 trat er mit seinen Liedern bei Versammlungen der KPD und ihrer Nebenorganisationen in ganz Deutschland auf und schrieb für kommunistische Zeitungen und Zeitschriften. 1929 trat er der KPD bei.
1933 übersiedelte er von einer Vortragsreise in der Schweiz nach Paris und ging 1935 nach Moskau. Nahm von 1937 bis 1939 auf republikanischer Seite am Spanischen Bürgerkrieg teil, kehrte 1939 über Paris in die Sowjetunion zurück. 1942 Propagandaaufrufe an die deutschen Truppen vor Stalingrad. Von 1943 bis 1945 Präsident des »Nationalkomitees Freies Deutschland«, 1946 Rückkehr nach Deutschland. Vizepräsident der Zentralverwaltung für Volksbildung in der sowjetisch besetzten Zone. 1950 Mitglied der Deutschen Akademie der Künste,

Ost-Berlin. 1949 und 1952 Nationalpreise der DDR für Kunst und Literatur. Erich Weinert gehörte in den zwanziger Jahren zu den wenigen bedeutenden Vertretern der »proletarischen« Satire, die auch, formal wie in der literarischen Qualität, ein bürgerliches Publikum ansprachen.

Lit.: *Erich Weinert, ein Dichter unserer Zeit.* Berlin (Ost) 1958. – Preuß, Werner: *Erich-Weinert-Bildbiografie.* Berlin (Ost) 1970. – Weinert, Erich: *Gesammelte Werke.* Berlin (Ost) 1955.

»Seine stärksten Treffer sind für mich jene prächtig rüd formulierten Bänkelgesänge, voll wirklich populärer, bösartig geißelnder Drastik wie ›Gustav Kulkes seliges Ende‹ oder ›Parlamentarischer Bockbierabend‹. Und alles ist tatsächlich so auf den sofortigen Effekt, auf Knall und Fall, Tribüne und Tusch gestellt, daß es bei Massenmeetings gesprochen werden muß – am besten eben von Erich Weinert selbst.«

Max Herrmann Neisse in der »Literarischen Welt«.

Otto Weissert

* 1903 Mannheim; † 29. 10. 1969 Zürich

Dramaturg, Verwaltungsfachmann, Komponist, Kabarettgründer und -leiter

Studierte Germanistik in Heidelberg und München (Dr. phil. 1926). War von 1927 bis 1929 Dramaturg und Direktionssekretär am Zürcher Schauspielhaus, danach drei Jahre am »Deutschen Theater«, Berlin, von 1932 bis 1934 Direktor des Opern-Schauspielhauses am Stadttheater Königsberg. Gründete 1934, nachdem er das Gründungskapital aufgetrieben hatte, zusammen mit → *Walter Lesch* in Zürich das → *Cabaret Cornichon,* dessen geschäftlicher Direktor und gelegentlicher Komponist (unter dem Namen »Bertold Hein«) er wurde.

Er verließ das *Cornichon* 1949 und gründete mit → *Max Werner Lenz* das → *Cabaret Federal* im »Hirschen«, Zürich, und übersiedelte 1959 mit ihm in das von ihm gegründete »Theater am Hechtplatz«, wo er auch die musikalische Leitung des Eröffnungsprogramms, »Eusi chli Stadt«, übernahm. Seit 1959 war Weissert kaufmännischer Direktor des Zürcher Schauspielhauses.

Die Wespen

Politisch-satirisches Kabarett in Berlin, entstanden aus den »Abenden des Leon-Hirsch-Verlages«, bei denen bekannte Autoren und Kabarettisten auftraten. Gegründet im Herbst 1926 von dem Buchhändler Leon Hirsch ohne festes Domizil. Da *Die Wespen* politische Kabarettsatire der arbeitenden Bevölkerung nahebringen wollten, gastierten sie in Kneipen rund um den Alexanderplatz, meist jedoch im »Hackebär«, einem großen Bier- und Tanzlokal in der Großen Frankfurter Straße.

Das Stammensemble bestand aus dem Komponisten Claus Clauberg, dem Schauspieler Hugo Döblin, → *Annemarie Hase,* Li Holms, der Conférencière und Rezitatorin Resi Langer und den selbst vortragenden Autoren → *Karl Schnog* und → *Erich Weinert.* Außer kabarettistischen gab es auch artistische und Tanzdarbietungen. Unter den Mitwirkenden verschiedener Programme waren: → *Ernst Busch,* → *Hanns Eisler,* → *Erich Kästner,* Walther Kiaulehn, → *Hellmuth Krüger,* Julia Marcus, → *Erich Mühsam,* Elisabeth Neumann, → *Günter Neumann,* → *Paul Nikolaus,* Igor Pahlen, Theodor Plivier, → *Roda Roda,* Renée Stobrawa, Ilse Trautschold, Sonja Wronko. Zu einer Benefizvorstellung für den kranken Leon Hirsch, der »Nacht der Fünfundzwanzig«, kamen im November 1931 u. a. zusammen: Inge Bartsch, Ernst Busch, Max Ehrlich, → *Werner Finck,* → *Fritz Grünbaum,* Paul Hörbiger, → *Walter Mehring,* → *Paul Morgan,* Paul Nikolaus, → *Hans Reimann,* → *Peter Sachse,* Karl Schnog. Im Sommer 1932 wurden *Die Wespen* aufgrund einer »Notverordnung« verboten. Um ihre Mitglieder zu unterstützen, lasen am 2. 10. 1932 im Schubert-Saal zehn Autoren aus ihren Werken, darunter – außer den bereits Genannten – Else Lasker-Schüler.

»Wir wollen ›ins Volk gehen‹ . . ., weil es sich lohnt, vor Menschen zu sprechen, die zwar keinen Kragen, aber eine Idee mit sich tragen . . . Wir wollen zeigen, daß es auch ohne Zoten, Hausvogteiwitzchen und ohne Erörterung ›mongdäner‹ Probleme geht.«

Karl Schnog in »Das Stachelschwein«, I/1929.

»Eine scharfe Sache das . . . Vorstoß . . . dieses Wanderkabaretts in unerforschte Publikumsregionen. Der Erfolg ist groß, kein Zweifel. Die Wespen sind Trümpfe, sie stechen . . . sie stechen alle Geschwüre überlebter Tradition auf.«

»Tempo«, 1. 12. 1929.

Rudolf Weys
* 30. 9. 1898 Graz; † 4. 3. 1978 Wien
Schriftsteller, Kabarettgründer, Kabarettautor
Ursprünglich Buchhändler, gründete er 1933 den »Bund junger Autoren Österreichs«, aus dem zuerst die → *Stachelbeere* und im Herbst 1933, mit Weys als Hauptautor, die → *Literatur am Naschmarkt* hervorgingen. Für dieses Theaterkabarett erfand er das → *Mittelstück,* ein »in sich geschlossenes, 20- bis 30minütiges Mehrbilderstück, zwischen Servier- und Zahlpause placiert« (Weys).
Für die *Literatur* schrieb er bis zu deren Ende im März 1938 zahllose zeitkritische Mittelstücke (u. a. »Die Metamorphosen des Herrn Knöllerl«, »A.E.I.O.U. oder Wenn Österreich den Krieg gewonnen hätte«, »1913«, »Per aspera ad acta

Rudolf Weys

oder Die drei Wünsche« [zusammen mit → *Hans Weigel*], »Pratermärchen«) sowie Chansons und Szenen (»Nach Sonnenuntergang«, »Die Kellnerprüfung« u. a.). Nach der Auflösung der *Literatur am Naschmarkt* und der Zulassung eines scheinbar nazitreuen Nachfolgekabaretts unter dem Namen → *Wiener Werkel* 1938 versuchte Weys, zusammen mit der »arischen Abteilung« (Weys) der *Literatur* deren alten Geist zu retten, und führte Kabarettnummern verfolgter oder mit Schreibverbot belegter alter Kollegen unter Pseudonymen auf.
Im Juni 1945 erhielt er denn auch die Lizenz zur Wiedereröffnung der *Literatur,* allerdings nun unter dem Namen *Literatur im Moulin Rouge,* konnte sich (mit Christl Räntz, der eigentlichen Direktorin) jedoch nicht halten und gab am 10. 1. 1946 das Unternehmen auf. 1946/47 schrieb er Texte für den neuerstandenen → *Lieben Augustin,* 1948 für das *Kleine Brettl* und erlebte 1963 eine Wiederaufführung seines »A.E.I.O.U.« und 1967 seines »1913«. Längere Zeit hindurch schrieb er für den Österreichischen Rundfunk eine kritische Theatersendung und für Zeitungen und Zeitschriften Filmkritiken. Außerdem hielt er die Geschichte der Wiener Kleinkunstbühnen zwischen den Kriegen in drei Büchern fest: *Literatur am Naschmarkt.* Wien 1947; *Cabaret und Kabarett in Wien.* Wien-München 1970, *Wien bleibt Wien – und das geschieht ihm ganz recht.* Wien 1974.

Hanne Wieder
* 8. 5. 1929 Hannoversch-Münden
Schauspielerin, Kabarettistin, Chansonniere
Die Tochter eines Polizeigenerals besuchte die Schauspielschule des Staatstheaters Karlsruhe und debütierte 1946 im »Neuen Theater«, Stuttgart, in »Woyzeck.« Am gleichen Abend sang sie ein Chanson des SPD-Politikers Carlo Schmid. Danach Engagement in Tübingen, wo sie die Eboli in »Don Carlos« gab. Spielte von Juli 1947 bis Dezember 1951 im Ensemble des → *Kom(m)ödchen,* 1952 beim → *rendezvous,* Hamburg, und im Hamburger »Theater im Zimmer«, 1953 bis 1955 bei den → *Amnestierten.* 1956 am »Nordmark-Theater«, Schleswig (u. a. Iduna in »Feuerwerk«).
Für »Das Privatleben der Helena« holte 1957 → *Trude Kolman* sie an ihre → *Kleine Freiheit,* München, und brachte sie in den → *Hollaender*-Revuen 1957/58 zu überregionalem Ruhm. 1960 spielte Hanne Wieder dort in dem Kuby-Stück »Die Dame aus Bonn oder Das Ritterkreuz«. Danach filmte sie (»Das Mädchen Rosemarie«, 1958, »Das Spukschloß im Spessart«, 1960 u. a.), sang und spielte in Musicals (»Irma la Douce«, 1962 in der *Kleinen Freiheit,* »Kiss me Kate«, »CanCan«), wirkte in der Schweizer Erstaufführung von → *Brecht*/→ *Weills* »Mahagonny« als Jenny mit und in Brecht/Weills »Die sieben Todsünden« an der »Deutschen Oper«, West-Berlin, und sang seit September 1977 in der »Deutschen Oper am Rhein« die »Öffentliche Meinung« in Offenbachs »Orpheus in der Unterwelt«. Trat in Boulevardstücken auf (»Amanda«, »Céline«, »Eine fast vollkommene Frau«) und im Fernsehen (»Fragen Sie Frau Erika . . .«). Dozentin für Musical und Chanson an der Hochschule für Musik, West-Berlin.
Mit Theo Lingen gab sie 1965 einen Brecht-Abend und 1977 einen Abend mit »Liedern, Songs und Chansons der zwanziger Jahre«. Mit diesem Programm und einem Programm moderner Songs und Chansons von Mischa Mleinek (»Hanne Wieder da«, seit Januar 1984), mit denen sie zwischen ihren Theater- und Musicalverpflichtungen gastiert, hat sie zu ihrem künstlerischen Schwerpunkt, dem literarischen Chanson der Hollaender, → *Klabund* und → *Tucholsky,*

Hanne Wieder als »Zersägte Dame« in der Hollaender-Revue »Der große Dreh« (1958) in der Kleinen Freiheit.

zurückgefunden, das sie in der Tradition der großen Chansonnieren der zwanziger Jahre als eine der wenigen deutschsprachigen Chansonsängerinnen der Gegenwart zu neuer Blüte gebracht hat. – Für »Das Mädchen Rosemarie« erhielt sie den Preis der deutschen Filmkritik 1958/59.

Hugo Wiener
* 16. 2. 1904 Wien
Schriftsteller, Komponist, Librettist, Chanson- und Kabarettautor
Nach Musikstudium Statist am »Raimund-Theater«, Wien. Schrieb dort sein erstes → *Couplet* (für Fritz Imhoff). Wurde Korrepetitor, dann Klavierbegleiter in der → *Hölle*. 1924 dritter Kapellmeister am »Apollo-Theater«. Seit 1928 Librettist, wurde er im gleichen Jahr Hausautor an der Revuebühne »Femina«, für die er in zehn Jahren 65 Programme schrieb. Verfaßte bis 1938 mehrere Operetten. Emigrierte nach dem »Anschluß« nach Kolumbien und schrieb für Cissy Kraner Chansons in Spanisch und Englisch. Die – inzwischen verheirateten – beiden Künstler begannen in Caracas (Venezuela) eine gemeinsame Karriere, die sie nach ihrer Rückkehr nach Wien 1948 am → *Simplicissimus* (Wien), dessen Hausautor Wiener zusammen mit → *Karl Farkas* wurde, fortsetzten. Cissy Kraner trug dort zu seiner Begleitung u.a. sein Chanson »Der Nowak läßt mich

nicht verkommen« vor. Nach Farkas' Tode (1971) schrieb Wiener drei Jahre lang die *Simpl*-Programme allein, verfaßte Komödien und Bearbeitungen bekannter Operetten und Musicals für Bühne und Fernsehen, schrieb Drehbücher und arbeitet ständig an den ZDF-Sendereihen »Spaß mit Musik«, »Das verrückte Paar« und »Traumland Operette« mit.
Hugo Wiener hat über 100 Kabarettprogramme verfaßt und etwa 600 Chansons geschrieben und vertont. Auslandstourneen durch die BRD, die Schweiz, nach Israel und Südamerika. Schreibt seit 1972 obendrein humoristische Bücher. 1982 wurde sein musikalisches Lustspiel »Die kluge Mama« (Musik: Erwin Halletz) mit Marika Rökk in Köln uraufgeführt.

Wiener Werkel
Literarisch-politisches Kabarett in Wien, hervorgegangen aus der nach dem »Anschluß« Österreichs aufgelösten → *Literatur am Naschmarkt,* deren »arische Abteilung« (→ *Rudolf Weys*) unter der Direktion von Adolf Müller-Reitzner am 29. 1. 1939 in der Liliengasse 3, Wien I., im vormaligen »Moulin Rouge« das *Wiener Werkel* eröffnete.
Abgeschirmt von dem idealistisch gesinnten Nationalsozialisten Müller-Reitzner, der vom »Gaupropagandaamt« Wien die Lizenz erhalten hatte, versuchten die nichtjüdischen Autoren und Darsteller der *Literatur am Naschmarkt,* ihre Zeitkritik mehr oder weniger verschlüsselt fortzusetzen. Zur Eröffnung übernahm man das »Pratermärchen« von Rudolf Weys, neu war ein wienerisches Traumspiel, »Herrn Sebastian Kampels Höllenfahrt« mit der Musik von J. C. Knaflitsch, für das als Autoren offiziell Weys und Franz Paul zeichneten, das tatsächlich aber von den »nichtarischen« Autoren → *Fritz Eckhardt* und Kurt Nachmann stammte. Von Eckhardt war auch das → *Mittelstück* »Das chinesische Wunder«, eine Parabel auf das Arrangiertalent der Leute von »Wi-En« gegenüber der Besatzungsmacht, den »Tokioten«. Trotz mehrfacher Beanstandungen durch offizielle NS-Stellen (u.a. gegen eine Nummer von Fritz Feldner, »Interview mit einer Kuh«) konnte sich das *Wiener Werkel* bis zur allgemeinen Theaterschließung im Herbst 1944 halten – nach dem Tode von Müller-Reitzner im März 1943 dank der politisch tadelfreien Haltung und der geschickten Texte seiner Witwe Christl Räntz, die das *Wiener Werkel* nach seiner Wiederzulassung durch die Besatzungsmacht im Juni 1945 als *Literatur im Moulin Rouge* inoffiziell weiterführte. (Die Lizenz hatte Rudolf Weys erhalten.)
Das Ensemble des *Wiener Werkel* bestand aus Rosl Dorena, Hugo Gottschlich, Wilhelm Hufnagl, Josef Meinrad, Erna Michall, Walter von Varndal, Otto Wegrostek. Später spielten hier u.a. Friedl Hofmann, Robert Horky, Rolf Olsen, Hans Putz, Christl Räntz, Traute Witt. Regie: Adolf Müller-Reitzner; Musik: J. C. Knaflitsch. In der *Literatur im Moulin Rouge* traten u.a. auf: Rosl Dorena, Edith Jarno, Otto Kerry, Theo Prokop, Chritl Räntz, Emmerich Schrenk, Walter von Varndal, Guido Wieland. Am 20. 1. 1946 hörte die *Literatur im Moulin Rouge* auf zu bestehen und wurde zum »Kleinen Haus des Theaters in der Josefstadt« (heute: »Theater im Zentrum«).

»Dieses System der Verlagerung aktueller Situationen in andere Gegenden und Jahrhunderte, diese Methode, das Publikum lachen und toben zu lassen über brenzliche Witze und kitzlige Fragen ... das kommt Ihnen ein wenig bekannt vor? Uns auch! Es ist die alte Werkelwalze mit neuem Text.«

Leo Schödl im parteiamtlichen »Völkischen Beobachter«, 31. 10. 1940, über das Programm »Odysseus' Reise durch Großgriechenland«.

»Das Wiener Werkel *war bemüht um einen Ausgleich der Forderungen des Publikums nach*

Aktualität und Kritik an den totalitären Ansprüchen des Staates. Wie weit hierbei die Fragwürdigkeit ging und ob sie die Grenzen des Vertretbaren überschritt, darüber sind die Meinungen geteilt.«

Hans Weigel im »Wiener Theater-Almanach«, 1946.

Wilde Bühne

Literarisch-politisches Kabarett in Berlin, gegründet 1921 von → *Trude Hesterberg,* eröffnet am 15. 9. 1921 im Keller des »Theaters des Westens«, Kantstr. 12. Im ersten Programm, aufgeführt vor geladenen Gästen, herrschte – vornehmlich in den Texten von → *Leo Heller* – das Berliner Kaschemmenmilieu nach dem Vorbild der Poesie → *Aristide Bruants* vor.

Doch schon mit ihrem zweiten Programm wurde die *Wilde Bühne* literarischer,

Wilde Bühne

Künstlerische Leitung: Trude Hesterberg

Regie: Hans Janowitz / Kompositionen: W. R. Heymann

Eröffnungsprogramm

1. Prolog . . . . Trude Hesterberg
   Text von Teobald Tiger
2. Der Roßdieb . . . . A. V. Blum
   Ein Spiel von Hans Sachs
3. Bänkel . . . . Annamarie Hase
   Millys Abenteuer (Leo Heller) / Ringelreihen (Leo Heller)
4. Balladen . . . . Isabel Herma
   Moralisches Glockengeläute (W. Mehring) / Der Matrose Siebenhaar (Leo Heller)
5. Die Liebesnacht des Casanova
   Ein Bild aus dem 18. Jahrhundert von Norbert Garai u. Richard Arvay
   Casanova . H. M. Netto | Die Zofe . Luise Werckmeister
   Ninetta . Isabel Herma | Sergeant . A. V. Blum

Pause

6. Wie ich wurde . . . . Viky Werckmeister
   Ballade vom abgeschnittenen Zopf (Hans Janowitz)
7. Weiber . . . . Hadrian Maria Netto
   Verse von Wedekind / Hans Adler / Hans Janowitz / H. M. Netto

8/9. Asphalt
   Berlin j. d. (janz draußen) . . Trude Hesterberg
   An den Kanälen (W. Mehring) / Mein Schorsch (Leo Heller) / Umzug (Leo Heller) / Der Boxer (Leo Heller)
   Nachtspaziergänge . . . . Kurt Gerron
   Das Chanson des Kabaretts (W. Mehring) / Der Mörder (Leo Heller) / Nachtspaziergang 1921 (Hans Janowitz)

10. Das Viech
   Eine Schaustellung ohne einheitliche Handlung von Emerich Földes
   Der Graf . H. M. Netto | Sie . Trude Hesterberg
   Der Baron . R. Forster-Larrinaga | Die Zofe . Evelyne Sylva
   | Der Diener . Albert Paulig

Bühnenbilder: Marcel Slodki
Literarische Beiräte: Walter Mehring, Eugen Szatmari
Am Flügel: A. Alexander

Möbel: Hugo Baruch & Co., Josef Guttmann / Flügel: Max Pohl
Die Toiletten der Frau Trude Hesterberg sind aus den Ateliers Gerson-Prager-Hausdorff und Regina Friedländer, die der Frau Isabel Herma aus dem Atelier Martha Modlinger

Programmzettel der Wilden Bühne.

vor allem dank → *Walter Mehring,* der nun zum Hausautor wurde und von dem in der *Wilden Bühne* viele große Chansons gesungen wurden, u.a. »An den Kanälen«, »Die Kälte«, »Die kleine Stadt«, das »Börsenlied«, »Die Arie der großen Hure Presse« (sämtlich von Trude Hesterberg), »Die Kartenhexe« (von → *Annemarie Hase*), »Dressur« (von → *Kurt Gerron*). Ferner schrieben für die *Wilde Bühne:* → *Kurt Tucholsky* (»Das Leibregiment«, gesungen von Trude Hesterberg), → *Klabund* (»Mit'n Zopp«, gesungen von Annemarie Hase), → *Marcellus Schiffer* (»Die Linie der Mode«, gesungen von → *Margo Lion*), → *Hans Janowitz* und → *Erich Kästner* (unter dem Pseudonym »Ernst Fabian«). Als Komponisten und/oder Pianisten wirkten hier: Claus Clauberg, → *Werner Richard Heymann,* → *Friedrich Hollaender* und → *Mischa Spoliansky.* Zu den Autoren, die ihre Gedichte selbst vortrugen, gehörten: → *Max Herrmann-Neisse,* Klabund, Walter Mehring, → *Joachim Ringelnatz* und → *Bertolt Brecht,* der im Januar 1922 hier zur Laute seine Ballade vom Mörder Apfelböck und seine »Legende vom toten Soldaten« vortrug und damit wütende Proteste des Publikums auslöste. Unter den Darstellern ragten heraus: Alfred Beierle, → *Wilhelm Bendow,* Mady Christians, → *Blandine Ebinger,* Kurt Gerron, → *Paul Graetz,* Annemarie Hase, → *Kate Kühl,* Margo Lion und Trude Hesterberg.
Die *Wilde Bühne* galt nächst dem → *Schall und Rauch* (II) als bedeutendstes literarisch-politisches Kabarett der ersten Nachkriegszeit. Ausgesprochen literarisch und politisch war allerdings nur ein begrenzter Teil des Programms. Ansonsten wechselten pikante → *Couplets* mit »Slawischen Volksgesängen« und komischen Monologen Wilhelm Bendows ab, dessen imaginäres Telefongespräch mit dem inhaftierten Wettschieber Max Klante und die ihm von Tucholsky geschriebene »Tätowierte Dame« ihm Lacherfolge sicherten. Nach einem Brand gab Trude Hesterberg die *Wilde Bühne* auf und ging wieder zu Operette und Revue. In den wiederhergestellten Räumen eröffnete am 15. 2. 1924 Wilhelm Bendow sein → *Tütü.*

»Die Wilde Bühne *ist mit ihrem Februar-Programm nun das künstlerisch wertvollste Kabarett Berlins, zugleich auf dem besten Wege, mit heutigem Akzent das bei uns zu werden, was den Erfindern der Gattung für ihre Zeit vorschwebte, und die Kabarettkunst als eine mit eigenen Forderungen und Erfüllungen bestehende Ebenbürtigkeit wieder zu Ehren zu bringen.«*

Max Herrmann-Neisse in »Der Kritiker«, 1. März-Heft 1922.

»Nichts kam auf ihre Bühne, ohne durch ihre zielbewußte, starke und instinktsichere Regie gegangen zu sein. Darin zeigte sie ihre Verwandtschaft mit der Valetti. Fast täglich stand sie auch selbst auf der Bühne, wirksam und eindrucksvoll ihre Chansons singend, über deren manchmal vorhandene Schwächen ihre Vortragskunst glänzend hinwegtäuschen konnte.«

Claus Clauberg

Herbert Witt

* 29. 10. 1900 Angerburg (Masuren); † 30. 1. 1980 München
Schauspieler, Tänzer, Chansonautor, Drehbuchautor
1918 Soldat. Kam über Provinzbühnen ans Staatstheater Dresden und Ende der zwanziger Jahre nach Berlin. Wurde 1929, nachdem seine Schwester Traute Witt 1929 in der → *Katakombe* einen Text von ihm vorgetragen hatte, dort mit Traute zusammen als singendes Grotesktanzpaar engagiert. Nach Schließung der *Katakombe* traten beide 1935 im → *Tatzelwurm* auf. 1935 schrieb Herbert Witt Texte für das → *Tingeltangel-Theater* und danach unpolitische Unterhaltungsprogramme für den Berliner Rundfunk sowie Drehbücher (»Träumerei«, 1943).
Er gehörte von 1945 an zum Autorenteam der → *Schaubude,* München, schrieb 1947 für die Revue »Wir sind noch einmal sitzen geblieben« im → *Ulenspiegel,* Berlin, 1953 für das → *Kom(m)ödchen,* Düsseldorf. Seine besten Interpretinnen

waren: → *Ursula Herking* (»Achtung! Fräulein Grün«, »The Singing Star«), → *Trude Hesterberg,* Loni Heuser (»Die listige Witwe«), → *Tajana Sais,* Karl Schönböck (»Der Kautschgast«), → *Hanne Wieder* (»Career Woman«). Witt schrieb ferner »kabarettistische Feuilletons« für Funk und Fernsehen und den Film »Das Herz der Welt« (1951), für den er mit Harald Braun den Bundesfilmpreis erhielt.

Witz
Spezifisch sprachliche Form des → *Komischen,* eine vornehmlich mündlich verbreitete Kleinsterzählung, deren meist nur in wenigen Sätzen aufgebaute Spannung sich in einer überraschenden, weil nicht erwarteten Wendung, der → *Pointe,* löst. Das Lachen entzündet sich an der unvermuteten Verquickung von Unzusammengehörigem, sich Widerstrebendem, oft nur durch Klangähnlichkeit und Vieldeutigkeit der Wörter scheinbar Übereinstimmendem. Es gibt auch pointenlose Witze, deren Wirkung auf dem Ausbleiben der spannungsvoll erwarteten Pointe beruht. Der Witz kann spielerischer Art (Nonsens-Lyrik), kritischer (→ *Ironie*), spöttischer (→ *Satire*) und boshafter (→ *Sarkasmus*) Art sein. Er stellt überkommene Wertungen und Auffassungen in Frage, enthüllt blitzartig oder suggeriert absichtsvoll die Verkehrtheit einer Sachlage (politischer Witz), die Fragwürdigkeiten in Sitten, Überlieferungen, Charakteren und Institutionen. Von den drei Witzarten – dem literarischen, dem Bildwitz und dem gesprochenen Witz – gehört der gesprochene in vielfältiger Form zum Kabarett jeder Prägung. Er ist die meistverwendete Form der → *Komik.*

Werner Wollenberger
* 6. 6. 1927 Heilbronn; † 17. 10. 1982 Zürich
Publizist, Kabarettautor und -regisseur, Kritiker
In Basel aufgewachsen, studierte er an der dortigen Universität Germanistik und schrieb anschließend für die »Basler Nachrichten« und die satirische Zeitschrift »Nebelspalter«. Schrieb seit August 1947 für das → *Kikeriki* Texte und führte dort auch Regie. Bei einem Gastspiel im »Hirschen«, Zürich, der Spielstätte des → *Cabaret Federal,* 1950, wurden er und → *César Keiser* in das Autorenteam des *Federal* aufgenommen. Schrieb bis 1960 für das *Federal,* führte 1958 dort auch Regie und schrieb zur Eröffnung des »Theaters am Hechtplatz«, Zürich, das *Federal*-Programm »Eusi chli Stadt«.
Von 1960 bis 1969 schrieb er für die Programme des Duos → *Voli Geiler/Walter Morath,* von 1954 bis 1956 für die → *Kleine Freiheit,* München, von 1949 bis 1962 für das → *Kom(m)ödchen,* Düsseldorf, 1969 für Stefanie Glaser und Walter Roderer, 1973 für → *Elsie Attenhofers* Soloprogramm »Herrliche Zeiten«, ferner für Margrit Rainer und Ruedi Walter u. a. Am bekanntesten wurden seine Chansons »Frau Burger«, »Wenn es in Zürich fünf Uhr schlägt«, »Was wiegt ein Wort«, »Brief aus Prag«, »Berliner Ballade« (für das *Federal*), »Memoiren (Anna, den Tee!)« für Voli Geiler. Von 1962 bis 1967 war er Chefredaktor der »Zürcher Woche«, 1969 Co-Chefredaktor der »Weltwoche«, von 1970 bis 1977 war er künstlerischer Berater am Zürcher Schauspielhaus. Von 1979 bis 1982 gehörte er der Unternehmensleitung des Verlagshauses Jean Frey AG in Zürich an. Wollenberger schrieb außerdem für Funk und Fernsehen der Schweiz: für Walter Roderer die Samstag-Hörfunkreihe »Der Barbier von Seldwyla«, für Ruedi Walter die TV-Reihe »Fall für Mändli«, ferner die Sendungen »Spott und Musik«, »Wochenrückblick für die Schweizer im Inland«, moderierte die

Filmvorschau »Demnächst« des Schweizer Fernsehens und schrieb Kolumnen, Theater- und Filmkritiken.

Gerd Wollschon
* 11. 2. 1944 Zobten (Schlesien)
Kabarettist, Kabarettautor, Kabarettgründer
Studierte in Köln Theaterwissenschaften und Psychologie. Gründete im Januar 1966 mit vier Kommilitonen den → *Floh de Cologne* und schrieb dafür die meisten Texte. Wollschon schrieb als erster Beat- und Rocksongs in deutscher Sprache und war an der Entwicklung des einheimischen Politrocks beteiligt, wie ihn der *Floh de Cologne* seit 1969 pflegte. Verließ 1976 nach zehn Jahren die Gruppe und agiert nach einem → *Tucholsky*-Programm (»Die zufällige Republik«, 1978) seit 1979 als Solokabarettist mit eigenen Programmen: »FDGO & Co.KG oder Von Haussuchungen bitten wir abzusehen« (1979/80), »Der mündliche Staatsbürger – Ohne Scheiß kein Preis« (1981), »Neues aus Schizophrenien« (seit 1982).
Gründete 1977 den »Satire-Verlag«, Köln, in dem er folgende Bücher herausgab: *Sudel-Lexikon – Satirisches Wörterbuch für gelernte Deutsche* (1977), *Satire-Jahrbuch* (1978), *Hanns Dieter Hüsch – Den möcht' ich seh'n . . .* (1978), *Hanns Dieter Hüsch – Hagenbuch hat jetzt zugegeben . . .* (1979), *Das Wolfgang Neuss Buch* von Volker Kühn (1981), *Sudel-Lexikon 2* (1983). Im Eschborn-Verlag erschien von Wollschon *Der Duft von Freiheit und Adenauer – Ein starkes SPD-Stück* (1982). Schrieb ferner satirische Hörspiele und Fernsehsendungen (»Goldener Sonntag« mit → *Hanns Dieter Hüsch*). Macht seit Ende 1981 alle zwei Wochen beim HR Funkkabarett (»Aus dem Schublädchen des Gerd Wollschon«).
Wollschon gab als treibende Kraft des *Floh de Cologne* entscheidende Anstöße zur Abkehr vom herkömmlichen Nummernkabarett und zur Hinwendung zur geschlossenen Form, zur Textcollage und zum Experiment mit dramatischen und musikalischen Elementen. Als Solokabarettist verzichtet er auf theatralisch-komödiantische Effekte und auch, entgegen seiner einstigen Arbeit beim *Floh de Cologne,* auf direkte Agitation.

Ernst von Wolzogen
* 23. 4. 1855 Breslau; † 30. 8. 1934 München
Erzähler, Dramatiker, Conférencier, Kabarettautor, -gründer und -leiter
Der Sohn eines preußischen Reichsfreiherrn und einer britischen Mutter wurde nach Internatserziehung freier Schriftsteller, zuerst 1882 in Berlin, von 1893 bis 1899 in München. Schrieb humoristische Erzählungen, Romane (»Die tolle Komteß« u. a.) und kleine Lustspiele und war vor 1900 Spielleiter am »Akademisch-Dramatischen Verein« in München.
Mit einigen Chansons in der von → *Otto Julius Bierbaum* herausgegebenen Anthologie »Deutsche Chansons (Brettl-Lieder)« vertreten, versuchte er, das von ihm erstrebte (und als Begriff geprägte) → *Überbrettl* zur Eröffnung der Jugendstilausstellung auf der Mathildenhöhe bei Darmstadt 1900 zu etablieren, ging aber, als sich der Plan zerschlagen hatte, nach Berlin und eröffnete hier am 18. 1. 1901 sein *Buntes Theater (Überbrettl),* an dem er auch conferierte. Nach einer Tournee mit ihm im Sommer 1901 eröffnete er am 28. 11. 1901 sein *Buntes Theater* (ohne Zusatz) an anderer Stelle, schied aber zu Beginn der Spielzeit 1902 aus dem Unternehmen aus. Nach München zurückgekehrt, war er wieder als freier Autor tätig. Über seine »Überbrettl«-Zeit schrieb er: *Das Überbrettl* (in

Ernst von Wolzogen

»Ansichten und Aussichten«, Berlin 1908), *Verse zu meinem Leben,* Berlin 1907, *Wie ich mich ums Leben brachte,* Braunschweig 1922.

Hans von Wolzogen
* 5. 7. 1888 Berlin; † 20. 5. 1954 Berlin
Theater- und Kabarettleiter, Filmproduzent, Drehbuchautor
Der Sohn des → *Überbrettl*-Gründers → *Ernst von Wolzogen* besuchte in Berlin die Reinhardt-Schauspielschule. Leitete später in Breslau das »Lobe-Theater« und das »Thalia-Theater«, wo er auch Regie führte. Übernahm am 1. 6. 1920 als künstlerischer Leiter das → *Schall und Rauch* (II), gab es aber Mitte Februar 1921 wieder ab. Schrieb dann Filmdrehbücher, wurde Produktionsleiter und Regisseur bei Max Landa und gründete 1935 eine eigene Filmfirma, die FDF G.m.b.H.

Gerhard Woyda
* 4. 4. 1925 Willenberg (Ostpreußen)
Komponist, Pianist, Kabarettautor und -leiter
Kam nach dem Zweiten Weltkrieg nach Hamburg, studierte dort an der Musikhochschule Musik, daneben als Barpianist tätig. 1947 vom Leiter des »Comedian Quartetts«, Herbert Imlau, als musikalischer Begleiter engagiert. Tourneen

durch die damaligen Westzonen bis 1947. Schrieb 1949 Bühnenmusiken für die »Junge Bühne«, Hamburg, war von 1950 bis 1952 musikalischer Leiter und Komponist beim → *rendezvous,* von 1953 bis 1955 bei der »Kleinen Komödie«, Hamburg. Ging 1957 als Komponist und Begleiter zu den → *Amnestierten,* machte sich 1961 in Stuttgart selbständig. Seitdem Leiter, Autor, Komponist und Begleiter des → *(Kleinen) Renitenztheaters.*

Die Wühlmäuse
West-Berliner Kabarett, eröffnet am 22. 12. 1960 von → *Dieter Hallvervorden* als Abspaltung einer Gruppe (Hallervorden, Rotraud Schindler, Barbara Ratthey und Wilfried Herbst) vom Ensemble der → *Bedienten.* In ihrem ersten Quartier in der Martin-Luther-Str. brachte Hallervorden mit seiner Frau Rotraud Schindler, sonst aber wechselnden Ensemblemitgliedern zwölf Programme heraus, darunter: »Der Humor hat seine Schuldigkeit getan« (Dezember 1960), »Völker, hört die Skandale!« (November 1963, mit Dokumentationen), »Kleiner Mann, was tun!« (April 1964), »Bonn Quichotte« (November 1964). Zum Ensemble gehörten nun Rolf Bauer, Doris Bierett, Siegried Hackenberg, Dieter Hallervorden, Käthe Jänicke, Joachim Kemmer, Dieter Kursawe und Guido Weber.
1965 trennten sich D. Bierett, S. Hackenberg, D. Kursawe u.a. von den *Wühlmäusen* und gründeten zusammen mit → *Volker Ludwig* das → *Reichskabarett.* 1966 bezogen die *Wühlmäuse* ein eigenes Quartier im »Theater an der Lietzenburger (Straße)«, das Hallervorden am 2. 5. 1966 mit dem Programm »Haben

Die Wühlmäuse in ihrem Programm »Walpurgisnacht« (1965), v.l.: Guido Weber, Dieter Hallervorden, Rolf Bauer.

Sie Lust? – Politik und Zoologie« von Heino Müller eröffnete, ein als »kabarettistisches Theater« (Hallervorden) aufgezogenes Programm über den Menschen als schwaches Lustwesen mit Hallervorden als »Mann mit der Nickelbrille«. Mit »Glückliche Maschinen« (Mai 1967) gab man ein weiteres Beispiel »durchkomponierten Kabaretts«: den Menschen als Opfer der selbstgeschaffenen Computerwelt. → *Joachim Roering* schrieb Hallervorden 1968 das Programm »Der brave Demokrat Schmidt« (eine Satire »Über die Spielregeln der Demokratie in Deutschland«, Februar 1968). Am 4. 9. 1967 hatte Hallervorden ein Soloprogramm mit zwölf Satiren von Slawomir Mrozek, »Seltsame Begegnungen«, herausgebracht und war mit ihm auf Tournee gegangen.
Nach einem Dutzend Programmen in der Lietzenburger Straße begann er, mit dem Programm »Aus dem Tagebuch des Monsieur Klamotte« (1974) die *Wühlmäuse* mehr und mehr der unverbindlichen Slapstick-Komik anzupassen. Seine Partner waren jetzt neben Rotraud Schindler Kurt Schmidtchen und Gerhard Wollner. In diese Zeit fällt auch der Aufstieg Hallervordens zum »Blödler vom Dienst« (»Hamburger Abendblatt«) im Fernsehen und noch später im Film. Das »Theater in der Lietzenburger (Straße)« steht, wenn die *Wühlmäuse* auf Tournee sind, gastierenden Gruppen und Einzelkabarettisten zur Verfügung.

»Einen Abend lang wird hier der Mensch seziert als Verhaltens-, als Instinktwesen, das sich vom Geist nichts sagen läßt . . . Noch trimphiert der Gag, der Kalauer . . . Immerhin, es wird der Mechanismus der modernen Werbung bloßgelegt . . . Hilflos und schlecht die meisten Monologszenen . . . Diskutabel schon Modellszenen, in denen der Umschlag von Vernunfteinsichten zu instinktiven Handlungen aufgezeigt wird.«

Otto Köhler in DIE ZEIT, 17. 5. 1966 über »Haben Sie Lust?«.

»Erstaunlich nur, daß ein engagierter Berliner Kabarettist . . ., erklärter Gegner aller Obrigkeit und Kämpfer gegen zuviel Staat, sich in einem Augenblick vom ernst zu nehmenden Kabarett zurückzieht, da die Themen wieder auf der Straße liegen und die Zeit wieder nach Satire schreit. Hallervorden läßt sie schreien und trottet auf den Spuren der Insterburgs an den Problemen vorüber ins Niemandsland des Unsinns.«

»Weser-Kurier«, Bremen, über das Programm »Aus dem Tagebuch des Monsieur Klamotte«, 3. 2. 1976.

Der Würfel

Gegründet 1958 von → *Kuno Knöbl* als Studentenkabarett in Graz, eröffnet September 1958 mit dem Programm »Im Feuerofen«. Mitgründer und -spieler: Dieter Gogg, Helmut Knoll, Udo Simonitsch und Gerhard Steffen. Die Einnahmen wurden für die Gründung des »Forums Stadtpark« in Graz gestiftet. 1961 engagierte → *Gerhard Bronner* den *Würfel* mit dessen Programm »Weh dem, der rügt!« als Gastensemble an das → *Neue Theater am Kärntnertor*. Die Texte hatten geschrieben: Kuno Knöbl und Peter Orthofer. Kompositionen und Begleitung: Dieter Gogg. Darsteller: Isa Franke, Kuno Knöbl. Monika Orthofer, Peter Orthofer, Udo Simonitsch, Gerhard Steffen. Am 27. 9. 1961 brachte Bronner am gleichen Ort ein personell wie textlich gemischtes Programm heraus, »Wedel sei der Mensch«, mit Texten von Gerhard Bronner, Kurt Nachmann, Dieter Gogg, Kuno Knöbl und Peter Orthofer. Darsteller: Felix Dvorak, Erich Frank, Kuno Knöbl, Irina Ladwig, Eva Pilz, Gerhard Steffen.
Nach einem weiteren gemischten Programm (»Sumper fidelis«, April 1962) mit zusätzlich Miriam Dreifuss, → *Peter Lodynski* und Günter Tolar eröffneten Knöbl und Lodynski im Keller des »Café Savoy« in der Himmelpfortgasse 27, Wien I., am 18. 12. 1963 das »Theater im Savoy« als eigenständiges Wiener Kabarett mit dem Programm »Nerz beiseite«. Nach sieben Programmen dort übersiedelte das Ensemble 1967 wieder ins *Neue Theater am Kärntnertor* und spielte

Aus dem »Würfel«-Programm »Verschlampt in alle Ewigkeit«, v. l.: Günter Tolar, Miriam Dreifuss, Peter Lodynski.

dort das Programm »Spuren im Schmäh« (November 1968), konnte sich aber nicht halten und löste sich im Januar 1969 auf. Knöbl strukturierte die Gruppe als Fernsehensemble um und brachte für ORF und ARD verschiedene Kabarettserien heraus, u. a. »Lodynski's Flohmarkt Company«. Im »Theater im Savoy« spielten des weiteren zeitweise noch: Martin Flossmann, Fritz Goblisch, Cissy Kraner, Eva Pilz, Herwig Seeböck und Hugo Wiener.

»Das neue Programm des Würfel-*Ensembles, »Spuren im Schmäh«, hält sich an die Traditionen dieser ursprünglich aus Grazer Studenten rekrutierten Gruppe. Und gerade dies macht das Unternehmen zu einem Abenteuer. Denn um das große Haus führen zu können, braucht die Direktion das Scherflein des Wiener Bürgertums. Dieses aber verträgt es kaum, daß man seine üblen Gewohnheiten, verwaschenen Ansichten und billigen Praktiken schonungslos aufs Korn nimmt. Lodynski und sein Ensemble tun das. Die üblichen Wiener Witze über die östlichen Nachbarvölker, über ertappte Ehegatten und böse Schwiegermütter . . . scheinen im Programm des* Würfels *nicht auf.«*

Stephan Vajda in der »Süddeutschen Zeitung«, München, 27. 11. 1968, über das Programm »Spuren im Schmäh« im Neuen Theater am Kärntnertor.

Die Zeitberichter

Rechtsextremes politisches Kabarett, gegründet von → *Gerd Knabe,* eröffnet am 19. 4. 1952 in Eschwege mit dem Programm »Nur nicht gleich den Mut verlieren«. Bald danach gastierten sie vierzehn Tage lang im »Intimen Theater«,

Frankfurt (Main). 1954 heiratete Knabe seine Partnerin Peppi Kausch. 1971 wurden sie in Knüllwald-Nausis seßhaft.
Die Zeitberichter gastieren vornehmlich auf rechtsradikalen Veranstaltungen wie NPD-Kundgebungen, SS-Treffen, Heimattreffen und kulturpolitischen Tagungen. Innerhalb von mehr als 30 Jahren haben sie über 8000 Gastspiele absolviert. Ihre Programme sind auf zehn Langspielplatten erschienen (u.a. »Deutschland ist größer als die Bundesrepublik«), die in hohen Auflagen verbreitet sind.
»Sie besingen die alte ›deutsche Ordnung‹ und attackieren radikal die SPD, die CDU, die Gewerkschaften, die Kommunisten, die Zigeuner, die Gastarbeiter, die von Ausländern ›unterwanderte‹ Kulturszene, kurzum alles, was in den Augen der Zeitberichter *antinational ist.«*
Harald Budde in der »Berliner Allgemeinen Jüdischen Wochenzeitung«, 31. 7. 1981.

Zensur
»Eine Zensur findet nicht statt« (Art. 5 des Grundgesetzes der Bundesrepublik Deutschland).
»Eine Zensur kommt selten allein« (Kabarettistenerfahrung mit der Anwendung von Art. 5 GG in der Verfassungwirklichkeit der BRD).
Die Zensur kabarettistischer Satire ist so alt wie diese selbst. Ohne Zensur, zumindest ohne die Drohung mit ihr, ohne die Erwägungen, Bemühungen, Versuche, zeitkritisches Kabarett zu zügeln, zu unterdrücken oder ihm die breite Öffentlichkeit vorzuenthalten, hätte die darstellende Satire wie jede andere allerdings ihre Daseinsberechtigung verwirkt. Sämtliche Fälle offener oder versteckter Zensur von seiten des Staates; von Nötigung von seiten mächtiger Interessenverbände, vor allem wirtschaftlicher; von verschleierter Zensur, die sich hinter einem falsch verstandenen Ausgewogenheitsgebot in Rundfunkgesetzen verbirgt – sämtliche derartigen Fälle gesondert aufzuzählen würde den Rahmen eines Handlexikons sprengen. Es genüge die Feststellung, daß Zensur in mannigfaltigen Verklausulierungen grundgesetzwidrig geübt wird, und zwar von denen, die zu ihrer Rechtfertigung den Schutz der freiheitlich-demokratischen Grundordnung ins Treffen führen. Die gravierendsten Fälle von Kabarettzensur in Deutschland von 1901 bis 1980 zählt der Katalog des → *Deutschen Kabarett-Archivs* zu seiner Ausstellung »Sich fügen heißt lügen – 80 Jahre deutsches Kabarett«, Mainz 1981, auf, allerdings ohne die grundsätzliche Kabarettzensur, eine Vorzensur, in der DDR zu erwähnen.

Siegfried Zimmerschied
* 7. 10. 1953 Passau
Kabarettist, Kabarettautor
War Ministrant, Pfarrjugendführer, studierte 1973/74 vier Semester Religionspädagogik an der Domschule Würzburg. Gründete 1974/75 (mit → *Bruno Jonas*) das Ministrantenkabarett *Die Verhohnepeopler* in → *Passau.* 1977 erstes Soloprogramm (»Zwischenmenschen«), 1978 zweites Soloprogramm (»Haltungsschäden«). Brachte 1982 mit seinem »Passauer Volkstheater – Neubayerischer Bilderbogen« (zusammen mit Michael Homann und Regina Zeller) ein Volkskabarett und 1983 mit »Für Frieden und Freiheit – Ein Holzweg in 14 Stationen« ein satirisches Volksstück heraus (15. 11. 1983 im »Scharfrichterhaus«, Passau, zusammen mit Michael Homann, Martina Kolbinger und Rosemarie Reinhard). Bereist mit seinen Soloprogrammen und Stücken Bayern, seit 1980 auch Norddeutschland. Gastiert seit Oktober 1984 mit seinem neuen Soloprogramm »Betondepp'n« (mit Barbara Dorsch und Elfie Kienzl als Gästen). In seinen Pro-

Siegfried Zimmerschied

grammen probiert er Szenen und Ideenfragmente für künftige Theaterstücke aus, auf die er sich mehr und mehr verlegt.
Siegfried Zimmerschied ist der satirisch unerbittlichste Kritiker von »Provinzmuff« und Klerikalismus seiner Passauer Heimatstadt. Jahrelang boykottierte ihn die Passauer Monopolzeitung »Passauer Neue Presse«, wurden Verfahren wegen Gotteslästerung und Beleidigung gegen ihn angestrengt. Sein »Hirtenbrief (An alle schwarzen Schafe)« erscheint unregelmäßig mit einer Auflage von 14000 Stück und geht regelmäßig gratis an jeden Passauer Haushalt.

Lit.: Zimmerschied, Siegfried: *A ganz a miesa, dafeida, dreckata Dreck san Sie.* Passau (»Scharfrichterhaus«), 1982.

»Es ist eine tägliche Konfrontation mit einer Dichte von Vorurteilen und Machtkonzentrationen, die dem liberalitätsgesalbten Großstädter schon fehlen. Und doch ist dies der große Vorteil und die einzige Chance für ein Kabarett, das es ernst meint. Denn hier in der Provinz kann es noch provozieren, und über diese Provokation können, da die Zielgruppe überschaubar ist und die Kommunikation mit dem Publikum nicht nach der Vorstellung endet, Initiativen und Aktivitäten geschehen ... Diese Entwicklung hat mich ... zu der Überzeugung kommen lassen, daß der eigentliche Platz dieser sogenannten engagierten Kleinkunst in der Provinz ist, während sich Kabarett in den Zentren und Großstädten zum Feierabendamüsement entwikkelt, woraus dann leider sehr viele bekannte Kabarettisten, leider auch ein Mainzer, ableiten, das Kabarett wäre tot oder zumindest über den künstlerischen Aspekt hinaus wirkungslos (Kreisler).«

Siegfried Zimmerschied in einem Brief an Reinhard Hippen, »Deutsches Kabarett-Archiv«, 20. 7. 1978.

Die Zwiebel

Literarisch-politisches Kabarett in München, gegründet 1954 von → *Michael Burk,* eröffnet im Mai 1954 im Keller des »Carlton Tea Room«, Brienner Str. 12, mit dem Programm »Beschränkt in alle Ewigkeit«. Texte: Michael Burk, Gert Fischer, Jane Furch, Peer Frank Günther, Walter Kolbenhoff. Musik: Bernhard Eichhorn, Walter Schell von Reth (auch Begleitung). Darsteller: Michael Burk, Carla Hagen, Carl Erhardt Hardt, Fritz Korn, Fee von Reichlin, Dr. Heinz Thiele. Regie: Peter Hamel. Als Autoren kamen hinzu: im zweiten Programm (»Fähnchen am Spieß«, Herbst 1954) → *Per Schwenzen,* im dritten Programm (»Gebt nur 10 Jahre Zeit!«, Frühjahr 1955) → *Max Colpet,* im achten Programm (»Stachusmelodie«, Winter 1957) → *Klaus Peter Schreiner,* im sechsten Programm (»Blumen für Frau Müller«, Januar 1957) → *Oliver Hassencamp,* im zwölften Programm (»Die Sahne hoch«, Sommer 1960) → *Therese Angeloff.* Weitere Autoren: Thaddäus Troll, Karlheinz Graudenz, Horst Huckauf, → *Hannes Stütz,* Alf Tamin, → *Joachim Hackethal* u. a. Weitere Darsteller: Anita Bucher, Wolf Euba, Silvia Frank, → *Ursula Herking,* Horst Huckauf, Monika John, Erich Kleiber, Hans Lux, Axel Muck, Ilse Petri, Walter van Raay, Wolf Rahtjen, Hannes Stütz, Edith Teichmann, Selma Urfer. Nach dem 23. Programm (»Der goldene Stuß«, 20. 4. 1968) verkaufte Burk *Die Zwiebel* zum 1. 11. 1968 an Wolf Rahtjen und begann, Unterhaltungsromane zu schreiben. Da der »Carlton Tea Room« die Räume zum 30. 6. 1970 kündigte, mußte Rahtjen den Kabarettbetrieb einstellen.

Die Zwiebel versuchte, die Mitte zwischen dem literarischen Regiekabarett der → *Kleinen Freiheit* (gegründet 1951) und der schwabingerischen Unbekümmertheit der → *Kleinen Fische* (gegründet 1953) zu halten. Leiter, Hauptautor und Hauptdarsteller war bis 1968 Michael Burk. Die in seiner Person gegebene Mischung von bajuwarischer Hintersinnigkeit und flinkem Großstadtwitz bestimmte zumindest bis 1959 Stil und Gesicht der *Zwiebel.* Danach zog sich Burk als Autor und Darsteller zurück, bis er mit dem Programm »Ohne Rücksicht auf Verluste« (1964) zu schärfster politischer Satire ausholte (auch textlich und personal), die er jedoch nur drei Programme durchhielt. Mit dem unverbindlichen »Goldenen Stuß« hörte er auf.

»Ich will nicht nur Destruktives leisten und an Situationen herummäkeln, die sich sowieso nicht ändern lassen, sondern ich möchte schreiben und weiterkommen.«

Michael Burk in einem Interview mit der »Süddeutschen Zeitung«, München, 6. 11. 1968 über die Gründe seines Verkaufs der Zwiebel.

Bibliographie der allgemeinen Werke über das Kabarett

Arp, Hans; Huelsenbeck, Richard; Tzara, Tristan: *Die Geburt des Dada*. Zürich 1957.

Bierbaum, Otto Julius: *Stilpe* (Roman). Berlin 1897.

Bierbaum, Otto Julius (Hrsg.): *Deutsche Chansons (Brettl-Lieder)*. Berlin–Leipzig 1900.

Buchele, Marga: *Der politische Witz als getarnte Meinungsäußerung gegen den totalitären Staat* (Diss.). München 1955.

Budzinski, Klaus: *Die Muse mit der scharfen Zunge – Vom Cabaret zum Kabarett*. München 1961.

Budzinski, Klaus: *Die öffentlichen Spaßmacher – Das Kabarett in der Ära Adenauer*. München 1966.

Budzinski, Klaus: *Pfeffer ins Getriebe – So ist und wurde das Kabarett*. München 1982 (Taschenbuchausgabe München 1984).

Carco, Francis: *La Belle Époque au temps de Bruant*. Paris 1954.

Carco, Francis: *Montmartre à vingt ans*. Paris 1938.

Ewers, Hanns Heinz: *Das Cabaret*. Berlin 1904.

Greul, Heinz: *Bretter, die die Zeit bedeuten*. Köln–Berlin 1967.

Herbert, Michel: *La Chanson à Montmartre*. Paris 1967.

Herrmann-Neisse, Max: Kabarettkritiken in »Der Kritiker«, Berlin 1921–1925.

Hoffmann, Ludwig; Hoffmann-Ostwald, Daniel: *Deutsches Arbeitertheater 1918–1933*. Berlin (Ost) 1972.

Hösch, Rudolf: *Kabarett von gestern, nach zeitgenössischen Berichten, Kritiken und Erinnerungen,* Bd. I: 1900–1933. Berlin (Ost) 1967.

Hösch, Rudolf: *Kabarett von gestern und heute, nach zeitgenössischen Berichten, Kritiken, Texten und Erinnerungen,* Bd. II. 1933–1970. Berlin (Ost) 1972.

Huff, Hartmut: *Liedermacher – Songpoeten, Mundartsänger, Blödelbarden, Protestsänger*. München 1980.

Jacques-Charles: *Le Caf Conc'*. Paris 1966.

Kabarettjahrbuch 1921/1922. Düsseldorf 1922.

Kassette, 1–4. Berlin (Ost) 1977–1980.

Keiser, César: *Herrliche Zeiten – 60 Jahre Cabaret in der Schweiz*. Bern 1976.

Kerr, Alfred: *Die Welt im Drama* (Kritiken, 4. Bd. »Brettl«). Berlin 1917.

Kiaulehn, Walther: *Berlin – Schicksal einer Weltstadt*. München 1958.

Klossowski, Erich: *Die Maler von Montmartre*. Berlin 1904.

König, Ernst: *Das Überbrettl Ernst von Wolzogens und die Berliner Überbrettl-Bewegung* (Diss.). Kiel 1956.

Kühl, Siegfried: *Deutsches Kabarett* (Fotoband mit Textbeiträgen). Düsseldorf 1962.

Lammel, Inge (Hrsg.): *Das Lied, im Kampf geboren,* Heft 2: *Lieder der Agitprop-Gruppen vor 1945*. Leipzig 1959.

Luft, Friedrich: *Die gepolsterte Bank der Spötter* (zur Situation des politischen Kabaretts in Deutschland) in: »Der Monat«, Nr. 105, Berlin 1957.

Moeller van den Bruck, Artur: *Das Varieté. – Eine Kulturdramaturgie*. Berlin 1902.

Moszkowski, Alexander: *Das Panorama meines Lebens*. Berlin 1925.

Müller, C. Wolfgang; Hammer, Conrad: *Narren, Henker, Komödianten*. Bonn 1956.

Neef, Wilhelm: *Das Chanson – Eine Monographie*. Leipzig 1972.

Osthoff, Otto (Hrsg.): *Das literarische Kabarett* (Heft 1–5). München 1946/47.

Otto, Rainer, Rösler, Walter: *Kabarettgeschichte* (Taschenbuch der Künste). Berlin (Ost) 1981.

Pem (d.i. Paul Markus): *Heimweh nach dem Kurfürstendamm.* Berlin 1952.

Reisner, Ingeborg: *Kabarett als Werkstatt des Theaters – Literarische Kleinkunst in Wien vor dem Zweiten Weltkrieg* (Diss.). Wien 1961.

Rösler, Walter: *Das Chanson im deutschen Kabarett 1901–1933.* Berlin (Ost) 1980.

Rothschild, Thomas: *Liedermacher – 23 Porträts.* Frankfurt (Main) 1980.

Ruttkowski, Wolfgang Victor: *Das literarische Chanson in Deutschland.* Bern–München 1966.

Schifferli, Peter (Hrsg.): *Die Geburt des Dada. Dichtung und Chronik der Gründer.* Zürich 1957.

Schmidt, Felix: *Das Chanson – Herkunft, Entwicklung, Interpretation.* Ahrensburg–Paris 1968.

Schumann, Werner: *Unsterbliches Kabarett.* Hannover 1948.

Shattuck, Roger: *Die Belle Époque – Kultur und Gesellschaft in Frankreich 1885–1918.* München 1963.

Weigel, Hans: *Gerichtstag vor 49 Leuten – Rückblick auf das Wiener Kabarett der dreißiger Jahre.* Graz–Wien–Köln 1981.

Werner, Bruno E.: *Die zwanziger Jahre.* München 1962.

Zivier, Georg; Kotschenreuther, Hellmut; Ludwig, Volker: *Kabarett mit K – Fünfzig Jahre große Kleinkunst.* West-Berlin 1974.

Bildnachweis

Der Bildnachweis gibt die uns bekannten Rechtsinhaber an. Bei der Fülle der Abbildungen schließen wir Irrtümer nicht aus.
In einigen Fällen konnten die Rechtsinhaber leider nicht oder nur ungenau ermittelt werden.
Sollten dadurch Urheberrechte verletzt worden sein, wird der Verlag nach Anmeldung berechtigter Ansprüche diese entgelten.

Archiv für Kunst und Geschichte: 5; Beeneken, Frank Roland: 1; Bernbach, Lore: 1; Budzinski, Klaus: 4; Castague, G. A.: 1; Croner, Harry: 1; Funke, Hans-Werner: 1; Gallus, Joseph: 1; Hager, Wieland: 1; Hennch, Klaus: 1; Historia Photo: 1; Kalal, Wolfgang: 1; Klinger, Johann: 1; Kövesdi Presse Agentur: 1; Peyer, Fritz: 1; Photografik: 1; Röhnert, Ursula: 1; Sackmann, Manfred-M.: 1; Saeger, Willi: 1; Stern Archiv: 1; Timper, Felicitas: 2; Toepffer, Sabine: 4; Treutler, Peter: 1; Tucholsky Archiv: 1; Ullstein Bilderdienst: 13; Völkel Bruno: 1; Weisbrod, Bernd: 2; Wiener-Presse-Bilderdienst VOTAVA: 1; Wolgensinger, Michael: 3; Zemann, Hilde: 1; ZDF: 2